1942

r Zionisten an die
enz 1919: ein
n Litani sowie an
heran

Gebietsforderungen des «Biltmore-Programms»: ein Israel, das das britische Mandatsgebiet Palästina und Transjordanien umfassen sollte

Arne Jörgensen · Israel intern

BURKHARD PREER
Josef Zetllerring 16
15344 Strausberg
Tel. 03341-314746

Burkhard Preer
Josef Zettlerring 16
1260 Strausberg

Ereignisse
Tatsachen
Zusammenhänge

ISRAEL INTERN

Arne Jörgensen

Militärverlag
der Deutschen Demokratischen
Republik

Den Bericht «Anatomie eines Protestes» (von Seite 365 bis Kapitelende) übersetzte Rachel Stillmann aus dem Iwrith

ISBN 3-327-00205-3

2., durchgesehene, Auflage, 1986
© Militärverlag der Deutschen Demokratischen Republik (VEB) — Berlin, 1984
Printed in the German Democratic Republic
Lichtsatz: Karl-Marx-Werk Pößneck V 15/30
Druck und buchbinderische Weiterverarbeitung: Sachsendruck Plauen
Lektor: Dr. Gertraud Golme
Kartenzeichnung: Manfred Gneckow
Umschlaggestaltung: Wolfgang Ritter
Typografie: Ingeburg Zoschke
Bildnachweis: Autor (44), ADN-Archiv (21), Broschüre: «In the service of peace and the working people», Tel Aviv 1976 (34)
LSV: 0239
Lizenz-Nr. 5
Bestellnummer: 746 618 2
01080

Bist du Israeli?

Der Junge ließ mich die ganze Zeit nicht aus den Augen. Zwar behielt er stets einen bestimmten Abstand bei, aber seine Neugier war nicht zu übersehen. Vermutete er in mir einen Kunden für seine Diapositive, die er verkaufen wollte? Oder lag seine Aufmerksamkeit einfach daran, daß ich an jenem Spätnachmittag im Dezember gerade der einzige Besucher auf dem weiten Platz vor dem Felsendom in der Jerusalemer Altstadt war? Das schwarzhaarige krausköpfige Bürschchen konnte man hier ja kaum als Besucher ansehen, so wenig wie die beiden Araber in Zivil, die mich beim Passieren des Tores in der dicken Feldsteinmauer, welche den Tempelberg vom jüdischen Teil der «Heiligen Stadt» abgrenzt, nach Waffen oder Sprengstoff abgeklopft hatten und sich jetzt auf ihren rohgezimmerten Stühlen langweilten. Vielleicht spürte der Junge auch, daß mich Stätte und Ausblick, der sich von hier darbot, faszinierten? Die breite Treppe, die zum Felsendom hinanführt, die schlanken Säulenbögen an seinem Vorhof, das blaue Mosaik und die Zitate aus dem Koran, die sich als Wandschmuck wie Ranken ineinander verweben, die hoch aufstrebende goldene Kuppel, welche im Abendlicht wie dünnes, von innen erleuchtetes Glas erstrahlte, verliehen dieser Moschee erhabene Schönheit. Alles hier atmete Würde und Großzügigkeit, Feinheit des Geistes und Vollkommenheit des Könnens.

Der Junge war mir in respektvollem Abstand um den Dom herum gefolgt. Unter den Säulen, die den Tempelplatz auch auf seiner Rückseite begrenzen, ließ der Anblick der gegenüberliegenden Höhen meine Schritte stocken. Hinter den Zinnen der Stadtmauer, die kantig hervortraten, schimmerten am Hang des Ölberges die Zwiebeltürme der russisch-orthodoxen Kirche wie Flämmchen. Unter ihrer dunklen Kuppel trat das Weiß der Dominus-Flevit-Kirche hell an jener Stelle hervor, wo Jesus einst über das alte Jerusalem geweint haben soll. Die weißen Kalksteinbegrenzungen der Wege und Gärten führten den Blick immer weiter bergan, wo zwei Türme spitz den Hügelrand markierten.

Über allem lag ein Hauch von Geschichte. Dort drüben hatte König David seine Krieger in die Schlacht geschickt. Nach der christlichen Mythologie soll vom Ölberg aus Jesus Christus gen Himmel gefahren sein und entsprechend der jüdischen wäre der Messias von dort zu erwarten. An den Hängen des Ölberges seien Maria, ihre Eltern Anna und Joachim, ihr Mann Joseph sowie die Propheten begraben. Hier, wo ich stand, auf dem Tempelberg, soll Abraham seinen Sohn Isaak auf einem Felsbrocken geopfert haben. Von dem gleichen Stein aus, den seit Jahrhunderten der Felsendom behütet, soll sich der Prophet Mohammed für einen Tag in den Himmel hinauf geschwungen haben. Fast sechs Jahrhunderte vor unserer Zeitrechnung zerstörten hier die Babylonier, angeführt von Nebukadnezar, den Tempel des Königs Salomo und eroberten Judäa. Titus, der Sohn des Kaisers Vespasian, ertränkte die romfeindlichen aufständischen Palästinenser in ihrem Blute und legte an dieser Stelle im August des Jahres 70 den zweiten Tempel der Judäer in Schutt und Asche. Danach bauten die Römer hier ihren eigenen Tempel, um Jupiter zu huldigen. Ein Vorläufer entstand dem Felsendom im siebenten Jahrhundert, als die Mohammedaner auf dem Tempelberg ihre Moschee errichteten, welche fünfhundert Jahre später christliche Kreuzfahrer in eine Kirche umwandelten. Moschee wurde sie erst wieder, nachdem Salah al-Din mit seinem arabischen Heer 1187 die Stadt zurückeroberte, den Franzosen Guy de Lusignan, Herrscher im Kreuzfahrerkönigreich Jerusalem, gefangensetzte und ihn zwang, auf den Thron zu verzichten. Jerusalem und der Tempelberg blieben seitdem in mohammedanischen Händen, bis auf fünfzehn Jahre (1229-1244), in denen Sultan al-Kamil die Stadt an den Hohenstaufer Friedrich II. vermachte.

An der nordwestlichen Begrenzung des Tempelberges stach ein Turm spitz in den Abendhimmel. Dort hatte einst des Hero-

Der Engländer David Roberts bereiste Palästina im Jahre 1839. Seine Zeichnungen und Gemälde vom Heiligen Land erregten das Interesse der Zeitgenossen

des Stadtburg Antonia gestanden, in der Pontius Pilatus Jesus zum Tode verurteilt haben soll.

Obgleich ich keineswegs mystisch veranlagt bin, war ich für Augenblicke der Realität entrückt. Der Rundblick, das Abendlicht, die Bauten, die Atmosphäre — alles bezauberte mich. Es weckte in mir ein Gefühl, als ließe sich hier Geschichte anfassen, betasten. Gern hätte ich in dieser Stimmung verweilt. Aber die Wirklichkeit brachte sich in Erinnerung. Auf den Anhöhen, die nördlich des Ölberges Jerusalem zu seinem Hinterland begrenzen, hoben sich die massiven Blöcke der ins arabische Land hineingebauten neuen israelischen Stadtviertel trutzig und drohend von dem schmalen hellen Lichtstreifen ab, der zwischen dem dunklen Wolkenrand und dem Bergkamm noch geblieben war. Ihre scherenschnittgleichen Konturen standen wie ein Menetekel vor dem Himmel.

Der Junge hatte sich mir inzwischen bis auf wenige Meter genähert. Bekleidet mit einer graugestreiften Galabiya, dem bis zu den Knöcheln reichenden hemdartigen arabischen Kleidungsstück, die Füße in Sandalen, den Kopf etwas seitlich geneigt, stand er vor mir. Mein Hantieren mit Belichtungsmesser und Kamera hatte ihn noch interessierter gemacht. Als hätte er meine resignierende Handbewegung — mit dem Fotografieren würde es jetzt wohl doch nichts mehr werden — richtig gedeutet, fragte er plötzlich: «You want slides?» («Möchtest du Dias kaufen?») Meine Abneigung gegen kommerzielle Farbbilder aus der Maschine niederringend, fragte ich ihn: «Wieviel willst du dafür?»

«Fünfunddreißig Pfund», antwortete er, und erwartungsvolles Verlangen glomm in seinen schwarzen Augen.

«Allah! Das ist zuviel!»

«Aber nicht doch!» rief der Junge. «Schau, das ist ein ganzer Satz.»

Schweigend schüttelte ich den Kopf.

«Na, gut», lenkte der kleine Mann ein, «wieviel gibst du?»

Wissend, daß mein Angebot zu niedrig war, schlug ich vor: «Zwanzig Pfund.»

«Bei Allah! Das bringt mich ins Grab! Wenn meine Mutter wüßte, daß ich solche Worte überhaupt in meine Ohren eindringen lasse!» Vorwurfsvoll sah er mich an.

«Zeig mal her», kam ich ihm entgegen. Er reichte mir die in Plaste eingeschweißten Bilder. Aus dem Augenwinkel konnte ich beobachten, daß er mein Mienenspiel aufmerksam verfolgte. «Die Bilder sind nicht schlecht», brummelte ich, «obwohl Mohammed über die Kratzer hier, ausgerechnet auf dem Felsendom, bestimmt verärgert wäre. Sagen wir fünfundzwanzig Pfund!»

Hastig nahm er mir die Bilder aus der Hand. Er hielt sie gegen das Abendlicht, fand die schadhafte Stelle und schaute betrübt drein. Plötzlich begann er, aus einem Knäuel Zeitungspapier weitere Plastebriefe mit Diapositiven hervorzuziehen. Er hielt sie gegen den Himmel. Angestrengt beschaute er sie, wobei er die Nasenwurzel kräuselte. Was mochte er suchen? Allmählich ließ die Spannung auf seinem Gesicht nach und machte Befriedigung Platz. Er zupfte mich am Ärmel. «Der Kratzer da, auf dem Felsendom, der ist auf allen Bildern!» Seine ehrliche, arglose Beweisführung brachte mich zum Schmunzeln. Sofort strahlte er siegesgewiß. «Dreißig Pfund, okay?» — «In Ordnung!» Ich war geschlagen. Wir lachten beide, und er klatschte mit seiner kleinen Hand, die Finger auseinandergespreizt, auf die meine.

«Das Handeln mit dir hat Spaß gemacht», meinte er anerkennend und ließ sein Geld in einer unter der Galabiya versteckten Tasche verschwinden. «Komm, ich zeige dir noch andere historische Stätten.» Er deutete auf die Moschee mit der silbernen Kuppel. «Die Al-Aqsa-Moschee. Das drittwichtigste Heiligtum des Islam.» Im Handumdrehen hatte sich der kleine Händler in einen Fremdenführer verwandelt. «Sie ist über eintausend Jahre alt. In ihr wurde 1951 der jordanische König Abdullah ermordet, weil er mit den Zionisten gemauschelt hat. Nach dem Krieg wurde die Al-Aqsa-Moschee 1969 von einem Juden angezündet», sagte er, jetzt auf einmal zornig. «Sie brannte völlig nieder. Wir aber haben sie wieder aufgebaut!»

Unbekümmert und erfreut, in mir einen aufmerksamen Zuhörer gefunden zu haben, erklärte der Junge, wies hierhin und dahin.

Die Zeit verging, fast war es dunkel, und so begann ich, mich von meinem kleinen Freund zu verabschieden.

«Ich komme noch ein Stück mit und zeige dir den Weg», erbot er sich. «In welchem Hotel wohnst du?»

«Ich wohne in keinem Hotel», antwortete ich.

«Wieso? Wo wohnst du denn sonst?» fragte er erstaunt.

«In West-Jerusalem. Ich fahre mit dem Bus nach Talpiot. Dort wohne ich bei einem Freund.»

Der Junge war verwirrt. «In West-Jerusalem? Du hast einen Freund in Talpiot?» Sein Gesicht begann sich zu verändern. Mißtrauen stieg in ihm auf, seine Augen wurden noch dunkler, und plötzlich trat er einen Schritt zurück. «Bist du etwa Israeli?» Anscheinend völlig durcheinander, als könne er es nicht

glauben, sagte er mit leiser, zweifelnder Stimme: «Aber du bist doch ein guter Mensch! Ich habe dir unsere Moschee gezeigt, und wir haben zusammen gelacht. Du kannst kein Israeli sein!» Die Fragen schien er an mich und an sich selbst zu richten.

Schweigend gingen wir nebeneinander auf das Tor zu, durch welches ich vor einer Weile den Tempelberg betreten hatte. Zu jäh war der Stimmungswechsel; beide waren wir innerlich bewegt. Der Junge wurde langsamer, blieb hinter mir zurück. Gleich würde er stehenbleiben, sich hinwegwenden oder, bestenfalls, mir noch einige Augenblicke hinterherschauen.

Was sollte ich tun? Wie oft waren mir in den letzten Wochen diese fröhlichen, aufgeweckten arabischen Kinder begegnet, die nicht nur versteinerten, wenn sie Israelis begegneten, sondern die, wie im besetzten Nablus, nach Steinen griffen und sich furchtlos Straßenschlachten mir israelischen Soldaten lieferten.

Natürlich hätte ich dem Jungen sagen können, daß ich Deutscher sei, und schon wären seine Probleme gelöst. Würde ihm aber eine solche Antwort nützen? Ich blieb stehen und sah ihn an. «Du sagst, ich sei ein guter Mensch, und daher könnte ich kein Israeli sein. Na gut, ich bin kein Israeli, ich bin Deutscher.»

«Hab ich mir's doch gleich gedacht», rief mein kleiner Araber. Ein Stein plumpste von seinem Herzen. «Ihr Deutschen seid gut!» Sein Temperament drohte mit ihm wieder durchzugehen.

«Warte!» unterbrach ich ihn. «Nicht alle Deutschen sind gleich. Es gibt gute Deutsche und schlechte Deutsche. Auch unter den Israelis gibt es gute und schlechte Menschen. Das ist überall so.»

«Stimmt», räumte er ein, «auch bei uns Arabern. Aber nicht bei den Israelis!»

«Du irrst dich!» hielt ich ihm entgegen. «Ich wohne zum Beispiel bei einem guten Israeli. Sind dir wirklich noch keine guten Israelis begegnet?»

Er überlegte, wurde unsicher und schien innerlich mit sich zu ringen. Dann meinte er: «Vielleicht gibt es doch welche. Einmal wurde ein Junge bei einer Demonstration von der israelischen Polizei verwundet. Er starb. Da kamen jüdische Frauen zu seiner Mutter und sagten ihr, sie seien für Freundschaft zwischen den Arabern und den Juden. Aber wie können wir das glauben?» Fragend schaute er zu mir auf.

«Denk drüber nach. Sie meinen es ehrlich», sagte ich zu dem Jungen und gab ihm die Hand. «Auf Wiedersehen und alles Gute für dich.» Ehe ich durch das Tor schritt, drehte ich mich noch einmal nach ihm um und winkte zum Abschied. Krauskopf und Galabiya hoben sich vom schummrigen Hintergrund ab.

«Bye, bye, Mister!» rief er.

Langsam stieg ich die steinernen Stufen hinunter, die vom Tempelberg zurück in die engen Gassen der Altstadt führen. Noch immer, wie bei meinem Aufstieg, stand der junge jüdische Mann an der Klagemauer und leierte monoton sein Gebet. Den Oberkörper mit gleichförmigen Bewegungen vor und zurück schaukelnd, verharrte er seit Stunden dort, dem Diesseits scheinbar völlig entrückt. Von seiner Erscheinung im knöchellangen schwarzen Mantel, mit dem schwarzen Bart, den schwarzen Stocklocken, die unter dem breitkrempigen schwarzen Hut hervorhingen, ging etwas Apokalyptisches aus. Wieder fiel mein Blick auf das große weiße Schild am Fuße der Treppe zum Tempelberg, welches Juden — gläubige wie ungläubige — mit der Warnung am Weitergehen hindern sollte, sie würden nunmehr unheiligen, unreinen Boden betreten.

Die Richtung zum Damaskustor einschlagend, ging ich durch die schmalen Gassen. An vielen der kleinen Läden waren bereits die eisernen Rolläden heruntergelassen. Hier und da boten zwar noch vereinzelt Händler laut rufend ihre Waren an, aber das Weihnachtsgeschäft schien heuer nicht so recht in Schwung zu kommen. Die El-Wad, eine jener breiteren Straßen, welche das Gewirr der Gassen, Nebengäßchen und Wege der Altstadt mit ihren sieben Toren verbinden, war belebter.

An der Via Dolorosa, jenem Weg, auf dem Jesus der Überlieferung nach das Kreuz zu seiner eigenen Hinrichtung tragen mußte, stand eine israelische Militärstreife. Die Soldaten stützten ihre Unterarme auf die Maschinenpistolen, welche ihnen vor der Brust hingen. Sie schienen unschlüssig, als überlegten sie, welchen Weg sie für ihren weiteren Kontrollgang wählen sollten. Dabei knabberten sie irgendwelche Kerne, deren Hülsen sie zwischen den Zähnen knackten und dann ausspuckten. Unter den Stahlhelmen schauten junge Gesichter hervor. Der Kräftigste trug ein Sprechfunkgerät auf dem Rücken und war dem Typ nach ein Sabra, wie die in Israel Geborenen genannt werden. Neben ihm ein junger Mann, dessen intelligentes Gesicht von einem blonden Bart eingerahmt wurde. Der dritte und vierte waren schlanke, fast grazile dunkeläugige Jünglinge, denen man ihre jemenitische Herkunft auf den ersten Blick ansah. Der letzte der Soldaten, er stand etwas abseits, hatte ein indonesisches Gesicht. Fünf Soldaten, vier Nationalitäten, und doch waren sie alle Juden, eine israelische Militärstreife im besetzten arabischen Teil Jerusalems.

Ich versuchte die Mienen der Araber zu deuten, die an dem kleinen Trupp vorbeigingen. Nichts schien in ihnen verändert. Geschäftig die einen, gemächlich die anderen — sie ließen sich durch die Soldaten nicht stören, wie auch diese ziemlich unbeteiligt dreinschauten. Ich erinnerte mich, daß mir auf dem Weg zum Tempelberg, gar nicht weit von hier, an den Stufen zum koptischen Kloster eine Wandmalerei aufgefallen war. Mit blauer Farbe waren auf weißer Wand ein dick durchkreuzter Davidstern mit der Unterschrift «No» gemalt und daneben die palästinensische Fahne und die Worte «PLO — Yes». Es waren keine Spuren zu entdecken, die auf den Versuch der Israelis hindeuteten, das Gemalte zu übertünchen. Man schien sich gegenseitig zu ignorieren.

Dennoch war dieser Eindruck trügerisch. Ich dachte an meinen kleinen Freund vom Felsendom. Noch keine vierzehn Jahre alt, und schon waren seine Erfahrungen mit allem, was er von «den Israelis» gesehen, gehört, erlebt hatte, ausreichend, um eine weitere arabische Generation mit Haß und Feindschaft zu erfüllen. Und die jungen israelischen Soldaten? Sollten sie sich wirklich nie gefragt haben, ob sie in mehr oder weniger Sicherheit lebten, wenn sie über ein anderes Volk herrschten? Dämmerte es ihnen nicht spätestens hier, da sie selbst zu Verfolgern wurden, daß sie eigentlich das Schicksal der Juden keineswegs änderten, sondern mithalfen, sie abermals zu isolieren, in die Absonderung zu führen? Sollten sie wirklich nicht wenigstens ahnen, daß sie von denen, die dafür seit Jahrzehnten beschwörend auf den Davidstern zeigten, eigentlich nie aus dem Ghetto herausgelassen worden waren, auch jetzt und hier nicht, in Eretz Israel, umgeben von selbst geschaffenen Feinden? Mir kamen wieder die vier Zeilen eines Gedichtes von Louis Fürnberg in den Sinn, die mich, als ich sie las, sehr nachdenklich gestimmt hatten. Fürnberg schrieb sie nieder, als er während des Faschismus selbst jüdischer Emigrant in Palästina war.

«Ich darf nicht schweigen, weil ich Jude bin
und weil ich Jude bin in diesen Tagen.
Hört endlich auf, den gelben Fleck zu tragen!
Werft ihn von Euch, den neuen Ghetto-Sinn!»

Der Felsendom

Am Damaskustor war die ohnehin holprige Straße durch Schachtarbeiten verengt. Die Unaufmerksamkeit, mit der ich mich gedankenverloren zwischen Bauchläden fliegender Händler, drängelnden Menschen, zu ebener Erde hingebreiteten Auslagen der Geschäfte, rennenden Kindern und Eselskarren hindurchschob, war leichtsinnig. Jenseits des Tores wurde kreuz und quer Auto an Auto in heiterer Anarchie geparkt. Zwei Jungen versuchten ein Lamm einzufangen, das ihnen ausgebrochen war. Die beiden hatten solchen Spaß daran, daß sie vor Lachen kaum rennen konnten.

Mit wachsender Entfernung verschwamm der Trubel der Altstadt zum summenden Geräusch. Der Weg zur Autobushaltestelle erschien mir länger, als er war. Das lag wohl nicht

Die Altstadt von Jerusalem

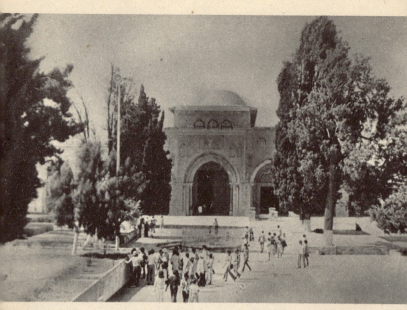

Die Al-Aqsa-Moschee auf dem Tempelberg

Die Klagemauer in der Altstadt von Jerusalem

nur an dem scharfen Wind, der aufgekommen war, sondern auch an meiner Stimmung. Selten hatte ich während der Wochen in diesem Land den Konflikt zwischen Israelis und Palästinensern so greifbar, ja körperlich nah empfunden wie hier in Jerusalem.

Als ich bei meinem Gastgeber eintraf, begrüßte mich dieser mit einem leichten Vorwurf in der Stimme. «Du kommst aber spät. Draußen ist es dunkel, und Jerusalem ist eine explosive Stadt, im wahrsten Sinne des Wortes. Wo du dich hier nicht auskennst! Ich habe mir schon Sorgen gemacht! Und der Tee ist auch kalt geworden.»

Mit einer einladenden Handbewegung deutete er nach der Küche. Brot, Margarine, Tomaten, Schafskäse, Schnittkäse und ein Schüsselchen Oliven standen verlockend auf dem Tisch.

Zvi hatte mich eingeladen, bei ihm zu wohnen. «Was sollst du die teuren Hotelpreise bezahlen? Geld hast du sicherlich sowieso nicht viel. Meine Frau ist nach Tel Aviv verreist, da habe ich genug Platz.»

So kam es, daß ich mich nach mehreren Wochen Hotelleben endlich wieder in häuslicher Wärme wohl fühlen durfte.

«Warum sagst du heute abend so wenig?» wunderte sich Zvi über meine Schweigsamkeit. In der Tat war ich mit meinen Gedanken noch immer in der Altstadt. Ich erzählte ihm von dem kleinen Araber.

Zvi legte sein Abendbrotbesteck neben den Teller. Sorgfältig schob er Messer und Gabel nebeneinander. Der präzise und akkurate Umgang mit Werkzeug schien dem ehemaligen Dreher während der vielen Jahre, die er nun schon als Parteiarbeiter tätig war, nicht abhanden gekommen zu sein.

«Ja, der Argwohn ist sehr groß», bemerkte Zvi. «Am schlimmsten ist, daß die Massen von dieser nationalistischen Gegnerschaft befallen sind. Dabei könnten der kleine Araber

*Die große Menorah
in Jerusalem —
das Wappen
des Staates Israel*

und die Soldaten miteinander in Frieden leben. Wenn es um die jungen Soldaten geht, so vergiß nicht, daß sie in einem bürgerlichen Land aufgewachsen sind. Alles, was in diesem Staat seit seiner Gründung 1948 von der Regierung, in der bürgerlichen Presse, im Radio, auf dem Fernsehschirm, ach was, schon in der Schule und davor im Kindergarten, gesprochen oder geschrieben wurde, klingt kurz gesagt ungefähr so: Wir sind der Staat der Juden und wollen Frieden. Die Araber betrachten uns als fremdes Element. Für uns ist das nicht überraschend, weil die Juden in der Diaspora stets einer feindlichen Umwelt gegenüberstanden. Über Jahrhunderte haben sich die Juden geduckt. Damit ist es jetzt vorbei. Laßt uns also alle zusammenhalten.»

Zvi begann unvermittelt zu schmunzeln. «Ich kann mich gut erinnern, wie mein Tate, in der jüdischen Familie der Vater, über die Juden zu sprechen pflegte. Ob arm oder reich, Assimilierte oder Zionisten — für ihn waren alle ‹unsere Leit›. Hauptsache: die Tradition. Erinnerst du dich an Scholem Alejchems ‹Der Fiedler auf dem Dach›?» fragte Zvi. «Wo wollten ‹de Leit› am Ende hin, nach dem Pogrom? Nach Jerusalem! Zuvor hat der Tefje aber, anstatt dem Schwiegersohn, der zu den russischen Revolutionären ging, zu helfen, nur immer von ‹de Tradition› gesungen.» Zvi zog das Wort Tradition spöttisch in die

Länge. «Es war aber ein guter Mann, der Tefje. Alles, was in dem Stück gezeigt wird, war typisch für damals.»

Halb fragend, halb fordernd sah er mich an.

«Gehen wir schlafen?» Zvi verschwand im Bad. Nach einigen Augenblicken öffnete er die Tür. Schon im Schlafanzug, die Zahnbürste in der Hand, rief er zu mir in die Küche hinüber: «Übrigens, die Geschichte bemühen sie hier im Land auf Schritt und Tritt. Wenn du dich da nicht auskennst, bist du erschlagen.»

Überleben – der Geschichte zum Trotz?

Der Zug nach Konstantinopel hat am 13. Oktober 1898 fünf Fahrgäste, die ihrer Erregung nur schwer Herr werden. Es sind der Kaufmann Wolffsohn, der Jurist Bodenheimer, der Arzt Schnirer, der Ingenieur Seidener und der Journalist Herzl. Auch als sie nach fünftägiger Reise am 18. Oktober in der Hauptstadt des osmanischen Reiches eintreffen, finden sie keine Ruhe. Ihre Erregtheit steigert sich ins fast Unerträgliche, als sie von Exzellenz Marschall, dem kaiserlichen deutschen Botschafter bei der Hohen Pforte, nicht empfangen werden. Er kenne keinen Dr. Herzl, läßt Marschall Herrn Bodenheimer antworten. Herzl ist deprimiert. Aufgeregt erscheint er bereits um 5 Uhr früh an Wolffsohns Bett. Er möchte von seinem engen Freund und Berater wissen, was nun zu tun sei.

Sollten alle mühsame Vorarbeit, die verlorenen Nerven, der versäumte Schlaf, alles, was Theodor Herzl in den letzten Wochen investiert hat, umsonst gewesen sein? Mitte September hatte er in Briefen und Gesprächen dem Freund des Kaisers Wilhelm, Graf Eulenberg, und dem Fürsten Bülow seinen Plan dargelegt.

Herzls Idee bestand darin, die kolonialen Ambitionen des deutschen Kaisers im Orient zu nutzen, um ein Territorium zur Ansiedlung von Juden zu erwerben. Der Kaiser sollte das Protektorat über ein solches jüdisches Gemeinwesen übernehmen. Eulenberg und auch der Oheim des Kaisers, der Großherzog von Baden, hatten sich für diesen Plan erwärmt. Möglicherweise konnte man die Herzlsche Idee als Karte in der wichtigen Partie ziehen, die Kaiser Wilhelm II. im Herbst 1898 in Konstantinopel spielen wollte. Auf dem kaiserlichen Programm stand für Oktober und November eine Orientreise, die ihn auch

*Theodor Herzl
(1860—1904)*

nach Palästina führen sollte, das damals zum osmanischen Reich gehörte. Zuvor waren aber in Konstantinopel Verhandlungen mit dem Sultan über den Bau der Bagdadbahn vorgesehen. Bei der Reichsregierung hielt man es daher für zweckmäßig, mit diesem Dr. Herzl in Kontakt zu bleiben.

Am 29. September erreichte Herzl in Den Haag die Antwort Eulenbergs. «Der Kaiser ist bereit, Herrn Dr. Theodor Herzl an der Spitze einer zionistischen Abordnung in Jerusalem zu empfangen.»

Unverzüglich begab sich Herzl nach London, wo er am 3. Oktober in einer Versammlung in Whitechapel zum «jüdischen Volk» sprechen wollte. Mit dem Brief Eulenbergs in der Tasche fühlte er sich fast schon als Sieger. Innerlicher Triumph hatte ihn übermütig gemacht. Im Tone des «Dich brauche ich nicht mehr» ließ er den Großbankier Seligman im Burlington-Hotel von London abblitzen. Sicherlich ein unverzeihlicher Fehler, denn unter den großen jüdischen Bankhäusern dieser Zeit waren er und seine Ideen nicht hoch angesehen, worüber noch zu sprechen sein wird. Zwei Tage später war Herzl wieder in Berlin. Reichskanzler Fürst Hohenlohe empfing ihn; letzte Absprachen mit Eulenberg und Bülow. Von dort aus ging es nach Wien, wo die Abordnung zusammengestellt wurde. Abreise an den Bosporus. Und jetzt das: Ein Herr Dr. Herzl ist hier nicht bekannt.

Nein! Sie geben nicht auf! In einem Brief an Kaiser Wilhelm, der inzwischen in Konstantinopel eingetroffen ist und im Yildiz-Palast seine Residenz bezogen hat, bittet Herzl um Mitteilung, wann und wo er in Jerusalem zur Audienz empfangen wird. Wolffsohn bringt den Brief persönlich in den Yildiz-Palast. Als ihn die türkischen Wachen nicht passieren lassen wollen, fällt Wolffsohn ein, daß ein echter preußischer Anranzer sicherlich auch am Bosporus seine Wirkung nicht verfehlen wird. Und so herrscht er die letzte ihn zurückweisende Ordonnanz mit Kommandostimme an: «Ich muß in einer wichtigen Mission zu meinem Kaiser! Sie übernehmen die Verantwortung für jede Minute Verzögerung!»

Wolffsohn hat richtig vermutet: Der Türke versteht. Der Befehlston reißt diesem die Hacken zusammen, und wenig später wird Herzl vom Kaiser empfangen, noch ehe sich dieser mit dem Sultan trifft.

Nach dieser ersten Begegnung reist die Gruppe mit dem Schiff weiter nach Palästina, wo sie in Jaffa an Land geht. Am 2. November wird Herzl im kaiserlichen Zelt in Jerusalem offiziell empfangen. Das Ergebnis enttäuscht ihn tief. «Er hat nicht Ja gesagt und nicht Nein gesagt!» seufzt hernach Herzl. Wilhelm II. hatte beim Sultan offensichtlich keinen Anklang gefunden, und Herzls Idee selbstverständlich den höheren Interessen geopfert. Immerhin ging es ihm um nichts Geringeres als um die Konzession für den Bau der Bagdadbahn, jener Hauptexpansionslinie des deutschen Imperialismus in den vorderen Orient. Zwischen Deutscher Bank sowie Krupp-Konzern und einem Theodor Herzl gab es für Kaiser Wilhelm nicht zu wählen. Ein Tor, wer anderes erwartet hätte.

Herzl resigniert nicht. Er entschließt sich, selbst an den Sultan heranzutreten. Aller Welt waren die schweren Sorgen Sultan Abd al-Hamids II. bekannt. Das osmanische Reich war zahlungsunfähig. Die Errichtung der ottomanischen Staatsschuldenverwaltung — Administration des Dettes Publiques Ottomanes — war nur ein letzter Schritt, der die Türkei zur Halbkolonie der europäischen kapitalistischen Mächte werden ließ. Warum sollte sich angesichts dieser Lage nicht auch Theodor Herzl die Schwäche des «kranken Mannes am Bosporus» zunutze machen?

Im Mai 1901 fährt er erneut nach Konstantinopel. In einer zweistündigen Audienz beim Sultan entwickelt er seine Vorschläge: freie Einwanderung für Juden nach Palästina; als Gegenleistung macht er sich anheischig, «den Dorn aus dem Fuß des Löwen zu ziehen», womit er jene dette publique meint. Der Sultan ist nicht abgeneigt. Um ihn endgültig zu gewinnen, braucht Herzl Geld. Woher nehmen? Seligman hat er verärgert, und die anderen jüdischen Bankhäuser wollen von ihm nichts wissen. Er schreibt einen Brief an Wolffsohn, von dem er in rauhem Ton fordert, er solle drei Kreditbriefe zu je einer Million Franken auftreiben, die er bei drei Großbanken zu deponieren habe als Kaution für die türkische Regierung und als Zeichen, daß man es ernst meine. Aber Herzl bleibt glücklos. Das französische Finanzkapital fällt Abd al-Hamid in den Arm. Man braucht keinen weiteren Konkurrenten, um das osmanische Erbe aufzuteilen. Schließlich hat man ja nicht den Stachel in den Fuß des Löwen getrieben, damit dann eine jüdische Bewegung daran herumdoktert.

Der Mann, der da um die Jahrhundertwende kühl mit den imperialistischen Interessen der Großmächte rechnete, verfolgte ein festes Ziel — die Gründung des Judenstaates. So nannte er auch sein Buch: «Der Judenstaat. Versuch einer modernen Lösung der Judenfrage, von Theodor Herzl, Doktor der Rechte.» Der Wiener Journalist bei der «Neuen Freien Presse» hatte die 85 Druckseiten umfassende Schrift im Juni 1895 in nur fünf Tagen geschrieben. «Man gebe uns die Souveränität eines für unsere gerechten Volksbedürfnisse genügenden Stückes der Erdoberfläche, alles Übrige werden wir selbst besorgen» — so drückte er seine Grundidee aus. Dann legte er seine praktischen Vorstellungen dar: «Zwei Organe sind nötig, die Society of Jews und die Jewish Company. Was die Society wissenschaftlich und politisch vorbereitet hat, führt die Company praktisch aus.»

Er dachte sich die Company unter englischem Schutz stehend mit einer Milliarde Mark als Grundkapital. Woher sollte das viele Geld kommen? Von der Liquidation der jüdischen Immobilien in der ganzen Welt. Es sollten weiter Banken gegründet und von den Juden eine «Volksanleihe» aufgebracht werden. Sodann sollte die Company in Palästina Land zur Besiedlung aufkaufen. Nachdem der Boden erworben war, sollten nach Herzls Plan zunächst diejenigen Juden nach Palästina gehen, die das Nest zu bauen hatten. Wer kam seiner Ansicht nach dafür in Frage? «Zuerst sollten die Ärmsten gehen und Land urbar machen. Sie werden nach einem von vornherein feststehenden Plane Straßen, Brücken, Bahnen bauen, Telegraphen errichten, Flüsse regulieren und sich selbst ihre Heimstätten schaffen. Ihre Arbeit bringt den Verkehr, der Verkehr die Märkte, die Märkte locken neue Ansiedler heran.»

Wenn es soweit war, sollte der Mittelstand ins Nest einflattern. Ortsgruppen wären zu bilden. Für jede war ein Rabbiner vorgesehen. Die Rabbiner sollten von der Kanzel her verkünden, was ihnen die Zentrale mitteilte.

Und wie sollte der Horst am Ende beschaffen sein? «Ich denke mir eine aristokratische Republik, so wie Venedig sie hatte», verkündete Herzl seine politische Zielvorstellung. Aber bitte keine Theokratie, unterstrich er nachdrücklich. Ein Kirchenstaat wäre ihm hinderlich gewesen, beabsichtigte er doch, selbst Staatschef zu werden. Sein Land sollte sich vom Nil, «vom Bach Ägyptens bis an den Euphrat» erstrecken. Eine weiße Fahne mit sieben goldenen Sternen sollte über ihm wehen, und seine Kürassiere hätten in gelben Hosen und weißen Waffenröcken zu erscheinen.

So eigentümlich, schrullig und phantastisch sich die Vorstellungen Herzls vom Judenstaat auch immer anhören mochten, so brachte er doch die Bewegung des politischen Zionismus in die Welt.

Umgeben von einer Gruppe Anhänger, Bewunderer und Freunde arbeitete er rastlos. Ein Aktionskomitee wurde gegründet. Man nahm Verbindungen mit jüdischen Persönlichkeiten und Gruppen in den großen europäischen Zentren auf. Besonders verdient machte sich David Wolffsohn, Sohn des Matrikelführers Eisik Wulf Hessels aus Worbian in Litauen. Nach dem Vorbild des Palästinapavillons auf der Treptower Gewerbeausstellung in Berlin entstand unter Schirmherrschaft des Kolonisationsvereins «Esra» in Köln eine Ausstellung palästinensischer Produkte. Man bemühte sich besonders um die Gewerbetreibenden. Am 4. Juni 1897 erschien als offizielles Organ der Herzlschen Bewegung die Zeitschrift «Welt». Wolffsohn wurde im Sommer 1897 von Herzl mit der Vorbereitung eines ersten zionistischen Weltkongresses beauftragt. Tagungsort sollte Basel sein. Wolffsohn wählte dafür das dortige Stadtkasino aus. Als Bezeichnung für den Parteiobulus fiel ihm das biblische Wort Schekel ein. Zweiundachtzig Jahre später, 1979, benannte die Regierung Menachem Begin die israelische Landeswährung von Lira in Schekel um. Auch die blauweißen Farben der Flagge Israels gehen auf diesen ersten Kongreß und seinen Organisator zurück. Die blauweißen Streifen seines väterlichen Tallis und Gebetsmantels waren es, an die Wolffsohn dachte, als er den Saal des Stadtkasinos mit solchen Farben schmücken ließ.

Am 29. August 1897 versammelten sich 197 Personen, konstituierten den Kongreß zur «jüdischen Nationalversammlung» und verabschiedeten das «Baseler Programm», in dem sie noch einmal das Ziel der Partei präzisierten: «Der Zionismus erstrebt für das jüdische Volk die Schaffung einer öffentlich-rechtlich gesicherten Heimstätte in Palästina.»

Nach drei Tagen ausführlichen und heftigen Debattierens schloß Herzl den Kongreß unter lautem Beifall mit dem Ruf: «An dem Tage aber, wo wieder der Pflug in der erstarkten Hand des jüdischen Bauern ruht, ist die Judenfrage gelöst.»

Das Bild, welches Herzl den bärtigen Kongreßteilnehmern malte, war einprägsam: der jüdische Bauer auf eigener Scholle, mit kräftigen Händen die Furche ziehend, Sinnbild des Freien und Tüchtigen, dessen Wirtschaft blüht und gedeiht. Die symbolische Anziehungskraft dieses Bildes wird nicht geringer, ja eher größer, wenn man weiß, daß dieser jüdische Bauer zu jener Zeit nicht mehr existierte. Was Herzl hier in den Saal des Baseler Stadtkasinos hineinmalte, war nichts anderes als das Zukunftsbild eines bürgerlichen Staates, eines Staates der mittleren Stände. So einprägsam und erstrebenswert erschien ihm der «freie Bauer» deshalb, weil der jüdische Mittelstand nicht frei war.

Herzls Ideen vom Judenstaat und seine zionistische Partei — zur Massenbewegung mußte sie erst noch gemacht werden — waren somit durchaus keine Eingebung. Vielmehr entsprachen sie einem allgemeinen sozialen Bedürfnis der breiten kleinbürgerlichen Gesellschaftsgruppen in den jüdischen Gemeinden jener Zeit. Die Zahl derer, die damals am Vorabend der Weltwirtschaftskrise 1900-1903 vor dem Ruin standen, ging in die Millionen. Dazu kamen ihre politische Unsicherheit und der Antisemitismus. Als Herzl, noch unter dem Eindruck der Dreyfus-Affäre, in seinem kleinen Pariser Hotelzimmer den «Judenstaat» schrieb, tobte der nationalistische Mob durch die Straßen, brüllten die Camelots du roi, die Royalisten: «Tod den Juden!»

David Wolffsohn
(1856—1914)

Die jüdischen Gemeinden, die Herzl für seine Partei gewinnen wollte, wie auch ihre gesellschaftliche Gliederung um die Jahrhundertwende waren natürlich nicht — überflüssig fast, es zu erwähnen — von vorgestern auf gestern entstanden. Vielmehr waren sie geformt worden durch einen sich über viele Jahrhunderte erstreckenden Prozeß von Wanderung, Wandlung und Anpassung. Und es ist schon etwas Bemerkenswertes daran, wie sich diese Gemeinden und Gruppen zusammenfanden, ums Dasein rangen, wie sie zerfielen, sich zerteilten, neu entstanden. Bemerkenswert auch deshalb, weil die meisten anderen Stämme und Völkerschaften, die auf dem Gebiet Palästinas vor unserer Zeitrechnung siedelten — seien es die Kanaanäer oder Philister, die Edomiter oder Moabiter, um nur einige zu erwähnen —, zwar ihre Spuren in der Geschichte, in den Völkern, mit denen sie sich mischten, in Kultur und Baukunst hinterließen, sich aber als Volksstämme auflösten, von den gesellschaftlichen Stürmen ihrer Zeit hinweggefegt wurden. Warum überstanden diese Stürme gerade die Nachfahren der alten Judäer? Waren ihre Überlebenschancen nicht eher geringer, wurden sie doch in die verschiedenen Himmelsrichtungen auseinandergetragen, nach Babylonien und Ägypten, nach Rom, Byzanz und Spanien? Ohne Zweifel liegt die Versuchung nahe zu glauben, sie überlebten der Geschichte zum Trotz. Und doch erhielt sich das Judentum nicht *trotz* der Geschichte, sondern *durch* die Geschichte, sind dafür weder Übernatürliches noch gar Auserwähltheit von Gott verantwortlich.

Als die Judäer nach dem Scheitern ihrer Aufstände gegen die Fremdherrschaft Roms in den Jahren 70 und 71 sowie später nochmals 132 und 133 dem Druck der römischen Legionen wichen oder als Sklaven verschleppt wurden, nahmen sie vier wichtige Errungenschaften mit sich.

Erstens verfügten sie über eine monotheistische, also eine sich auf einen einzigen Gott stützende Religion. Das Herausheben einer Gottheit hing mit den historisch begründeten Zwängen zusammen, die die Lebensbedingungen der Hebräer hervorbrachten. Als nämlich die halbnomadischen Vorfahren der Judäer — jene legendären zwölf hebräischen Stämme Israels — im späten 2. Jahrtausend v. u. Z. nach Palästina vordrangen, um sich der ägyptischen Sklaverei zu entziehen, mußten sie sich ihren Weg freikämpfen. Das Land war besiedelt. In der fruchtbaren Küstenebene des Südens lebten die Philister als höher entwickeltes Volk bereits in Städten. Sie kannten schon die Metallverarbeitung und den Streitwagen. Im Bund der fünf Städte Gaza, Ashdod, Ashkelon, Gat und Ekron zusammengeschlossen, fügten sie den noch halbnomadischen Hebräern schwere Niederlagen zu. Auch die Kanaanäer lebten bereits in architektonisch durchdachten und mit Dränagesystem versehenen Städten. Die hebräischen Stämme, deren Sammelbezeichnung «Israel» als politische Einheit im 13. Jahrhundert v. u. Z. erstmalig auftaucht, mußten sich ihre neuen Siedlungsgebiete nicht nur erobern, sondern sich auch gegen andere, sie von jenseits des Jordans angreifende Stämme verteidigen. Auch heftige Kämpfe um die Vormacht untereinander ließen das Leben recht kriegerisch verlaufen. Das Auf- und Abwogen des Kampfes um Sein oder Nichtsein der «Völker beiderseits des Jordans», das Burchard Brentjes so anschaulich und engagiert in seinem gleichnamigen Buch beschreibt, veranlaßte die hellsten Köpfe unter den hebräischen Stammesführern zur Suche nach

Wegen, um den Zusammenhalt ihrer Stämme nach außen und innen zu festigen. Sie vereinten diese zu einer Föderation, in der, um der Einheit willen, Platz nur für den gemeinsamen Gott sein durfte. Unter den gegebenen Bedingungen war es folgerichtig, daß der Kriegsgott alle anderen Götter verdrängte und zum Allvater wurde. Und wiederum verwundert nicht, daß als Kriegsgott der Gott des Berges Sinai galt, ein Vulkan, der Feuersäulen spieh, die Erde zum Beben brachte und den Menschen Furcht einflößte. Beim Zusammenschluß der Hebräerstämme und der Wahl des Vulkangottes Jahwe, aus dem später durch fehlerhafte Vokalisation Jehova wurde, räumt die Legende dem Mose — sein Name geht auf das ägyptische musu, das Kind, zurück — eine besondere Rolle ein. Mose wird vor allem, wie Burchard Brentjes schildert, die Begründung der «Religion des Gesetzes» mit den zehn Geboten zugeschrieben. Ihr Sinn bestand darin, das Miteinander der Menschen in dem nun größeren Stammesverband zu regeln und auf diesen einzigen Gott zuzuschneiden. Gestützt auf die nunmehr vereinten Hebräer konnte David um 1 000 v. u. Z. das einheitliche Königreich Jerusalem bilden.

Nur etwa zweihundert Jahre vergingen, als es die Herrschenden Judas erneut für geboten hielten, sich um den Zusammenhalt ihres Volkes zu sorgen. Was war geschehen? Das Königreich Jerusalem war nach dem Tode Salomos zerfallen: in einen Nordstaat — Israel, mit der Hauptstadt Samaria, und einen Südstaat — Juda (Jehuda), mit Jerusalem. Der staatlichen Einheit und damit seiner Stärke beraubt, war einer der beiden Staaten, Israel, den Angriffen der Assyrer erlegen. Um sich gegen die assyrische Bedrohung zu behaupten, das Volk standhaft zu machen — es muß ja heute bedacht werden, daß in der Antike bei Eroberungen ein Großteil der Besiegten in die Sklaverei geschleppt wurde und der verbliebene Rest der Bevölkerung sich mit den Siegern zu vermischen pflegte — bedurfte es in dem allein übrig gebliebenen Juda eines ideologischen und politischen Rahmens, der die Judäer von allen anderen Völkern unterscheiden und trennen, sie fest zusammenschließen sollte. Diesen Rahmen schufen die Priester mit dem 5. Buch Mose (621 v. u. Z.), wodurch sie die Religion zugleich zu einem konsequenten monotheistischen System vervollständigten. Begleitet war dieser Prozeß von der schriftlichen Fixierung der Religion und der Herausbildung eines Priesterstandes. In keinem anderen Land der Antike wurden die Religion, die religiösen Vorschriften und Gebote so lückenlos schriftlich festgehalten wie hier. Dadurch erreichte die Religion als ideologischer und bis zu einem gewissen Grade auch politischer Teil des gesellschaftlichen Überbaus jener Zeit bei den Judäern einen hohen Entwicklungsstand.

Als zweite Errungenschaft begleitete die Juden ein ausgebildetes und formuliertes Rechtswesen. Die Juden waren das erste Volk, das schon vor den Römern eine Rechtswissenschaft schuf. Je zwei Rabbinern oblag die Wahrung des Rechts, und um den Glauben an den einen Gott rein zu halten, bedeutete Götzentum einen der schlimmsten Frevel. Auch unter der römischen Herrschaft galten die Rechtsvorschriften weiter, wie die Juden Recht und Religion überhaupt über die Jahre des Exils bewahrten. In der Zeit des römischen Kaisers Marc Aurel (161-180 u. Z.) wurden die Rechtsüberlieferungen zusammengefaßt und schriftlich fixiert. Den Mittelpunkt des Rechtswesens bildet der Talmud, eine Sammlung von alten jüdischen Lehrschriften und Rechtskommentaren. Unterschieden wird der palästinensische Talmud (400 u. Z.) und der im 5. Jahrhundert im babylonischen Exil entstandene Talmud, welcher bis in unsere Zeit für den gläubigen Juden als allein verbindlich gilt.

Drittens hatten die antiken Juden eine Schicht von Intellektuellen hervorgebracht; ihre Entstehung war vor allem mit der Priesterschaft verbunden. Aus der Diskussion um Religion und Recht, um ihre Weiterentwicklung, ihre Anpassung und Bewahrung entstand bereits vor den griechischen Sophisten eine Gruppe Intellektueller, von der die Kunst der Streitgespräche und des Beweisens gepflegt wurde. Hieraus entwickelte sich auch das jüdische Prophetentum. Unter den Juden gab es eine breite Schicht schriftkundiger, an der religiösen Diskussion interessierter Intelligenz, schreibt Heinz Herz in «Morgenland — Abendland», eine prozentual viel höhere Schicht als in allen anderen orientalischen antiken Kulturen, von einem Vergleich mit dem abendländischen Mittelalter ganz zu schweigen. Es waren Grammatikoi, wie sie das Neue Testament nennt, Schriftgelehrte, übersetzte Luther, eine Schicht, die in den politischen und weltanschaulichen Auseinandersetzungen eine große Rolle spielte.

Diese drei Errungenschaften einer gründlichen überbaulichen Durchbildung der alten jüdischen Staaten während ihrer gut tausendjährigen Entwicklung in der Antike — über die vierte wird noch zu sprechen sein — erwiesen sich als ein Fundament von erstaunlicher historischer Lebensfähigkeit, vorausgesetzt, seine «Benutzer» verstanden es, sich und die ererbten gesellschaftlichen «Institute» den sich verändernden Bedingungen anzupassen. Sehr hilfreich war dabei, daß die Juden zumeist in einem engeren Siedlungsverband zusammenlebten. So wurde es in den jüdischen Gemeinden über Jahrhunderte hinweg als Verpflichtung empfunden, die Religion und das uralte jüdische Recht weiterzuentwickeln. Oft geschah dies auf spitzfindige Weise. Aber es ist nicht zuletzt auf jene traditionsreiche geistige Schule zurückzuführen, daß die jüdischen Rabbiner des 18. Jahrhunderts in Europa mit zu den intelligentesten Menschen gehörten, zu einer Zeit, da hier die bürgerliche Klasse eben erst eine eigene Intelligenz gebar.

Und noch etwas verdient festgehalten zu werden: Die Heraushebung der Juden als ein sich von den anderen Völkern unterscheidendes Volk, aber auch der Unerläßlichkeit seines engen Zusammenschlusses — Phänomene, an die Theodor Herzl und der Zionismus anknüpfen sollten und die heute in Israel bewußt gepflegt werden — stützen sich auf jene Tradition von Jahrtausenden, in deren Verlauf sie die Psyche und das Selbstverständnis der jüdischen Gemeinden wesentlich mitprägten.

Letztlich verdanken die Juden aber nicht den religiösen, rechtlichen oder intellektuellen Errungenschaften ihr Überleben. Der hohe Stand von Religion, Recht und Geistesschaffen war Ausdruck einer für jene Zeit fortgeschrittenen Arbeitsteilung, relativ weit entwickelter Produktivkräfte. Worin lag dies begründet? Zum einen hatte die Natur Palästina begünstigt. Kanaan — dem Land, in dem «Milch und Honig fließen» — werden in alten Schriften auffallende Eigenheiten zuerkannt wie «keinem Land sonst auf dem Erdenrunde». Das Mittelland südlich von der Ebene Jesreel, die Besitzungen von Ephraim und Manasse, lohnte die Mühe mit reichem Ertrag — heißt es in alten Beschreibungen. Überall sprudelten Quellen aus dem Gestein. An den Berglehnen prangten blühende Gärten und Weinstöcke mit schwellenden Trauben, und die Berge waren von Wäldern beschattet, von Terebinthen, Eichen und Taxusbäumen. Das Klima ist durch die Berge und die unterbrochene Luftströmung von den Höhen und dem Meere gesund und erzeugt einen kräftigen Menschenschlag. Krankheiten sind selten, Seuchen wüten nicht oft und kommen auch nur durch Einschleppung von außen vor, bestätigen die Überlieferungen. Gilt heute der Besitz von Rohstoffen viel, so war früher der Wert günstiger natürlicher Bedingungen noch mehr geschätzt. Ist es in unserer Zeit beispielsweise das Erdöl, so gehörte in der Antike die Balsamstaude zu den begehrten Schätzen des Orients. In Palästina gedieh sie. Im jüdischen Krieg, den Titus führte, entbrannte um sie ein hartnäckiger Kampf. Die Römer wollten sie erhalten, die Judäer sollen versucht haben, sie zu zerstören, um ihr Monopol an diesem Heilkraut nicht zu verlieren. Doch die Römer erwiesen sich als flexible Leute: Um die jüdischen Gärtner zur Pflege der einträglichen Stauden zu bewegen, förderten sie sogar den Wiederaufbau des im Kriege zerstörten Jericho. So blieb diese wertvolle Kultur erhalten, und der römisch-kaiserliche Staat bezog von den Balsamtropfen reiche Einnahmen.

Zum anderen profitierten die Hebräer von den technischen, städtebaulichen und wasserwirtschaftlichen Errungenschaften der vor ihnen in Palästina lebenden und weitaus höher entwickelten Völkerschaften, so der schon erwähnten Philister und Kanaanäer. Überhaupt haben die antiken Völker in ihrem Wirtschaftsleben wie auch in den wirtschaftlichen Beziehungen untereinander bemerkenswerte Formen hervorgebracht. Von den Phöniziern beispielsweise, dem seefahrenden Nachbarvolk an den Küsten des heutigen Syriens, holte sich König Salomo (973-933 v. u. Z.) für den Bau seines Tempels und des Palastes in Jerusalem Experten: Architekten, Statiker und Steinmetze. Neben der Bezahlung räumte Salomo den Phöniziern die Ausbeutung der königlichen Kupferminen im Wadi Araba, am

Golf von Akaba und im Sinai ein, und wie aufgefundene Quittungen über Ophir-Gold zeigen, ist an einer gemeinsam betriebenen israelisch-phönizischen Seefahrt im Roten Meer, wenn nicht sogar in entfernteren Gebieten, nicht zu zweifeln. Von den Phöniziern erlernte das Volk der Juden auch den Schiffbau. Unter Salomo entstanden die ersten staatlichen Handelsgesellschaften, von denen der Verkehr zwischen dem nordöstlichen Mittelmeer und dem Roten Meer, von Ägypten durch Palästina nach den Nordreichen der Hetiter und Aramäer monopolisiert wurde. Palästina war in dieser Zeit außerdem der erste Heereslieferant der Weltgeschichte, indem es an Ägypten Streitwagen und Rosse lieferte.

Zu Handwerk und Fernhandel gesellte sich bei den antiken Juden die Kenntnis des Geldverkehrs und der städtischen geldwirtschaftlichen Organisation. Im Orient waren seit frühester Zeit Gold und Silber als allgemeiner Wertmesser bekannt. Selbst die Griechen übernahmen diese edlen Metalle als Zahlungsmittel in Form des Goldkuranten erst zu einer späteren Zeit, nämlich als sich von 500 bis 300 v.u.Z. unter Philipp von Mazedonien und seinem Sohn Alexander ein neues griechisch-orientalisches Weltreich mit einem lebhaften, durchgreifenden Handelsverkehr herausbildete. Neue Handelszentren entstanden, selbst Athen lag weiter abseits der großen Handelsstraße. Ausdruck dieses Wandels war die Gründung Alexandrias an Ägyptens Mittelmeerküste und Nilmündung. Während Rom zu dieser Zeit noch eine altmodische Stadt war, mit schmalen ungepflasterten Gassen von höchstens vier bis sechs Metern Breite, seine vornehmsten Häuser burgartig, eng und finster gebaut waren, wird Alexandria als ein strahlendes Zentrum mit regelmäßig gezogenen breiten Straßen, mit Säulenhallen und Basiliken beschrieben. «Alexandria», vermerkte ein römischer Schriftsteller, «ist eine Stadt der Fülle, des Reichtums und der Üppigkeit. Niemand ist dort müßig. Der einzige Gott ist das Geld.» Man wußte diesen Gott zweckmäßig, also gewinnbringend, zu nutzen.

Neben den etwa acht Millionen Ägyptern lebten in Alexandria auch mehr als eine Million Juden, die von den mazedonischen Eroberern Palästinas umgesiedelt worden oder schon in babylonischer Zeit hierher gekommen waren. Als Bewohner des griechischen Alexandria sprachen und schrieben sie Griechisch, arbeiteten sie in Handwerk, Handel und Geldverkehr. Als nach dem Untergang des griechischen Reiches Rom als neues Zentrum für Wirtschaft und Handel erblühte, wurde der Geldverkehr weiter verfeinert. Man kannte den Wechsel, betrieb den Kommissionshandel mit Waren, die Abwicklung von Liquidationen, Geldanlagen, Darlehensgeschäfte, Giroverkehr und Tresorvermietung. Etwa 200 v. u. Z. entstanden die Börse und die Börsenversammlung. Seit Pompejus stellten die in Rom ansässigen und lateinisch sprechenden Juden einen nicht unerheblichen Teil ihrer regelmäßigen Besucher. Auch über den Bankplatz Neapel, das mit dem nahen Piteoli Umschlagplatz für den Verkehr mit Ägypten, Palästina und Afrika war, beteiligten sie sieh am kommerziellen Verkehr. Die Ausfuhr von Bargeld nach Jerusalem jedoch wurde ihnen verboten.

Ein drittes Zentrum jüdischer Handels- und Handwerkstätigkeit war Byzanz. Im römischen Kaiserreich galt Byzanz als eines der behördlich zugelassenen Handelszentren für den Warenaustausch mit den angrenzenden «Barbarenvölkern», und auch für jene war es einzig erlaubter Markt. Hier liefen drei große Handelslinien mit den östlichen Völkern zusammen: die nördliche über das Schwarze Meer, die südliche durch das Rote Meer bis nach Alexandria und schließlich als wichtigste die mittlere durch Persien und Syrien bis nach Palästina.

Byzanz entfaltete sich über die Jahrzehnte zu einem der größten Stapelplätze. Sein Reichtum und seine Bedeutung nahmen noch mehr zu, als das durch innere Krisen geschwächte römische Westreich unter den Angriffen der Germanen zu zerbröckeln begann. Die Stadt trat als Nova Roma Roms Erbe an. Hier erblühte der Handel mit Pupurgewändern aus Phönizien und Palästina, mit feinen Wollgeweben, orientalischen Teppichen, Goldschmiede- und Glasarbeiten. Die Einnahmen der Stadt — nun Konstantinopel — von 8 300 000 Goldsolidi im 9. Jahrhundert vermitteln eine Vorstellung vom Umfang der Geschäftstätigkeit.

In dem Maße, wie Konstantinopel Rom überflügelte, wurden

auch die Italiener aus dem Geschäft mit dem Orient verdrängt. Die Gemeinden der Griechen, Syrer und Juden übernahmen die ersten Plätze in Handel und Gewerbe. Von hier aus kamen griechische und jüdische Kaufleute sowie Zwischenhändler bis Kiew und Nowgorod. Und obwohl die Hauptrichtung der weiteren jüdischen Wanderung aus dem Orient nicht von Konstantinopel in die Gebiete der slawischen Völker ging, sei dem Interesse halber vermerkt, daß die Ur-Urahnen der kaukasischen Bergjuden unserer Tage vom Bosporus kamen. Im 8. Jahrhundert hatten sich jüdische Emigranten aus Byzanz an der Wolga angesiedelt und dort einen Staat gebildet. Immerhin bestand dieser mehr als zweihundert Jahre, bis er durch Swjatoslaw von Kiew zerstört wurde. Die bedrängten Juden flüchteten in den Kaukasus, wo sie sich niederließen.

Diese *materiellen* Errungenschaften — ihre Erfahrungen und Verbindungen im Fernhandel, ihre Kenntnis und Beherrschung des Geldverkehrs sowie der geldwirtschaftlichen Organisation, ihre handwerkliche Meisterschaft — waren es, denen die jüdischen Gemeinden letztlich ihr Überleben durch die Jahrhunderte zu verdanken hatten. Diesen vielgestaltigen Prozeß in seinen Einzelheiten zu verfolgen ist hier nicht möglich, denn wir wollen unseren Abstecher in die Geschichte kurz halten und auf jene Aspekte beschränken, die dem besseren Verständnis des Lebens in Israel dienen. Außerdem kommt uns zu Hilfe, daß sich in allen Ländern Europas, in denen größere, mehr oder weniger geschlossene jüdische Gemeinden entstanden waren, im wesentlichen das gleiche wiederholte: Von den Reichsten, Gewandtesten, Skrupellosesten, Geschäftstüchtigsten unter den spanischen, englischen, fränkischen, deutschen, polnischen oder russischen Adelsleuten und Hofschranzen unterschieden sich die reichsten, gewandtesten, skrupellosesten, geschäftstüchtigsten jüdischen Unternehmer anfangs vor allem und in erster Linie durch eben jene materiellen Errungenschaften, die ihnen sozusagen einen historischen Vorsprung gegenüber den noch in naturalwirtschaftlichen, feudalen Verhältnissen verstrickten, borniertne Aristokraten verschafften. Selbst noch zur Zeit der Kreuzzüge, als von diesen das Königreich Jerusalem gegründet wurde, wußten die geharnischten christlichen Abendländler mit den entwickelten Städten in Palästina nichts Gescheites anzufangen. Gestützt auf ihren historischen Vorlauf, halfen die Juden als Träger der Geldwirtschaft dem Geld auf seinem Weg zur Weltmacht voran. Doch immer dann, wenn in Spanien, England, Frankreich, Deutschland, Polen und Rußland sich die eigenen nationalen Kaufmannschaften gefestigt hatten, sich das Bürgertum auf den Marsch zum Kapitalismus machte und den Vorsprung der Juden eingeholt hatte, «die Christen also zu Juden» geworden waren, wie es Karl Marx nannte, setzte die Verdrängung der jüdischen Konkurrenten und mit ihnen nicht selten auch der jüdischen Gemeinden ein.

Um die allgemeine Behauptung nicht unbewiesen stehen zu lassen, sei in großen Zügen erläutert, wie dieser Prozeß in Deutschland und Osteuropa verlief.

Als in den großen italienischen Handelsstädten das Bürgertum schon breit und kräftig in den Schultern war, stand Deutschland noch auf dem Boden feudaler Naturalwirtschaft. Bis ins 12. Jahrhundert verlief hier der Warenverkehr hauptsächlich als Tauschhandel, und eine eigene, selbständige Kaufmannschaft war gerade erst im Entstehen. Die unerfahrenen deutschen Kaufleute gingen in Mailand und Florenz, vor allem aber in Venedig in die Handelsschule, und von hier kamen auch der Waren- und Geldverkehr in die deutschen Lande. Unter den Florentiner Hüten und in den spitzen Schnabelschuhen steckten vornehmlich italienische, aber auch jüdische Händler, Zwischenhändler und Bankleute. Auf den alten Kulturstraßen des Römischen Reiches, längs des Rheins und der Donau ritten sie mit den lateinischen pecunia (Geld), census (Zins), financia (Finanzen) und profectus (Profit) als Vorboten des Kapitalismus gen Norden.

Für die oberdeutschen Städte, voran Ulm und Augsburg, wird erst der Handel mit Venedig und Mailand Grundlage ihres Aufblühens. Im Jahre 1084 erklärte Bischof Rüdiger, Stadtherr von Speyer: «Als ich Speyer zu einer Stadt erhob, da meinte ich, seine Ehre tausendfach zu vermehren, wenn ich die Juden mit hinzunahm.»

1090 übernimmt Kaiser Heinrich IV. die Schutzherrschaft

über die Juden. Den Fürsten folgten Stadtmagistrate: 1261 verleiht Halberstadt den Juden ein Schutzprivileg. 1227 erhält Stendal von den Markgrafen die Erlaubnis, solche Juden aufzunehmen, die mindestens 1000 Mark Vermögen besitzen. Die Juden werden anfangs als gleichberechtigte Bürger aufgenommen, weil man sie braucht. Denn neben dem Handel betreiben sie das Wechselgeschäft, verkaufen also fremde Münzen gegen die jeweilige Landeswährung. In Deutschland war dieses Geschäft besonders gefragt, weil bei der Münzgerechtigkeit der vielen Fürsten, Grafen, Bischöfe und Äbte unzählige Münzsorten und -werte kursierten. Außerdem vermittelten die Juden über ihre weitreichenden Verbindungen auch Zahlungen durch schriftliche Anweisungen an fremde Orte. An den deutschen Höfen machte man sich die Kenntnisse vieler Juden von der geldwirtschaftlichen Organisation zunutze und übertrug ihnen die Finanzgeschäfte. Die Buchungen fanden hebräisch statt. Im 13. bis 15. Jahrhundert wurden häufig auch Einnahmen aus den Zollstätten an Juden verpachtet, die dann für deren Erhebung zu sorgen hatten.

Nur zu gern sind der Adel, die Kaufleute und hernach die Bourgeosie über ihre jüdischen Mitkonkurrenten hergefallen, verschrieen sie als raffgierig, als Halsabschneider und Blutsauger. Natürlich waren sie solche. Aber die Schreier etwa nicht? Wer hatte denn eigentlich dem anderen etwas vorzuwerfen? Etwa die christlichen Landgrafen von Thüringen ihren fünf jüdischen Gläubigern, weil sie diesen 1371 zu Erfurt 376 Schock Meißner Groschen schuldeten? Oder die braven, frommen Bürger von Basel ihrem Bischof Heinrich von Thim, weil er den Kirchenschatz an Juden versetzte?

Überhaupt spielte die hohe christliche Geistlichkeit eine unrühmliche Rolle den Juden gegenüber. Nachdem sie ursprünglich selbst das Zinsgeschäft ausgeübt hatte, verwarf das Laterankonzil 1215 das Zinsnehmen als Wucher. Im Gefolge dieses Bannes ging das Zinsgeschäft nunmehr vorwiegend an die jüdischen «Ungläubigen» über, die von ihren adligen christlichen Schutzherren angehalten wurden, möglichst hohe Zinsen einzutreiben. Als die Kirche aber selbst wirtschaftlich aktiv wurde, wandte sie sich gegen die Juden und schuf mit der Behauptung, diese seien schuld am Tod des Heilands, die theologische Rechtfertigung für antijüdische Pogrome.

Mit dem Aufkommen und der Festigung der bürgerlichen Gesellschaft und ihren unversöhnlichen Klassengegensätzen waren die tragischen Konflikte, denen die Juden entgegengehen sollten, sozusagen vorprogrammiert. Sie begannen in den Städten. Je mehr diese zu wirtschaftlichen Zentren wurden, sich die christlichen Handwerker und Kaufleute in Zünften und Gilden zusammenschlossen, den Warenhandel und die Geldwirtschaft Zug um Zug in die eigenen Hände nahmen, verdrängten sie die Juden aus der Warenzirkulation und dem Kaufmannsstand. Die sozialen Spannungen zwischen der erstarkenden bürgerlichen Klasse und dem Adel, zwischen Patriziern und Plebejern waren Ursache der blutigen Judenverfolgungen in der Mitte des 14. Jahrhunderts, den schlimmsten seit den Kreuzzügen. Sie gingen einher mit der massenweisen Deklassierung der Juden. Ein großer Teil von ihnen versank in das furchtbare Elend der Trödler, Hausierer und kleinen Handwerker. Parallel dazu setzte ihre Vertreibung aus den Städten ein. Vielerorts wurden sie ausgewiesen: 1439 aus Augsburg, 1458 aus Erfurt, 1492 aus Städten Mecklenburgs. Nur auf dem Lande eröffnete sich den Juden noch ein Betätigungsfeld. Hier hatte ihnen der Feudalismus noch die letzten Möglichkeiten gelassen: Die Bauern, geplagt von feudaler Ausplünderung, brauchten sie als Kreditgeber. Um Pachtzins und Fronlasten bezahlen zu können, ließen sie sich von ihnen Geld vorschießen, welche dafür oft genug horrende Zinsen nahmen. Sie kauften den verschuldeten und zahlungsunfähigen Bauern das Getreide und Vieh ab. So verwundert es nicht, daß sich im Bauernkrieg der revolutionäre Zorn der ausgebluteten deutschen Bauern über ihre allgemeine soziale Lage auch auf die jüdischen Wucherer erstreckte.

Welche Form auch immer die judenfeindlichen Ausbrüche über die Jahrhunderte hinweg annahmen — ihre inneren Triebkräfte waren stets die Klassenwidersprüche, vermummt in nationalen oder religiösen Gegensätzen. Die Formen veränderten sich mit den gesellschaftlichen Epochen, den dazugehörigen Ideologien sowie der Art und Weise, in der die Klassenkämpfe ausgefochten würden. Als sie über viele Jahrhunderte in religiösen Formen ausgetragen wurden und die Kirche ihre politischen Widersacher als Ketzer verbrannte, überwog auch im Antisemitismus das religiöse Moment, wurde die Sünde wider den Heiligen Geist hervorgehoben. Später, als der Kapitalismus ausgereift war, kleidete die Bourgeoisie ihre egoistischen Klasseninteressen in den bürgerlichen Nationalismus, wurden alle möglichen Rassentheorien zu unentbehrlichen Instrumenten der Unterdrückungspolitik. Der Antisemitismus zählt zu den widerwärtigsten unter ihnen, weil mit dem Ruf: «Der Jud ist schuld!» die Reaktion schon immer die von ihr Unterdrückten in die Irre führte und vom Kampf gegen die eigentlichen sozialen Wurzeln der Unterdrückung wegleitete.

In barbarischster Weise wurde der Antisemitismus in Deutschland Bestandteil reaktionärer Ideologie und Politik während des Faschismus, jener Ausgeburt eines ungeheuer raubgierigen und daher besonders aggressiven Imperialismus. In seinem Buch «Antisemitismus» belegt Walter Mohrmann überzeugend, daß die deutschen Faschisten den Antisemitismus als Werkzeug der Konterrevolution bewußt hochspielten, um die revolutionären Stimmungen nach dem ersten Weltkrieg, nach Novemberrevolution und Weltwirtschaftskrise abzufangen. «Meine Juden sind mir das kostbarste Pfand», meinte Hitler einmal im Kreise Vertrauter. «Die Propanganda des Antisemitismus ist in allen Ländern das geradezu unentbehrlichste Hilfsmittel für die Verbreitung unseres politischen Kampfes. Sie werden sehen, in wie kurzer Zeit wir die Begriffe und Maßstäbe der ganzen Welt einzig und allein mit dem Kampf gegen das Judentum umstürzen werden.»

«Es ist überhaupt charakteristisch, daß der Faschismus, diese konterrevolutionäre Bewegung, zwei Schlagworte scharf hervortreten läßt, nämlich: ‹Gegen Bolschewismus› und ‹Gegen das Judentum›. Mit diesen Schlagworten versucht man, die Bevölkerung über die wahren Absichten der Faschistenbewegung zu täuschen», rief im Preußischen Landtag am 24. November 1922 ein deutscher Kommunist aus. Er hieß Wilhelm Pieck, der spätere erste Präsident der Deutschen Demokratischen Republik, jenes Staates, in dessen Grenzen erstmals in der deutschen Geschichte Rassismus und Antisemitismus nicht nur gesetzlich verboten, sondern ihnen auch ihre klassenmäßigen Wurzeln entzogen wurden.

Doch halten wir fest: Für Hitler war der Antisemitismus ein «Hilfsmittel für die Verbreitung unseres politischen Kampfes» und kein Selbstzweck. Dies zu betonen ist wichtig, weil sich in zeitgenössischen bürgerlichen Publikationen immer wieder Behauptungen finden, der barbarische Antisemitismus sei bei Hitler das Produkt psychischer Abnormität, etwa «krankhafter Sexualität» oder «quälenden Sexualneids», gewesen. Weil ein Mittel ihres politischen Kampfes, wandte die faschistische Bewegung den Antisemitismus von Anbeginn an, also bereits in den frühen zwanziger Jahren und nicht erst mit ihrer Machtübernahme oder der Entfesselung des zweiten Weltkriegs. Weil ein Instrument des politischen Kampfes, ging auch von vornherein der Nazi-Schlachtruf «Brecht die Zinsknechtschaft» mit der verketzernden konterrevolutionären Parole von der Novemberrevolution als «jüdischem Novemberspuk», der bürgerlichen Weimarer Republik als «Judenparadies» und schließlich mit der Hetze gegen den «jüdischen Bolschewismus» in der Sowjetunion zusammen. Weil ein Mittel des politischen Kampfes, richteten sich auch die Morddrohungen unter antisemitischen Parolen nicht allein gegen die jüdischen Menschen, sondern in erster Linie gegen die Kommunisten, gegen Sozialdemokraten, konsequente bürgerliche Demokraten, gehörten Reichstagsbrandprozeß gegen Georgi Dimitroff und «Kristallnacht» zusammen. Der Plan, zur «Endlösung der Judenfrage» elf Millionen Menschen zu ermorden, den SS-Führer und Regierungsvertreter am 20. Januar 1942 im Haus am Großen Wannsee 56-58 entwarfen, entsprach in seiner Grauenhaftigkeit dann auch dem Grauenhaften des ganzen Konzepts des deutschen Faschismus, seiner Heraufbeschwörung des zweiten Weltkriegs mit den über fünfzig Millionen Toten, den elf Millionen in Konzentrationslagern ermordeten Menschen, darunter sechs Millionen jüdischer Herkunft.

Schwanger mit bürgerlichem Nationalismus und rassistischen Ideen, darunter auch dem Antisemitismus, gingen mehr oder weniger alle bürgerlichen Schichten. In der Bourgeoisie paarte sich der Konkurrenzneid mit mystischer Verketzerung der «großen jüdischen Familien» in New York, London, Paris, Frankfurt am Main, Hamburg — die Rothschilds, Seligmans, Oppenheims, Kuhns, Loebs, Goldmanns, Sachs, Wertheims, Straus, Astors, Warburgs und viele andere mehr.

Übrigens kann die Familiengeschichte der Warburgs als treffliche Illustration der Wanderung einer jüdischen Unternehmerfamilie dienen. Die Genealogie der Warburgs, welche die Familie 1937 zusammenstellen und 1953 vervollständigen ließ, füllt beinahe einen Band in Lexikonformat. Urkundlich erwähnt wurde die Familie erstmals in Warburgum, dem westfälischen Städtchen Warburg. Hierher war sie aus Italien eingewandert, wo sie del Banco, von der Bank, geheißen hatte. Von Warburg zog die Familie nach Hamburg. Dort gründete sie 1798 die Familienbank M. M. Warburg & Co. Sie überlebte alle Wirtschaftsstürme und Krisen und ließ sich 1938 «arisieren». Unter den Warburgs finden sich nicht nur große Bankleute, sondern auch prominente Militärs, Industrielle, Diplomaten, bildende Künstler, Schriftsteller, Wissenschaftler und Komponisten. Sara Warburg, eine der respektablen Frauen dieser Familie, zählte Heinrich Heine zu ihrem Bekanntenkreis, der ihr einmal ein Gedicht widmete. Heines Stiefgroßvater gehörte zum Geschlecht der Schiff, einer jener jüdischen Familien, die in Amerika zu sagenhaftem Reichtum gelangten. Moritz Warburg, ein Sohn Saras, heiratete Charlotte Oppenheim aus jener mit Edelsteinen handelnden Familie, die heute in Südafrika und an der Londoner Edelsteinbörse das Sagen bei Gewinnung und Vermarktung dieser begehrten Kristalle hat. Felix, ein Sproß dieser Ehe mit sieben Kindern, pflegte seine Briefe so zu unterzeichnen:

Er sah die Warburgs am Himmel vertreten — jedes Kind ein Stern des Großen Wagens!

Heute sind die Warburgs in der ganzen Welt verstreut, von New York bis London, Shanghai und Tokio bis Melbourne.

Die jüdischen Finanz- und Bankfamilien hatten im Verlaufe ihrer teilweise jahrhundertelangen Geschäftsgeschichte natürlich ungeheure Erfahrungen und Verbindungen gewonnen. Ihr Geschick war keineswegs «jüdisch», sondern einfach um gute hundert Jahre älter, im Konkurrenzkampf gereifter als das der «christlichen» Kapitalisten, die erst später nachzogen. Jenen erschien der Erfolg jüdischer Unternehmer geheimnisvoll und rätselhaft, ans Übernatürliche grenzend. Fürst Poniatowski, ein Nachkomme des Königs Stanisław August von Polen, hinterließ eine Tagebuchnotiz aus dem Jahre 1892, in der er seine Fassungslosigkeit unverblümt wiedergibt.

Poniatowski war, nachdem er bei den Seligmans ein beträchtliches Bankkonto eröffnet hatte, von Isaak Seligman zum Lunch in den Grillroom des Mills Buildings eingeladen worden, in jenen Tagen das größte Gebäude New Yorks. Dort stellte Isaak den Fürsten den anderen Seligman-Kompagnons vor. Dem Fürsten schien, zwischen ihnen müsse ein übersinnlicher Kontakt bestanden haben. Seine Eindrücke beschrieb er so: «Hätte man meine unerwartete Anwesenheit vier um einen Tisch versammelten Christen erklären müssen, wäre es notwendig gewesen, jedem einzelnen mitzuteilen, daß meine Empfehlungsschreiben von Herrn Soundso unterzeichnet worden waren, daß ich wichtige Dinge nach Paris zu kabeln hatte und der Himmel weiß, was noch alles! Ich sagte vier Christen, aber ich sollte vielleicht das Glaubensbekenntnis genauer definieren, denn vier Protestanten würden nicht einmal diese Hinweise genügt haben.» Seinen Tischnachbarn gegenüber war das nicht nötig. «Worte waren überflüssig», schreibt Poniatowski weiter. «Das Verhalten des Firmenoberhauptes genügte vollauf. Seine Kompagnons wußten ebensoviel über mich wie er selbst. Sie hatten ihn von dem Moment an, da wir Platz nahmen, beobachtet und von seiner Miene den genauen Grad von Entgegenkommen abgelesen, auf den ich in seinen Augen Anspruch hatte. Ich glaube wirklich, daß wenn man einen Kontoauszug verlangt hätte, alle vier Kompagnons imstande gewesen wären, den Betrag auf das Tischtuch zu kritzeln, ohne wesentlich von der Schätzung des Seniorchefs abzuweichen.»

Und wie erklärt sich der Fürst diese «erstaunlichen Fähigkeiten»? — Als eine Gabe der Natur an «diese erstaunliche Rasse»! Dabei war an den Vertretern dieser «Rasse» nichts, aber auch gar nichts erstaunlich. Keine Naturwunder waren sie, nicht einmal sonderlich «gute Juden». Solche pflegten sie nur am Neujahrstag und Versöhnungstag zu sein, wenn sie in die Synagoge gingen. Sonst waren sie Bankiers, und das ausschließlich.

Friedrich Engels machte sich über die kleinbürgerlichen Illusionen lustig, daß das Gold «nach Rothschilds Launen herrschte». Die Unfähigkeit, die Mächte und Sachzwänge, von denen es beherrscht wurde, in den objektiven materiellen Beziehungen zu erkennen, war und ist im Kleinbürgertum noch ausgeprägter als in der Großbourgeoisie. Die Millionen von mittleren Bourgeois und Kleinbürgern, die sich als die Wurzeln des bürgerlichen Baumes sehen, als seine Kapillaren, die tief in die Erde getrieben ihn ernähren, empfanden von jeher die Wirtschaftskrise als etwas Unerhörtes und besonders Empörendes. Gierig nahmen sie auch damals die dunklen Gerüchte auf, es bestehe eine «internationale Verschwörung der jüdischen Bankiers, die alles Geld in der Welt in ihre Hände bringen wollten», wie sie in den siebziger Jahren des vorigen Jahrhunderts in Amerika und Europa in Umlauf gebracht wurden. Mit der Vernichtung der jüdischen Konkurrenz glaubte das Kleinbürgertum auch die Krise beseitigen zu können. So begann etwa 1873 mit den großen Börsenkrachs von Berlin, Wien und Paris auch eine wüste antisemitische Welle.

Auf dem Parteitag der Sozialdemokratischen Partei 1893 geißelte August Bebel den Antisemitismus: «In den ersten Jahren des Deutschen Reiches war ... von einer antisemitischen Bewegung im größeren Umfang nirgends etwas bemerkbar ... Diese Erscheinung (der Antisemitismus, A.J.) aber war die natürliche Wirkung und Folge der ökonomischen Zustände, in welche Deutschland durch den großen Krach von 1873 gelangt war ... Die industriellen Wirtschaftsunternehmen machten ... dem Handwerk furchtbare Konkurrenz; jetzt ... fing innerhalb des kleineren und mittleren Gewerbestandes... das Gefühl sich zu regen an, daß es mit ihm abwärts gehe... Der Haß richtete sich gegen den Juden... Der Konkurrenzkampf spielt heute auch innerhalb der... Kreise mit höherer Bildung eine einflußreiche Rolle... Die allgemein bekannte Tatsache, daß die Juden sich durch ungemeine Ausdauer, Zähigkeit und oft durch Nüchternheit auszeichnen, macht sie dem Gegner noch verhaßter. Der jüdische Student studiert meist fleißig... der germanische schlägt sich in den Kneipen, auf dem Fechtboden oder an anderen Orten, die ich nicht nennen will.» («Große Heiterkeit» vermerkt an dieser Stelle das Protokoll.) Dann rechnet August Bebel mit der antisemitischen Demagogie ab: «Da donnert zum Beispiel einer... bei den Landtagswahlen in Sachsen..., kein Christ dürfe bei einem Juden kaufen; als er aber in der Versammlung seinen Überzieher auszieht, entdeckt einer unserer Genossen in demselben eine jüdische Firma!... Später wurde gesagt, der Betreffende sei so verschuldet, daß keiner seiner christlichen Mitbürger ihm noch etwas borge.»

Die Wirtschaftskrise jener Jahre hatte auch Galizien erfaßt, damals Teil der österreich-ungarischen Monarchie, aus dem Theodor Herzl stammte. Die Krise wirkte hier besonders hart, weil sie den tiefgreifenden sozialen Umschichtungsprozeß verschlimmerte, den der in Galizien und ganz Osteuropa späte, aber dafür um so unerbittlichere Einzug des Kapitalismus auslöste. Das Entstehen von Industrien, die Öffnung zu den Weltmärkten, der massenhafte Import von Industriegütern förderten zwar das Erstarken des kapitalistischen Unternehmertums, darunter auch jüdischer Kapitalisten, verschlechterten aber zugleich die Lage der zahlreichen kleinen Kapitalisten, vor allem der Handwerker und Gewerbetreibenden. Sie standen wirtschaftlich am Rande des Abgrunds, meldeten Konkurs an, kurz gesagt — ihnen winkte das Gespenst der Proletarisierung, der Alptraum jedes Kleinbürgers.

Den jüdischen Kleinunternehmern hatte sich dieses Gespenst ganz besonders fest in den Nacken gekrallt. Nicht nur die allgemeine Lage plagte sie, sondern ihr begannen obendrein die Arbeiter davonzulaufen. Der massenhafte Bankrott jüdischer Manufakturbetriebe in den Ghettos hatte die massenhafte Arbeitslosigkeit der jüdischen Proletarier, die bis dahin vorwiegend in der jüdischen Kleinproduktion beschäftigt waren, bewirkt. Wenn die jüdischen Arbeiter überleben wollten, mußten sie aus der Enge des Ghettos heraus, in die entstehenden Großbetriebe der russischen und polnischen, mit einem Wort der «nichtjüdischen» Kapitalisten. Damit aber drohte den jüdischen Unternehmern der einzige Vorteil gegenüber dem «nichtjüdischen» Kleinbürgertum verloren zu gehen: die überdurchschnittliche hohe Ausbeutung der «eigenen» jüdischen Arbeiter. Verloren sie «ihr Proletariat», so verloren sie ihren Strohhalm im eiskalten Wasser des Konkurrenzkampfes.

Nicht zuletzt hatte das jahrhundertealte, in viele Traditionen eingebettete, zur Denkweise gewordene und vom Antisemitismus immer wieder bekräftigte Dogma, den Juden sei es beschieden, in ewiger Absonderung zu leben, die jüdischen Proletarier fest an den jüdischen Unternehmer gekettet und diesem stets sein «eigenes» Arbeitskräftereservoir gesichert. Als sich die «nichtjüdischen» Arbeiter in den osteuropäischen Ländern schon gegen die Ausbeutung zu wehren begannen, ihre ersten Siege im sozialen Klassenkampf errangen, war es dem jüdischen Unternehmer noch möglich, die jüdischen Arbeiter seiner Manufaktur 17 und 18 Stunden arbeiten zu lassen. Die jüdischen Arbeiter gehörten mit ihren niedrigen Löhnen, den erbärmlichen Arbeits- und Wohnverhältnissen zu den ärmsten Schichten des Proletariats Ost- und Südosteuropas.

Aber nunmehr begannen Kapitalismus und Wirtschaftskrise diese traditionellen Bindungen zu zerfetzen, die Mauern des Ghettos niederzureißen. Mit dem Eintritt des Kapitalismus in sein imperialistisches Stadium, mit dem Ende der «freien Konkurrenz», schien also auch der Endpunkt der Ghettos gekommen zu sein, in denen sich — auf dem Mutterboden der jeweiligen Heimatländer zwar — über Jahrhunderte wirtschaftliche, soziale, kulturelle, religiöse und großenteils auch sprachliche Eigenheiten herausgebildet oder Reste der Mitbringsel aus der Antike erhalten hatten, die sie zu gesellschaftlichen Mikroorganismen machten. Ihre Gesellschaftsstruktur begann sich aufzulösen: nach «oben» hin in die allgemeine Bourgeoisie, nach «unten» ins allgemeine Proletariat.

Es blieb die jüdische Kleinbourgeoisie, die nicht wie in den westlichen Ländern die Höhen der Rothschilds und Warburgs erreichte, die über die unteren, bestenfalls mittleren Sprossen der Stufenleiter der bürgerlichen Gesellschaft nicht hinausgekommen war. Das Kapital, dem sie vor Jahrhunderten mit auf den Marsch zur Weltmacht verholfen hatte, drohte sie nun zu zermalmen. Hier in Osteuropa, wo Ausgang des 19. Jahrhunderts mehr als fünf Millionen Juden lebten, wiederholte sich also noch einmal jener Prozeß, der vor rund fünfhundert Jahren in West- und Südeuropa die jüdischen Gemeinden vor die Wahl der Assimilierung oder des Ausweichens gestellt hatte. Nur — jetzt war die Auswahl ungleich schwieriger, denn der Kapitalismus hatte seinen Siegeszug um die Welt inzwischen vollendet, alle Poren feudalistischer Übergangsverhältnisse verstopft.

Damals als die Poren zuerst in Westeuropa geschlossen wurden, hatte ihnen der historisch unterschiedliche Entwicklungsgrad der europäischen Länder das Überleben noch einmal ermöglicht. Als in Spanien und Portugal das Bürgertum vom Bluttrunk des Handels mit den Negersklaven aus Afrika und der einsetzenden Ausplünderung dieses Kontinents erstarkt war, schaffte es sich auch seine jüdischen Konkurrenten vom Halse.

Als Kolumbus Amerika entdeckte, bestimmten die katholischen Monarchen Spaniens, daß alle Juden entweder den christlichen Glauben anzunehmen oder das Land zu verlassen hätten. Von den Juden, die dazu nicht bereit waren, ging ein Teil nach Marokko und Algerien, ins osmanische Reich und auf die Balkanhalbinsel. Die nach Marokko, Algerien, Griechenland, Jugoslawien, Bulgarien und in die Türkei ausgewanderten Juden — die «Spanischen» oder «Sephardim» — sprachen einen alten spanischen Dialekt, hatten eigene Traditionen und eine eigene Kultur. Ein anderer Teil, vornehmlich die reicheren Juden, wandte sich von der Iberischen Halbinsel aus nach den fortgeschritteneren Staaten Westeuropas: nach England, Holland, Frankreich und in die deutschen Hansestädte.

Viele jüdische Familien, deren spanische oder portugiesische Namen hernach weltbekannt wurden, wie der britische Staatsmann Disraeli oder der Philosoph Spinoza in Holland, kamen auf diesem Wege in ihre späteren Heimatländer. Einige wenige Juden aus Spanien gelangten nach Brasilien und von dort aus in die Neue Welt. Von ihnen stammen einige heute reiche amerikanische Familien ab wie die Cardozo, Baruch, Lazarus, Nathan, Solis, Gomez, Lopez, Lombroso und Seixas.

Die Sephardim betrachten sich als die vornehmsten Juden, weil sie, als kulturelle Gruppe, wie sie von sich sagen, die längste ununterbrochene Geschichte der Einheit und des Leidens für sich beanspruchen dürften.

Aus Deutschland wich den beschriebenen antijüdischen Ausschreitungen ein großer Teil der Juden nach Osten aus. Hier herrschte noch die feudale Gesellschaftsordnung, bestanden im Vergleich zu Westeuropa primitive naturalwirtschaftliche Verhältnisse. Hier konnten sie noch und wieder als Organisatoren der geldwirtschaftlichen Beziehungen wirken, als «ein besonderes Glied in der bürgerlichen Gesellschaft», wie Marx ihre Rolle charakterisierte.

Polens König Sigismund I. nahm zwischen 1500 und 1550 fast eine halbe Million deutscher Juden auf. Die jüdischen Auswanderer aus Deutschland, mitunter auch Ashkenazim genannt, siedelten in großen und kompakten Gruppen. Sie brachten ihre eigene Sprache mit, die im mittelhochdeutschen Wortbestand wurzelte, in den Reste des alten palästinensischen hebräisch-aramäischen Wortgutes aufgenommen worden waren und die sich im Laufe der Zeit mit russischen und polnischen Worten zum Jiddischen entwickelte. Jiddisch wurde zur Sprache der Schtetl Osteuropas, seiner bediente sich Ausgangs des vorigen Jahrhunderts mehr als fünf Millionen Menschen.

Die polnischen Könige lenkten die Juden in die von ihnen gerade erst eroberten Gebiete Weißrußlands, der Ukraine und Litauens. Als feudale Großgrundbesitzer verboten sie ihnen wohlweislich den Landerwerb, dafür hielten sie sie zur Gründung von Siedlungen und Städten an, um mit ihrer Hilfe die ländlichen Gebiete zu erschließen. «Der Handelsverkehr auf seiner ersten, rohesten Stufe, wo er noch bloßer Schacher war, wurde den hausierenden Juden überlassen», bemerkte Friedrich Engels in seinem Aufsatz «Die Polendebatte in Frankfurt». So entstanden in jenen Gegenden Städte und Ortschaften, die überwiegend von Juden besiedelt waren. Die Masse von ihnen griff zu Handwerk und Kleinhandel; nur ein kleiner Teil gelangte zu Reichtum — als Fernhändler, Bankier oder als Pächter der polnischen Adelsgüter. Und wie seinerzeit in den deutschen Fürstentümern gerieten die reichen Juden auch hier wieder in eine dubiose Position: Sie besaßen Geld, aber keine politischen Sicherheiten. Der jiddisch schreibende amerikanische Prosaist Isaak Bashevis Singer beschreibt in dem 1980 im Reclam-Verlag erschienenen Paperback «Der Fatalist» diese Situation am Beispiel des Reb Naphtali, der die Güter des Fürsten Czartoryski verwaltete: «Da dieser Reb Naphtali zwanzigtausend Gulden schuldete, war der Besitz des Fürsten ein Dauerpfand, und Reb Naphtali hatte sich auch eine Wassermühle und eine Brauerei gebaut und Hunderte von Morgen Land mit Hopfen bepflanzt!»

Waren die Schulden des Fürsten wirklich ein Dauerpfand? Was würde mit Reb Naphtali geschehen, ließen der Fürst und seinesgleichen die Gesetze ändern und ihn davonjagen? Oder was könnte dem «Hofjuden» zustoßen, den Singer so schildert: «Jeder polnische Grundbesitzer hatte seinen Hofjuden, und ohne ihn hätte keiner von ihnen auch nur ein Hemd auf dem Leibe gehabt. Der Hofjude kümmerte sich um alle Angelegenheiten der Edelleute, weil ihre Verwalter, Kommissare, Haushofmeister und wie sie sich immer nannten, nichts anderes konnten als saufen und die Bauern auspeitschen. Der eigentliche Macher war der Hofjude.»

Die «eigentlichen Macher» waren die Hofjuden und die Reb Naphtalis — und wenn die polnischen Fürsten ihrer Schulden nicht mehr Herr wurden, brauchten sie die Wut der von ihnen ausgepeitschten Bauern nur gegen die Juden zu lenken, und schon schlugen sie drei Fliegen mit einer Klappe.

Auf diesem sozialen Hintergrund, den der 1904 geborene Singer noch aus seiner Jugend kannte, war es bereits um die Wende des 17. Jahrhunderts zum furchtbaren Judengemetzel gekommen. Es ereignete sich während der ukrainischen Bauernaufstände, der Haidamakenkriege Chmelnizkis gegen die polnischen Könige und Feudalherren, die zwischen sich und den ausgebluteten ukrainischen Bauern den jüdischen Pächter, Zöllner, Steuereintreiber, Schnapsbrenner und Getreidehändler geschoben hatten. Diese wurden nun die Hauptopfer der Klassenkämpfe zwischen Bauern und Grundherren. Jedesmal aber zogen auch die nicht weniger als die polnischen Grundherren raffgierigen Hofjuden und Reb Naphtalis die jüdischen Massen der Ghettos — die nicht weniger arm waren als die ukrainischen Bauern — mit in die Katastrophen hinein. Sowenig wie die ukrainischen Bauern erkannten die verarmten jüdischen Massen, wo der wirkliche Klassengraben verlief.

Wie sollten sie auch zu dieser Erkenntnis gelangen, wenn im Wüten der Pogrome nicht zwischen jüdischen Katen und Villen unterschieden wurde, wenn «die Juden» von «den Ukrainern», «den Deutschen», «den Polen» oder «den Russen» niedergemetzelt wurden? Auf diese Weise säte die Reaktion schon vor Jahrhunderten ein Unkraut, das erst viel später zur vollen Blüte kommen sollte: die nationalistische Zwietracht und Feindschaft zwischen den einzelnen nationalen Gruppen der Arbeiterklasse. Ob damals in Polen, Litauen, Rußland und Deutschland oder heute in Israel — den Nutzen hatte immer nur die Klasse der Unterdrücker, und zwar die gesamte.

Die nationalistische Feindschaft gegen die Juden brachte auch den jüdischen Unternehmern in den Ghettos Vorteile. Solange das Mißtrauen zum russischen Proleten groß genug war, liefen «ihre Arbeiter» nicht davon. Erst mit der Revolution 1905 in Rußland und dem politischen Erwachen der Arbeiterklasse sollte sich einiges ändern. Die revolutionären Ereignisse machten natürlich keinen Bogen um die Schtetls, in denen Ausgang des 19. und zu Beginn des 20. Jahrhunderts unvorstellbares Elend herrschte.

Wie war es dazu gekommen?

Mit der ersten Teilung Polens fielen 1772 auch die am dichtesten von Juden besiedelten Gebiete an Rußland. Die russische Feudalklasse verbot den Juden, ins Innere des Landes zu übersiedeln und begrenzte 1835 ihre Aufenthaltsgenehmigungen auf einen sogenannten Ansiedlungsrayon in der Ukraine, in Belorußland, in Litauen und Teilen der anderen baltischen Provinzen. Mit der Ausbreitung des Kaptitalismus auf dem Lande wurde den Juden 1882 schließlich auch das Siedeln in ländlichen Gebieten selbst dieses Rayons beschränkt. So kam es, daß von den 5 082 343 Juden, die 1897 im europäischen Rußland gezählt wurden, 94 Prozent im Rayon lebten und sich hier wiederum vor allem in den Städten konzentrierten. Von der Bevölkerung von Minsk waren 57 Prozent Juden, von Gomel — 55 Prozent, Białystok — 63 Prozent, Witebsk — 52 Prozent, Vilnius — 41 Prozent, um nur die wichtigsten Städte zu nennen. Von der städtischen Bevölkerung Belorußlands und Litauens waren durchschnittlich 52 Prozent Juden, 18 Prozent Russen und der Rest Polen, Belorussen und Litauer.

Die soziale Lage dieser auf engstem Raum zusammengepreßten jüdischen Menschen wurde durch zwei Besonderheiten beeinflußt. Zum einen hatte das jüdische Handwerk über die Jahrhunderte ein spezifisches Gepräge erhalten: Im großen und ganzen hatte es immer nur für die Bedürfnisse des Ghettos und der jüdischen Kleinstädte zu sorgen, für deren Händler, Wechsler, Bankiers, Schankwirte und Ladenbesitzer, nicht aber — wie die deutschen, russischen oder polnischen Handwerker — für die wirtschaftlichen Bedürfnisse der Bauern und später auch der Städte insgesamt. Die Bedürfnisse der jüdischen Bevölkerung wurden obendrein noch durch die religiösen Vorschriften für Bekleidung und Ernährung bestimmt, woraus sich der verhältnismäßig hohe Anteil der Schneider, Schuhmacher, Kürschner, überhaupt des Bekleidungsgewerbes von über 50 Prozent am Handwerk erklärt. Zum anderen bewirkte die große Konzentration von Juden in verhältnismäßig wenigen Städten eine Überfüllung der typisch jüdischen Berufsgruppen. In den Gouvernements Witebsk und Mogiljow waren 1914 von je 1 000 Personen 52,9 im Handel tätig, im Bekleidungsgewerbe 24,3, im Bankwesen 6,8 und im Erziehungswesen 6,0. In den nahe gelegenen Gouvernements Pskow und Smolensk hingegen, die für Juden gesperrt waren, kamen auf je

1 000 Personen 19,5 im Handel, 11,3 im Bekleidungsgewerbe und 2,3 im Erziehungswesen Beschäftigte. Auf 1 000 Einwohner in einem Ort außerhalb des Rayons entfielen bloß 4,7 Schneider, 4,9 Schuster, im Rayon 16,7 Schneider und 15,0 Schuster.

Die jüdischen Städte charakterisierte also eine kleinbürgerliche soziale Struktur, und das jüdische Proletariat war im wesentlichen ein Handwerksproletariat. Selbst noch Anfang der dreißiger Jahre, als schon 43 Prozent der polnischen Arbeiterklasse in Großbetrieben arbeiteten, waren dort von den jüdischen Arbeitern nur 3 Prozent beschäftigt.

Gewiß bedarf es keiner weit ausholenden Begründung mehr dafür, daß die sich rasant verschärfende kapitalistische Konkurrenz und die Wirtschaftskrise zu verheerenden Folgen für die jüdischen Kleinunternehmer und noch viel mehr für die Arbeiter führten. Lassen wir den französischen Schriftsteller Albert Londres als Augenzeugen zu Wort kommen, der die Zustände im Ghetto von Lemberg (Lwow) schildert: «Die Straßen sind noch gar nichts, das wahre Lemberger Ghetto ist im Innern der Häuser. Wir haben drei Tage damit verbracht, sie zu besuchen. Wenn wir Rechenschaft über diese Arbeit ablegen wollen, müßten wir eine Straße nach der anderen anführen, und, mit der Hausnummer 1 beginnend, eine Liste dieser Art aufstellen:

Synagogengasse Nr. 1: neun Familien mit je fünf bis acht Kindern, die vor Hunger und Kälte schreien und auf dem mistigsten Mist faulen.

Nr. 2: zehn Familien. Dasselbe.

Nr. 3 und 4: zu beiden Seiten der Straße bis ans Ende: dasselbe. Dasselbe in den Straßen, die ansteigen, den ebenen Straßen, den Sackgassen. Vorgestern von zwei bis sechs, gestern von neun Uhr bis Mittag, heute von eins bis sieben: dasselbe.

Am ersten Tag mußte ich einmal aus einem dieser Löcher schnell herausstürzen, weil ich sonst infolge des Gestanks erbrochen hätte. Dasselbe geschah einmal am zweiten Tag und zweimal am dritten. Die beiden Juden, die mich begleiteten, weinten; sie setzten sich am Abend zwar an meinen Tisch, konnten aber nichts essen.

In der Słoneczna-Straße (Sonnenstraße) steigen wir in einen

Keller hinunter. Meine Begleiter zünden ihre Kerze an, und wir kriechen vorwärts. Keine Menschenstimme ist zu hören, und doch wohnen hier unter der Erde zweiunddreißig Menschen. Wir stoßen eine Tür auf. Wo sind wir? Wir waten durch Schlamm. Eine Luke, vom Schnee verstopft, läßt ein bleichsüchtiges Licht durch. Feuchtigkeit schlägt uns entgegen und legt sich wie ein Schleier um unsere Gesichter. Wir leuchten die Höhle mit unseren Kerzen ab. Wir erblicken zwei kleine Kinder von drei bis vier Jahren, die nur mit einem Hemd bekleidet sind und mit Lumpen an Händen und Füßen — ihre Haare sind offenbar, seitdem sie das Unglück hatten, auf diesen Köpfen zu wachsen, niemals gekämmt worden; vor Kälte zitternd, stehen sie vor einer elenden Lagerstatt. Uns scheint, daß sich darauf etwas bewegt. Wir halten die Kerze tiefer. Eine Frau liegt da. Worauf? Auf nassen Holzspänen? Auf Streu? Ich strecke die Hand aus: Es fühlt sich kalt und klebrig an. Das, womit sie zugedeckt ist, hat wohl einmal Federbett geheißen; jetzt ist es ein Brei aus Federn und Stoff; wie wenn es eine Mauer wäre, so sickert Feuchtigkeit heraus. Zwei ganz kleine Kinder, vier und fünfzehn Monate alt, liegen noch unter dem Federbrei. Das größere lächelt dem Licht zu, das wir in seine Nähe bringen.

Die Frauen, die vor Elend heulen, klammern sich an uns, so daß wir sie, als wir wieder an die Oberwelt wollen, bis zur Treppe nachziehen müssen. Auf der Straße strecken sie uns mit flehenden Worten und mit Wangen, die von Tränen glänzen, ihre Kinder im bloßen Hemd entgegen und wollen uns so am Fortgehen hindern. ‹Geben Sie ihnen nichts›, sagen mir meine Begleiter. ‹Eisenbahnzüge voller Złoty wären nötig, um diesem Jammer abzuhelfen. Er macht sie idiotisch, blind, bucklig. Die Kinder verfaulen. Geben Sie nichts... geben Sie nichts.›»

Erst mit der Oktoberrevolution 1917 sollte wenigstens für die jüdischen Arbeiter Rußlands eine neue Etappe beginnen, die sozial, national und kulturell eine vollkommene Umwälzung, einen Neubeginn bedeutete. Bis dahin war es aber für sie noch ein schwerer Weg.

Die katastrophale soziale Lage zwang zwischen 1881 und

1908 mehr als 2,1 Millionen jüdische Menschen zur Flucht vor der Not. Allein aus Rußland wanderten 1,5 Millionen Juden aus. Deklassierung und Elend lassen sich ermessen, wenn man erfährt, daß vor der Oktoberrevolution unter rund 800 000 Juden der Westukraine etwa 100 000 Schnapsschenke und 25 000 Bettler gezählt wurden. Die Menschen flohen hauptsächlich aus den Schtetln. Hier war die Hoffnungslosigkeit am größten, füllten sich die Synagogen mit den Verzweifelten. Der von jahrhundertelanger Wiederholung schon zur Floskel gewordene Schwur der alten Judäer «Im eshkachech Jerushalaim, tishachach jemini» — «Wenn ich Dein vergesse, Jerusalem, verdorre meine Rechte» — kommt vielen wieder mit größerer Inbrunst von den Lippen. Die von den zaristischen Behörden zur Ablenkung des Volkes häufiger entfachten Pogrome machen die Verzweiflung noch größer, schüren aber auch nationalistische Gegenstimmungen.

Nicht überall jedoch ist Hoffnungslosigkeit das Bestimmende. Im Süden Rußlands, vor allem in den großen Städten Odessa, Nikolajew, Kiew, Charkow beginnen sich die fortschrittlichsten jüdischen Schichten in die sozialdemokratische Bewegung zu integrieren. Sie beteiligen sich an marxistischen Studienzirkeln, lernen die sozialen Wurzeln der nationalen Unterdrückung verstehen. Erstmals 1903 schließen sich in Gomel jüdische und nichtjüdische Arbeiter zu bewaffneten Gruppen zusammen und organisieren den Kampf gegen Pogrome. Im gemeinsamen Handeln wurde die Perspektive allmählich klarer: Die Revolution der Proletarier aller Nationalitäten zur Vernichtung des bürgerlichen Staates würde die Ursachen der sozialen und nationalen Unterdrückung beseitigen. Sie würde dem jüdischen Arbeiter das *doppelte* Joch von den Schultern nehmen, welches ihn niederdrückte: die soziale Knechtung und die nationale Ungleichheit. Hierin lag aber auch sein wesentlicher Unterschied zu den Reb Naphtalis. Jene konnten sich mit ihrer politischen Gleichstellung zufriedengeben. Den «Widerspruch des Juden zum Staat», in dem sie lebten, sahen sie im Mangel an politischer Sicherheit. Sie standen nicht im Widerspruch zum *bürgerlichen* Staat, sondern lediglich zur Einschränkung ihres Platzes *in* diesem Staat.

Ganz anders dagegen war die Lage, in der sich der jüdische Arbeiter im Osten befand. Selbst wenn er — wie in Frankreich, Großbritannien, Österreich — zu nationaler Gleichberechtigung käme, änderte sich nichts an seinem sozialen, an seinem Klassenwiderspruch zum bürgerlichen Staat, zur Bourgeoisie überhaupt. Um diesen Widerspruch zu lösen, müßte er eines Tages sein Gewehr auch gegen Reb Naphtali richten.

Die jüdische Bourgeoisie verstand diese eherne Logik des Klassenkampfes genau. Sie befand sich in einer komplizierten Lage: Zu den sozialen und wirtschaftlichen Kräften, die die Ghettomauern zum Einsturz brachten, drohten politische und ideologische hinzuzukommen. Waren von ihr die ersteren nicht beherrschbar, so mußte doch in politischer Hinsicht etwas unternommen werden, damit die jüdischen Massen «ihre» Massen blieben. Vordringlich war daher, den Teil der jüdischen Arbeiter herauszulösen, der unter revolutionären Einfluß geraten war und begann, sich am allgemeinen Kampf der Arbeiterklasse zu beteiligen. Dieser Teil trug den Bazillus internationalistischer Gemeinsamkeit der Arbeiterklasse in sich, dessen Übertragung auf die jüdischen Massen vorgebeugt werden mußte. Für die jüdische Bourgeoisie war das doppelt wichtig, da man die Massen ja nicht nur für sich gewinnen wollte, sondern sie sich hernach — in einem jüdischen Staat — auch lenken lassen mußten.

Bei der Suche nach einem Ausweg aus der Sackgasse, in die sich die jüdische Bourgeoisie gedrängt sah, war die Idee entstanden, einen eigenen Staat zu schaffen, ihren Staat, in dem sie schalten und walten konnte. Die jüdische Bourgeoisie, so schreibt der amerikanische Historiker Walter Laqueur, war an einem «Staat vor allem als Markt und als profitables Feld für Investitionen und Spekulationen interessiert».

Der Ausweg wurde von verschiedenen Leuten an verschiedenen Orten durchdacht, beschrieben, erörtert und diskutiert. Da gab es David Gordon in Lyck, der berühmten Druckerstadt großer Folianten des Talmuds, Moses Hess mit seinem Buch «Rom und Jerusalem», den Rabbi Zvi Hirsch und viele andere.

Erneut wollte man in ein Gebiet ausweichen, in dem man noch einmal zu einer Renaissance als Träger des Handels und der Geldwirtschaft kommen konnte. Als Siedlungsgebiete wurden Länder in Erwägung gezogen, in denen der Übergang zum Kapitalismus erst einsetzte und noch feudalistische Verhältnisse vorherrschten. Theodor Herzl kritzelte sie einmal in einem seiner vielen, aber kühl verlaufenden Dispute mit Lord Rothschild in London auf einen Zettel: «Sinaihalbinsel, Ägyptisch-Palästina, Cypern» sowie Uganda in Britisch-Ostafrika. Zuvor war schon mit der Gründung einer jüdischen Kolonie in Argentinien begonnen worden, doch das scheiterte später. Letztlich setzte sich im Streit der Anhänger von Herzls Partei Palästina durch, das Gelobte Land der Bibel und des Talmuds.

Traum und Wirklichkeit

Auf dem Papier nahmen sich Herzls schwärmerische Ideen, ein frühbürgerliches Venedig wiederzubeleben, nicht schlecht aus. In der Praxis jedoch ließen sich zunächst weder die jüdische Hochfinanz noch die jüdischen Massen dafür begeistern. Oft genug raste Herzl über den «Wortbruch der Banklumpen-Kerle». Lediglich das Bankhaus Kann aus Den Haag, Verwalter des Vermögens der Royal Dutch Family, unterstützte ihn. Die großen Finanzhäuser aber wie die Rothschilds oder Seligman-Marx in Frankfurt winkten ab. Was sollte der jüdischen Hochfinanz auch der Schnickschnack des Herrn Herzl von den gelbhosigen Kürassieren in Palästina? Die würden unter der heißen Sinaisonne in ihren Waffenröcken nur schwitzen und ihm wieder davonlaufen. Mit solch kleinkarierten venezianischen Schnurren durfte man ihnen nicht kommen. Nicht ihnen, die in Feenhäusern mit gotischen Türmen schwelgten, wie Felix Warburg. Jene begaben sich in privaten Eisenbahnwaggons in die Ferien. Ganze fünf Wagen waren nötig, um Jacob Schiff und sein Gefolge zu befördern, die Köche, Tafelmeister, Butler, Kammerdiener und Zofen. Denen konnte man nicht mit jüdischer Nostalgie kommen. Dafür gaben sie, wie das bei Bourgeois üblich ist, ein- oder zweimal im Jahr Wohlfahrtsspenden, um hernach wieder ihren Seelenfrieden zu haben.

Wer sie ernsthaft gewinnen wollte, der mußte schon mit gewinnträchtigen Angeboten aufwarten und vor allem selbst aus anderem Holz geschnitzt sein. Beispielsweise aus dem der slowenischen Wälder, aus dem sich Eisenbahnschwellen schneiden ließen. Dorther, aus den Wäldern von Belice, holte der clevere David Wolffsohn, der spätere Nachfolger Herzls als Präsident der zionistischen Weltorganisation, sein Holz. Er und andere waren die geschäftsgewandten, rastlosen und weitsichtigen Unternehmer, die wußten, daß mit Banken mehr Kolonien zu holen sind als mit Kanonen — welche natürlich auch gebraucht würden. Jene hatten Sinn für «jüdische Geschichte», verfolgten eisern ihr Ziel, wobei es ihnen auf zwanzig, dreißig oder vierzig Jahre nicht ankam.

Wolffsohn sezte daher auf dem zweiten Jüdischen Weltkongreß 1898, dem «Bankkongreß», die Gründung der Jüdischen Colonial-Bank vornehmlich für Gebiete «im Orient, insbesondere in Palästina und Syrien» durch. Im März 1901 wurde als ihre Filiale die Anglo-Palestine Company gegründet, mit einer Bank in Jaffa. Ihr Leiter, David Levontin, schloß mit dem türkischen Pascha von Jerusalem, dem Verwalter der Sultansdomänen, einen Pachtvertrag über 99 Jahre ab; auch die Konzession zur Ausbeute der Phosphatlager am Toten Meer gehörte dazu. Schon im August 1906 konnte sich Wolffsohn von Levontin berichten lassen: «Die Bank gibt Kredite an alles, was gesund ist: Ackerbau, Industrie, Handel.» Ihre Niederlassungen konnten ausgedehnt werden auf Jerusalem, Hebron und Beirut.

Nun durfte sich Wolffsohn guten Mutes bei den Pariser Rothschilds anmelden, die an der Spitze der europäischen Finanziers standen. 1874 hatten sich die Rothschild, Belmont, Seligman und Morgan — die einzige «nichtjüdische» Gruppe unter ihnen — zusammengeschlossen und waren mit ihren Zentren in New York, London, Paris und Frankfurt zur mächtigsten Allianz geworden, die bis dahin die Bankgeschichte jemals gesehen hatte. Sie waren nicht gewohnt, sich an Unternehmungen zu beteiligen, die sich nicht unter ihrer Kontrolle befanden.

Wolffsohn hatte Baron Edmond de Rothschild wissen lassen, daß er ihn aufsuche, damit dieser für einen wohltätigen Fonds zugunsten der Kinder des inzwischen verstorbenen Herzl zeichne. Er war nicht überrascht, als Rothschild sich zunächst nicht sprechen lassen wollte. Wolffsohn aber vertraute auf seine Geschäftsgrundlage: die Bank und die Eisenbahnschwellen aus slowenischem Holz, die, wie er herausgefunden hatte, einen Hauptposten im Handel der Rothschilds mit den USA bildeten. Es bedurfte nur wenig mehr als einer Stunde, und der Baron gestand, wie ihm am Zionismus doch manches gefalle,

*Chaim Weizmann
(1874—1952)*

zum Beispiel die Bank, die Anglobank in Jaffa ganz besonders, und Herr Wolffsohn solle nur kommen, so oft er wolle, er würde ihm stets mit seinem Rat zur Seite stehen. Dem Herzlkinderfonds überschrieb er einen ansehnlichen Betrag, noch immer mit Vorsicht jedoch: «Versteht sich anonym, Herr Wolffsohn! Sie geben mir Ihr Wort, es darf keiner erfahren!»

Wolffsohn und mit ihm andere führende Köpfe der zionistischen Partei, wozu auch schon der spätere erste Präsident Israels Chaim Weizmann gehörte, konnten mit den ersten Erfolgen zufrieden sein: Das Großkapital begann Interesse zu zeigen. Als sein nächster Vertreter meldete sich der Bankier Jacob Schiff bei Wolffsohn an. Sie sprachen über die Kolonisation. Schiff wollte in Mesopotamien «kolonisieren», und wenn er wieder nach Hause, nach New York, käme, würde er auch andere zu gewinnen versuchen, verspricht er. «Helft mit in Mesopotamien, ihr Zionisten, dann werdet ihr unser Vertrauen gewinnen.»

Das Verhältnis zum Großkapital war also in Gang zu bringen. Dabei kam den Zionisten auch die Rivalität zwischen den imperialistischen Mächten zugute. Herzls Nachfolger verstanden es, deren Interessenlage nüchtern für den eigenen Zweck zu handhaben.

Ihnen war nicht entgangen, daß sich in der letzten Phase des ersten Weltkriegs die Widersprüche zwischen Großbritannien und Frankreich über die Aufteilung des Nahen und Mittleren Ostens in Einflußsphären zugespitzt hatten. Niemand zweifelte zu diesem Zeitpunkt mehr daran, daß die Türkei zu den Verlierern dieses Krieges gehören und damit ihre Herrschaft über jene Gebiete verlieren würde. «Wenn Großbritannien verhindern will, daß Palästina einer anderen Macht zufällt, so muß es auf der Hut sein und jedem Eindringen anderer Mächte einen Riegel vorschieben», schrieb Chaim Weizmann im März 1915 an den Engländer C.P.Scott. Zu diesem Zweck bot er die Dienste eines jüdischen Staates an. «Ein starker jüdischer Staat in der ägyptischen Flanke ist ein wirksamer Schutz gegen jede etwaige Gefahr vom Norden. England hätte in den Juden die geeignetsten Vermittler, die besten Dolmetscher ihrer Ideen in den östlichen Ländern, sie wären eine Brücke zwischen zwei Zivilisationen.» Zwar sei letzteres nicht unbedingt ein praktisches Argument, gab Weizmann in diesem Brief zu, doch dürfte es «sicher bei einigen Politikern, die gern fünfzig Jahre voraussahen, schwer ins Gewicht fallen».

Es fiel ins Gewicht. Weizmann hatte sich nicht getäuscht. Es wog um so mehr, als sich nach dem britisch-französischen Sykes — Picot — Geheimabkommen vom Mai 1916, welches die arabische Welt in Einflußzonen aufteilte und das nach dem Sieg der Oktoberrevolution 1917 von der Sowjetregierung als ein Dokument der Geheimdiplomatie des Zarismus veröffentlicht wurde, die Auseinandersetzungen um die Vorherrschaft im Nahen Osten noch weiter zuspitzen. Hinzu kam als weiterer Faktor das Unabhängigkeitsstreben der arabischen nationalen Kräfte. Im ersten Weltkrieg kämpften sie auf seiten der Entente gegen die türkische Vorherrschaft. Dafür war ihnen von Großbritannien und Frankreich versprochen worden, daß sie nach dem Sieg unabhängige arabische Staaten zulassen würden. Nun begannen die Araber die Einlösung des Versprechens zu fordern. Der britischen Regierung war in dieser Situation daran gelegen, Argumente für die Errichtung ihres Mandats über das

Zentrum der arabischen Welt, Palästina, zu bekommen. Sich für die Errichtung einer Heimstatt der Juden einsetzen zu wollen erschien den englischen Politikern als ein international wirksames Argument. Also verband man in der britischen Regierung die zionistische Idee von der Gründung des Judenstaates mit dem eigenen Bestreben nach dem Mandat über Palästina. Im Sommer 1916 nahmen Vertreter der zionistischen Bewegung und Mark Sykes, stellvertretender britischer Verteidigungsminister und Mitverfasser des erwähnten Sykes-Picot-Abkommens, Verhandlungen auf.

Nahezu ein halbes Jahrhundert sollte vergehen, ehe die Welt erfahren durfte, was damals ausgehandelt wurde. Zwei Journalisten der «Sunday Times» enthüllten 1969 in ihrem Buch «Die geheimen Leben des Lawrence von Arabien» auf der Grundlage bis dahin geheimer Archivpapiere des britischen Außenministeriums die Abmachungen jener Gespräche. Die Vertreter der zionistischen Bewegung verpflichteten sich offiziell, England bei der Herbeiführung und Errichtung des britischen Mandats in Palästina zu unterstützen, wenn die Krone als Gegenleistung eine jüdische Heimstatt förderte. Das britische Versprechen aus den Verhandlungen mit der zionistischen Organisation wurde in einem Brief von Außenminister Arthur James Lord Balfour an Lord Rothschild am 2. November 1917 schriftlich bestätigt. «Die Regierung Seiner Majestät betrachtet mit Wohlwollen die Schaffung einer nationalen Heimstätte für das jüdische Volk in Palästina und wird ihr Bestes tun, die Erreichung dieses Zieles zu erleichtern, wobei, wohlverstanden, nichts geschehen soll, was die bürgerlichen und religiösen Rechte der bestehenden nicht-jüdischen Gemeinschaften in Palästina oder die Rechte und den politischen Status der Juden in anderen Ländern in Frage stellen könnte.»

Damit hatte die zionistische Bewegung ihren ersten großen internationalen Erfolg erreicht. Das britische Versprechen ermutigte sie, ihre Vorstellungen von der nationalen Heimstatt auf den Tisch zu legen. Im Februar 1919 breitete die von ihr zur Pariser Friedenskonferenz entsandte Delegation eine Karte vom zukünftigen jüdischen «Heim» auf dem Beratungstisch aus. Ihr zufolge sollten zu diesem Heim gehören: im Norden ein be-

Arthur James Balfour (1848–1930)

Faksimile der Balfour-Deklaration (1917)

deutender Teil des heutigen Libanons mit den Häfen Tyr und Saida, der größte Teil Syriens, die Golanhöhen, die Städte Banias und Kuneitra, im Osten das gesamte Westufer des Jordans, im Süden der Hafen Akaba, das Gebiet von Gaza und ein bedeutender Teil der Sinaihalbinsel. Die auf jener Karte eingezeichneten Grenzen des jüdischen Staates verliefen nur fünf Meilen von Amman entfernt, fünfzehn Meilen von Damaskus und zwanzig von Beirut.

Man war sich wohl schon damals in der zionistischen Organisation im klaren darüber, daß ihre territorialen Ambitionen auf den Widerstand der Araber stoßen würden. Um dem vorzubeugen, hatte sich Weizmann am 11. Dezember 1918 im Hotel Carlton in London mit Emir Feisal getroffen, der damals die Regierung von Damaskus leitete. Wie sich aus den vorliegenden Dokumenten schlußfolgern läßt, bot Weizmann die wirtschaftliche Hilfe der zionistischen Bewegung an, wenn Feisal der Einwanderung und Ansiedlung von Juden in Palästina entsprechend der Balfour-Deklaration sein Einverständnis geben würde. Vermittler dieses Gesprächs war ein Mann, den Feisal für seinen guten Freund und engen Vertrauten hielt — der britische Geheimagent T. E. Lawrence. Dieser wohnte denn auch als Dolmetscher der Begegnung zwischen Weizmann und Feisal bei. Sein Auftrag bestand darin, aus dem Gespräch der beiden das Beste für das englische Kapital herauszuschlagen.

Das Beste für Großbritannien konnte nur das Schlechte für Frankreich sein. Das Ergebnis läßt sich einem Brief von Lawrence entnehmen, den er am 28. September 1919 an seinen Freund Allen D. schrieb, der als Stabsoffizier der britischen Armee in Palästina diente. Von der Annahme ausgehend, daß Frankreich versuchen würde, Feisal mit Geld zu ködern, schrieb Lawrence: Feisal «wird antworten, daß er ihr (der Franzosen — A.J.) Geld nicht braucht, weil zu dieser Zeit die Zionisten ihr Zentrum in Jerusalem haben und ihn finanzieren werden ... Sie werden den gesamten Osten finanzieren wie auch Syrien und Mesopotamien, so hoffe ich. Die höchsten jüdischen Kreise haben keine Lust, nur in Palästina groß zu investieren, weil dieses Land — abgesehen vom sentimentalen Gewinn — wenig Profit verspricht. Sie aber wollen sechs Prozent.» Zwischen die ersten beiden Sätze hatte Lawrence folgende Klammer geschoben: «Dies ist alles schriftlich und definitiv fixiert, aber bewahre Sie Gott davor, es in die Presse zu bringen.»

Hier war eines der übelsten kolonialen Ränkespiele der Geschichte gelaufen. Großbritannien hatte Palästina gleichzeitig arabischen Emiren wie der zionistischen Bewegung versprochen, wußte man doch, daß jeder danach trachten würde, den anderen zu verdrängen. Frankreich aus dem Rennen werfen, Juden und Araber gegeneinanderhetzen — alles zum Wohle der englischen Bourgeoisie. Divide et impera — teile und herrsche. Der britische Imperialismus hatte die Wurzeln für nationale Feindschaften, für Haß und Spannungen gelegt, die noch viele Jahre, ja Jahrzehnte danach ihre giftigen Triebe hervorbringen sollten.

Achtzehn Jahre nach dem Tode ihres Gründers erfuhr Herzls zionistische Partei ihre wohl wichtigste internationale Aufwertung, indem sie im 1922 vom Völkerbund gebilligten Mandatsvertrag für Palästina offiziell Partner der britischen Regierung wurde.

Bei der Aufteilung des Osmanischen Reiches als Kriegsbeute der Entente hatte es die britische Krone verstanden, auf der Konferenz von San Remo im April 1920 das Mandat — man nannte das in höflicher Umschreibung auch Treuhandschaft — über Palästina zu erlangen. Eine Delegation der zionistischen Weltorganisation, geleitet von ihrem Vizepräsidenten Chaim Weizmann, hatte das Anliegen Londons warm unterstützt. Im Friedensvertrag von Sevres wurde Großbritannien im Artikel 95 am 10. August 1920 das Mandat übertragen.

In der Präambel des Mandatsvertrages war der wichtigste Teil der Balfour-Deklaration verankert. Das Mandat sah vor, in Palästina solche «politischen, administrativen und wirtschaftlichen Bedingungen» zu schaffen, daß die Errichtung der jüdischen Heimstätte gewährleistet würde. Ein typisch kolonialistischer Akt also: Im eigenen kolonialen Interesse versprach Großbritannien die Herrschaft über Gebiete, die ihm nicht gehörten und deren Bewohner es niemals befragt hatte, einer Per-

sonengruppe, die dort niemals gelebt hatte. Seit der Antike waren ja runde 1800 Jahre vergangen.

Die britische Kolonialverwaltung war laut Vertrag verpflichtet, die jüdische Einwanderung zu erleichtern, eine geschlossene Ansiedlung von Juden auf dem Lande zu ermutigen, Juden bei der Annahme der palästinensischen Staatsbürgerschaft zu begünstigen und Hebräisch neben Arabisch und Englisch als Amtssprache anzuerkennen. So sahen es die Artikel 6, 7 und 22 des Mandatsvertrags vor.

Artikel 4 brachte die für die zionistische Weltorganisation hochwichtige Anerkennung als eine Agentur, mit der die britische Mandatsverwaltung für Palästina sich beraten und zusammenarbeiten sollte in «denjenigen wirtschaftlichen, sozialen und anderen Angelegenheiten ..., welche die Schaffung des jüdischen Nationalheims und die Interessen der jüdischen Bevölkerung in Palästina» betrafen. Die Agentur wurde aufgefordert, «an der Entwicklung des Landes mitzuarbeiten und teilzunehmen». Sie spielte die Rolle eines obersten Koordinators jüdischerseits, denn ihr oblag es, «die Zusammenarbeit aller Juden zu gewährleisten, die bereit waren, bei der Schaffung des jüdischen Nationalheims mitzuwirken».

Dieser Vertrag entsprach ziemlich genau den ursprünglichen Vorstellungen Herzls aus dem «Judenstaat». Die Society of Jews hatte er in Form der zionistischen Weltorganisation noch selbst ins Leben gerufen. Nun hoben seine Nachfolger die von ihm erdachte Jewish Company aus der Taufe, welche — unter englischem Schutz stehend — in Palästina Land kaufen sollte, für dessen Bezahlung die Juden eine «Volksanleihe» aufzubringen hätten. Auf dem 16. Zionistischen Weltkongreß wurde im August 1929 in der Züricher Tonhalle die Jewish Agency gebildet.

Das Gründungsdokument trug die Namen bedeutender jüdischer Finanzmänner. Aus den USA unterzeichneten der bereits bekannte Millionär Felix Warburg, der sich bescheiden die Sterne des Großen Wagens als Initialen gewählt hatte, und

Am 11. Oktober 1917 marschierten britische Truppen unter General Allenby in Jerusalem ein

Louis Marshall als Schatzmeister beziehungsweise Präsident des im Oktober 1914 von den vierzig größten jüdischen Wohltätigkeitsorganisationen in den USA gegründeten Amerikanisch-jüdischen Hilfskomitees. Aus Deutschland unterzeichnete der Bankier Oscar Wassermann, dessen Familie mit den Seligmans in den USA verquickt war. Das britische Kapital wurde neben anderen durch Herbert Samuel, den ersten britischen Hochkommissar in Palästina, und Lord Melchertt vertreten. Zum Ehrenpräsidenten wurde Baron Edmond de Rothschild gewählt. Insgesamt vereinigte die Agentur die Vertreter bourgeoiser Kreise von 18 Ländern, voran die wichtigsten imperialistischen Staaten.

Die Agentur steuerte zwei wichtige Organe: den Keren Kayemeth Leisrael mit der Aufgabe, in Palästina Boden zu erwerben, und den Keren Hayesod, dem im wesentlichen die Geldbeschaffung, also die Aufnahme der Herzlschen «Volksanleihe», oblag. Sie leitete den Landkauf in die Wege, ließ landwirtschaftliche Siedlungen errichten, kreditierte jüdische Handwerker und ebnete ersten Industrieunternehmungen den Weg. Auch ein Erziehungswesen wuchs unter ihren Fittichen heran. Ende der zwanziger Jahre waren 38 Kindergärten, 65 Grundschulen, 5 Mittelschulen, 3 Lehrerseminare, 4 technische Hochschulen, 5 Berufsschulen und die Hebräische Universität in Jerusalem entstanden.

Auf diese Weise entwickelte sich in Palästina nach und nach ein gegenüber der arabischen Bevölkerung und ihrer traditionell gewachsenen wirtschaftlichen Basis eigenständiger jüdischer Wirtschaftssektor. Besaßen 1917 die jüdischen Bewohner des Landes etwa 40 000 Hektar, so hatte sich bis 1930 deren landwirtschaftliches Siedlungsgebiet auf 1 002 000 dunum (1 dunum = 0,10 Hektar) erweitert.

Neben den Ländereien, die die britische Kolonialverwaltung den Juden überließ, wurde auch Boden von arabischen, zumeist nicht in Palästina lebenden Großgrundbesitzern gekauft. Die arabischen Pächter und Kleinbauern hatten diese Bodenanteile zu räumen. Dazu wurden sie häufig gewaltsam gezwungen. Nahezu ein Drittel der arabischen Fellachenfamilien wurde bis 1930 auf diese Weise landlos.

Bis zu dieser Zeit waren etwa 600 jüdische Unternehmen entstanden. Einige davon, wie die Palestine Electric Co und das Ruthenbergkraftwerk, die Nesher Cement Co und die Tote-Meer-Konzession, hatten bereits den Charakter kapitalistischer Großbetriebe.

Allmählich verbesserten sich also in Palästina die Bedingungen für die Kapitalanlage, und das Auslandskapital investierte mutiger: 1930 erreichten die Investitionen jüdischer Unternehmer aus anderen kapitalistischen Staaten etwa 18 Millionen Pfund Sterling. Hatte sich Baron Rothschild seinerzeit in Paris gegenüber Wolffsohn nicht für die Anglo-Palestine Bank in Jaffa besonders interessiert? Heute nimmt sie unter den 500 führenden kapitalistischen Weltbanken Platz 88 ein.

Im Jahre 1909 hatte sie bescheiden mit der Kreditierung des Baues der ersten 60 Häuser Tel Avivs begonnen, das damals gerade aus der Taufe gehoben wurde. Als Bank Leumi Le-Israel ist sie inzwischen zur größten israelischen Bankgruppe aufgestiegen und mit mehr als 30 Zweigstellen in New York, London, Paris, Zürich, Genf, Brüssel, Frankfurt am Main, Buenos Aires, Sao Paulo, Caracas, Hongkong, Johannesburg und Toronto vertreten. Auch Felix Warburg in den USA hatte Geschäftsgespür bewiesen, als er nach dem ersten Weltkrieg der Anglo-Palestine Bank mit seinem Vereinigten Verteilungskomitee amerikanischer Fonds für die Unterstützung jüdischer Kriegsgeschädigter — kurz Joint genannt — finanziell unter die Arme griff. Heute ist die Jüdische Agentur einer der großen Aktienbesitzer und Teilhaber der Bank Leumi und gehört zu den wichtigsten Säulen des amerikanischen Vereinigten Israel-Appells, auf den sich Keren Hayesod bei der Kapitalbeschaffung in den USA stützt. Allein von dort flossen dieser Institution zwischen 1939 und 1975 mehr als 3,75 Milliarden Dollar zu. Keren Kayemeth wiederum kaufte über 850 000 dunum Land auf, ließ 120 Millionen Bäume in Palästina und Israel pflanzen, nahezu 3 000 Kilometer Straßen bauen und Sümpfe trockenlegen.

Auf diese Weise wurden Voraussetzungen geschaffen, die das Kapital benötigte, um überhaupt wirksam zu werden, sich mehren zu können und dann in die Taschen derjenigen zurückzufließen, die über die Jüdische Agentur und ihre zahlreichen Einrichtungen, Niederlassungen und Unternehmen in Palästina und Israel investierten. Heute verteilen sich die Sitze im Direktorium der Agentur zu 50 Prozent auf die zionistische Weltorganisation, zu 30 Prozent auf die Vertreter des amerikanischen Vereinigten «Israel — Appells» und zu 20 Prozent auf Keren Hayesod.

Die Agentur besitzt oder kontrolliert in Israel mehr als 60 Unternehmen in Industrie und Landwirtschaft. Darunter finden sich alte, uns bereits bekannte Namen wie der Jewish Colonial Trust, um den sich David Wolffsohn auf dem 2. Jüdischen Weltkongreß so intensiv bemüht hatte, aber auch jüngere Firmen, die direkt von ihr gegründet wurden. Über einige von ihnen eroberte sich die Agentur bestimmende Positionen im Bauwesen und großen Einfluß auf die Landwirtschaft. So gründete die Agentur zum Bau von Wohn- und Siedlungshäusern für jüdische Einwanderer das Unternehmen RASSCO. Daraus ging 1946/47 als Management-Organisation und Hypothekenbank die Dirot-AM hervor. Sie verwaltete in Israel mindestens 1 100 Wohnungen, Läden und Werkstätten, 1 300 Wohnhäuser, 3 000 Appartementhäuser sowie Handelseinrichtungen und kassiert von ihnen die Mieten. Gemeinsam mit Regierungsämtern hatte Dirot-AM bis 1975 Hypotheken im Wert von mehr als 18 Millionen israelischen Pfund vergeben und besaß Grundkapital von über 32 Millionen Pfund. RASSCO hat sich längst zum Konzern gemausert, projektiert und baut ganze Siedlungen, städtische Wohnzentren, Supermärkte, Hotels, sogenannte Industrieparks, Schulen, Universitätseinrichtungen und Regierungsgebäude. In Israel macht man auch kein Geheimnis daraus, daß RASSCO für das israelische Verteidigungsministerium arbeitet.

Aber nicht nur durch dieses Unternehmen verdient die Agentur am Krieg und an der Besetzung arabischer Gebiete. Auch die von ihr beherrschte Mabat-Precast Houses Construction Co Ltd. baut in ihren Betrieben in Holon und Shderoth Fertigteile für Gebäude, die von Organisationen wie Gush-Emunim über Nacht zu Wehrsiedlungen in den besetzten Gebieten montiert werden. Diyour Laoleh Ltd. hat sich auf den Bau von Bunkern und anderen Militäranlagen spezialisiert. Nach dem Aggressionskrieg von 1967 wurde Diyour durch die Regierung mit dem einträglichen Auftrag bedacht, die militärischen Befestigungsanlagen entlang der Okkupationslinien zu errichten.

In den Händen der Jüdischen Agentur liegt auch die Verantwortung für die Projektierung, die Vorbereitung und den Bau der landwirtschaftlichen Genossenschaften Israels. Die Kibbuzim erhalten von ihr als Starthilfe Produktionsmittel, ausgenommen den Boden, und langfristige Kredite, die natürlich mit Zinsen zurückzuzahlen sind. Über die von ihr auf diese Weise abhängigen Genossenschaften kontrolliert die Jüdische Agentur immerhin mehr als ein Viertel der landwirtschaftlichen Produktion Israels. Gemeinsam mit der Regierung entscheidet die Agentur, welcher der an die zionistischen Parteien Israels gebundenen Genossenschaftsbewegungen der jeweils zu errichtende Landwirtschaftsbetrieb zugeordnet werden soll. Auch die Israel Land Development Company wird von der Agentur beherrscht. Es versteht sich von selbst, daß die Agentur auf diese Weise auch auf die israelische Politik Einfluß nimmt, denn die Genossenschaften bilden eine wesentliche materielle Stütze für die Parteien, denen sie angeschlossen sind. Vor einigen Jahren gab Israels damaliger Finanzminister Sapir sogar zu, daß die Agentur einige politische Parteien direkt finanziert, beispielsweise die Herutpartei, die größte im rechtsextremen Likudblock.

Nicht nur als kollektiver Unternehmer bringt die Agentur ihren Teilhabern Nutzen. In ihren führenden Gremien sitzen große Kapitalisten, die über die Agentur ihre privaten Kapitalgeschäfte abwickeln. Da ist Samuel Rothberg aus Illinois, USA. Er sitzt im Direktorium der Agentur, weil er langjähriger Vorsitzender der State of Israel Bonds war, einer Organisation, über die von 1949 bis 1979 aus dem Verkauf von Obligationen und anderer Wertpapiere des israelischen Staates im Ausland 4,7 Milliarden Dollar nach Israel flossen, und der außerdem dem Direktorium des Vereinigten «Israel — Appells» der USA angehörte.

Gemeinsam mit dem bekannten amerikanischen Millionär

Louis H. Boyar gründete Rothberg 1960 die Israel Investors Corporation mit einem Kapital von 30 Millionen Dollar. Die Initiative bei dem Unternehmen ging vom damaligen sozialdemokratischen Ministerpräsidenten Levi Eshkol sowie seinem Parteifreund Pinchas Sapir aus. Die Israel Investors Corporation verkaufte über die Bond-Organisation Aktien – als «jüdische Volksanleihe» – an Tausende von Aktionären in den USA, welche ihrerseits Dividendenanteile aus der Corporation selbst, aber auch aus den 35 Betrieben und Unternehmen beziehen, an denen Israel Investors beteiligt ist.

1978 vereinigte sich Israel Investors mit der Israel Corporation, einem Investmentunternehmen, das von einer Gruppe kapitalkräftiger Finanziers betrieben wird. Zu ihnen gehören das Londoner Bankhaus der Warburgs, der Turiner Millionär Astore Meir, die Münchner Bauunternehmer Domberger und Lederbaum sowie Victor Carter aus Los Angeles. Aufsichtsratsvorsitzender ist Baron de Rothschild.

Mitte der siebziger Jahre gehörten der Israel Corporation 50 Prozent der Aktien der israelischen Schiffahrtsgesellschaft Zim, 26 Prozent der Haifa-Erdöl-Raffinerie sowie die Hälfte der Aktien von Chemical Enterprises. Dazu kommen Kapitalbeteiligungen in der Elektro- und Elektronikindustrie, im Maschinenbau und im Bauwesen. Die Regierung Begin (1977-1983) ermunterte Israel Investors und Israel Corporation, sich zusammenzuschließen, indem sie ihnen den 26prozentigen Aktienanteil der israelischen Regierung an der größten Hypothekenbank des Landes, der Tefahot-Bank, anbot. Beide hätten dann über ein Aktienpaket von 55 Prozent dieser Bank mit einem Kapital von 130 Millionen und einem Kreditvolumen von nahezu 4 Milliarden Pfund verfügt.

Das sind Summen, die sich hören lassen können. Jene Größenordnungen hatte Baron Rothschild im Sinne, als er seinerzeit Wolffsohn mitteilte, einiges am Zionismus gefalle ihm schon. Heute ist es Realität geworden. Die Agentur wurde faktisch zu einem Multi. Mit den großen Multis, den Texacos, Shells oder Fords, kann sie sich freilich weder von ihrer Kapitalstärke noch von ihrem Wirkungsbereich her messen. Unbeschadet dessen ist sie ein sehr origineller multinationaler Zusammenschluß von Monopolkapitalisten jüdischer Herkunft aus verschiedenen imperialistischen Staaten. Sie lassen ihr Kapital in Israel arbeiten und dringen von hier aus wiederum unter dem Firmenzeichen israelischer Unternehmen — wie der Leumi-Bank — in andere kapitalistische Länder vor.

Für Multis ist das ein normales Verhalten. Was die Agentur von diesen unterscheidet, ist die Art und Weise ihres Vorgehens. Sie bemühen den Zionismus, den Vorwand der Fürsorge um die «jüdische Heimstatt», um das große Geld zu machen. Bevorzugte, staatlich garantierte Einnahmen sind es, denn zionistische Weltorganisation wie Jüdische Agentur sind mit der israelischen Regierung durch vom Parlament ratifizierte Verträge verbunden. Bei offiziellen Anlässen rangieren der Vorsitzende der Agency-Exekutive und der Vorsitzende ihres Rates protokollarisch direkt nach den Regierungsmitgliedern, die Mitglieder der Exekutive gleichberechtigt neben den Mitgliedern der Knesset und die Mitglieder des Rates der Agentur direkt nach den Parlamentariern.

«Nächstes Jahr in Jerusalem!»

Weitaus schwieriger als die Gewinnung des Großkapitals war für die Herzl-Partei die Gewinnung der jüdischen Massen. Aber wer sollte denn in Palästina den Boden vorbereiten — etwa so, wie es in der Schrift «Der Judenstaat» vorgezeichnet war —, wenn nicht vor allem die Schtetl-Proleten aus dem Osten, aus Rußland vornehmlich? Von ihrer Haltung zum Zionismus hing alles ab. Mit ihnen stand oder fiel er. Aus den Debatten in den Gremien der zionistischen Partei wird jedoch sichtbar, daß die Idee einer Lösung der jüdischen Frage durch Auswanderung und Ansiedlung in Palästina in den breiten Bevölkerungsschichten keinen festen Fuß fassen konnte. Bei ihnen konnte man mit dem ungeschminkt bürgerlichen Programm des Dr. Herzl keinen Anklang finden. Selbst nicht in den Jahren 1904 und 1905, als in Rußland die zaristischen Pogromisten wüteten. Wolffsohn warf den «Russen» zornig vor: «Warum sind die Schekel in Rußland zurückgegangen? Man wendet ein, wir haben Pogrome gehabt. Und ich erwidere, daß gerade dies die Zeit war, wo man Schekel sammeln konnte!»

Im Berliner Savoy-Hotel — man tagte überhaupt vorzugsweise an exclusiven bürgerlichen Stätten — klagte man im Januar 1908 im Aktionskomitee, die Bewegung löse sich immer mehr vom Volke. «Die Führung mit der Volksseele ist verloren!»

Unter der armen jüdischen Bevölkerung Rußlands machte damals folgende Anekdote die Runde: Ein Dorfjude, der es mit Mühe und Not zu einem Häuschen, einer Ziege und drei Hühnern gebracht hatte, kommt eines Tages aufgeregt und jammernd zu seiner Frau gerannt. «Stell dir vor», sagt er, «wir sollen alle nach Palästina auswandern, der Messias ist gekommen! Was soll nun aus uns werden? Ach, der Messias ist gekommen! Unser Häuschen müssen wir verlassen, und unsere Nachbarn, die Gojim, werden uns keinen Pfifferling dafür geben, da wir fort müssen!» — Tröstet ihn seine Frau: «Sei ruhig, der alte Gott lebt noch und wird uns nicht verlassen. Schau, Pharao hat mit den Juden Händel angefangen, da hat ihn das Meer verschlungen. Haman wollte sie vernichten, und er wurde gehängt. Mit Gottes Hilfe werden wir auch den Messias loswerden!»

Von 1882 bis 1914 konnten von den über zwei Millionen Auswanderern nur etwa 40 000 Menschen zur Ansiedlung in Palästina angeregt werden. Die zionistische Bewegung durfte um ihrer reaktionären Klassenziele willen nicht dabei stehenbleiben, nur als nationalistische Strömung des jüdischen Mittel- und Kleinbürgertums zu erscheinen. Um die Massen für sich zu gewinnen, mußte man der Ansiedlung einen Sinn geben, der den Sehnsüchten jener nach sozialer und nationaler Gerechtigkeit entsprach, nach Beseitigung der Ausbeutung, der Unterdrückung und des Elends. Außerdem galt es zu berücksichtigen, daß in Europa marxistische Parteien entstanden. In Rußland schuf Lenin die Partei neuen Typus, die auch ein klares Programm für die Lösung der nationalen Frage aufstellte. Überall kündigten sich schon die revolutionären Stürme an. Auch die jüdische Bevölkerung im Osten wurde davon erfaßt. Nicht wenige revolutionäre Führer waren Juden.

Sie stellten die Interessen der *gesamten* Arbeiterklasse in den Vordergrund. «Die Absonderung aufrechterhalten oder die Wendung zur Verschmelzung machen? So steht die Frage», betonte Lenin, und die Bolschewiki boten den jüdischen Arbeitern die Hand zum gemeinsamen Kampf und damit die historische Chance, die Mühlsteine des Zarismus *und* der Reb Naphtalis, zwischen die sie immer wieder gestoßen worden waren, zu zertrümmern. Die jüdische Arbeiterbewegung habe durch die Verschmelzung nichts zu verlieren, aber alles zu gewinnen, mahnte Lenin zu Recht.

Wollte die jüdische Bourgeoisie also den internationalistischen Gemeinsamkeiten der Arbeiterklasse entgegenwirken, so mußte sie die Lösung der jüdischen nationalen Frage vom

Kampf gegen die sozialen Ursachen der nationalen Ungleichheit trennen, den nationalen vor den sozialen Kampf stellen. Wollte man vermeiden, daß dem Ruf der jüdischen Bourgeoisie «Nächstes Jahr in Jerusalem» die jüdischen Arbeiter ihr «Nächstes Jahr im Sozialismus» entgegensetzten, dann brauchte man Leute, die zu sagen wußten: «Nächstes Jahr im Sozialismus, ja — aber in Jerusalem!»

Diese Leute gab es. In Rußland hatten sich vor der Revolution von 1905 innerhalb des jüdischen Proletariats Vereinigungen herausgebildet, die sich Poale Zion — Arbeiter Zions — nannten. Ihre meist kleinbürgerlich intellektuellen Führer vertraten einen ausgeprägt jüdisch-nationalistischen Standpunkt. Sie hatten sich die grundsätzlichen Doktrinen des Zionismus zu eigen gemacht, die besagen: Der Antisemitismus sei eine ewige Erscheinung, die solange bestehe, wie Juden unter Nichtjuden leben. In allen Ländern würden die Juden daher ein fremdes Element bilden und sich von der restlichen Bevölkerung grundsätzlich unterscheiden. Daraus wird von den Zionisten einerseits die Existenz einer sozusagen exterritorialen jüdischen Weltnation und andererseits die Behauptung abgeleitet, eine Lösung der jüdischen Frage sei nur durch die Sammlung der Juden in Palästina, heute in Israel, sowie durch die Schaffung eines eigenen jüdischen Staates möglich. Das entsprach der bürgerlichen Herzlschen Auffassung, derzufolge die «Judenfrage weder eine soziale, noch eine religiöse Frage» sei, auch «wenn sie sich noch so und anders färbt», sondern ausschließlich eine nationale Frage. Die Poale-Zionisten schlossen sich also dem Hauptziel der bürgerlichen Zionisten an, einen Staat in Palästina zu errichten. Den Massen versprachen sie, dieser müsse und könne ein sozialistischer Staat sein, unter der Bedingung, daß alle Juden, ob Prolet oder Bourgeois, zusammenhielten und ihre Kräfte vereinten, bis der Staat geschaffen und ausgestaltet sei.

Unter den Poale-Zionisten gab es keinen Streit darüber, daß die jüdischen Arbeiter mit der Bourgeoisie zusammenarbeiten müßten, man den Klassenfrieden brauchte. Unterschiedliche Auffassungen bestanden zwischen ihnen darin, *wie* der Klassenfrieden zu erreichen sei. Im Streit um dieses Wie hoben sich zwei Strömungen heraus, von denen später in Palästina und Israel jede auch organisatorisch ihren Weg gehen sollte.

Die eine Strömung ging direkt vom Reformismus in der Arbeiterbewegung aus. Sie wurde von Gordon und Syrkin geführt und lehnte den Klassenkampf generell ab. Nach der Großen Sozialistischen Oktoberrevolution prägten sich die rechten Positionen in ihr noch mehr aus. Die Parteien dieser Strömung — Hapoel Hazair und Achdut Haavoda — orientierten sich völlig auf die sozial-reformistische Internationale und die englische Labour Party. Beide Parteien vereinigten sich 1930 zur Arbeiterpartei Palästinas — Mapai — , die in Israel bis zu einer erneuten Umgruppierung zur MA'I im Jahre 1968 stärkste zionistische Partei bleiben sollte.

Zum ausgeprägten Reformismus dieser Parteien stand die zweite Strömung in Opposition. Ihre Anhänger vertraten die Auffassung, die Arbeiterklasse dürfe der Bourgeoisie bei der Modellierung des jüdischen Staates nicht vollends und vor allem nicht kampflos das Feld überlassen. Man müsse der Bourgeoisie auf die Finger schauen, sie «kontrollieren», beizeiten «strategische Positionen» schaffen, von denen aus später einmal — wenn der Staat geschaffen sei — die Arbeiterklasse zum Kampf um die Diktatur des Proletariats übergehen könne. Aus diesen Gründen dürfe der Klassenkampf nicht aufgegeben werden. Diese Strömung wurde als linker Arbeiter-Zionismus bezeichnet. Die Mehrheit der linken Poale-Zionisten schloß sich 1912 in der Haschomer-Hazair (Arbeiterpartei) zusammen. Aus ihr ging 1948 die Vereinigte Arbeiterpartei Israels — Mapam — hervor. Geführt wurde sie von dem 1905 aus der Sozialdemokratischen Arbeiterpartei Rußlands (SDAPR) ausgeschlossenen Ber Borochow.

Um den Verfasser vor dem Vorwurf der ironisierenden Übertreibung zu schützen, bittet er seine Leser, ein etwas langes Zitat Borochows aus dessen Arbeit «Die Grundlagen des Poale-Zionismus» in Geduld zu lesen: «Wir haben es ... mit zwei Bewegungen zu tun: Mit dem bürgerlichen und dem proletarischen Zionismus. Welche Rolle ist nun jeder dieser Bewegungen in den elementaren Prozessen der jüdischen Dynamik zugeteilt? In jedem Elementarprozeß dieser Art müssen, obwohl in der Wirklichkeit voneinander untrennbar, zwei Momente auseinander gehalten werden: Das schaffende und das befreiende Moment. Die Entwicklung und die Akkumulation der Produktivkräfte, ... die Überleitung der Gesellschaft zum *kapitalistischen Wirtschaftssystem* — das sind die schaffenden Momente ... Die Schaffung von freien Bedingungen zur Entfaltung der Produktivkräfte, die *Demokratisierung* der Gesellschaft — das sind die befreienden Momente. Die *Bourgeoisie reguliert die schaffenden, das Proletariat die befreienden Momente* der elementaren Prozesse. ... Was ... die Entfaltung der Produktivkräfte und die Überleitung der Gesellschaft zum kapitalistischen Wirtschaftssystem betrifft, so fällt hier der Bourgeoisie die organisierende Rolle zu ... Das Proletariat stellt hier keine Forderungen auf, da innerhalb der kapitalistischen Gesellschaft die Organisierung der Arbeit nicht in seiner Macht steht. Erst nach Errichtung der Diktatur des Proletariats wird es die Organisierung der gesellschaftlichen Arbeit in die Hand nehmen.»

Borochow weist dem «proletarischen Zionismus» im Verhältnis zum «bürgerlichen Zionismus» die Aufgabe zu, «den Ablauf der elementaren Prozesse ökonomisch und rationell» zu gestalten.

Zur Rolle dieser Ideen und ihrer Autoren meint Laqueur, es sei Ber Borochow gewesen, der «ein gerüttelt Maß an analytischer Fertigkeit investierte, um den Zionismus mit marxistischer Terminologie zu rechtfertigen».

So unglaublich es auch scheint, von keinem Führer der «sozialistischen Zionisten» — von seinen bürgerlichen Vertretern gar nicht zu reden — wurde die Forderung erhoben, die Axt gegen den Antisemitismus bei dessen wirklichen, den *sozialen* Wurzeln anzusetzen. Sie verstanden genau, daß das Verschwinden des Antisemitismus dem Zionismus einen Teil seiner Basis entzöge, seinen «stärksten Agitator», wie ihn der Zionist Ruppin nannte. War für die antisemitischen Nationalisten die Ewigkeit der «jüdischen Minderwertigkeit» Teil ihrer Agitation, so ist es für die Zionisten das Märchen von der «Ewigkeit des Antisemitismus». Wenn selbst der Poale-Zionist Borochow damals erklärte, «alles, was auf die eine oder andere Weise zur

Isolierung des jüdischen Lebens beiträgt, kräftigt das Nationalgefühl des jüdischen Volkes», so war darin die Frage des kleinen Arabers auf dem Tempelberg «Bist du Israeli?» vorprogrammiert.

Die Arbeiter-Zionisten verzichteten also auf die proletarische Position in der jüdischen Frage, die nur in dem Bestreben bestehen konnte, den jüdischen Massen das doppelte Joch sozialer wie nationaler Unterdrückung von den Schultern zu nehmen. Hingegen ebneten sie der bürgerlichen Mißdeutung dieser Frage den Weg in die Arbeiterklasse, derzufolge alle Klassenunterschiede zwischen den Juden angesichts nationaler Verfolgung verschwänden oder zurückzutreten hätten. Die Bereitschaft der «sozialistischen» Zionisten, den Zionismus mit dem Sozialismus zu vereinen, half der jüdischen Bourgeoisie, die Schtetl-Proleten für den Aufbau eines Staates in Palästina zu motivieren. Die Verbindung mit den Opportunisten in der jüdischen Arbeiterbewegung war zugleich die entscheidende Bedingung, den bürgerlichen Nationalismus in die Arbeiterklasse zu tragen und ihm dadurch eine Massenbasis in Israel zu verschaffen.

Bürgerliche wie Arbeiter-Zionisten waren sich von vornherein bewußt, daß ihr Verhältnis in dem gemeinsamen Boot, in das sie gestiegen waren, nicht spannungsfrei sein würde, sich politische Auseinandersetzungen nicht vermeiden ließen. Anderes zu erwarten wäre unrealistisch gewesen, denn die jüdischen Arbeiter brachten ja ihre tatsächlichen Klasseninteressen mit nach Palästina. Auseinandersetzungen waren sogar nicht unerwünscht, denn wer nach Palästina kam, war und mußte geradezu politisch motiviert sein. Ohne engagierte Menschen, ohne ihren Glauben an eine bessere Zukunft war das Werk nicht zu vollbringen. Das Begehren nach gleichen Bürgerrechten hatte viele Juden im Osten und deren Sympathisanten im Westen politisiert. Die Politisierung der Unterdrückten, besonders der Arbeiterklasse, birgt für die Bourgeoisie stets Risiken in sich. Es war also wichtig, daß sich rechte wie linke Zionisten über Grenzen verständigten, innerhalb welcher sich jede Seite bewegen konnte, ohne der anderen zu schaden. Die gemeinsame Klammer bildete der Zionismus; er war ihr Programm für die gemeinsame politische Bewegung, die sie als Befreiungsbewegung der Juden ausgaben.

So wurde zu einem frühen Zeitpunkt die Grundlage jenes staatstragenden «Konsensus» geschaffen, der noch heute in Israel das Verhältnis zwischen den bürgerlichen und den sozialdemokratischen zionistischen Parteien bestimmt. Seit jener Zeit haben sich diese Parteien — bei all ihrer noch zu beschreibenden Unterschiedlichkeit — in der Kunst geübt, die «jüdische Emanzipation» im bürgerlichen Rahmen zu halten, sie nicht in wirklich menschliche Emanzipation übergehen zu lassen. Für die jüdische Arbeiterbewegung lautete schon damals die Grundfrage im Wesen ganz so, wie sie nur wenig später in Palästina und Israel stehen sollte: sich zur eigenen Partei zu konstituieren — oder Anhängsel der Bourgeoisie zu bleiben. Die Wende zur Verschmelzung mit den Bewegungen der anderen Völker gegen die imperialistische Bourgeoisie zu vollziehen — oder die Absonderung beizubehalten. Oder — wie Israels Kommunisten die Frage stellen — «mit den arabischen Völkern gegen den Imperialismus oder mit dem Imperialismus gegen die arabischen Völker» zu kämpfen.

Obwohl die Geschichte des Judentums nicht die Geschichte Israels ist und sie diesen Staat gleich gar nicht zum Staat *der* Juden macht, ist doch das Leben seines Volkes ohne diese Vergangenheit nicht zu verstehen. In ihr wurzeln ethnische Eigenarten, die Religion, historische Erfahrungen der Menschen Israels, Teile ihrer Psyche und vieles andere mehr, was sie mit sich nach Palästina nahmen — jene fleißigen Schtetl-Proleten, die sympathischen Tefjes.

Lediglich eine Abweichung, bitt' schön

Poale-Zionisten mögen es nicht, wenn man sie darauf anspricht, daß sie doch eigentlich damals in Palästina den Kapitalismus und damit auch die Voraussetzungen dafür mitschufen, daß heute die Proletarier Israels vom eigenen und vom internationalen Monopolkapital geschröpft werden. Aber es ist eine Tatsache: Sie verwurzelten den Kapitalismus in einem Land, das von ihnen in vorkapitalistischen Verhältnissen vorgefunden wurde, wo die Kleinindustrie noch im Manufakturstadium steckte. Man erwog nicht einmal die zu dieser Zeit von Lenin bereits theoretisch begründete Möglichkeit der nichtkapitalistischen Entwicklung. Nirgendwo unternahmen sie den Ansatz, Palästina — einem gesellschaftlich noch zurückgebliebenen Land — die Qualen des kapitalistischen Weges zu ersparen, indem man ihn bewußt umging und den Sozialismus ansteuerte. Selbst für Palästina war damals der Kapitalismus keineswegs unumgänglich vorausbestimmt.

Den alten Kämpen unter den Poale-Zionisten, besonders den linken von ihnen, ist der Hinweis, der Kapitalismus in Israel sei auch ihr Werk, unangenehm. Sie reagieren unwirsch, etwa wie ein Mensch, den man an ein nichteingehaltenes Versprechen erinnert. Tatsächlich hatten sie ja den nach Palästina auswandernden Schtetl-Proleten seinerzeit versprochen, für die «Vergesellschaftung der Produktionsmittel und den Aufbau der Gesellschaft auf sozialistischer Basis» einzutreten. So jedenfalls hatten sie im Programm der palästinensischen Poale Zion ursprünglich Motiv und Ziel ihres politischen Wirkens umrissen. Um den Sozialismus sollte in zwei Etappen gerungen werden, die in der «Phasen-Theorie» von Haschomer Hazair Ende der zwanziger Jahre so beschrieben wurden: «In der er-

*Chaim Victor Arlosoroff
(1899—1933)*

sten Phase dominiert das zionistische Element, einschließlich der Imperative der nationalen Solidarität, ... obwohl der Klassenkampf natürlich schon begonnen hat.» Die darauf folgende zweite Phase sollte dann die «Periode des sich verschärfenden Klassenkampfes» sein, «der sozialen Differenzierung und des Ringens um eine sozialistische Arbeiterherrschaft».

Abgesehen von einer kleinen Gruppe wirklich revolutionärer Poale-Zionisten, von denen noch ausführlicher zu sprechen sein wird, machte man sich unter ihnen den Kopf über die zweite Phase nicht heiß, denn zunächst mußte ja die erste gemeistert werden. Über das Vorrangige in dieser gab es keinen Streit. Im großen und ganzen setzte sich die Auffassung vom Zionismus durch, wie sie die rechten Arbeiter-Zionisten vertraten. Chaim Arlosoroff, einer der Führer der Hapoel Hazair und später der Mapai, sah im Zionismus eine Bewegung, «die nicht die eine Klasse gegen die andere aufhetzt und nicht die Herrschaft einer Klasse anstrebt, sondern sich dafür einsetzt, daß sich eine kooperative Denkweise und kooperative Auffassungen im Volk ausbreiten».

In den Jahren, als diese programmatischen Vorstellungen

niedergeschrieben wurden, gab es in Palästina 2 000 jüdische Fabrikarbeiter — davon 967 Metallarbeiter (1922) —, waren in Industrie und Handwerk insgesamt 5 000 Lohnempfänger beschäftigt (1926), wurden in landwirtschaftlichen Betrieben 5 500 Beschäftigte (1927) gezählt. Zwischen 1920 und 1923 weist die Statistik von 30 000 Einwanderern 12 000 Arbeiter aus, wodurch sich der Arbeiteranteil an der jüdischen Bevölkerung auf 25 bis 30 Prozent erhöhte. Die Arbeiterklasse und auch die Arbeiterbewegung steckten also noch in ihren Anfängen. Schon zu diesem frühen Zeitpunkt hatte es die Bourgeoisie verstanden, über die Poale-Zionisten Einfluß auf die Arbeiterbewegung zu nehmen. Opportunisten und Opportunismus waren sozusagen «eher» da als die israelische Arbeiterklasse.

Für die Reb Naphtalis war dieser Umstand günstig, stand ihnen doch ihr einstiger Schtetl-Prolet in Palästina als ein anderer, als nunmehr politisch gleichberechtigter Bürger gegenüber. Der Druck des Antisemitismus war von ihm genommen. Draußen, in der Diaspora, hatte die dem jüdischen Proleten feindliche Umwelt Reb geholfen, jenen aus dem Ghetto an sich zu binden. Wie aber würde es hier werden, im Judenstaat? Was würde geschehen, wenn sich der jüdische Prolet nunmehr auf die zweite, die soziale Seite seines ehemals doppelten Jochs zu besinnen begann? Klassenbewußtsein, ein klassenbewußtes Proletariat aber war das allerletzte, was die jüdische Bourgeoisie in ihrem Staat gebrauchen konnte.

Indes hatten jene jüdischen Bourgeois, die sich nach Palästina gewandt hatten, nicht zu fürchten, daß die sozialdemokratischen Führer den Klassenmotiven der einstigen Schtetl-Proleten Inhalt und Form geben würden. Sie verstanden sehr wohl, ihnen drohte keine Gefahr, solange Hapoel Hazair die Arbeiter dazu aufrief, sich mit «allen gesunden Kräften, ohne Rücksicht auf ihre Tätigkeit» — ob Prolet oder Bourgeois —, «unter einer Fahne zu sammeln» —, und die linken Poale-Zionisten beim «nationalen Kompromiß» blieben. Solange sie auf dieser Position verharrten, würden sie sich nicht ans Kommunistische Manifest und die schon in ihm festgeschriebene Erkenntnis halten können, daß die Arbeiterpartei ständig «bei den Arbeitern ein möglichst klares Bewußtsein über den feindlichen Gegensatz von Bourgeoisie und Proletariat» herauszuarbeiten habe. Wie anders, ja nahezu gegensätzlich war die Borochowsche Orientierung, «in Palästina selbst werde die jüdische Arbeiterschaft im Aufbau des Landes eine Zeitlang mit der Bourgeoisie gemeinsam arbeiten, während sie sich in ihrem Kampf um die Demokratisierung der Wirtschaft gemeinsam mit dem Proletariat der ganzen Welt auf die Epoche des späteren proletarischen Befreiungskampfes vorbereite».

Proletarischer Befreiungskampf und Demokratisierung der Wirtschaft unterblieben — wie die in Israel entstandenen Gesellschaftsverhältnisse heute zweifelsfrei beweisen —, *weil* die Zusammenarbeit mit der Bourgeoisie stattfand. Diese wiederum wurde möglich, ja unvermeidlich, weil die jüdischen Sozialdemokraten in der nationalen Frage nicht zu einer proletarischen Position fanden. Dabei lehnten weder damals, im ersten Viertel unseres Jahrhunderts, noch heute keineswegs alle von ihnen den Klassenkampf ab. Viele erkannten ihn an, bezeichneten ihn als notwendig für die Arbeiterklasse, in manchen Fragen, vor allem in den sozialen, führten und führen sie ihn sogar. Doch als Weg zur *nationalen* Befreiung der jüdischen Arbeiter lehnten sie ihn ab, bestanden sie auf einer «Ausnahme» vom allgemeinen Klassenkampf des Proletariats, auf «ihrem», dem besonderen «jüdischen Weg».

Der überwiegende Teil der jüdischen Sozialdemokraten, die in jenen Jahren aus Rußland einwanderten, standen dort schon in der Periode der Formung der Sozialdemokratischen Arbeiterpartei Rußlands auf ausgeprägt opportunistischen, menschewistischen Positionen. Hinsichtlich ihres Verhältnisses zur jüdischen Bourgeoisie blieben sie sogar noch hinter den Menschewiki zurück. Während diese das Proletariat in der Revolution von 1905 aufforderten, sich gegenüber der liberalen Bourgeoisie auf die «äußerste Opposition» zu beschränken, riefen die Poale-Zionisten die jüdischen Arbeiter zum Zusammengehen mit der jüdischen Bourgeoisie auf.

Diese klassenversöhnlerische Haltung in der nationalen Frage war auf einer Betrachtungsweise der Nation herangewachsen, welche die bestimmende Rolle der Klassenbeziehungen gegenüber den nationalen Beziehungen leugnet. Vielmehr erklärt sie Gemeinsamkeiten im politischen und historischen Schicksal zu den eigentlichen, ursprünglichen Triebkräften und Kriterien der Nation und der nationalen Entwicklung «aller Juden».

Die linken Poale-Zionisten glaubten theoretische Bestätigung ihrer Auffassungen von der «jüdischen Nation» und der Lösung der jüdischen Frage auch bei Sozialdemokraten anderer westeuropäischer Länder zu finden. Die von dem österreichischen Sozialdemokraten Otto Bauer begründete Theorie der «Kulturnation» als einer «aus Schicksalsgemeinschaft erwachsener Charaktergemeinschaft» kam der Nationalitätentheorie nahe, die Ber Borochow aufgestellt hatte. Borochows Interpretation zufolge ist die «Nation eine Gruppierung von Menschen, die historisch gewachsen ist und auf gemeinsamer Vergangenheit beruht, deren Wirtschaftsleben sich unter denselben Produktionsbedingungen entwickelt hat und deren geistiges Leben den Charakter einer gemeinsamen Kultur angenommen hat».

Führer der Arbeiterpartei wie Ben Gurion verbrämten obendrein noch ihre idealistischen Auffassungen vom Nationalen mit religiösem Mystizismus — «wir sind hier wegen Josua und David, wegen der Makkabäer, der Propheten», oder schlimmer noch mit rassistischem Dünkel, etwa daß «die Juden insofern ein einzigartiges Volk sein müssen, als sie die höheren Tugenden verkörpern». Er schrieb dem «jüdischen Volk eine messianische Tradition» zu, die es angeblich zusammenhielte und seiner Existenz ihren Sinn gebe. Das vor allem in objektiven sozialen Ursachen begründete Überleben der jüdischen Gemeinden durch die Geschichte wird zum Überleben «trotz der Geschichte», in einen mystischen «Lebenswillen des Jüdisch-Nationalen» verkehrt.

Eine solche nichtmaterialistische Betrachtungsweise des Nationalen erschwert jedoch eine wissenschaftliche Erklärung sowohl des Geschichtsprozesses als auch das Erkennen des wirklichen Unten und Oben in der Klassengesellschaft durch die Arbeiterklasse. «'s sein alles unsre Leit» — dieser Blick auf die Juden, wie ihn Zvi in Jerusalem am Abend nach meiner Begegnung mit dem kleinen Araber auf dem Tempelberg als Erinnerung an seinen Vater wiedergab, war in den Ghettos weit verbreitet. Er stimmte nicht, weil er die Klassenteilung unter den Juden auch in der Diaspora übersah, und er stimmte doch, weil diese Menschen als antisemitisch Verfolgte ein gemeinsames Schicksal verband. Das erleichterte die bürgerliche Mißdeutung der jüdischen Frage, derzufolge der Antisemitismus alle Juden gleich mache. Und erst recht schien sich diese Auffassung zu bestätigen, als unter dem deutschen Faschismus der Antisemitismus in seiner bis dahin schrecklichsten Form betrieben wurde. Die in ihrer blutigen Verfolgung tatsächlich bestehende Schicksalsgemeinschaft jüdischer Menschen wurde in eine «nationale Gemeinschaft» umfunktioniert.

Dazu boten sich der Bourgeoisie und ihren Meinungsmachern auch noch viele andere Anknüpfungspunkte, die den Menschen einleuchteten, wie gemeinsame Züge nationaler Psyche, ethnische Gemeinsamkeiten, die Religion, geschichtliche Erfahrungen aus der Auseinandersetzung mit dem Antisemitismus, jüdische Traditionen und vieles andere mehr. Indem immer wieder das «Jüdische», die Notwendigkeit einer jüdischen Heimstatt und ihrer Verteidigung gegen «die Araber» in den Vordergrund gerückt wurde, gelang es der Bourgeoisie, ihre Klasseninteressen als die Interessen «aller Juden» und der sich heute in Israel herausbildenden Nation auszugeben.

Der Kampf gegen die nationalen Rechte des palästinensischen arabischen Volkes wurde und wird von ihr in einen «Kampf ums Überleben», als Inhalt der nationalen Frage verkehrt. Auf diese Weise zwang die jüdische Bourgeoisie schon damals in Palästina «ihre» Arbeiterklasse erneut in nationalistische Enge und verstellte ihr den Blick für ihre eigentlichen Interessen, die sich von denen der arabischen Werktätigen im Wesen überhaupt nicht unterschieden.

Die unmaterialistische Betrachtungsweise der nationalen Frage erweist sich somit als der weltanschauliche «Sündenfall» und Grundfehler der Poale-Zionisten. Zugleich wurde sie zum Dreh- und Angelpunkt der Verbreitung des bürgerlichen Nationalismus und damit der bürgerlichen Ideologie in der jüdischen Arbeiterbewegung Palästinas und Israels. Der Verzicht darauf, die jüdische Frage durch die Beseitigung ihrer sozialen und klassenmäßigen Wurzeln zu lösen, mußte aber zwangsläufig zur Aufgabe der These vom Klassenkampf als Triebkraft der gesellschaftlichen Entwicklung führen, mit all ihren der Arbeiterbewegung schadenden theoretischen und politischen Konsequenzen. Die Suche nach Lösungen der jüdischen Frage *außerhalb* ihrer sozialen Wurzeln und Beziehungen über einen Kompromiß mit der jüdischen Bourgeoisie bedurfte zu ihrer Rechtfertigung eines theoretischen Gebäudes, das, wie der Zionismus behauptet, den besonderen Charakter der Juden als «exterritoriales» Volk und Nation geradezu voraussetzt. Aus diesem «besonderen Charakter» werden «besondere Rechte» der verschiedensten Art, einschließlich des «Rechtes auf einen unterschiedlichen ... israelischen Weg zum Sozialismus», abgeleitet.

Der Ausbreitung dieser Auffassungen unter den jüdischen Arbeitern Palästinas kamen auch kleinbürgerlich-utopische Ideen zugute, die viele Einwanderer mitbrachten. Vor allem in den Auffassungen jüdischer Emigranten aus Rußland widerspiegelten sich die Idealisierung des Dorfes und romantische Träumereien vom Gemeinschaftsgeist — beides charakteristische Merkmale der russischen Volkstümler. Diese vertraten die Ideen der russischen Kleinproduzenten und schufen damals eine Theorie, die nicht die Gegensätze der gesellschaftlichen Interessen, sondern fruchtlose Hoffnungen auf einen anderen Entwicklungsweg in den Vordergrund rückte. Auf Grund ihrer durchaus ähnlichen sozialen Situation waren die Kleinproduzenten der jüdischen Ghettos für diese Ideen zugänglich. Die Idealisierung des Dorfes, die Hoffnung auf eine Periode der Koexistenz in Klassenfrieden zwischen Kleinbürgertum und Großbourgeoisie nach oben, zwischen Bourgeoisie und Proletariat nach unten im Interesse der «Freiheitsbewegung der jüdischen Gesamtnation» wurden zu ausgeprägten Elementen auch aller opportunistischen Strömungen in der Arbeiterbewegung Palästinas und Israels.

Wie weit diese Utopien unter den jüdischen Massen verbreitet waren, läßt sich der folgenden Schilderung von Walter Preuss entnehmen. Er schrieb: «Das eigenartigste Merkmal der jüdischen Arbeiterbewegung im Lande, und zwar, wenn auch nicht in demselben Maße wie damals, bis auf den heutigen Tag, liegt darin, daß ihr Ursprung und ihre wertvollste Kraft in der *landwirtschaftlichen Arbeiterschaft* als Trägerin der nationalen Renaissance-Bewegung, das Postulat der Rückkehr zum Boden und zur Landwirtschaft nicht nur aufstellte, sondern auch verwirklichte ... Die Arbeiterbewegung vor 1914 war ganz und ausschließlich eine landwirtschaftliche; selbst Parteien wie Poale Zion ... erblickten in der landwirtschaftlichen Arbeiterschaft den Kern und Grundpfeiler der gesamten Bewegung».

In diesen Hoffnungen auf einen anderen Entwicklungsweg liegen die tragenden Ideen vom «israelischen Weg zum Sozialismus» und dessen Kopplung an die Genossenschaften begründet. Selbst linke Strömungen, wie die Haschomer Hazair, betrachteten die Kibbuzim als «Pionier-Zellen der neuen Gesellschaft», als «konstruktives Element der jüdischen Arbeiterklasse», als «Bollwerk des Klassenkampfes» und als «Instrument für die Eingliederung der jüdischen Arbeiter-Einwanderung».

Kollektive Arbeit und gemeinschaftliches Leben in Genossenschaften bilden die zentralen Ideen dieses besonderen «jüdischen» oder auch «israelischen Weges zum Sozialismus».

Anfangs entstanden landwirtschaftliche Siedlungen. In Gedera war 1905 die erste Kooperative gegründet worden. Im selben Jahr wurde am Rande der Siedlung Petah Tikva — heute eine Industrie-Vorstadt Tel Avivs — die Arbeitersiedlung En Ganim gebildet, deren Grundgedanke war, daß jeder Arbeiter eine kleine Fläche Bodens erhielt, während er seinen Hauptverdienst aus der Lohnarbeit erzielen sollte. Nicht die Ziege hinterm Haus, wie wir sie auch von vielen deutschen Arbeitern kennen, war dabei das Wichtige. Vielmehr ging es darum, möglichst schnell den palästinensischen Boden zu erobern und zu erschließen. Daher nannte man diese Siedlungen auch «Okkupationsgenossenschaften». Solche Okkupationsgenossenschaften zur Eroberung des Bodens für die «jüdische Arbeit» entstanden in dieser Zeit an verschiedenen Stellen Palästinas. Praktisch waren sie die Vorstufe des Kibbuz, jener Form landwirtschaftlicher Genossenschaft, in der die Produktionsmittel gemeinschaftliches Eigentum sind, die Arbeit kollektiv geplant und ausgeführt wird, in der auch das Leben im wesentlichen gemeinsam gestaltet wurde. Von ihnen wird eingehender noch berichtet, denn sie bestehen bis heute.

Nicht nur die geistigen Väter der Genossenschaften, sondern auch ihre Bewohner glaubten, in den Arbeitersiedlungen und Kibbuzim, also in «eigenen Betrieben auf nationalem Boden», einen Ausweg aus sozialer und nationaler Unterdrückung gefunden zu haben.

Ein großer Einfluß auf die Profilierung des Opportunismus in der israelischen Arbeiterbewegung ging auch von sozialdemokratischen Parteien imperialistischer Länder Westeuropas aus. Über die engen Beziehungen zur britischen Labour Party — der englische Zweig der Poale Zion wurde 1920 Mitglied der Labour Party — wurde der Trade-Unionismus auch in die jüdische Arbeiterbewegung Palästinas getragen. Die Mitgliedschaft in der Sozialistischen Arbeiterinternationale und nach dem zweiten Weltkrieg in der Sozialistischen Internationale verband die Träger des Opportunismus in der jüdischen Arbeiterbewegung Palästinas eng mit jenen Teilen der westeuropäischen Sozialdemokratie, die offen mit dem Monopolkapital paktierten.

Als nach dem zweiten Weltkrieg 1948 der Staat Israel proklamiert wurde, übernahm die Mapai als stärkste Partei des Landes die Regierungsverantwortung. Hatten die rechten sozialdemokratischen Führer bis hierher schon Hand in Hand mit der jüdischen Bourgeoisie die kapitalistischen Produktionsverhältnisse mitgestaltet — was sie, nebenbei bemerkt, wesentlich von den traditionellen sozialdemokratischen Parteien anderer kapitalistischer Staaten unterscheidet —, so gingen sie nunmehr daran, den politischen Machtapparat der herrschenden bürgerlichen Klasse zu schaffen. Umfangreiche Errungenschaften, die von den jüdischen Werktätigen geschaffen worden waren, wurden allmählich aufgegeben.

Die demokratischen Errungenschaften bis zur Staatsgründung waren keineswegs gering. Die Histadruth, die Arbeiterausschüsse, lenkten die Einwanderung, die Bodenvergabe, die Ansiedlung; sie kontrollierten die provisorische Armee, die Arbeitsvermittlung, wichtige Teile der Sozialfürsorge und des Wohnungsbaus, sie verfügten über eine eigene Krankenkasse mit eigenen Gesundheitseinrichtungen, sie haben faktisch das Schulwesen, einschließlich der Berufsschulen, aufgebaut. In der Wirtschaft war ein umfangreicher genossenschaftlicher

Sektor mit gewerkschaftseigenen Betrieben entstanden — darunter die Kibbuzim —, eine zentrale Absatzgenossenschaft für landwirtschaftliche Erzeugnisse, das größte öffentliche Kraftverkehrsunternehmen Egged und anderes. Immerhin waren am Vorabend der Staatsgründung 1947 von etwa 630 000 jüdischen Bewohnern Palästinas nahezu 75 Prozent Mitglieder der Histadruth. All diese Faktoren gaben der kapitalistischen Gesellschaft Israels spezifische Momente.

Unmittelbar vor der Staatsgründung nahmen die Auseinandersetzungen um den Charakter des zu gründenden Staates besonders scharfe Formen an. Die demokratischen und antifaschistischen Kräfte traten dafür ein, daß der zukünftige Staat ein fortschrittlicher sei. Daß dies nicht gelang, lag wesentlich an der Bindung der breiten Volksmassen an die bürgerliche Ideologie — eine Folge der jahrelangen nationalistischen Politik der sozialdemokratischen Führung. Sie entschied sich nicht für ein neutrales Israel, sondern für einen «Vorposten der freien Welt» im Nahen Osten und schloß sich dem Vorgehen der ehemaligen Kolonialmächte wie auch der USA gegen den nationalen Befreiungskampf der arabischen Völker an. Dabei war das Suchen und Finden von gutnachbarlichen Beziehungen mit den arabischen Völkern, ganz besonders mit dem einen, mit dem man ein Land teilt — dem palästinensischen —, von Anfang an eine Lebensfrage für die jüdischen Menschen, die nach Palästina kamen. Und sei es nur aus der einen ganz pragmatischen Überlegung heraus, die natürlich für die Arbeiterklasse nicht ausreicht: Wer auf einer Insel lebt, sollte sich das Meer nicht zum Feinde machen. Man hätte mit doppelten und dreifachen Kräften an der Herstellung solcher Bedingungen arbeiten müssen, die zur Normalisierung der Beziehungen mit den arabischen Nachbarn führten, Vertrauen hätte man schaffen müssen, anstatt das Mißtrauen zu vergrößern; man hätte jeden Ansatz zum Frieden hegen müssen, statt ihn zu zertreten. Zu diesem Zweck hätte die israelische Regierung aber wenigstens ein Minimum an Verständnis für die historischen Prozesse der nationalen und sozialen Befreiung der arabischen Völker zeigen müssen.

«Israel ist im Namen seiner Existenz und seiner Zukunft verpflichtet, ein Staat des Friedens und der Freundschaft der Völker zu sein», erklärten dagegen die Kommunisten unmittelbar nach der Staatsgründung. Jede andere Politik, die nicht davon ausgehe, daß beide Völker in Palästina, Juden wie Araber, gleiche nationale Rechte besitzen, sei ein «Dolchstoß in den Rücken des jungen israelischen Staates». So verkündeten sie es im Oktober 1948 beim Zusammenschluß der Organisationen der jüdischen und arabischen Kommunisten zur einheitlichen Partei, zur Kommunistischen Partei Israels. Mit ihrer Vereinigung wollten sie das Beispiel geben, daß Juden und Araber nicht nur miteinander auskommen, sondern gemeinsam für ihre soziale und nationale Befreiung zu kämpfen vermögen.

Was da vor einem Menschenalter mit der Abweichung in «lediglich» einer Frage — der nationalen — begonnen, sonst aber markig versichert hatte, fest auf den Positionen des proletarischen Klassenkampfes zu stehen, war in den gewöhnlichen Kapitalismus abgeglitten — den Judenstaat des Herrn Herzl.

Mit der Schaffung und Ausgestaltung des bürgerlichen Staates war der poale-zionistische Schlitten auf seiner Rutschpartie den glatten Hang des bürgerlichen Nationalismus hinab nicht mehr zu bremsen.

Bleibt eine Frage offen: Beabsichtigen die sozialdemokratischen Poale-Führer wenigstens heute, nachdem es den jüdischen Staat gibt, sich jener zweiten Etappe ihrer Phasentheorie zuzuwenden? Wir erinnern uns — sie hatten diese als eine «Periode des Ringens um eine sozialistische Arbeiterherrschaft» formuliert, die anbrechen sollte, nachdem die nationalen Aufgaben gelöst waren.

«Wir haben ja diese Periode noch nicht erreicht», klärte mich mein Gesprächspartner auf, «weil die nationalen Aufgaben des Poale-Zionismus noch lange nicht erschöpft sind.»

Meine Frage hatte ich an Perez Merchav gerichtet, einen Veteranen der Mapam. Die Gelegenheit dazu bot sich mir nach einem Kolloquium an der Jerusalemer Hebräischen Universität.

Der alte Herr mit grauem, schon schütterem Haar argumentierte eindringlich. «Wir haben jetzt Israel. Dieser Staat ist aber erst der Anfang. Wir müssen ihn festigen, ihn zum wahren Zentrum aller Juden in der Welt machen. Nehmen Sie nur die Einwanderung. Wie viele Millionen Juden leben noch außerhalb Israels. Wir wollen so viele wie möglich von ihnen zur Einwanderung bewegen. Und schließlich müssen wir Israel verteidigen. Leider waren wir gezwungen, vier Kriege zu führen. Der Krieg behindert die Schaffung einer Atmosphäre im Lande, die dem Sozialismus dienlich ist. Aus all diesen ungelösten, im Bereich des Nationalen liegenden Aufgaben ergeben sich Hindernisse für den Kampf um den Sozialismus. Unser Hauptproblem besteht deshalb darin, die Verwirklichung des Zionismus so schnell wie möglich voranzutreiben, damit die nationalen Hindernisse aus dem Wege zu räumen, um endlich Raum für den Klassenkampf zu schaffen.»

Merchav legte die Hände auf seinen Knien zur Ruhe. Mit knappen Gesten hatte er seine Worte umrahmt. Jetzt schaute er mich forschend an, als wolle er die Wirkung seiner Erläuterung hinter meiner Stirn ablesen.

Mich hatte die Neugier gepackt. Immerhin saß mir ein Mitglied des Zentralkomitees der Mapam gegenüber, Verfasser angesehener Publikationen über die Arbeiterbewegung in Palästina und Israel. Wer, wenn nicht er, war ein Inside-Denker?

Ich wollte seine Position genau erfahren. «In Ihrem Buch ‹Die israelische Linke› zeihen Sie 1972 die rechten Poale-Zionisten — also Mapai und ihre Nachfolgerin MA'I — des Reformismus», fragte ich. «Teilen Sie diese Meinung heute auch noch?»

«Aber lieber junger Freund.» Merchav lachte jovial. «Reformismus, das ist doch ...» Er unterbrach seine Rede, nach dem treffenden Wort suchend, wobei er seine Stirn angestrengt in Falten legte. Dann hatte er's. «Reformismus, das ist doch kein Schimpfwort! Reformismus ist nichts anderes als die Frage nach den richtigen Prioritäten für die Arbeiterbewegung. Wissen Sie, Ausdrücke wie Verräter oder ähnliche Kraftausdrücke in der Arbeiterbewegung — das waren doch Dummheiten — Jugendsünden!»

Ich hatte mich nicht verhört und er sich nicht versprochen.

Für eine Wende

Die jüdischen Arbeiter, viele Menschen aus kleinbürgerlichen Schichten, Intellektuelle, vor allem aber Handwerker, kurzum all jene, die im kapitalistischen Osteuropa der doppelten Unterdrückung unterworfen waren, hatten ihr Drängen nach sozialen Veränderungen mit nach Palästina gebracht, wodurch auch antikapitalistische Strömungen unter ihnen entstanden. Aus ihren Reihen kamen die Träger der proletarischen Linie in der jüdischen Arbeiterbewegung Palästinas und Israels. Zu ihnen gehörten vor allem jene, die in ihren Ursprungsländern mit der revolutionären Arbeiterbewegung und marxistisch-leninistischem Gedankengut in Berührung gekommen waren.

Nach Palästina waren sie mit der Absicht eingewandert, hier eine von Ausbeutung freie Gesellschaft aufzubauen. Groß muß ihre Ernüchterung gewesen sein, als sie am eigenen Leibe verspürten, daß sie von den jüdischen Unternehmern und Farmern ausgebeutet wurden. Das rief ihren Widerstand hervor. Auf der «Nationalfonds-Farm» streikten 1910 in Kinnereth zehn jüdische Arbeiter. Prompt wurden sie entlassen. Die Begründung dafür lautete: Streik auf einer nationalen Farm. Vor ihnen hatten schon die Druckereiarbeiter Jerusalems Widerstand gegen die soziale Ausbeutung durch die jüdischen Unternehmer geleistet. Sie schlossen sich 1897 zum ersten Verband der Druckereiarbeiter zusammen. Dieser geriet unter einen derartig starken «nationalen» Druck, daß er nach zwei Wochen bereits wieder aufgelöst wurde. Ohne gewerkschaftlichen Zusammenschluß waren die Drucker jedoch nicht in der Lage, sich gegen die jüdischen Unternehmer zu wehren. 1902 traten sie erneut in den Streik und gründeten wiederum ihre Gewerkschaft.

Soziale Kämpfe und Streitfragen zwischen jüdischen Arbeitern und jüdischen Unternehmern wurden damals vor den Rabbinatsgerichten behandelt. Beim Streik der Jerusalemer Drucker ordnete ein solches Gericht an: Anerkennung des 10-Stunden-Tages, aber Auflösung des Verbandes sowohl der Drucker als auch der Druckereibesitzer. Politische und soziale Polarisierung zwischen Bourgeoisie und Proletariat oder gar offenen Klassenkampf zwischen ihnen konnte man nicht gebrauchen. Die Jerusalemer Drucker aber bildeten 1907 ihre Gewerkschaft zum drittenmal. Ihnen folgten weitere Abteilungen der Arbeiterklasse. In Petah Tikva legten 1912 die Arbeiter einer Motorenfabrik das Fundament für ihre Gewerkschaftsorganisation.

Eine neue Qualität begannen die bis dahin mehr oder weniger spontanen und örtlich noch begrenzten Bestrebungen zum Zusammenschluß anzunehmen, als 1919 die Eisenbahn-, Post- und Telegraphenarbeiter den ersten landesweiten Gewerkschaftsverband schufen. Als einziger Verband vereinigte er zudem jüdische und arabische Arbeiter. Noch ein weiteres Ereignis hob das Jahr 1919 aus der gerade erst kurzen Geschichte der jüdischen Arbeiterbewegung in Palästina heraus — im März 1919 gründete eine kleine Gruppe revolutionärer Juden die Sozialistische Arbeiterpartei Palästinas.

Es hatte eines langwierigen theoretischen und politischen Klärungsprozesses bedurft, ausgelöst und gefördert durch den sich in Palästina entwickelnden Klassenkampf, bis bei einem kleinen Teil der Poale-Zionisten die Erkenntnis herangereift war, daß Sozialismus und Zionismus, Arbeiterinteressen und bürgerliche Ideologie also, miteinander unvereinbar sind.

Unter den Mitgliedern der noch im Rahmen des Poale-Zion-Weltverbandes gegründeten Sozialistischen Arbeiterpartei, dem Ursprung der kommunistischen Partei, bestand zunächst noch unverändert die Überzeugung, ein proletarischer Zionismus sei möglich. Daher trennte sich der sich in der jüdischen Arbeiterbewegung herausbildende marxistisch-leninistische Flügel auch nicht sofort vom Zionismus. Zunächst grenzte man sich gegenüber den bürgerlichen zionistischen Parteien sowie dem rechten, offen opportunistischen Flügel ab.

Zu dieser Zeit waren nicht wenige der späteren jüdischen Kommunisten noch von der bürgerlichen Auffassung der nationalen Frage befangen. So wurde in den Resolutionen des II. Kongresses der SAP der «Weltcharakter des Problems der jüdischen Arbeiter» im Fehlen eines Territoriums und in der «unnormalen Sozialstruktur des jüdischen Volkes» begründet. In den Resolutionen wird eine Lösung dieser Probleme nur auf dem Wege der «Umsetzung der jüdischen Massen in der Welt in die Landwirtschaft und in die produktive Arbeit sowie durch ihre territoriale Konzentration in Palästina» für möglich gehalten. Die Diskussionen um die Aufnahme der 1922 aus der SAP hervorgegangenen Palästinensischen Kommunistischen Partei in die Komintern verhalfen einer marxistisch-leninistischen Position in der nationalen Frage und zum Zionismus zum Durchbruch. Insbesondere der II. Kongreß der Komintern unterzog den «sozialistischen» Zionismus einer scharfen Kritik.

Durch ihren gründlichen Meinungsstreit mit den Poale-Zionisten förderte die Komintern Anfang der zwanziger Jahre den ideologischen und politischen Klärungsprozeß unter den linken Kräften in der jüdischen Arbeiterbewegung. Sie forderte diese auf, sich radikal vom Zionismus zu trennen. Als die PKP konsequent marxistisch-leninistische Positionen einnahm, wurde sie im Februar 1924 Mitglied der Komintern.

Zu Beginn der zwanziger Jahre sahen sich die jüdische Bourgeoisie und die opportunistischen Arbeiterführer also mit revolutionären Tendenzen konfrontiert, wie sie in Teilen der jüdischen Arbeiterklasse schon einmal zwischen den Revolutionen von 1905 und 1917 in Rußland zu finden waren: Marxistisch-leninistischer Einfluß breitete sich aus und ging einher mit internationalistischem Zusammenwirken jüdischer und «nichtjüdischer» Arbeiter. Damals in Osteuropa fanden sich die jüdischen mit russischen, polnischen oder litauischen Arbeitern zusammen, hier in Palästina mit arabischen. Die sich entwickelnde Klassensolidarität zwischen jüdischen und arabischen Arbeitern, wie sie sich im gemeinsamen Landesverband der Eisenbahn-, Post- und Telegraphenarbeiter ausdrückte, drohte im

Falle ihrer Ausweitung die bürgerlich-nationalistische Konzeption zu unterlaufen.

Reformistische Politiker waren entschlossen, das zu verhindern. Noch ehe es zu umfassenden Berufsverbänden als Instrumente des Klassenkampfes «von unten» kommen konnte, schufen sie die Histadruth als zentrale Gewerkschaftsorganisation «von oben», als «Bewegung der Arbeitenden», der «Schaffenden» in einer Nation, die «keine Arbeitgeber hatte, um sie zu expropriieren», wie man erklärte, um den bürgerlichen Inhalt zu verhüllen.

Arabische Arbeiter wurden in die Histadruth nicht aufgenommen. Es bedurfte 33 Jahre harten Kampfes, bis es 1953 endlich gelang, ihre gleichberechtigte Zulassung zu erzwingen. Diesen Kampf führten vor allem die Kommunisten und mit ihnen gemeinsam linke Sozialdemokraten.

Die Palästinensische Kommunistische Partei traf daher der ganze Haß der jüdischen Bourgeoisie und der opportunistischen Arbeiterführer. Die Ablehnung des Zionismus durch die Partei nutzten Bourgeoisie und Opportunismus, um die Kommunisten des nationalen Verrats zu bezichtigen. Unter dem Druck der nationalistischen Mehrheit wurde die Fraktion der kommunistischen Partei 1924 aus der Histadruth ausgeschlossen und erst wieder 1944 zugelassen. Die britische Mandatsmacht unterstützte die jüdische Reaktion in ihrem Antikommunismus. Sie stellte die Partei außerhalb des Gesetzes und zwang sie, bis 1942 in die Illegalität zu gehen. Wer sich von den Einwanderern der KP anschloß, wurde nicht selten bei den britischen Behörden denunziert und dann von diesen verhaftet und deportiert. Mehr als 2 000 Kommunisten wurden aus Palästina ausgewiesen.

Viele Intellektuelle hatten aus ihrer zutiefst antifaschistischen, demokratischen Gesinnung heraus ein äußerst sensibles Gespür für die nationalistischen Ausschließlichkeitsansprüche der jüdischen Bourgeoisie. Bereits in Deutschland ergriffen sie Partei gegen den Faschismus und die Faschisten. Sie geißelten den Rassismus der Nazis, die die jüdische «Rasse» als «Fremdkörper» in Deutschland und Europa verfolgten. Von den deutschen Faschisten in der bis dahin furchtbarsten Form betrieben, wurde der Antisemitismus von ihnen ebenso grausam und brutal mit Antikommunismus und Antisowjetismus verbunden. Und so kam auch die überwiegende Mehrheit jener vierzig Millionen Opfer der faschistischen Barbaren aus den Reihen der Kommunisten, der Sowjetmenschen und der Juden. Angesichts des antikommunistisch-antisowjetischen und antisemitischen Charakters ihres faschistischen Feindes war es natürlich, daß viele Emigranten, die aus Deutschland nach Palästina geflohen waren, mit den jüdischen Kommunisten und den linken Sozialdemokraten dort im antifaschistischen Kampf zusammenwirkten. Sie setzten damit ihre demokratischen Traditionen fort. Sie hatten 1926 den großen britischen Bergarbeiterstreik unterstützt, sich 1934 mit dem Aufstand der österreichischen Arbeiter solidarisiert und im spanischen Bürgerkrieg in den Interbrigaden gestanden. Als die deutschen Faschisten die Sowjetunion überfielen, ging eine Welle der Sympathie mit dem Sowjetvolk auch durch Palästina.

Unter den 180 000 jüdischen Einwanderern, die zwischen 1930 und 1935 vor dem Faschismus aus europäischen Ländern, vor allem aus Deutschland und Polen, nach Palästina flohen, herrschte eine tiefe antifaschistische Stimmung. Viele gingen in die palästinensische Brigade der britischen Armee, um gegen den Faschismus zu kämpfen. Die Aktivsten schlossen sich der Palästinensischen Kommunistischen Partei an oder arbeiteten eng mit ihr in der antifaschistischen Bewegung zusammen. Das galt besonders für eine große Anzahl der etwa 68 000 Einwanderer aus Deutschland, Österreich und der Tschechoslowakei. Ihr Wirken gehört zu den bemerkenswertesten Kapiteln des antifaschistischen Kampfes. Die Verfasser der Exil-Reihe des Reclamverlages vermitteln dazu im Abschnitt über Palästina einen aufschlußreichen Einblick.

Gemeinsam mit jüdischen und palästinensischen Kommunisten gründeten Vertreter anderer Arbeiterparteien und fortschrittliche bürgerliche Intellektuelle eine Organisation zur Unterstützung der Sowjetunion, die Liga V. Der prominenteste Intellektuelle unter den Gründern war der Schriftsteller Arnold Zweig.

Den Gründungsaufruf unterschrieben auch bekannte Per-

*Der Schriftsteller
Avi Shaul*

sönlichkeiten, Antifaschisten, die sich zum Zionismus bekannten, wie der Schriftsteller Max Brod oder Professor Martin Buber von der Hebräischen Universität in Jerusalem. Ihre Unterschrift gaben Hanna Rovina, Star des weltbekannten Tel Aviver Habimah-Theaters, das noch unter dem künstlerischen Einfluß von Stanislawski in der Sowjetunion gegründet worden war und seit 1921 seinen Sitz in Palästina hatte, oder Dr. Mandelberg, ein ehemaliges führendes Mitglied der Menschewiki Rußlands, der zwar in Palästina lebte, aber nie Zionist wurde. Auch der in der DDR bekannte israelische Dichter Avi Shaul gehörte zu den Begründern der Liga V.

In ihr bildete sich eine Gruppe heraus, die sich dem Nationalkomitee «Freies Deutschland» anschloß. Per Kurier wurde über Kairo die Verbindung zum Nationalkomitee in Moskau und zu Erich Weinert hergestellt. Von den Mitgliedern des palästinensischen Komitees wurde der Versand deutschsprachiger antifaschistischer Literatur und auch marxistischen Schulungsmaterials für die Kriegsgefangenenlager in Ägypten organisiert.

Arnold Zweig gab die antifaschistische deutschsprachige

Zeitschrift «Orient» heraus, zu deren Mitstreitern Louis Fürnberg, Katinka Küster, Franz Goldstein, Pierre von Paasen, Manfred Vogel und Sally Grosshut gehörten. Auch die Lyrikerin Else Lasker-Schüler publizierte einige ihrer schönsten Gedichte im «Orient».

In Haifa, wo Arnold Zweig lehrte und arbeitete, wurde die antifaschistische Lesehalle «Chug» eröffnet, in der Zeitschriften und Bücher aus antifaschistischen Verlagen und aus der Sowjetunion auslagen.

Die Lepac wurde gegründet, eine Gesellschaft zur Förderung der kulturellen Verbindungen mit der Sowjetunion, die in den großen Städten wirkte, in Tel Aviv, Jerusalem und Haifa, aber auch in kleineren Städten und Siedlungen aktiv war, so in Petah Tikva, Rishon-Lezion, Nahariya und Rehovot.

Eine besondere Rolle spielte damals der Jerusalem Book Club, den Louis Fürnberg sowie Dr. Wolf Ehrlich, heute Vorsitzender der Zentralen Kontrollkommission der KP Israels, leiteten und zu einem geistigen Zentrum der antifaschistischen Intellektuellen machten.

Massenwirkung wie keine andere antifaschistische Künstlerin in Palästina erreichte Lea Grundig. Sie entwarf Plakate für die Liga V und arbeitete eng mit der Tageszeitung der KP zusammen, deren Mitglied sie geworden war. Hier in Palästina schuf sie jene Zyklen, die ihren Weltruf begründeten: die «Antifaschistische Fibel», die Vorarbeiten zu «Niemals wieder» und «Im Tal des Todes». Ihre Arbeiten wurden im Museum von Tel Aviv auf dem Rothschild-Boulevard ausgestellt, in den Räumen, in denen 1948 der Staat Israel proklamiert wurde.

Wegen der großen, auch internationalistischen Ausstrahlungskraft ihrer Bilder erstanden Lea Grundig in Palästina Feinde. Sie kamen besonders aus den Reihen der rechtsradikalen Chauvinisten. Als sie mit Genehmigung des britischen Kommandanten im Sammellager Athlit ihre Bilder ausstellte, die sie während der abenteuerlichen Überfahrt vom rumänischen Hafen Constanţa auf dem seeuntüchtigen, abgewrackten Totenschiff «Pacifique» gemalt hatte, stürmte eine Gruppe der Betar ihre kleine Galerie. Mit der Begründung, «entartete Kunst» müsse vernichtet werden, zerrissen sie vornehmlich die politischen Blätter Lea Grundigs. Ihre Attacken richteten sich aber keineswegs nur gegen die «entartete Kunst», sondern zielten auf all jene, die dem Anliegen der Liga V verpflichtet waren. Und von ihnen gab es viele, denn «kaum brachten wir den Gedanken der Liga V auf die Straßen», schrieb Arnold Zweig, «so hatten wir die Jugend für uns, die Arbeiter und jene Intellektuellen, die von der Pflicht des Geistes überzeugt waren und der Gerechtigkeit, der Wahrhaftigkeit und einer besseren Gesellschaftsordnung zu Dienste standen».

Es gehört zu den bedeutendsten Verdiensten der israelischen Kommunisten und der demokratischen Kräfte, daß sie stets, auch unter den schwierigsten Bedingungen, den Standpunkt der Arbeiterklasse sowohl im Ringen um die Lösung der jüdischen Frage als auch bei der Verteidigung der nationalen Interessen des palästinensischen arabischen Volkes vertraten und die nationalistischen Hindernisse abzubauen versuchten, die die Reaktion dem Zusammenschluß der fortschrittlichen Kräfte dieser beiden Völker immer wieder in den Weg legt.

Arabische und jüdische Kommunisten kämpften gemeinsam gegen das kolonialistische Mandatsregime des britischen Imperialismus und seine Politik des «Teile und Herrsche», für die nationale Unabhängigkeit Palästinas. Aus benachbarten Kibbuzim oder Plantagen, aus arabischen Dörfern fanden sie sich zusammen, um arabischen Fellachen gegen den Landraub beizustehen. Sie kämpften gegen die Parolen von der «jüdischen Arbeit» und vom «jüdischen Markt» in Palästina, indem sie gegen die Entlassung arabischer Arbeiter und gegen die Vernichtung landwirtschaftlicher Erzeugnisse der Fellachen auftraten. Im April 1946 traten jüdische und arabische Post- und Telegraphenarbeiter, Hafenarbeiter und Angestellte der öffentlichen Dienste gemeinsam in den Streik.

Damals trafen sich in einem kleinen Kaffeehaus in Nazareth Fuad Nassar, später Generalsekretär der Kommunistischen Partei Jordaniens, im Namen der arabischen Kommunisten, die damals noch in der Liga für Nationale Befreiung organisiert waren, und Meir Vilner sowie Aljosha Goshanski für die jüdischen Kommunisten und verfaßten das erste gemeinsame Flugblatt. Darin heißt es: «Die gemeinsame Front der jüdischen und arabischen Arbeiter ist ein ... Schlag gegen chauvinistische Ideologien und gegen diejenigen, die nationalistische Spaltung säen.»

Damit wandten sie sich gegen die jüdische wie gegen die arabische Reaktion, die einer Rassenteilung Palästinas das Wort redeten, um die Klassenteilung zu vertuschen. Auch vertraten sie den Standpunkt, daß die Gründung eines einheitlichen, demokratischen palästinensischen Staates, in dem Juden und Araber gleiche Rechte genießen, den nationalen Interessen beider Völker am besten gerecht würde.

«Die Grundlage des Befreiungskampfes, den unsere Partei führt, ist entsprechend dem Leninschen Prinzip der nationalen Selbstbestimmung, das Recht der Juden und Araber auf staatliche Unabhängigkeit», erklärte im Oktober 1948 der heutige Generalsekretär der israelischen KP, Meir Vilner. «Als wir vor der Untersuchungskommission der UNO auftraten», erläuterte Vilner weiter, «forderten wir für beide Völker Palästinas die volle Unabhängigkeit auf föderativer Grundlage.» Die Ursache dafür, daß dies nicht gelungen sei, sah er vor allem in der Schwäche der demokratischen Kräfte unter den Juden und Arabern. Und das sei zurückzuführen auf die «Politik des Imperialismus und der jüdisch-arabischen Reaktion», die während der letzten dreißig Jahre auf Rassenhaß beruhte, auch auf das Fehlen einer einheitlichen kommunistischen Partei. «Unter diesen Umständen», fuhr Meir Vilner fort, «blieb die Bildung zweier unabhängiger Staaten, wie von der UN-Vollversammlung (am 29. November 1947, A. J.) beschlossen, der einzige realistische Weg, um die Unabhängigkeit der beiden Völker Palästinas zu gewährleisten.»

Unter den komplizierten, von nationalistischem Haß gekennzeichneten Bedingungen, die in den ersten Jahren nach dem zweiten Weltkrieg in Palästina herrschten, erwiesen sich die israelischen Kommunisten als einzige Partei mit wirklich nationalem Verantwortungsbewußtsein. Das bewies nicht nur die Unterschrift Meir Vilners unter das Gründungsdokument des Staates Israel, der am 14. Mai 1948 proklamiert wurde.

Zusammenkunft von Mitgliedern und Freunden der Kommunistischen Partei

Ein von der KP organisiertes Picknick anläßlich des Jahrestages des Sieges der Sowjetarmee über den deutschen Faschismus

Viel stärker noch zeugt davon ihr beharrliches Eintreten für die Bildung eines arabischen Staates an der Seite Israels.

Als am 20. Oktober 1948 die chauvinistischen Banden in den arabischen Dörfern Deir Jasin, Nasiraddin und Khoury Massaker veranstalteten, erklärten 1500 arabische und jüdische Kommunisten auf ihrem Vereinigungskongreß im Kino «Mai» von Haifa — inmitten heftiger Kampfhandlungen des Palästinakrieges — ihre «positive Haltung zur Gründung eines unabhängigen arabischen Staates». Sie beschlossen, die «demokratischen Kräfte in den Grenzen Israels und des arabischen Teils von Palästina sowie die Bildung einer provisorischen arabischen Regierung aus Vertretern der Arbeiter, Bauern und der Intelligenz, die auf der Plattform der UNO-Beschlüsse stehen, (zu) unterstützen».

Emile Habibi, heute Mitglied des Politbüros des KP Israels, sagte im Namen der arabischen Kommunisten: «Unser Kampf für die Befreiung des arabischen Teils von Palästina wird dann erfolgreich sein, wenn er sich auf eine Politik des gegenseitigen Verständnisses und der Zusammenarbeit mit den Massen des israelischen Volkes stützt. Die Gründung eines unabhän-

Von der Kommunistischen Partei Israels herausgegebene Neujahrskarte

Pressefest der Kommunistischen Partei Israels

Meir Vilner

Tawfiq Toubi

Eine Veranstaltung der KP in Jerusalem zu Ehren des Sieges der Sowjetarmee über den deutschen Faschismus (im Präsidium 1. v. r. Tawfiq Toubi)

gigen arabischen Staates in Palästina nutzt nicht nur dem arabischen, sondern auch dem jüdischen Volk, da er die Hauptvoraussetzung für die Herstellung des Friedens im Lande, für die Erhaltung der Unabhängigkeit und Selbständigkeit Israels ist.»

Seitdem hat die Geschichte bestätigt, daß diese 1948 von jüdischen und arabischen Kommunisten gefaßten Beschlüsse in ihrem Wesen richtig waren.

Ein Emigrantenschicksal

Geben wir einem Augenzeugen das Wort, dessen Erlebnisse als Emigrant aus dem faschistischen Deutschland verdeutlichen, wie ein jüdischer Kommunist im «gelobten Land» aufgenommen wurde.

Wolfgang Münzer, gebürtig aus Magdeburg, schlug sich nach Errichtung der faschistischen Diktatur nach Prag durch. Auf Grund seiner politischen Tätigkeit wurde er jedoch bald aus der Tschechoslowakei ausgewiesen. Ihm blieb keine andere Möglichkeit, als nach Palästina zu gehen.

Doch dazu hatte Wolfgang Münzer weder Geld noch Papiere. Er wandte sich an das Jüdische Hilfskomitee, das ihm zunächst die Einwanderungserlaubnis nach Palästina besorgte. Dieses Papier erlaubte dem ledigen Münzer nur die Einreise mit Gattin. Doch woher eine Ehefrau nehmen? Auch dafür wußte das Komitee Rat. Man besorgte ihm eine «Scheinfrau», deren begüterten jüdischen Eltern die Ausreise der Tochter zugleich das Reisegeld für Wolfgang Münzer wert war.

«Die Scheinehe wurde vollzogen. Ich hatte damals meine Frau noch gar nicht gesehen, weil das irgendwo organisiert wurde.»

Mit «komische Situation» faßte Wolfgang Münzer seine Erinnerung an jene dramatischen Tage untertrieben zusammen. Doch vom ersten Blick seiner sonst von Schmunzelfalten umgebenen Augen ließ sich ablesen, daß dem damals jungen Mann ganz und gar nicht gleichgültig gewesen sein mußte, wie das Schicksal mit ihm umsprang.

Trotz seines Alters — er verstarb 1983 — hatte sich Wolfgang eine bewunderungswürdige Vitalität bewahrt. Ein Energiebündel war dieser von Wuchs nicht allzugroße Mann. Wo und wann immer wir zusammentrafen, stets hatte sein rastloser, scharfer Verstand Fragen parat. Beim Erzählen intonierte er seine Sätze fragend. Ihre letzten Worte hingen gleichsam in der Luft, so als lausche er ihnen nach, um sich zu vergewissern, daß er auch das Richtige sage. Dafür gab es zunächst keinen ersichtlichen Grund, denn seinen Gedanken mangelte es nicht an Klarheit. Trotzdem wich diese sympathische Eigenart, jenes Sichvergewissern nach dem Wahrheitsgehalt des Gesagten, niemals von ihm. Das lange Leben eines Antifaschisten, eines Menschen, der seiner Sache ein Leben lang sicher, aber stets auf unsicherem Grunde gefolgt war, mochte die Ursache sein.

Im Juni 1934 traf Wolfgang Münzer in Haifa ein. «Dort wurden wir von den zionistischen Organisationen empfangen und nach unseren Berufen und Fähigkeiten aufgeteilt. Bevorzugt wurden Baufacharbeiter und diejenigen mit landwirtschaftlichen Berufen. Die meisten der neuen Einwanderer wurden bereits in ihren Heimatländern auf ihren Einsatz vorbereitet. Da die verschiedenen Organisationen über eigene landwirtschaftliche Genossenschaften verfügten, wußten viele Neuankömmlinge schon, wohin sie zu fahren hatten. Alle anderen versuchten Arbeit zu finden.

Von meiner mir formal angetrauten Frau trennte ich mich gleich nach der Ankunft.

Ich fand Arbeit auf dem Bau. In der Hauptsache wurden Wohnhäuser errichtet. Die Bauplätze zogen sich an den Karmelhöhen hinauf. Es war Knochenarbeit, denn der Beton wurde in Eimern transportiert, die die weniger qualifizierten Arbeiter schleppen mußten. Kurz vor meiner Ausreise hatte ich mich einer Meniskusoperation unterziehen müssen, und das noch nicht ausgeheilte Knie schmerzte bei jeder Belastung. Durch die Hitze, die ungewohnte Arbeit, das schmerzende Knie war ich schon um 8 Uhr am Ende meiner Kräfte. Aufgeben konnte ich nicht, denn ich mußte ja leben. Die Antreiberei durch den jüdischen Unternehmer, der die Bau-Konjunktur ausnutzen wollte, war grausam.

Alle Arbeitskollegen waren Zionisten. Es gab viele ehemalige Angestellte, Intellektuelle und ungelernte Arbeiter darun-

Wolfgang Münzer

ter. Sie kamen aus fast allen europäischen Ländern. Jüdisches Kleinbürgertum, das kein proletarisches Klassenbewußtsein besaß und Arbeitersolidarität nicht kannte.

Ich möchte das an einem Beispiel charakterisieren. Auf Betonbauten ist es notwendig, Decken in einem Guß zu gießen. Das erforderte oft Überstunden. Dem Unternehmer aber fiel es gar nicht ein, diese Stunden zu bezahlen. Als ich dagegen protestierte, unterstützte mich nicht einer der 26 Kollegen. Daraufhin beschloß ich, keine Überstunden mehr zu leisten, wenn er nicht vorher die Stunden auf meiner Arbeitskarte vermerkte. Das lehnte er ab. Demzufolge machte ich keine mehr. Als ich pünktlich nach Hause ging, rief er hinterher: ‹Du brauchst morgen nicht wieder zu kommen!›

Alle Arbeiter, die dem Unternehmer sonst die Pest an den Hals wünschten, schwiegen und arbeiteten weiter. Mein Protest wurde mit der Entlassung bestraft. Einige Kollegen meinten, ich hätte ja recht, aber sie müßten für ihre Familien sorgen.

Viele Juden, die Anfang des Jahrhunderts nach Palästina einwanderten, um dort als Arbeiter und Sozialisten zu leben, veränderten unter dem extremen Nationalismus und Chauvinismus ihre Haltung zum Sozialismus sehr schnell. Ihr Verhalten zu den Arabern zeigte ganz deutlich, daß von proletarischer Solidarität keine Spur mehr vorhanden war. Deshalb fiel es manchem Arbeiter, der doch in Europa ehrlich für die Interessen seiner Klasse gekämpft hatte, nicht schwer, unter der Flagge des zionistischen Aufbaus sogar zum Unternehmer und Ausbeuter zu werden. Folgendes Beispiel soll meine Behauptung belegen.

Ich fand nach einigen Tagen Arbeitssuche Anstellung in einem Bauunternehmen, das vier Brüdern gehörte. Zwei stammten aus Polen und zwei aus Rußland, einer der beiden noch aus dem zaristischen, der andere kam aus Sowjet-Rußland. Letzterer war nach der Oktoberrevolution sogar Parteisekretär in Bobruisk gewesen. Alle vier waren ursprünglich Arbeiter und arbeiteten auch jetzt noch mit.

Schon in den ersten Tagen bemerkte ich das politische Interesse des Polen, der besonders auf meine Fragen nach der Arbeiterbewegung in Palästina einging. Es stellte sich bald heraus, daß er ein führender Funktionär der Poale Zion Smoll war. Ihre Mitglieder bezeichneten sich als jüdische Kommunisten. Ich wußte zu diesem Zeitpunkt noch nicht, daß die PKP, eine Sektion der Komintern, illegal war. Er lud mich zu einer Versammlung ein, und so begann meine politische Betätigung in Haifa.

An dieser Stelle muß ich allerdings einblenden, daß ich vor meiner Bekanntschaft mit Poale Zion Smoll schon mit politisch aktiven Juden in Berührung gekommen war.

In der ersten Zeit wohnte ich in Haifa mit einem jungen Menschen zusammen, den ich schon aus Prag kannte. Harry Obermeier hieß er, der Prototyp eines Ariers: groß, blond und blauäugig. Er entstammte einer orthodoxen jüdischen Familie, war sehr klug, hatte eine humanistische Ausbildung erhalten und sprach Latein, Griechisch, Französisch und Hebräisch. Obermeier gehörte einer linken Gruppierung des Zionismus an, die sich wahre jüdische Kommunisten nannte. Sie waren legal und jonglierten fleißig mit revolutionären Phrasen. Zwischen Harry und mir gab es laufend Diskussionen und Auseinandersetzungen. Immer, wenn ich mal wieder aus dem Gefängnis kam, erkundigte ich mich spöttisch, welche Erfolge er und seine Leute inzwischen beim Aufbau des Sozialismus erzielt hätten.

Seine Freunde vertraten die verschiedensten ideologischen und politischen Ansichten. Das hing wohl vor allem mit dem Antisemitismus zusammen, dem wir Juden so lange ausgesetzt waren. Wenn man jahrelang deswegen verunglimpft wurde, fliegt man vor Wut politisch wie in einer schwarzen Wolke. Unter antisemitischem Druck ist es schwer, zu einem richtigen Klassenstandpunkt zu finden. Selbst die ihn haben, können ihn ohne Partei leicht wieder verlieren. Aus dieser schwarzen Wolke kommen die Leute als alles mögliche heraus — als Gebrochene, als Anpasser, als ganz Radikale — rechte wie linke, als Anarchisten. Die meisten aber sitzen dem bürgerlichen Nationalismus auf. Daß ich das intellektuelle Geschwafel bei Obermeier unbeschadet überstanden habe, wundert mich heute noch. Das einzig Gute war, daß er mich nie verriet und auf meine wenigen Habseligkeiten aufpaßte, wenn ich nicht da war. Wir beide arbeiteten auf einem Bau, bei derselben Firma. Während der Arbeit lernte er nebenbei die nordischen Sprachen: einen Sack Zement auf dem Rücken und ein Buch in der Hand. Er hatte eine schwedische Freundin und wollte mit ihr in ihrer Muttersprache lieben, wie er sagte.

Auch in den Versammlungen von Poale Zion Smoll klang alles sehr revolutionär. Ich wurde aber bald hellhörig, als ich ihre Haltung zur Sowjetunion kennenlernte. Es stellte sich später heraus, daß die Poale Zion Smoll im Prinzip Verrat an der Arbeiterklasse beging, Trotzkisten und anderen parteifeindlichen Elementen Unterschlupf bot und während des zweiten Weltkrieges und auch danach gegen die Sowjetunion hetzte.

Bei einer Diskussion lernte ich einen Genossen kennen, der meine politische Sprache sprach. Nach kurzer Zeit wußte ich, daß ich einen Kommunisten vor mir hatte, der sich sehr um mich bemühte. Da ich weder hebräisch noch arabisch lesen, schreiben und sprechen konnte, er aber jiddisch sprach, konnte er mich über die politische Situation in Palästina informieren. Ich wurde Mitglied der illegalen PKP. Das war im Juli 1934.

Der erwähnte Genosse schlug mir vor, weiterhin in der Poale Zion Smoll zu bleiben. Ich war ein rühriges Mitglied, und bald hatte ich das Vertrauen der verantwortlichen Funktionäre erworben. Die PZS organisierte damals eine illegale Gruppe halbmilitärischen Charakters, die sie Antifa bezeichnete, deren Aktivitäten sich auch gegen die Irgun Zwai Leumi richtete. Die Irgun war eine terroristische Formation der rechtsextremen Zionisten.

Die Antifa trug eine Uniform — kurze Hose und graues Hemd —, deren Farbe der des Roten Frontkämpferbundes ähnelte.

Die Irgun-Leute steckten in kaffeebraunen Uniformen — eine Kopie der SA-Kluft.

Ich wurde Adjutant des ersten Kommandeurs der Antifa und war verantwortlich für das illegale Waffenlager; zumeist Revolver. Das militärische Training wurde am Strand des Mittelmeeres durchgeführt. Ich erinnere mich genau an die erste Gruppe von fünf Viererreihen, wie wir im Sand hin- und hermarschierten.

Mit meiner Adjutantenherrlichkeit hatte es aber bald ein Ende, als ich bei einer Landraubaktion meine Ablehnung sehr deutlich zum Ausdruck brachte. Die Firma hatte einen Auftrag bekommen, ein großes Stück Land auf dem Karmel mit Stacheldraht einzuzäunen.

Wir fuhren mit zwei Lastwagen in ein Gebiet, wo arabische Fellachen in den ärmlichsten Verhältnissen vegetierten und ihren Acker bestellten. Als sie bemerkten, was wir beabsichtigten, kamen sie bewaffnet mit Stöcken und anderen primitiven Gegenständen auf uns zu. Ich hatte mich bereits vorher zurückgezogen und dem Vorarbeiter erklärt, daß ich keine Fellachen von ihrem Grund und Boden verjage. Die Situation spitzte sich zu. Auf der einen Seite standen die Fellachen, auf einem anderen Hügel die jüdischen Arbeiter. Als durch Verhandlungen kein Ergebnis erzielt werden konnte, alarmierte der Unternehmer, der nachgekommen war, die Polizei, damit sie die Araber vertreibe.

In der Zwischenzeit kam es zu heftigen Diskussionen um meinen Standpunkt, die in brutalen Drohungen und Anschuldigungen gipfelten. Keiner der Arbeiter verstand meine Auffassung. Ihrer Meinung nach ging alles gerecht zu. Der Boden, den arabische Großgrundbesitzer an die Zionisten verkauft hatten, diente der Ansiedlung jüdischer Einwanderer. Aufgebracht fragte man mich, ob ich für die jüdische Einwanderung sei oder nicht; zumal jetzt, da der Faschismus die ‹Endlösung› der Judenfrage auf seine Fahnen geschrieben habe. Jeder hatte noch Familienangehörige und Verwandte in Europa, die er retten wollte, für die er Geld sparte, um die hohe Summe für ein Einreisevisum stellen zu können.

Als bis zum Ende der Arbeitszeit noch keine Polizei erschienen war, fuhren alle nach Haifa zurück. Mich nahmen sie nicht mit. So mußte ich die rund 20 Kilometer zu Fuß zurücklegen. Die Nacht fiel schnell, und kein Araber, der mich auf einsamen Pfaden wandeln sah, konnte ahnen, wo ich ideologisch stand. Verständigen hätte ich mich sowieso nicht können. Erschöpft, hungrig und fast verdurstet, erreichte ich Haifa und fiel wie tot ins Bett.

Am anderen Tag wollte keiner meiner Kollegen mehr mit mir arbeiten. Mit einem Feind der Juden hätten sie nichts gemein. Für jemanden, der andere Menschen den faschistischen Mördern ausliefere, sei kein Platz in ihren Reihen.

Einer meiner Chefs, jener, der nach der Oktoberrevolution Parteisekretär war, nahm mich aus dem Schußfeld und gab mir Arbeit auf den Bauplätzen, wo nur noch aufzuräumen war.

Kurz nach dem Vorfall traf ich meinen Kommandeur von der PZS. Er fragte mich, ob ich wüßte, was Feme sei. Sollte je etwas über unsere Waffen und unser Training an die Öffentlichkeit dringen, dann würde das Schicksal seinen Lauf nehmen. Er stieß mich als Kommunist offiziell aus der PZS aus. Wenn ich ihm begegnete, strafte er mich mit Verachtung. Nicht genug damit, begann die Polizei mich zu schikanieren. Abends, wenn ich auf einen Arbeitsplatz hoffte und mich in der Histadruth aufhielt, kam wiederholt ein Polizeiagent im Saal auf mich zu und forderte mich auf, in seinem Büro einige Fragen zu beantworten. Er sprach so laut, daß alle Anwesenden es hören konnten. Das war Taktik. Jeder sollte wissen, daß ein Fraktionär zum Verhör geholt wurde. Selbst jene sich so revolutionär gebärdenden linken Zionisten bekämpften also die jüdischen Kommunisten.

Zu dieser Zeit war die PKP eine kleine Partei in der Illegalität. Wir trafen uns von Zeit zu Zeit in einer Höhle in den Karmelbergen, die wir nur auf weiten Umwegen erreichen konnten.

Die politische Polizei war uns immer auf den Fersen. Oft fingen sie uns in den Vororten von Haifa ab, kontrollierten unsere Taschen und nahmen uns mit zur Polizeistation. Dort behielten sie uns ein, zwei Tage, bis kein Piaster mehr in unseren Taschen war.

Ich hatte große Schwierigkeiten, mich mit dem Agitationsmaterial der Partei vertraut zu machen. Es war in hebräisch oder arabisch geschrieben. Mündlich konnte ich mich inzwischen einigermaßen verständigen. Bei unseren Versammlungen bildeten sich bestimmte Sprachkreise. Es fanden sich immer die Genossen zusammen, die eine Sprache beherrschten, beispielsweise Russisch, Deutsch, Jiddisch. Die meisten konnten sich in mehreren Sprachen verständigen. Trotzdem herrschte ein ziemliches Sprachgewirr, und man kann sich vorstellen, wie lange sich eine Parteiversammlung hinzog. Der Referent mußte warten, bis alles übersetzt war. Und danach die Diskussion!

Zu bestimmten politischen Ereignissen organisierten wir Flugblattaktionen. Besonders belegten wir die vielen Baustellen damit. Um beim Verteilen nicht aufzufallen, tarnten sich die Genossinnen und Genossen als Liebespaare. Es gab sehr wenig Genossinnen, und ich freute mich jedesmal, wenn mich das Los traf.

Für uns junge Kommunisten war es schwer, eine Freundin zu finden. Ein Mädchen oder eine Frau, die zu einem Genossen Verbindung hielt, wurde sofort von der politischen Polizei unter Druck gesetzt.

Bei allen illegalen Aktionen mußte man auch ein bißchen Glück haben. Einmal beispielsweise wollten wir am Ersten Mai eine Flugblattaktion in einem Freilichtkino mitten in der Stadt durchführen. Die Mapai hatte dort eine große Veranstaltung aufgezogen. Aus irgendeinem Grund fielen die drei Genossen, die mit der Aktion betraut waren, plötzlich aus. In der kurzen

Zeit war es nicht möglich, für sie Ersatz zu finden. Ich wurde gebeten einzuspringen, obwohl ich soeben erst einen gefährlichen Auftrag ausgeführt hatte.

In der Morgendämmerung hatte ich am Hafeneingang an einem hochgespannten Draht eine rote Fahne angebracht. Und nun sollte ich schon wieder ins Feuer laufen? Verantwortungsgefühl und Angst kämpften in mir. Die Strafen, die die Kommunisten in einem Mandatsgebiet der englischen Imperialisten bekamen, waren nicht von Pappe, und wer die Zustände dort kennt, wird wissen, daß es kein Zuckerlecken war, eventuell 5 bis 10 Jahre im Gefängnis zu vegetieren. Schließlich übernahm ich den Auftrag doch.

Das Kino lag zwischen zwei Häusern, ein hoher Drahtzaun sicherte es gegen ungebetene Gäste, der Ausgang war unübersichtlich und eng. Es war bis auf den letzten Platz besetzt. Ordner der Mapai und auch der Polizei bevölkerten die Gänge. Als ich mit einem Packen Flugblätter — versteckt unter dem Hemd — ins Kino kam und mir einen günstigen Platz suchte, um richtig werfen zu können, wurde mir sofort klar, daß keiner aus einer solchen Falle herauskommen konnte, wenn er nicht ein festes Bündnis mit dem Glück geschlossen hatte. Ich sah für mich keine Chance. Eigenartigerweise war ich aber nicht nervös. Im Gegenteil, ich war sehr ruhig. Ich hatte mich damit abgefunden, verhaftet zu werden.

Die Veranstaltung nahm ihren Lauf. Neben mir stand ein Mädchen, das sich auffallend für mich interessierte. In einer anderen Situation wäre mir das sehr angenehm gewesen, aber jetzt war ich kalt und abweisend, was absolut meinem sonstigen Verhalten widersprach. Ich sollte die Flugblätter in die Runde werfen, wenn die Versammelten die zweite Strophe der Internationale sangen.

Als es soweit war, zog ich den Packen hervor — und schon flatterten die Zettel mitten in die Teilnehmer hinein, die zum Singen aufgestanden waren. Das Mädchen sah mir ruhig zu.

Ich ging langsam zum Ausgang, jeden Moment gewärtig, verhaftet zu werden. Dabei rempelte ich noch aus Versehen einen mir bekannten Polizisten an, sagte höflich ‹sorry› und erreichte unangefochten die Tür. Ein Genosse draußen wies mir den Weg, und ich verschwand in die höher gelegene Herzlstraße.

Ich verließ eine Woche lang mein Zimmer nicht, denn möglicherweise hatten Umstehende eine Personenbeschreibung von mir gegeben.

Später feierten wir im Kreise der Genossen mein glückliches Entkommen, und sie bewunderten meine Kaltblütigkeit. Na, war das nun Glück oder nicht?»

Wolfgang Münzer erinnerte sich auch an Arnold Zweig, der zu jener Zeit auf dem Karmelberg bei Haifa «im Haus Reno mit dem traumhaften Blick aufs Mittelmeer» (Fürnberg) wohnte.

«Um ihn hatte sich ein Kreis deutscher Emigranten geschart. Als ich in einer Konditorei auf dem Karmel arbeitete, verkaufte ich nachmittags immer frisches Wiener Gebäck in den Villen, so auch im Hause Arnold Zweigs. Er hat oft in meinem Korb sein Kaffeegebäck ausgesucht. Viele Jahre später, nach dem Kriege, traf ich ihn hier in Berlin wieder und kam darauf zu sprechen. Ob er sich noch darauf besinnen konnte, bezweifle ich, obwohl er so tat. Die Begebenheit war sicherlich zu geringfügig.»

Wie manch anderem Emigranten blieb auch Wolfgang Münzer in Palästina der Weg durch die Gefängnisse nicht erspart. Er berichtete mir darüber: «Im Jahre 1936 kam es im Gefängnis Acco, in der Haifabucht, zu einem Hungerstreik von politischen Gefangenen. Die Gefängnisverwaltung hatte alle Rechte, die die Gefangenen besaßen, aufgehoben. Es handelte sich dabei um das Recht, eigene Kleidung zu tragen, Bücher und Zeitungen zu lesen, das Haar zu behalten, also bessere Lebensbedingungen als kriminelle Gefangene zu erhalten, beispielsweise auf einem Bettgestell schlafen zu dürfen und nicht auf dem Boden und ähnliches.

Wir Kommunisten unterstützten die Streikenden. So erhielten ein junger amerikanischer Genosse und ich den Auftrag, in den Hauptstraßen und an öffentliche Gebäude Losungen zu schreiben, und zwar mit einer Farbe, die nur sehr schwer zu entfernen war.

Morgens um 5 Uhr begannen wir. Da ich nicht hebräisch schreiben konnte, hielt ich den Farbtopf, und der Genosse pinselte in flüssiger Handschrift die Losungen. Wir gingen immer in fünfzig Metern Abstand. Als wir fast fertig waren, erschienen plötzlich zwei Autos an beiden Enden der Straße, und ehe ich mich versah, war ich eingekreist und wurde in eines der Autos gestoßen. Einige Minuten später folgte mein Kumpel. Noch im Auto, das uns zur Polizeistation brachte, wurden wir mißhandelt. Ich blutete sehr stark aus dem Mund, einige Zähne waren abgebrochen, die Lippen aufgesprungen. Das war die Arbeit eines Revolverkolbens.

In der Station saß ein englischer Feldwebel, der uns interessiert betrachtete. Die jüdischen Polizeiagenten stießen uns unter den Tisch und sagten zu einem anderen Polizisten: ‹Paß auf die Kommunistenschweine auf, laß sie auch nicht zur Toilette!›

Wir wurden fotografiert und registriert. Anschließend fuhr man uns ins Haifaer Gefängnis.

In einer engen Zelle, normalerweise für zwei Personen, lagen wir zu acht. Wir schliefen auf dem Betonboden, zusammengedrückt wie Heringe. Zu den Läusen und dem anderen Ungeziefer, das uns störte und quälte, möchte ich nicht viele Worte verlieren. Noch weitaus schlimmer zu ertragen waren die Hitze und der Gestank.

Nach ein paar Tagen wurde mein Mitstreiter gerufen und verschwand auf Nimmerwiedersehen. Erst nach meinem Prozeß erfuhr ich, wo er geblieben war. Er war der Bruder eines hohen Polizeioffiziers in Jerusalem. Für diesen war es natürlich unmöglich, seinen Bruder in einen Kommunistenprozeß verwickelt zu sehen. Deshalb wurde er schnellstens entlassen und nach den Vereinigten Staaten abgeschoben.

Einige Wochen später wurde ich nach Akko (Acre), dem Zentralgefängnis von Palästina, gebracht. Das ist eine alte Festung direkt am Mittelmeer. 1500 Gefangene, Menschen aller Hautfarben und Nationalitäten. Zuerst lag ich in einer Zelle, die etwa 100 Menschen beherbergte. Ich war der einzige Europäer. Wir schliefen alle auf dem Betonboden, mit einer leichten Decke als Unterlage.

An einem Morgen kam ein Mann an die Gittertür. Er trug einen weißen Anzug mit goldenen Knöpfen und ein weißes

Käppi. Als er mich sah, ich lag direkt an der Tür, fragte er mich, wer ich sei. Da ich nicht wußte, wen ich vor mir hatte, antwortete ich: Ich bin ein politischer Häftling. Er fragte weiter: Rauchst du und hast du Hunger? Ich bejahte es. Da brachte er mir Zigaretten, Streichhölzer und eine Reibfläche in Papier eingewickelt sowie einen Maisfladen. Ich wunderte mich sehr darüber. Später erfuhr ich, daß die Lebenslänglichen alle Kalfaktorposten innehatten. Es gab noch welche mit silbernen Knöpfen. Sie konnten sich frei im Gefängnis bewegen, hatten kleine Zellen mit Betten und Duschen und viel besseres Essen. Das Gefängnispersonal behandelte uns Kommunisten recht gut. Sie wußten, daß wir für die Rechte der palästinensischen Araber kämpften und halfen uns, wo sie konnten. «Ana bolchevik» (Ich bin Bolschewik) wirkte immer.

Das Leben in der Zelle war nicht angenehm. Besonders in der Nacht. Vor allem die homosexuellen Belästigungen waren für mich unerträglich. Mein Platz an der Tür schützte mich vor Angriffen, da ein Polizist im Gang patrouillierte. Außerdem lagen neben mir zwei Nationalrevolutionäre, mit denen ich mich verständigen konnte. Sie wiesen einige Zudringliche in ihre Schranken.

Über die Verpflegung zu reden, hieße ihr zuviel Ehre anzutun. Es gab nur Wasser und zwei dünne Fladen aus einem undefinierbaren Material; wenn sie kalt waren, brachen sie wie Glas. Ab und zu bekamen wir mal eine Zwiebel oder drei, vier Oliven oder das schlechteste Chalva. Zu Mittag gab es eine dünne Wassersuppe mit Gemüsespuren.

Einige Wochen später wurde ich in eine Zelle zu Europäern verlegt, meist Kriminelle verschiedener Nationen. Ich war der einzige politische Häftling. Die Mitinsassen hielten mich für nicht normal. Wie einem kranken Gaul redeten sie mir zu, doch die politischen Hirngespinste aufzugeben.

Eines Tages wurde ein Neuer eingeliefert, ein erfahrener Genosse, der schon des öfteren im Gefängnis Akko gesessen hatte. Er brachte Kopfkissen mit und Toilettenartikel, die ich nicht besaß. Das Leben wurde durch ihn leichter. Er konnte sich in mehreren Sprachen unterhalten und hielt sich manchen aggressiven Zionisten vom Halse. Er erzählte mir, die Partei habe in allen Gefängnissen nach mir gesucht, mich aber nie gefunden. Deshalb erhielt ich in den Monaten weder Nachricht, Besuch, noch Eßpakete.

Dann wurde mir mitgeteilt, daß mein Prozeß bald stattfinden werde. In der Zwischenzeit hatte mein Genosse Besuch erhalten. Er kannte meinen Chef sehr gut und ließ diesem durch seinen Besuch ausrichten, er solle aussagen, er hätte mich um 6 Uhr früh zur Arbeit beordert, um meine Anwesenheit um 5.30 Uhr in der Herzlstraße zu motivieren. Außerdem solle er bezeugen, daß die Losungen, die in einer ausgeschriebenen Handschrift gemalt waren, nicht von mir stammten, da ich ja nicht hebräisch schreiben könnte.

Der Tag meines Prozesses rückte heran. Ich wurde mit fünf weiteren Gefangenen im Gefängnisauto nach Haifa gebracht. Wir waren zusammengekettet und mit Handschellen gefesselt. Als die anderen hörten, ich sei Kommunist, gingen sie mit ihren gefesselten Händen auf mich los, um mich zu schlagen. Wenn nicht zwei Polizisten mit im Wagen gesessen hätten, wäre es ihnen sicher gelungen, mich schwer zu verletzen. Es waren Poale-Zionisten, Haschomer-Hazair-Leute, die wegen bewaffneter Zusammenstöße mit Arabern zu siebeneinhalb Jahren verurteilt wurden, wie ich später erfuhr.

Der erste Richter, dem ich vorgeführt wurde, war ein Jude. Ich lehnte ihn ab, denn ich hätte bei ihm doch das Höchstmaß an Strafe erhalten. Daraufhin wurde ich einem arabischen Richter, der in englischen Diensten stand, übergeben. Bei ihm konnte ich ebenfalls auf kein Verständnis hoffen, obwohl er wußte, in wessen Interesse wir Kommunisten politisch wirkten. Als letzter blieb nur noch der Engländer übrig, den ich wohl oder übel akzeptieren mußte. Diese Prozedur zur Vorbereitung des Prozesses nahm einige Wochen in Anspruch. Während dieser Zeit pendelte ich zwischen Gefängnis und Gericht hin und her.

Dabei hatte ich ein erschütterndes Erlebnis. Als ich eines Tages in die Zelle zurückkam, befanden sich darin zwei Araber. Der eine war ein hochgewachsener Mann mit einem schmalen Bärtchen, in stolzer aufrechter Haltung, dessen Anblick schon Achtung erforderte. Kleidung und Turban verrieten, daß es sich um einen Scheich handelte. Der andere war kleiner und rundlich, doch in derselben Art angezogen. Im Raum herrschte eine fühlbare Spannung, die sich sofort auf mich übertrug. Ich kannte beide von Akko, wo sie von allen Gefangenen, Kalfaktoren, aber auch Polizeibeamten mit einer gewissen Zuvorkommenheit behandelt wurden. Vielleicht nicht zuletzt, weil sie lebenslängliche Haftstrafen verbüßten.

Beide rauchten. Sie boten mir sogar eine Zigarette an. Ich war damals schon Nichtraucher und lehnte dankend ab. Sie diskutierten heftig. Ihre Hände sprachen Bände. Plötzlich rasselten Schlüssel. Gittertüren öffneten sich, und fünf junge Männer erschienen vor unserer Zelle. Ich erfuhr, es waren die Söhne der beiden Araber. Die vier Söhne des einen küßten ihrem Vater ehrfürchtig die Hand. Dann kam der Sohn des anderen, küßte seinen Vater ebenfalls und fiel demütig vor ihm nieder. Nach dieser beklemmenden Szene wurden die fünf von den Wächtern abgeführt. Die beiden Väter waren stark erschüttert, versuchten es aber nicht zu zeigen. Nur ihr nervöses Rauchen und Hin- und Hergehen ließ ihren seelischen Zustand erkennen.

Das zermürbende Warten! Stunden gingen dahin, ohne daß etwas passierte. Von Hunger und Durst will ich gar nicht reden. Am Nachmittag zerriß plötzlich Lärm auf dem Korridor die lähmende Stille. Die vier jungen Menschen stürzten mit einem Jubelschrei in unsere Zelle, fielen auf die Knie und küßten unter Tränen die Hände des Vaters und redeten und redeten. Der Alte streichelte entspannt und zufrieden ihre Köpfe.

Nach einer halben Stunde kam der fünfte, in Handschellen, mit dem schwarzen Anzug des Todeskandidaten, einen roten Hut auf dem Kopf. Sein sonst braunes Gesicht erschien jetzt gelb wie das eines Leberkranken. Zerbrochen, von Schluchzen geschüttelt, schleppte er sich zur Tür und brach dort zusammen. Er versuchte die Füße des Vaters durch das Gitter zu küssen; ein menschliches Wrack. Dem Vater rannen Tränen über die Wangen. Er konnte nicht sprechen, streichelte nur seinen verzweifelten Sohn, der soeben sein Todesurteil erfahren hatte. Die Gründe dafür sind mir nicht bekannt. Es könnte eine Familienfehde gewesen sein.

Gegen 16 Uhr wurden beide Väter und ich zurück nach Akko geschafft. Einige Wochen später erlebte ich dort die Hinrichtung des jungen Arabers. Er wurde gehängt.

Endlich begann mein Prozeß. Die Anklage gegen mich lautete: Zugehörigkeit zu einer verbotenen politischen Partei, Propaganda und Agitation sowie Verbreitung von illegalem Material für diese Partei und Sachbeschädigung.

Fünf Minuten vor der Verhandlung, gerade als mich ein Polizist in den Saal führen wollte, kam ein Mann auf mich zu und stellte sich als Rechtsanwalt vor. Er, Dr. Stein, sei mein Verteidiger. ‹Reichlich spät›, meinte ich etwas erstaunt, aber auch erleichtert. Wie soll ich mich nun verhalten? fragte ich ihn. Er riet mir, alles abzustreiten und nur zu sprechen, wenn ich gefragt würde. Das sei alles, was ich zu meiner Verteidigung tun könne. Da ich während der letzten Monate keinerlei Informationen von draußen erhalten hatte, wußte ich nicht, was inzwischen geschehen war. So beschloß ich, mich an diesen Ratschlag zu halten.

Der große Saal des Gerichts von Haifa war voller Menschen. Die Verhandlung wurde in englischer Sprache geführt; ich verlangte einen Dolmetscher.

Der Staatsanwalt behauptete, ich wäre an vielen Aktionen der PKP beteiligt gewesen. Der Verteidiger machte geltend, dafür lägen keine Beweise vor. Auch mein Chef bezeugte, daß die Schrift auf den vorliegenden Fotos nicht von mir stamme, da ich das Hebräische nicht beherrsche. Ich dachte an den Hinweis meines Verteidigers und bestritt, den Mitverhafteten zu kennen. Auch mit den Losungen hätte ich nichts zu tun. Die Agenten der politischen Polizei belasteten mich schwer, denn sie wußten ja, wer ich war. Aber ohne Beweise waren sie machtlos.

Nun verlangte der Richter die Vorführung des zweiten Angeklagten. Daraufhin wurde ihm mitgeteilt, daß der sich schon einige Monate in den USA befinde. Konsterniertes Schweigen war die Folge. Dann, nach Konsultationen mit dem Beisitzer, sprach mich der Richter frei. Das geschah so überraschend, daß ich es gar nicht verstand.

In Handschellen wurde ich zum Auto geführt. Draußen standen viele Menschen und klatschten Beifall. Sie waren der Meinung, ein junger Zionist sei gerettet worden!

Ich wurde zunächst wieder ins Haifaer Gefängnis gebracht und erst von da aus entlassen. Ohne einen Piaster stand ich auf der Straße. Mein Geld hatten sie wieder einbehalten.

Durch Zufall traf ich einen Bekannten, der mir Geld für den Bus gab. Das erste, was ich tat, als ich meine paar Habseligkeiten in mein Zimmer gebracht hatte, war, ich ging in mein Stammlokal, in dem ich jederzeit Kredit hatte, essen. Nach so vielen Monaten der Entbehrung freute ich mich darauf, mich wieder einmal richtig satt zu essen. Da sah ich auf einmal die zwei jüdischen Polizeiagenten, die gegen mich im Prozeß ausgesagt hatten und mich jetzt mit süßsaurer Miene anblickten. Ich lächelte sie freundlich an. Als ich nach dem Essen hinausging, hielten sie mich an und bemerkten grimmig: Wir kriegen dich schon, warte nur, es dauert nicht mehr lange! Ich bedankte mich für diese Warnung und ging nach Hause, um nach so langer Zeit endlich wieder in einem Bett zu schlafen.

Kaum hatte ich mich hingelegt, als es klopfte. Eine Genossin teilte mir mit, die Partei habe meine sofortige Abreise aus Haifa beschlossen. Es bestünde die Gefahr, daß die Polizei mich bald wieder verhafte, da das Urteil revidiert werden würde.

Die andere Seite war jedoch schneller als ich. Erneut wurde ich ins Zentralgefängnis Akko gebracht. Zu meiner Erleichterung traf ich dort sechzehn Genossen, eine internationale Gruppe: Araber, Juden aus verschiedenen europäischen Ländern und ein Tscherkesse. Die sechzehn Genossen verständigten sich in elf Sprachen.

Wir waren von den anderen Insassen völlig isoliert, und unsere halbe Stunde Freizeit verbrachten wir allein im großen Hof des Gefängnisses. Um 4 Uhr weckte uns der Gesang des Muezzins von der Moschee, die dicht beim Gefängnis stand. Zwanzig Minuten Freiübungen jeden Morgen. Dann wurde der Betonfußboden gewaschen. Um mit unseren Kräften hauszuhalten, legten wir uns danach wieder hin und warteten auf das erste Essen, das gegen 11 Uhr gebracht wurde. Ich habe bereits über die Verpflegung berichtet, die gerade reichte, um zu überleben, aber viel zu wenig war, um den Tag über auf den Beinen zu sein. Viele von uns waren krank und wurden bei dieser Verpflegung noch schwächer. Ab und zu bekam jemand ein Paket. Der Inhalt wurde aufgeteilt.

Wir versuchten über den Gefängnisarzt unsere Rationen etwas aufzubessern. Er war Araber und wurde schon nervös, wenn er uns sah. Wir appellierten immer an sein Gewissen: Für wen sitzen wir denn hier? Für wen kämpfen wir? Wir unterstützen doch eure Befreiungsbewegung und sind gegen den Zionismus. Und Sie wollen uns nicht einmal etwas besseres Essen geben?

Der Arzt wußte das alles, aber seine Möglichkeiten waren natürlich äußerst eingeschränkt.

Eines Tages wurde ich in die Verwaltung gerufen, wo man mir eröffnete, daß ich meine Heimreise selbst organisieren könne. Das bedeutete, ich sollte deportiert werden, aber das Reisegeld wollten sie sparen. Ich antwortete dem Beamten, daß ich bei meiner unrechtsmäßigen Verhaftung angeboten hätte, freiwillig auszureisen. Nun hätte ich unnützerweise hier Monate zugebracht, jetzt würde ich nicht auf meine Kosten fahren. Sie ließen mich noch weitere 4 Wochen warten. Dann ging es nach Haifa, ins dortige Gefängnis.

Ich habe schon bemerkt, daß die Polizei bei jeder Verhaftung mein Geld einbehielt. Mit diesem bezahlten sie die Reisekosten, weil sie die Ausweisung bereits bei der ersten Verhaftung einkalkulierten. Hätte ich meine Reise selber bezahlt, dann hätte sie mich fast das Doppelte gekostet. Eine feine Methode, sich am Gegner zu bereichern.

Die Deportierten wurden in der 4. Klasse eines Schiffes untergebracht, das hieß, man schlief auf den Planken im Zwischendeck. Bei den Deportierten handelte es sich meist um illegal Eingewanderte, die die Passagiere um Unterstützung bedrängten. Daraufhin gab es Beschwerden bei der Reederei. Das veranlaßte die Polizei, die Ausgewiesenen mit Proviant für 6 Tage zu versehen.

Mit einem Sack voll Konserven und anderen Lebensmitteln wurden wir vier Genossen auf ein Schiff gebracht, das nach Triest fuhr. Zwei Polizeiagenten blieben so lange an Bord, bis es um 22 Uhr in See stach. Sie glaubten, wir würden versuchen, zurück an Land zu gehen. Doch das wär wohl das letzte gewesen, was ich getan hätte.

Obwohl ich ins Ungewisse fuhr und nicht wußte, was mir die Zukunft bringen würde, war ich froh, Palästina zu verlassen. Die Situation war sehr kompliziert für einen Menschen, der kein Zionist war, dessen Aufgabe als deutscher Kommunist im Kampf gegen den deutschen Faschismus bestand, denn unsere Losung hieß ja: Das Gesicht dem Land zu.»

Der Anarchist aus Odessa

Die Angriffe auf die vorhin erwähnte antifaschistische Liga V gingen von einer Bewegung aus, die ihre politischen Ziele schon in ihrem Emblem symbolisierte: im Vordergrund eine Hand mit einem Gewehr, im Hintergrund eine Landkarte mit den Gebieten westlich und östlich des Jordans, das heutige Jordanien einbegriffen. Darunter stand die Losung: «Nur so!» Was da während des zweiten Weltkriegs für ein Groß-Israel auftrumpfte, richtete sich auch schon damals gleichzeitig gegen alle Demokraten und linken Kräfte.

«Die Bourgeoisie war es, welche die edlen Prinzipien von Freiheit, Gleichheit und Brüderlichkeit zuerst verkündete, und nicht die ‹klassenlosen Intellektuellen›, die sie jetzt für sich beanspruchen.» Und: «Wir brauchen uns nicht zu schämen, meine bürgerlichen Kameraden!»

Der Mann, der so die jüdischen Bourgeois zu mehr politischem Selbstbewußtsein und — wie wir noch sehen werden — aggressivem Druchsetzungsvermögen ermunterte, hieß Wladimir Jabotinsky und war 1880 in Odessa geboren. Der zitierte, aus seiner Feder stammende Artikel war am 17. April 1927 in der Zeitung «Rassvet» erschienen. Seine Aufmachung «Wir, die Bourgeoisie», gibt Auskunft über die Klassenposition Jabotinskys, des Vaters der militanten, sich revisionistisch nennenden Bewegung der jüdischen Bourgeoisie, ihrer Organisationen Betar, Zohar, Irgun, Lehi, wie auch ihrer Nachfolger — der Herutpartei.

Jabotinsky war voll tiefer Feindschaft gegen den Sozialismus. Dafür gab es Gründe, war doch seine nicht sehr reiche, doch begüterte Familie von den revolutionären Stürmen in Rußland 1917 gerupft worden. Daher galt für ihn die Oktoberrevolution als Katastrophe und Wurzel allen Übels im weiteren Verlauf der Menschheitsgeschichte.

«Niemals werden wir uns mit Leuten verständigen können, die außer dem Zionismus noch ein weiteres Ideal haben — nämlich den Sozialismus», meinte Jabotinsky einmal im vertraulichen Gespräch mit seinem engen Freund und späteren Biografen Schlechtmann. «Obwohl unserem Programm auch nicht wenige Arbeiter aufgeschlossen gegenüberstehen», führte Jabotinsky weiter aus, «ist unser wirkliches Wirkungsfeld doch die Mittelklasse.»

Für ihn und seine Freunde waren neben den Kommunisten die Hauptfeinde Mapai und Histadruth, die sie für gefährlicher hielten als selbst das englische Mandatsregime. Im Kampf gegen jene beschränkte man sich nicht auf die politische Polemik, sondern griff zu physischem Terror. Im Verlaufe des Jahres 1933 kam es in Tel Aviv und zahlreichen jüdischen Siedlungen zu blutigen Auseinandersetzungen. Chaim Arlosoroff wurde am 16. Juni 1933 während eines Spaziergangs am Strand von Tel Aviv erschossen. Den Anschlag lastete man Aba Achimeir an, einem Mitstreiter Jabotinskys. Im Frühjahr 1934 gründete die revisionistische Bewegung ihre eigene Gegengewerkschaft zur Histadruth. Ihre 7000 Mitglieder betätigten sich als Streikbrecher oder verschafften den jüdischen Unternehmern unter Umgehung der Histadruth billige jüdische Arbeitskräfte, Einwanderer also, die in ihrer Mittellosigkeit bereit waren, unterbezahlte Jobs anzunehmen.

Zwischen den unterschiedlichen Strömungen in der zionistischen Bewegung gab es also scharfe Klassenkämpfe. Widerspricht das nicht dem Bild des Verfassers von dem gemeinsamen Boot, in das sich bürgerliche und Poale-Zionisten gesetzt hatten?

Tatsächlich wurden in Palästina und werden auch heute in Israel Auseinandersetzungen zwischen den verschiedenen zionistischen Parteien geführt, in der Knesset, in der Histadruth und ihren Organen oder Zweiggewerkschaften, auch in Betrieben und zwischen den Kibbuzbewegungen.

Was sich in ihnen widerspiegelt sind die unterschiedlichen Klassenkräfte und -interessen, die von den jeweiligen Par-

*Wladimir Jabotinsky
(1880—1940)*

teien oder politischen Gruppierungen wahrgenommen, zumindest aber nicht außer acht gelassen werden dürfen.

Von nicht wenigen Gesprächspartnern, vor allem von Anhängern der Mapam, wurde mir in Israel nicht selten entgegengehalten: «Was willst du denn? Kämpfen wir vielleicht nicht gegen die ‹Rechten›, gegen Begins Herut?» Oder: «Wie kannst du sagen, die Poale-Zionisten wären schon immer für den ‹Burgfrieden› mit der Bourgeoisie eingetreten. Dazu hat sie uns gar keine Zeit gelassen, oder wurde Chaim Arlosoroff vielleicht nicht von ihren Leuten umgebracht?»

Diese Tatsachen lassen sich nicht bestreiten — und doch wurden all diese Auseinandersetzungen in einer Weise beendet, sozusagen im gegenseitigen Einverständnis beigelegt, die nicht den Interessen der Arbeiterklasse dient. Als 1934 Jabotinsky seine Spaltergewerkschaft ins Leben rief, war es kein anderer als Ben Gurion — der Jabotinsky «Wladimir Hitler» zu nennen pflegte —, der sich mit ihm zur Versöhnung in London traf. Er akzeptierte den Arbeiterverband und handelte obendrein mit Jabotinsky einen modus vivendi aus, den die Histadruth jedoch später ablehnte.

Vermittler dieses Treffens war bezeichnenderweise der Großkapitalist Pinhas Ruthenberg, Besitzer der Palestine Electric Corporation. Wenn es hieß, man einige sich im Interesse der jüdischen Befreiungsbewegung — des Zionismus —, so waren die Gewinner dieser Art von Verständigung nur die Ruthenbergs, die, wie der Zionismus, alles vertragen können, nur keinen echten Klassenkampf. Das ständige Zurückweichen der Arbeiterparteien Mapai und Mapam, wie heute der MA'I, vor den Angriffen der Bourgeoisie und ihrer äußersten Reaktion, ihre nationalistischen Aufrufe zum «Zusammenhalt der Juden» erzeugten letztlich einen Effekt, der den politischen Spielraum der Jabotinskys Schritt für Schritt erweiterte, über den Beitritt Begins 1967 zum Kabinett der «nationalen Einheit» der sozialdemokratischen Ministerpräsidentin Golda Meir und letztlich bis hin zum direkten Regierungsantritt durch Begin zehn Jahre später.

Selbst noch nach den Parlamentswahlen von 1984 gingen die MA'I-Führer mit Likud die Regierungskoalition ein, weil sie noch immer nicht begriffen, was dem israelischen bürgerlichen Politiker Ezer Weizman — Neffe des ersten Präsidenten Israels, Verteidigungsminister von 1977 bis 1980, Minister ohne Portefeuille seit 1984 — in seinen politischen Erinnerungen schon 1981 aufgefallen war: daß es nämlich vor allem die «nationalistische und religiöse Flut» der «Wiederbegegnung mit dem biblischen Land und mit dem alten Land Israel» — sprich der 1967 besetzten arabischen Gebiete — war, die Begin im «Siegesjubel des Sommers 1967» in ein anderes Licht setzte und seinem Aufstieg zur Macht den Weg bahnte. «Zu alledem kam noch», so schätzt Weizman ein, «daß jeder, der auch nur eine Spur politisches Bewußtsein besaß, zumindest im Rückblick feststellen konnte, daß die meisten Ansichten Begins genaugenommen auch von den Kabinetten praktiziert worden waren, die von der Arbeiterpartei geführt wurden — und zwar nicht nur in außenpolitischen Fragen und gegenüber der arabischen Welt, sondern auch in der Innenpolitik. Dies entfremdete die Arbeiterbewegung Schritt für Schritt ihren sozialistischen Wurzeln und führte sie näher an Begins politische Philosophie heran.»

Menachem Begin (1948) — einer der eifrigsten Verfechter der rechtsextremistischen Anschauungen Jabotinskys

Israels Kommunistische Partei qualifizierte die 1984er Koalition folgerichtig als «Regierung des nationalen Unglücks».

Ohne das politische und ideologische Erbe Jabotinskys ist Begins Philosophie wie auch die seines Nachfolgers als Ministerpräsident und Außenminister seit 1984, Shamir, oder anderer Herut-Politiker nicht zu erfassen. In der Herutpartei, vornehmlich unter ihren Veteranen in der Parteiführung, wird eine geradezu fanatische Treue zu Jabotinsky bewahrt.

Das Bild Jabotinskys hängt in nahezu jedem Arbeitszimmer des modernen Hochhauses der Herutzentrale in der Tel Aviver King-George-Straße. Auch das Gebäude ist nach ihm benannt. Die Spuren jener politischen Philosophie in die Geschichte zurückzuverfolgen ist auch deshalb angebracht, weil auf ihrem Boden heute in Israel Gruppierungen entstanden sind wie Gush Emunim oder die des Terroristen Meir Kahane, die auf noch extremeren rechten Positionen stehen und von denen faschistische Gefahren ausgehen.

Wladimir (Zeev) Jabotinsky war ein glühender Anhänger der Herzlschen Ideen. Er trat für den kürzesten Weg zur Schaffung des Judenstaates ein und lehnte dabei alle Kompromisse,

Umwege oder diplomatische Winkelzüge ab. Emigration im großen Maßstab und bewaffnete jüdische Streitkräfte — so lauteten seine Maximen.

Jabotinsky, von dem man sagt, er solle die Hauptwerke Ferdinand Lassalles in seiner Jugend auswendig gekannt haben, zog vor allem dessen Idee aus dem Drama «Franz von Sickingen» an, daß alles Große dieser Welt seinen Triumph letztlich dem Schwert zu verdanken habe. «Nichts in der Welt ist wertvoller als Eisen», läßt Jabotinsky in seiner Novelle «Simson» das jüdische Volk wissen. Selbiges benötige nur einen König, der es führe, ihm Disziplin beibringe und es aus einem unbeholfenen Mob in eine schlagkräftige Gemeinschaft verwandele. «Blut und Eisen und das Königreich Israel — malkut Israel.»

So beängstigend simpel wie seine weltanschaulichen Auffassungen formulierte er auch seine politischen Ziele. «Das Programm ist nicht kompliziert», schrieb Jabotinsky 1924. «Ziel des Zionismus ist ein jüdischer Staat. Sein Territorium — beide Ufer des Jordan. Sein System — massenweise Besetzung. Die Lösung der Geldfrage — eine Nationalanleihe ... Das Gebot der Stunde — eine neue politische Kampagne und Militarisierung der jüdischen Jugend in Eretz Israel und der Diaspora.»

Unter der Errichtung einer «jüdischen nationalen Heimstatt» verstand Jabotinsky die Selbstverwaltung in ganz Palästina unter der Vorherrschaft einer gesicherten jüdischen Mehrheit. Sie zu errichten durfte kein Tag vergeudet werden, ohne faits accomplis — vollendete Tatsachen — zu schaffen.

Dabei soll Jabotinsky, so wird über ihn berichtet, niemals unter persönlicher Frustration gelitten haben. Er setzte vor allem auf die Gewalt. Politik und Handgranaten gehörten bei ihm stets zusammen. Eine jüdische Legion zu schaffen verfolgte ihn als fixe Idee seit seinen jungen Jahren. Noch in Rußland hatte er im Mai 1917 seine erste bewaffnete Gruppe gebildet. Sogar mit der konterrevolutionären ukrainischen Exilregierung Petljuras, deren Banden Tausende von Juden in der Ukraine ermordeten, nahm er Verbindung auf, um Unterstützung für eine Legion zu erhalten. Sein Traum von einer jüdischen Legion sollte sich später erfüllen. Der Weg dorthin führte über die

Die Saat der Extremisten vom Schlage Jabotinskys ist im Staate Israel aufgegangen

militante Jugendorganisation Betar, deren Anhänger in Palästina braune Hemden trugen und sich vornehmlich aus Einwanderern mittelständischer Herkunft aus Polen, Litauen sowie sephardischen Juden rekrutierten. Begin trat Betar in seiner Geburtsstadt Brest-Litowsk bei.

1931 wurde schließlich die IZL — Irgun Zwai Leumi oder Nationale Militärorganisation — gegründet, der etwa 3000 Mann angehörten. Die Irgun bekämpfte alles und jeden, der ihren extrem chauvinistischen Zielen im Wege stand, einschließlich die britische Mandatsverwaltung. Begin übernahm 1944 die Führung von Irgun. Obgleich als eine der ersten Aktionen der Irgun das King-David-Hotel in Jerusalem, damals Sitz der britischen Verwaltung, in die Luft gejagt wurde, richtete sich der militärische Kampf doch in erster Linie gegen die Araber.

Auch in dieser Hinsicht litt man bei der Irgun unter keinerlei Frustration. Jabotinskys Haltung war auch hier eindeutig. Er handelte nach der Devise Entweder-Oder: Entweder die Araber Palästinas finden sich damit ab, als Minderheit in einem jüdischen Staat zu leben, oder sie werden bekämpft. Zwar sei die Forderung der Araber nach einem eigenen arabischen palästinensischen Staat verständlich, erklärte Jabotinsky am 11. Februar 1937 vor der britischen königlichen Palästinakommission, doch «verglichen mit unserer jüdischen Forderung nach Rettung verhält sich das arabische Verlangen wie die Eßlust zum Hunger». «Ein Teil dieser (arabischen) Rasse, und nicht einmal ein großer, wird in einem anderen Staat zu leben haben», trumpfte er auf. «Schließlich geht es so selbst den mächtigsten Nationen dieser Welt. Ich könnte keine der großen Nationen mit eigenen Staaten nennen, machtvoll und stark, von denen nicht ein Teil in einem anderen Staat lebt.»

Diese Art zu denken und Politik zu machen ist von ungeheuerlichem Zynismus erfüllt. Sie geht von Vorrechten vor anderen Völkern aus, rechtfertigt gewaltsam geschaffene vollendete Tatsachen, mit denen sich die Welt abzufinden habe. Wer dazu nicht bereit ist, wird unter Druck gesetzt.

Jabotinskys erpresserischer Trick, den er einmal in die Worte faßte: «Ich glaube daran, daß große Probleme durch die starke Wirkung des moralischen Drucks entschieden werden, und daß das jüdische Volk ein Faktor von gewaltigem moralischem Gewicht ist», fand seinen Eingang in das internationale politische Instrumentarium aller israelischen Regierungen, worüber so mancher Staatsmann selbst großer westlicher Staaten ein Lied singen kann.

So nahm bei Jabotinsky schon in den zwanziger und dreißiger Jahren eine geistige und politische Schule ihren Anfang, die auf die Gewalt in der Politik setzte, auf den Druck nach allen Seiten und die Schaffung vollendeter Tatsachen im Interesse eines Groß-Israel. Ihre Politiker sind wortgewaltig, in ihrer Rede einfach und populär, plastisch in ihren Sinnbildern, voller Demagogie, zuweilen bis ans Dilettantische grenzend. Auch Begin glaubte an die Macht der Worte, die seiner Meinung nach ebensoviel wert seien wie große Taten. Das versuchte er jedenfalls den verarmten orientalischen Juden in den Slums der großen Städte glauben zu machen, woher er — auch hier an die

Tradition Jabotinskys anknüpfend — die Mehrzahl seiner Wählerstimmen holte.

Arnold Zweig schrieb in seinen Aufsätzen Anfang der vierziger Jahre tief empört über jene Rollkommandos, die «mit Mauersteinen und Brechstangen Türen aus Glas und Holz einschlagen, in den Saal dringen, die hebräischen, antifaschistischen Plakate und Spruchbänder zerfetzen». So geschah es jüdischen Antifaschisten, die sich im Tel-Aviver Kino «Esther» trafen. Walter Zadek, ein damals in Tel Aviv lebender Journalist, bezeichnete den Überfall als ersten jüdischen Pogrom in Palästina. Auch die antifaschistische deutschsprachige Zeitschrift «Orient» wurde terrorisiert. Vier ihrer Druckereien fielen Bombenanschlägen zum Opfer, wobei der letzte am 2. Februar 1943 erfolgte, an jenem Tag also, als alle Antifaschisten den Sieg der Sowjetunion über die 6. deutsche Armee in Stalingrad feierten. Der Anschlag war mit der Warnung an alle jüdischen wie arabischen Drucker verbunden, es würde ihnen genauso ergehen, sollten sie versuchen, die «Orient» weiterzudrucken. Kioske, an denen die Zeitschrift verkauft wurde, steckte man in Brand, Kaufleute, die in «Orient» inserierten, wurden bedroht. Ihre Schaufenster wurden eingeschlagen, wenn sie den Drohungen nicht nachgaben. Auch die Cafés, in denen «Orient» auslag, waren betroffen. Der proletarische Klub in Jerusalem wurde zerstört.

«Wir sind nicht hierhergekommen, um einem Faschismus zu entkommen und dem anderen zu verfallen», schrieb Arnold Zweig. Er sprach damit für viele, die als Verfolgte des Nazismus mit einer antifaschistischen Haltung nach Palästina kamen, aber auch für eine große Zahl jener Juden, die in einer Zeit, da Hand in Hand mit dem Faschismus in vielen Ländern Europas auch der Antisemitismus um sich griff, naiv glaubten, hier endlich eine Heimstatt gefunden zu haben. Symbolhaft für jene sind wohl die Gedichte und Briefe der Else Lasker-Schüler. Sie sah im Juden den Menschen, der durch Schmerz und Leid gezeichnet ist und deshalb den «Nebenmenschen weder geistig noch körperlich verletzen will», wie sie schrieb. Gerade dieses Volk müsse «immer und dringender und vernehmbarer Tempelglocken des Friedens» erklingen lassen. «Arabische Kinderlein spielen mit hebräischen Kinderlein zusammen in den Quergassen der Jaffa-road. Gute Kinder, unschuldsvolle Himmelchen, die zusammen einen großen ausmachen. Auch wir großen Menschen hier ergeben zu Schabbath einen großen Himmel, ein Jerusalem! Warum nicht alle Menschen aller Länder zusammen wenigstens eine Erde?»

Doch während Jabotinsky Jahre nach seinem Tode noch ein Staatsbegräbnis in Israel zuteil wurde, ist Else Lasker-Schülers Grab, am Fuße des Ölbergs soll es gelegen haben, heute nicht einmal mehr auffindbar.

Für viele Emigranten war es eine herbe Enttäuschung, daß ihnen in Palästina keine Tempelglocken des Friedens läuteten. Von den aufrechten Demokraten, die in Deutschland Verfolgte der Nazis waren, wurden nicht wenige in Palästina Verfolgte von Zionisten.

Israels Kapitalismus und seine Klassen

Israel hält auf fünf Gebieten des Wirtschaftslebens Weltrekorde. Erstens ist es Champion bei den Militärausgaben pro Kopf der Bevölkerung. Zweitens müssen die Israelis in der Welt die höchsten Steuern bezahlen. Drittens nimmt Israel den ersten Platz beim Prokopfbezug von finanzieller Auslandshilfe ein. Viertens durfte man sich in diesem Land über die welthöchste Inflationsrate ärgern. Fünftens ist Israel das einzige kapitalistische Land, in dem die Summe seines Bankkapitals mehr als doppelt so groß ist wie das erwirtschaftete Bruttosozialprodukt des gesamten Landes. «Israels Wirtschaft ist an einem Punkt angelangt, da den Finanzgeschäften mehr Aufmerksamkeit geschenkt wird als einer effektiven industriellen Produktion», warnte im Sommer 1981 Oded Nesser, der Regierungsinspekteur der israelischen Banken. Von einer regelrechten «Bankisierung» sei Israels Wirtschaft befallen, meinte er.

In der Tat hat die Kapitalkonzentration gerade bei den monopolistischen Banken ihren höchsten Grad erreicht, worin sich sehr anschaulich jener Prozeß verdeutlicht, der in Israel in den letzten Jahren rasant voranschreitet: die Festigung und Ausweitung des staatsmonopolistischen Kapitalismus.

Aus welchem Grunde ist das überhaupt erwähnenswert? Zunächst — es lohnt schon festzustellen, daß Israel der einzige Staat im Nahen und Mittleren Osten mit einem hoch entwickelten, sprich staatsmonopolistischen Kapitalismus ist. Noch mehr aber zählt, daß der staatsmonopolistische Kapitalismus alle in Israel vor sich gehenden gesellschaftlichen Prozesse tief beeinflußt, angefangen bei der Lage aller Klassen und Schichten, vor allem der Arbeiterklasse und der Bourgeoisie, bis hin zur weiteren Ausformung der Nation, die ja in diesem jungen Staat noch

im Entstehen begriffen ist. Der staatsmonopolistische Kapitalismus bringt sogar das israelische Parteiengefüge in Bewegung. Schließlich wollen wir auch unserer Absicht treu bleiben, nachzusehen, welche Art von realen gesellschaftlichen Verhältnissen bei dem Anspruch der Poale-Zionisten herausgekommen ist, einen jüdischen demokratischen Sozialismus vermittels einer Art historischen Kompromisses mit der Bourgeoisie zu errichten.

Wir erinnern uns der Herzlschen Absicht, vor allem dem jüdischen Mittelstand einen eigenen Staat, seinen Staat zu schaffen. Noch 1960 lockte die Jüdische Agentur in einer ihrer Publikationen zur Umsiedlung nach Israel, indem sie versprach, dort für solche Verhältnisse zu sorgen, daß die jüdischen Kleinunternehmer, wo immer sie in der Welt lebten, das Land als «ihr rettendes Paradies betrachten könnten, in das sie kämen, um sich ihre Zukunft zu bauen». Tatsächlich überwogen in der Wirtschaft Palästinas und auch während der ersten zwei Jahrzehnte Israels kleine und mittlere Unternehmen. Beispielsweise waren 1950 mehr als die Hälfte der Industriearbeiter in Betrieben beschäftigt, in denen nicht über 25 Personen tätig waren. Sogar noch 1970 machten Kleinstbetriebe mit einem bis zu vier Arbeitern mit 69 Prozent den überwältigenden Teil der Unternehmen aus.

Nur ein gutes Jahrzehnt später hat sich dieses Bild gründlich verändert. Seit Beginn der achtziger Jahre befindet sich Israels Wirtschaft im festen Griff einer kleinen Gruppe großer Monopole, die dem Staat oder der Gewerkschaft Histadruth gehören oder die von Finanzgruppen wie Leumi und Bank Hapoalim beherrscht werden. Diese Monopolgruppen vereinigen in sich Industrie-, Bau- und Transportunternehmen, Investment-, Ex- und Impòrtgesellschaften. Zu ihnen rechnen auch die meisten Betriebe mit mehr als 300 Arbeitern und Angestellten. Von den 11 500 Wirtschaftsunternehmen Israels bilden jene mit 4,1 Prozent die absolute Minderheit, beschäftigen aber mehr als 40 Prozent aller Arbeiter, Ingenieure und Techniker des Landes. Hingegen ist der Beschäftigungsanteil der mittelständischen Be-

Jüdische Einwanderer treffen per Schiff im jungen Israel ein (1949)

triebe mit 25 und weniger Arbeitern auf knapp 20 Prozent zusammengeschrumpft.

Hier einige der Monopolgruppen:

Koor ist Israels größtes Industriemonopol. In seinen 130 Betrieben stellen rund 24 000 Arbeiter ein Zehntel der Landesindustrieproduktion her. Koors Außenhandelsgesellschaft sorgt mit 40 Niederlassungen auf fünf Erdteilen für die internationalen Transaktionen. Koor-Chemicals steht in gemeinsamen Geschäften mit brasilianischen Unternehmen. Zu Koor zählt auch Tadiran Israel Electronics, mit über 7 000 Beschäftigten führender Produzent elektrotechnischer und elektronischer Erzeugnisse in Israel und drittgrößter Exporteur des Landes. Koor untersteht der Histadruth.

Solel Boneh baut heute in Israel alle Krankenhäuser, Universitäten, die meisten Hotels, Straßen, Häfen, Flugplätze, Wohnhäuser, auch die beiden israelischen Atommeiler in Dimona sind Solel Bonehs Werk. Solel Boneh ist Israels größtes Bauunternehmen. (Umsatz im Jahre 1981: 14 Milliarden Schekel, davon 550 Millionen Dollar durch Auslandsgeschäfte.)

Als ein Stück «Bollwerk für den Sozialismus» in den zwanziger Jahren von der Gewerkschaft Histadruth gegründet, hat sich Solel Boneh unter den 250 führenden Baukonzernen der kapitalistischen Welt bis auf den 17. Platz vorkonkurriert. Seinerzeit, so erzählt man sich bei Solel Boneh, stahl man das Baumaterial noch bei den britischen Mandatstruppen. 1980 konnte man auf ein Auftragsvolumen von 1,3 Milliarden Dollar verweisen, auf 17 000 Beschäftigte in Israel und noch einmal auf 25 000 im Ausland, von denen Bauaufträge in Nigeria, Togo, Kenia, an der Elfenbeinküste, in Argentinien, Ekuador und Venezuela erledigt werden. Solel Boneh liefert Industrieanlagen schlüsselfertig an den Besteller aus, stellt mittlerweile alles selbst her, was zum Baugewerbe gehört, auch Pumpen, Boiler, Klima- und elektromechanische Anlagen. Außerdem hat man sich vorgenommen, in Lateinamerika und in den USA in die Kohleförderung einzusteigen.

Clal — Israel Investment Company Ltd. beschäftigt in seinen etwa 200 Tochterunternehmen rund 15 000 Arbeiter und Angestellte. Dazu gehört auch der Schwermaschinenbau Ur-

Die kommunistische Gruppe vertritt in der Histadruth-Exekutive konsequent die Interessen der Arbeiterklasse

dan-Industries, wo Teile für den Panzer «Merkava» hergestellt werden. Rund ein Drittel der Clal-Aktien liegt bei der Bank Hapoalim der Gewerkschaft Histadruth, die Bank Discount erwarb ein Viertel.

Die private Discount-Finanzgruppe ist in ihrer Verästelung eine interessante Gesellschaft. Kontrolliert wird sie von der Recanti-Familie, einst jüdische Einwanderer aus Griechenland. In zwei große Branchen geteilt — in die Discount-Bank und in eine Investment-Muttergesellschaft —, ist sie durch Kapitalbeteiligung international verflochten. Vor einiger Zeit schluckte sie mit P. E. C. Israel Economic Corporation den betagtesten Fisch im israelischen «Kapitalteich».

Als ältestes Investmentunternehmen amerikanischer Monopolisten jüdischer Herkunft bereits 1926 gegründet, finanzierte P. E. C. damals die Palestine Electric Corporation des Pinkas Ruthenberg — jenes Mannes, der seinerzeit so erfolgreich zwischen Ben Gurion und Jabotinsky vermittelte —, die Potash-Company, die Salt-Company und zahlreiche Glas- und Textilbetriebe. Zu den Stiftern jener «philantropischen Gesellschaft P. E. C.» gehörte neben Robert Szold und Felix Frankfurter auch Louis Brandeis, der im Oktober 1914 gemeinsam mit

Louis Marshall, Jacob Schiff und Felix Warburg das schon erwähnte amerikanisch-jüdische Hilfskomitee Joint aus der Taufe gehoben hatte.

Ende der siebziger Jahre nun begannen die kräftigen «jungen Hechte» des israelischen Monopolkapitals ihre bemoosten Alten zu verdrängen, die amerikanischen P. E. C.-Aktionäre als Discount-Teilhaber unterzuordnen. Mit P. E. C. erwarb Discount zugleich auch das Drittel der Aktien der Canada-Israel-Development (CID), das sich im Besitz der P. E. C. befand. Die anderen zwei Drittel der CID-Aktien gehören kanadischen Kapitalisten jüdischer Herkunft. CID ist ihrerseits wiederum mit einem siebenunddreißigprozentigen Aktienpaket bei der First International Bank of Israel (FiBi) beteiligt.

Unter den Großaktionären von FiBi treffen wir auch den uns schon bekannten Samuel Rothberg aus den USA vom Direktorium der Jüdischen Agentur wieder. Zudem gelang es Discount, 13 Prozent der Aktien von Isrop aufzukaufen, womit der Einbruch in ein weiteres zwar nicht direkt fremdes, aber doch autonomes Revier gelang — ins Uraltimperium des Barons Edmond de Rothschild.

Isrop ist des Barons Investmentgesellschaft in Israel, jene wiederum Eigentümer der Israel General Bank, wodurch Discount auch hier herumplätschern kann. Schließlich erwarb Discount 39 Prozent der Aktien von Wire and Cable, dem renommiertesten Kabelhersteller Israels, aus dessen Aktienpaket sich weitere 39 Prozent im Besitz des gewerkschaftlichen Koor-Unternehmens Tadiran befinden und etwa 20 Prozent dem israelischen Staat gehören.

Bei den monopolistischen Banken hat die Kapitalkonzentration ihren höchsten Grad erreicht. Die drei führenden Banken — Leumi Le-Israel, Hapoalim und Discount — haben 92 Prozent aller Bankgeschäfte und knapp 80 Prozent der Bankeinlagen an sich gerafft. Unter ihnen wiederum führt mit ihren nahezu 15 000 Angestellten im In- und Ausland die bekannte Finanzgruppe Leumi Le-Israel, die in ihrer Bilanz für 1980 ein Gesamtkapital von 18,5 Milliarden Dollar nachwies, was 139 Milliarden Schekel entsprach. Die Leumi-Finanzgruppe mit ihren 433 Tochterunternehmen, Zweigstellen und Niederlas-

Israelische Arbeiter streiken für bessere Lebensbedingungen

sungen verdeutlicht sehr anschaulich jenen Prozeß, der in Israel in den letzten zehn bis fünfzehn Jahren rasch voranschritt — die Festigung und Ausweitung des staatsmonopolistischen Kapitalismus.

In Israels Finanz- und Industriekreisen bezeichnet man die Monopole heute stolz als die «selbstgezogenen israelischen Multis». Umgeben sind sie von Monopolisten, Milliardären und Millionären, die die anderen Wirtschaftszweige beherrschen. So von Tnuva, der Absatzorganisation der landwirtschaftlichen Genossenschaften. Sie schwingt auf dem Agrarmarkt das Zepter, kontrolliert den Handel mit Milchprodukten zu 85 Prozent und beherrscht die Lebensmittelindustrie gemeinsam mit dem Milchkonzern Strauß und dem Osem-Unternehmen. Nachdem Osems Eigentümer Eugen Popper im Juli 1981 Israels älteste Backwarenfirma Froumine aufkaufte, hält er die Hälfte des Backwarenmarktes in seinen Händen. Israelische Experten meinen, daß heute jeder Wirtschaftszweig von den jeweils führenden zwei bis drei Unternehmen monopolisiert ist.

Stellt man die Ausgangssituation seinerzeit in Palästina dem hohen Monopolisierungsgrad der Wirtschaft von heute gegenüber, so wird deutlich — ob privat-, staats- oder «gewerkschafts»kapitalistisch —, Monopol- und Finanzkapital wachsen unvermeidlich in die Breite und Tiefe, haben sie sich erst einmal herausgebildet. Nicht einmal den zionistischen Sozialisten war es vergönnt, diese grundlegende Gesetzmäßigkeit daran zu hindern, sich auch in Israel durchzusetzen. Im Gegenteil, die Herren haben kräftig mitgewirkt, diesen Prozeß zu befördern.

Wenngleich Israels Kapitalismus sozusagen nichts Besonderes ist, so hat er doch seine spezifischen Züge.

Von anderen entwickelten kapitalistischen Ländern unterscheidet sich der Kapitalismus in Israel hinsichtlich spezifischer Besonderheiten in den Eigentumsverhältnissen.

Da gibt es zunächst den Wirtschaftssektor mit staatlichem Eigentum. Er umfaßt Betriebe, Unternehmen und andere Einrichtungen, die dem Staat, kommunalen Organen und zionistischen Organisationen unterstehen oder an denen der Staat mit 50 Prozent Kapitalbesitz beteiligt ist.

Weiter besteht in Israels Wirtschaft ein genossenschaftlicher Sektor, der sich im wesentlichen im Besitz der Gewerkschaft Histadruth befindet. Geleitet wird er von einer Art Muttergesellschaft, Chewrat Owdim, zu deutsch Arbeitergesellschaft. Zum genossenschaftlichen Sektor zählen heute Monopole wie Koor und Solel Boneh, die Kibbuzim und Moshawim, verschiedene Arten von Genossenschaften, aber auch Kupat Holim, die größte Krankenkasse des Landes, der die Mehrheit der Krankenhäuser untersteht.

Schließlich vereint der privatkapitalistische Sektor in Israel die privaten Unternehmer des In- und Auslands.

Alle drei Eigentumsformen sind in jedem Wirtschaftszweig vertreten und miteinander verflochten. Die eine oder andere Form herrscht in bestimmten Wirtschaftszweigen vor. In der Landwirtschaft sind Grund und Boden Staatseigentum, die Banken befinden sich zumeist in privatem Besitz. Im Gesundheits- wie auch beim Transportwesen haben Staat und Histadruth die führenden Eigentumspositionen, während sich die Einrichtungen des Bildungs- und Erziehungswesens in den Händen des Staates und kommunaler Organe befinden.

Die eigentümliche Dreiteilung in den Eigentumsformen war in ihrem Ursprung politisch motiviert. Genossenschaftlichem und staatlichem Sektor oblag es, für die ursprüngliche Akkumulation des Kapitals in Palästina zu sorgen, um dort solche Bedingungen zu schaffen, die die jüdische Großbourgeoisie in den westlichen Ländern zur wirtschaftlichen Betätigung anreizten. Indem die Histadruth die Mitglieds- und Sozialversicherungsbeiträge ihrer Mitglieder zusammenfaßte und als Betriebskapital in ihren Arbeitergesellschafts-Unternehmen anlegte und der Staat seinerseits Kredite und Zuwendungen zionistischer Organisationen in seine Betriebe steckte, gelang es von vornherein, in diesen beiden Sektoren eine verhältnismäßig hohe Kapitalkonzentration zu erreichen. Obgleich zu Chewrat Owdim Ende der siebziger Jahre nur wenig mehr als 4 Prozent aller israelischen Unternehmen gehörten, kontrollierten diese immerhin rund 23 Prozent der Wirtschaft des Landes.

Eindeutiger Gewinner, weil Förderkind des Staates, aber ist der privatkapitalistische Sektor, der über 95 Prozent aller Betriebe auf sich vereinigt, allerdings überwiegend kleine und mittlere.

Nicht übersehen läßt sich, daß das Bestehen von Betrieben, deren Eigentümer die Gewerkschaft ist, hilft, die Widersprüche zwischen Kapital und Arbeit zu verwischen — eine für die Bourgeoisie angenehme Nebenwirkung dieser eigenartigen Eigentumsverhältnisse.

Gleich mehrere Eigenheiten, die den Kapitalismus in Israel prägen, leiten sich aus der Militarisierung des Landes her. Israels Staatshaushalt sah für das Finanzjahr 1980/81 — das Finanzjahr geht alljährlich am 31. März zu Ende — 39 Prozent der Ausgaben direkt für militärische Zwecke vor. Fügt man noch die finanziellen Aufwendungen für das Begleichen der Schulden und Zinsen aus vorherigen Militärimporten hinzu, so kletterte der Anteil der Militärausgaben im Budget auf 66 Prozent, in denen noch nicht einmal die indirekten Summen für militärische Zwecke enthalten sind, die sich in diesem oder jenem Posten des Staatshaushaltes noch verstecken. Einer der Verantwortlichen im Finanzministerium, Amnon Neuman, mußte bekennen, daß Israels Militärausgaben seit fast zehn Jahren schneller wachsen, als das Bruttosozialprodukt zunimmt. Nach jedem Krieg seien sie weiter gestiegen, schrieb er in der Zeitung «Davar» am 28. Oktober 1980, und selbst in ruhigeren Zeiten seien sie nicht mehr zurückgegangen. «Seit 1974 steckte der Staat 10 Milliarden Dollar in die Verteidigung. Auch der Schuldenausgleich wird während der nächsten fünf Jahre immer schwerer wiegen und dreieinhalb Milliarden Dollar erreichen... Während die arbeitsfähige Bevölkerung Israels nur um 40 Prozent zunahm», schrieb Neumann, «hat sich die Anzahl der in der Armee Dienenden verdreifacht.»

Die Sorgen des Amnon Neumann sind begründet. Der Drang nach Traumgrenzen geht schon lange an die wirtschaftliche Substanz des Landes. Lassen wir auch dafür einige Zahlen sprechen. Im Finanzjahr 1978/79 sah der Staatshaushalt Ausgaben in Höhe von 202,7 Milliarden israelischer Lira (IŁ) oder 11,6 Milliarden Dollar vor. Aber insgesamt wurden nur 80,7 Milliarden IŁ (= 4,6 Milliarden Dollar) an Bruttosozialprodukt, also lediglich 39,8 Prozent dessen, was man auszugeben vorhatte, im eigenen Lande erwirtschaftet. Während von 1979 zu 1980 der Zuwachs des Bruttosozialproduktes bei etwa 80,4 Milliarden IŁ stagnierte, stockte die Beginregierung das Budget für 1979/80 sogar bis zu 412,9 Milliarden IŁ auf, wodurch seine Deckung mit im Lande selbst gebrachter Wirtschaftsleistung auf 20,2 Prozent zurückfiel. Daraus läßt sich schlußfolgern, daß eine erweiterte wirtschaftliche Reproduktion — die Grundlage jeder gesicherten materiellen Existenz einer Gesellschaft — aus eigenen Mitteln nicht mehr gewährleistet werden kann. Und trotzdem gab es, bis 1979 die allgemeine Wirtschaftskrise im Westen auch Israel am Kragen packte, eine wirtschaftliche Entwicklung, stiegen zwischen 1970 und 1980 die Investitionen in Industrie und Bergbau von 824 Millionen IŁ auf 24,02 Milliarden Schekel (IS)*, wuchs die Industrieproduktion von 1968 bis 1977 um 85 Prozent, erhöhte sich innerhalb von dreißig Jahren der Export von Industrieerzeugnissen von nur 18 Millionen Dollar 1950 auf 4,7 Milliarden Dollar 1980. (Zu Preisen von 1975.)

Wie ist dieser Widerspruch zu erklären?

Der Frager stößt bei seiner Suche nach einer Antwort auf die regulierende Rolle des Staates im Wirtschaftsleben. Obgleich für den staatsmonopolistischen Kapitalismus die Übernahme regulierender Funktionen durch den Staat allgemein typisch ist, greift in Israel die Regierung besonders kräftig ins gesellschaftliche Leben ein, so auch in die Wirtschaft. Ohne staatliche Regulierung wäre die Sicherung der gesellschaftlichen Reproduktion unter der nun bereits über Jahrzehnte verfolgten Militarisierung gar nicht möglich.

Überhaupt spielte der Staat von jeher eine sehr weitgehende lenkende Rolle, weil ihm die Aufgabe oblag, einen nationalen politischen, wirtschaftlichen, sozialen — mit einem Wort — gesellschaftlichen Organismus zu schaffen. In den frühen Jahren, als die junge Bourgeoisie sich erst herauszubilden begann, sie ökonomisch schwach war, übernahm es neben der Histadruth der Staat, die entscheidenden Zweige der Wirtschaft auf-

---

* Im Februar 1980 ersetzte die Regierung das seit August 1948 als Währung gültige israelische Pfund (IŁ) oder Lira durch Schekel (IS) zum Kurs von 1 Schekel = 10 IŁ.

Das Gebäude der Knesset, des israelischen Parlaments, in Jerusalem

zubauen. Dabei wirkte er engstens mit der Jüdischen Agentur und dem Auslandskapital, das von ihr mobilisiert wurde, zusammen. Auf diese Weise erzielte der staatliche Sektor in Verbindung mit dem ausländischen Kapital von vornherein starke Positionen in der Wirtschaft. Heute arbeitet in seinen Betrieben, den anderen Einrichtungen und Organen des Staates etwa ein Drittel aller Beschäftigten Israels.

Der Staat reguliert auch die Umverteilung des Nationaleinkommens, womit wir zur Aufklärung jener Diskrepanz zwischen Verbrauch und Entwicklung zurückkehren. Über den Staatshaushalt verteilt die Regierung unter anderem den Hauptteil des Auslandskapitals, der Anleihen, Kredite und im Ausland verkauften Obligationen, der sogenannten Israel-Bonds, legt sie den Investitionsumfang fest, schnürt sie das Steuerpäckchen, das die Werktätigen und die Wirtschaft zu tragen haben.

Letzteres wiegt sehr schwer, denn nahezu 52 Prozent der Finanzmittel, die Israels Regierung über den Staatshaushalt beispielsweise 1979/80 ausgab, mußten die Steuerzahler aufbringen. Weitere 25 Prozent borgte sie sich im Ausland, davon wiederum 19 Prozent in den USA.

Und dann besteht da noch ein «Schattenbudget», aus dem die Regierung schöpft, das jedoch auf der Einnahmenseite nirgendwo direkt erwähnt wird — das Budget der Jüdischen Agentur. Im Finanzjahr 1979/80 betrug es 405 Millionen Dollar oder rund 103 Milliarden IŁ. Diese Summe entsprach etwa der Höhe des sogenannten Entwicklungsbudgets, jenem Teil des Staatshaushaltes, aus dem die Investitionen für Industrie, Landwirtschaft, Bauwesen, Infrastruktur usw. beglichen werden.

Bekanntlich bezieht die Jüdische Agentur ihre Finanzmittel vornehmlich aus Spenden, Anleihen und Kapitalinvestitionen jüdischer Vereinigungen in westlichen Staaten, aber auch von privaten Unternehmern. Aus dieser Quelle kommen etwa 60 Prozent der finanziellen Auslandshilfe Israels, die restlichen 40 Prozent schießen imperialistische Staaten zu, vor allem die USA und die BRD. Von 1974 bis 1983 betrug die Wirtschaftshilfe der USA 25 Mrd. Dollar; für militärische Zwecke wurden Israel 17 Mrd. Dollar zugeschoben. Von 1953 bis 1980 flossen aus der BRD 21,25 Milliarden Mark nach Israel, davon nur 2,8 Milliarden als objektgebundene Kredite, der größte Teil brauchte also nicht zurückgezahlt werden. Führend jedoch bei der staatlichen wie bei der privaten Auslandshilfe sind mit zwei Dritteln die USA. Im September 1983 hatte Israel 21,5 Mrd. Dollar Auslandsschulden.

Diese Zuwendungen ermöglichten es der israelischen Regierung, den überwiegenden Teil der materiellen Ressourcen des Landes für militärische Zwecke auszugeben und zugleich ein bestimmtes Wirtschaftswachstum zu gewährleisten. Doch zu welchem Preis? Nicht nur zum Preis einer schwindelerregenden inneren und äußeren Staatsverschuldung, die, setzt man sie ins Verhältnis zum Bruttosozialprodukt, Israel statistisch in die Reihe der ärmsten Schuldnerländer der Erde hinabschleudert, sondern auch zum Preis eines politischen nationalen Ausverkaufs. Fügt man dem Zweidrittelanteil der USA an der ausländischen Finanzunterstützung ihre dominierende Rolle bei der militärischen Ausrüstung Israels hinzu, so klärt sich auf den ersten Blick, wer im Verhältnis Israel-USA David und wer Goliath ist.

Mit Vorliebe pochen Israels bürgerliche Politiker gegenüber amerikanischen Präsidenten und Außenministern auf ihre Selbständigkeit und Entscheidungsfreiheit, in strategischen Kernfragen jedoch hüten sie sich, jenen in die Quere zu kommen. Dem schlauen David hilft hier auch keine Schleuder, gleich ob mit einem Stein oder bissigen Worten geladen, weil die hohe finanzielle und militärische Abhängigkeit von den USA einer jeden israelischen Regierung die wirklichen, da materiellen Grenzen des politischen Spielraums absteckt. Auf dieser Grundlage sind die Möglichkeiten der USA, in Israel politischen Einfluß auszuüben, unerhört groß.

Der amerikanische, in Israel lebende Wirtschaftswissenschaftler Professor Salomon J. Flink schreibt in seiner Untersuchung «Israel — Chaos und Herausforderung», daß die «sozialökonomischen Errungenschaften Israels in grundlegender Weise unterstützt wurden durch die Zuschüsse und Anleihen der USA-Regierung, durch die Spenden und Obligations-Verkäufe der Angehörigen jüdischer Gemeinden in vielen Ländern sowie durch die Anleihen auf dem internationalen Finanzmarkt. Von großem Gewicht ist weiter die Zuwanderung von Wissenschaftlern, Fachkräften und Leitungskadern'», letztere gleichfalls jüdisch. Die eigentlichen Positionslichter, die die Piste zu den Traumgrenzen markieren, sind folglich die USA und die Diaspora, besonders die amerikanischen jüdischen, zionistisch orientierten Gemeinden.

Solange sich für *sie* das Streben nach Groß-Israel wirtschaftlich und politisch auszahlt, kann sich Israels Regierung in Sicherheit wiegen. Daher wird in Israel jedes Flackern dieser Lichter aufmerksam beobachtet, von den bürgerlichen Medien diskutiert und ausgedeutet. Deshalb verfolgt man auch mit äußerster Empfindlichkeit, wie sich Ein- und Auswanderung zueinander verhalten. Liegt die Zahl der Menschen, die Israel verlassen — es ist noch immer ein Kommen und Gehen in diesem Land —, höher als die der Einwanderer, so signalisiert das eine Zunahme von wirtschaftlicher und politischer Unsicherheit, und das kann in den jüdischen Gemeinden westlicher Länder in sinkender Zahlungsfreudigkeit negativ für Israels Monopolkapital zu Buche schlagen. Zwischen 1978 und 1981 verließen

Frauendemonstration in Tel Aviv gegen Preistreiberei und sinkenden Lebensstandard

erstmals jährlich zehntausend Menschen mehr das Land als hinzukamen.

Zu den Flaschengeistern der Militarisierung gehört neben wirtschaftlicher Auszehrung und Abhängigkeit, deren Kehrseite Einschränkung nationaler Entscheidungfreiheit heißt, auch die strukturelle Deformierung der Wirtschaft.

So beklagte sich beispielsweise einer der führenden Unternehmer Israels, Stef Wertheimer, öffentlich darüber, daß die Regierung sich nicht wirklich um die industrielle Entwicklung des Landes kümmere. Nicht der «eigentlichen Industrie» als nationaler Basis gelte die Aufmerksamkeit, sondern den Vorrang hätten alle möglichen «Schnorr-Einrichtungen» der Jüdischen Agentur.

Bis in Kreise der Bourgeoisie hinein weist man heute in Israel mit Sorge darauf hin, daß die notwendige Ausweitung jener Industriezweige, die Produktionsmittel produzieren, sträflich vernachlässigt werde.

Israels Kommunistische Partei fordert in ihrem Wirtschaftsprogramm einen Investitionsschub gerade für diese Zweige.

Die Regierung, der Staat hingegen bevorzugen die Entwicklung militärisch-industrieller Konzerne, die sie mit Arbeitskräften, Investitionen und Rohstoffen besonders fördern. Der Staat hilft ihnen, wissenschaftlich-technischen und technologischen Vorsprung zu erreichen, öffnet ihnen innere wie äußere Märkte und verschafft ihnen dadurch Extraprofite.

Die wichtigsten Unternehmen des militärisch-industriellen Komplexes befinden sich in den Händen des Staates. Seinen Kern bildet die Armee, die in Rüstungsbetrieben, in der Luftfahrtindustrie, in ihren Verwaltungen und Werkstätten knapp eine viertel Million Menschen direkt oder indirekt beschäftigt. Die beiden führenden militärischen Industriekomplexe sind Israel Military Industries (IMI) mit 14 500 Arbeitern und Angestellten sowie Israel Aircraft Industries (IAI) mit 20 000 Beschäftigten. Der Flugzeugbaukonzern IAI stellt in seinen fünf Branchen neben Flugzeugen auch Raketen, Marineausrüstungen, elektrotechnische und elektronische Anlagen her. Bedek aircraft, eng liiert mit dem amerikanischen Konzern Chromalloy American, ist als Flugzeugbauunternehmen die größte IAI-Einrichtung. Hier wurde der Kfir-Jäger entwickelt und montiert. Als seinen Nachfolger konstruiert man zur Zeit in einem 1,1-Milliarden-Dollar-Entwicklungsprogramm den Lavi-Jäger, an dessen Produktion 18 000 Arbeitsplätze gebunden sein werden. Allein IAI kettet etwa 150 Zulieferbetriebe an sich, vornehmlich aus der Metall- und Elektronikindustrie. Weiter gibt es da Sultam, ein Rüstungsunternehmen des Histadruthmonopols Koor. Sultam verkauft seine Erzeugnisse in vierzig Länder. Produziert werden Kanonen und Granatwerfer, die dazu gehörigen optischen Ziel- und Meßgeräte, Munition, aber auch Ausrüstungen für den Nachtkampf, Scheinwerfer und Geräte für den funkelektronischen Kampf.

Israel steht heute auf Platz sieben der waffenexportierenden westlichen Länder. Seine Militärexporte stiegen von 425 Millionen Dollar 1978 auf 1,45 Milliarden Dollar 1980, das entspricht einer Steigerung von 341 Prozent in nur zwei Jahren. Ein knappes Drittel des Industrieexports, der sich 1980 bei einem Gesamtexport von 5,5 Milliarden Dollar auf 4,75 Milliarden Dollar belief, sind militärische Produkte. Bei einigen

Protestdemonstration in Jerusalem gegen die faschistische Junta in Chile

Zweigen, so in der metallverarbeitenden Industrie, bei Elektrotechnik und Elektronik sowie in der Chemieindustrie macht der Anteil der militärisch gebundenen Erzeugnisse nahezu die Hälfte der Produktion aus.

Man kann der israelischen Zeitung «Ha'aretz» nur recht geben, die schon 1977 feststellte, in Israels Wirtschaft sei ein mächtiger militärischer Sektor entstanden, der sich mit einem Gürtel versklavter Industriezweige umgeben habe.

So läßt man heute quasi die gesamte Wirtschaft in dieser oder jener Weise für den Krieg arbeiten, für den eigenen wie für die Kriege und Unterdrückungsaktionen reaktionärer Regime. Denn wo sonst fände sich für den «Zuspätkommer» Israel auf dem internationalen Rüstungsmarkt noch ein freies Plätzchen zwischen den hart miteinander konkurrierenden westlichen Waffengroßlieferanten?

El Salvador — wie das Stockholmer Institut für Friedensforschung mitteilte, kam der gesamte Waffenimport im Jahre 1980 aus Israel.

Nikaragua — 98 Prozent der Waffen kaufte Somoza im letzten Jahr seiner Diktatur aus Israel, darunter die Militärmaschinen «Arava» und «West-Wind».

Chile — Erwerb von 150 Raketen.

Südrhodesien — unter der Smith-Regierung wurde die Lizenzproduktion der MPi Uzi aufgenommen.

Südafrika — Zusammenarbeit bei der Atomwaffenproduktion; Tadiran baut bei Pretoria einen Betrieb für Nachrichtengeräte; Erwerb dreier Schnellboote der Reshef-Klasse, bestückt mit «Gabriel»-Schiff-Schiff-Raketen, Lizenzproduktion der Reshef-Schnellboote in Durban; Lizenzproduktion des Sturmgewehrs Galili, Bezug von Radar- und anderen elektronischen Einrichtungen für militärische Zwecke von den israelischen Unternehmen Motorola und Control Data.

Namibia — IAI konstruiert Elektrozäune gegen die Befreiungsbewegung SWAPO.

Taiwan — Israel liefert die Schiff-Schiff-Rakete «Gabriel».

Südkorea, Singapur — verschiedene Militärexporte und Ausbildungsaufgaben in den jeweiligen Streitkräften.

Die Waffentransaktionen mit diesen und anderen Ländern besorgen Israels Waffenhändler, etwa dreihundert an der Zahl. Hin und wieder gerät der eine oder andere Name ins Schlaglicht der Öffentlichkeit, doch im allgemeinen lieben sie die Diskretion, weil nicht alle ihrer Kunden öffentlich mit Israel in Verbindung gebracht sein wollen. Für IAI erschloß zum Beispiel Marcus Katz den lateinamerikanischen Markt. Shaoul Eisenberg unterhält in dreißig Ländern Büros. Shlomo Zevdelovitsch handelt für Sultam. Für Clal arbeitet die Firma Yisracs und so fort. Der Profit dieser Waffenhändler und ihrer Kollegen beträgt 5 bis 15 Prozent vom Volumen der jeweiligen Transaktion.

Die Militarisierung wirkt in Israel als Beschleuniger der staatsmonopolistischen Entwicklung. Der Krieg und die unerhört rasche Expansion der dazugehörigen Kriegsindustrie steigern die Konzentration und Zentralisation des Kapitals, stärken die Großbourgeoisie. Zugleich verleihen sie ihr aber auch neue Züge, verändern sie deren soziale Qualität.

In Israel hat sich eine herrschende Elite herausgebildet, in

Protest gegen das Paktieren der Regierung mit dem Apartheid-Regime in Südafrika

der ökonomische, politische und militärische Macht miteinander verschmelzen. Militärische Führung, politische Staatsleitung und wirtschaftliches Management sind engstens miteinander verflochten. Von den Generalen und Offizieren außer Dienst — so belegen soziologische Studien — bezogen 33,8 Prozent Positionen, die mit der Regierung verbunden sind, 22,4 Prozent fanden als Experten Anstellung bei privatkapitalistischen Unternehmen. Von 75 ehemaligen Generalen und Obersten bekamen 29,3 Prozent Leitungsposten im privaten oder im staatlichen Wirtschaftssektor, wurden 24 Prozent in militärischen Einrichtungen eingesetzt, 18 Prozent von ihnen wurden Minister, Generaldirektoren oder Diplomaten.

Was da vor sechzig, siebzig Jahren als Reb Naphtali nach Palästina kam, ist zum Ausbeuter von staatsmonopolistischem Format geworden. An Rebs Stelle stehen heute in Israel nicht nur andere Namen, auch ein neuer Typ des Ausbeuters ist daraus geworden — ein sozusagen staatsmonopolistischer Gesamtausbeuter, der alle diejenigen vereint, die die Exploitation organisieren und an ihren Früchten teilhaben. Es ist dies der moderne Typ des Ausbeuters, den der Kapitalismus in seinem staatsmonopolistischen Stadium hervorbringt, ohne den er nicht mehr funktionieren könnte. Die *«Spitze der Bourgeoisie»*, die das gesellschaftliche Leben in Israel ökonomisch und politisch beherrscht, bildet eine verhältnismäßig kleine Gruppe von Monopolisten und Managern aus der Finanz- und Industriewelt, aus Banken, Versicherungsgesellschaften, im Großhandel und Hotelgewerbe, von Parteipolitikern — regierende wie nichtregierende — und von hohen Militärs. Selbstverständlich ist es schwer, die Größenordnung dieses kollektiven Ausbeuters mit absoluten Zahlen zu bestimmen. Aber in Israel gibt es eine Gruppe von etwa 10 Prozent aller Familien, die zehnmal soviel verdienen wie das untere Drittel aller Lohn- und Gehaltsempfänger des Landes zusammengenommen.

Indes hebt nicht die Größe des erworbenen Reichtums Israels Großbourgeoisie von der anderer kapitalistischer Staaten ab. In dieser Hinsicht bleibt sie gewiß ein kleiner Räuber. Charakteristisch ist vielmehr die Art und Weise des Erwerbs. Vornehmlich stammt der Reichtum, wie wir sehen konnten, aus der Sphäre der nichtmateriellen Produktion, konzentriert er sich in den Banken, Versicherungsgesellschaften und anderen Einrichtungen des Geldverkehrs. Andererseits erwirbt man den Profit zum bedeutenden und weiter wachsenden Teil durch den militärisch-industriellen Komplex. Insbesondere verleiht die enge Verflechtung des staats- und gewerkschaftsmonopolistischen Eigentums mit diesem Komplex dem Kapitalismus in Israel Züge eines äußerst reaktionären staatsmonopolistischen Kriegskapitalismus.

Parasitäres, auf Geldspekulation schmarotzendes Finanzkapital und militärische Produktion sind zum Bestimmenden geworden. Muß das nicht die politische Physiognomie der ganzen herrschenden Klasse mitzeichnen? Fixiert das nicht auch den Platz im internationalen Monopolkapital? Wenn Tadiran und Sultam und Taas in den USA ganze Rüstungsbetriebe mitsamt der Militärtechnologie erwerben, wenn IAI den Lavi-Jäger partnerschaftlich mit den amerikanischen Rüstungsmonopolen General Dynamics oder McDonnell Douglas entwickelt, wenn IAI, Elbit Computers und Tadiran über beträchtliche Kapitalanteile mit amerikanischen Rüstungsbetrieben verflochten sind, wenn die Erzeugnisse hernach an Südafrika oder El Salvador verkauft werden — rückt das Israels herrschende Klasse nicht zwangsläufig auch international in den reaktionärsten Teil des Monopolkapitals?

Das Übergewicht des Finanzkapitals, so stellte Lenin fest, muß sich unbedingt in allen sozialpolitischen Verhältnissen widerspiegeln. Nicht nur, weil der führende Teil der Bourgeoisie auf die gesamte bürgerliche Klasse ausstrahlt, also auch auf die *mittlere und kleine Bourgeoisie*, sondern auch, weil in Israels Bourgeoisie das Kräfteverhältnis eindeutig zugunsten des Finanzkapitals ausfällt. Die mittlere und kleine Bourgeoisie ist in der Regel weder mit den großen Banken und Investmentgesellschaften direkt verbunden noch mit dem Auslandskapital. Noch immer weist die Struktur der *städtischen Mittelschichten* auch einen hohen Prozentsatz handwerklicher Betriebe auf.

Eine Besonderheit der Klassenstruktur Israels besteht darin, daß es keine eigentliche Schicht der Bauern gibt. Im Unterschied zur «traditionellen» kleinen und mittleren Bourgeoisie, wie sie uns aus kapitalistischen Ländern Europas bekannt ist, gehören ihr in Israel anstatt einer Bauernschicht die Werktätigen aus den genossenschaftlichen Sektoren an, aus Kibbuzim und Moshawim, welche zwar Mitbesitzer von Produktionsmitteln sind, jedoch selbst mitarbeiten. Dadurch verstärkt sich die soziale Vielschichtigkeit des Kleinbürgertums. Andererseits bewirkt dies, daß der Anteil kleinbürgerlicher Elemente in der arbeitenden Bevölkerung in Israel verhältnismäßig größer ist als in anderen kapitalistischen Staaten. Das wiederum gibt einen günstigen Nährboden ab für das Hineinwachsen der bürgerlichen Ideologie, von Nationalismus und Chauvinismus in die Arbeiterklasse und wirkt sich negativ auf deren Bewußtsein aus. Die mittlere und kleine Bourgeoisie Israels befindet sich in einer zwiespältigen Lage.

Zum einen steht sie im harten Existenzkampf mit dem sich weiter stärkenden Großkapital. Die Ruinierung kleiner und mittlerer Betriebe nimmt ständig zu. Es fällt ihnen schwer, mit den hohen Anforderungen der Militarisierung, mit Elektronik, Halbleitertechnik und ähnlichem Schritt zu halten. Wissenschaftlich-technischer Fortschritt, verbunden mit kapitalistischer Großproduktion, gehen über die meisten, vor allem die handwerklichen Kleinbetriebe hinweg «wie ein Eisenbahnzug über eine Schubkarre», um dieses von Engels geprägte Bild zu gebrauchen. Hinzu kamen in den letzten Jahren Wirtschaftskrisen und die das Großkapital begünstigende «neue ökonomische Politik» Begins. Alles das trifft die Mittelschichten, Handwerker, Kleinunternehmer, Kleinhändler, Freischaffende, die Einzel- und Genossenschaftsbauern schwer.

Zum anderen geht die mittlere und kleine Bourgeoisie bei Kriegspolitik und Okkupation nicht leer aus. Gerade sie ist es, die aus der Ausbeutung arabischer Arbeiter in den besetzten Gebieten Profit schlägt. Häufig sind es arabische Arbeiter, die in den Pizzerien mit ihren flinken Händen die Teigbatzen zu flachen Pizzas rundschleudern, Teller waschen oder andere Hilfsarbeiten verrichten. In ihnen haben die jüdischen Kleinunternehmer jene billigen Arbeitskräfte gefunden, die ihnen einst «ihre» Schtetl-Proleten waren.

Aber Israels Arbeiter bestehen auf ordentlichen Löhnen und Verträgen, denn politisch sind sie ja nicht mehr rechtlos.

Rechtlos sind in Israel heute die arabischen Arbeiter aus den besetzten Gebieten. Jene wiederum lockt das israelische Kapital heran, um sie erst auszubeuten und hernach in die Welt zu posaunen, den arabischen Arbeitern gehe es heute unter Israels Fittichen besser als je zuvor. Andere wiederum bezichtigen Araber, die sich bei jüdischen Unternehmern verdingen, des nationalen Verrats. Beides sind betrügerische Tricks. Wenn überhaupt von Verrat die Rede sein kann, dann höchstens von einem sozialen, von einem sozialen Verrat der arabischen Arbeiter an «ihrer» arabischen Bourgeoisie. Aber selbst der Vorwurf «sozialen Fremdgehens» sticht nicht, weil die «Ehe» mit der Bourgeoisie für den arabischen Arbeiter als Nichtbesitzer von Produktionsmitteln so oder so eine Zwangsehe ist, ob er sich nun beim arabischen oder jüdischen Kapitalisten verdingt. Wer wollte es ihm da verübeln, wenn er sich von den beiden Ungeliebten den für ihn sozial Attraktiveren aussucht? Er kann sich den Luxus des Moralisierens nicht leisten, geht es für ihn doch um die nackte Existenz.

Israels Monopolkapital weiß um die «kleinen Schwächen» des Kleinbürgertums. Es knüpft an dessen ökonomischen Interessen an, bei seinem zittrigen Gieren, an der Annexion und an Bankprofiten teilhaben zu dürfen. Auf diese Weise gelingt es ihm immer wieder, das Klein- und Mittelbürgertum an sich und an die Kriegspolitik zu binden und es obendrein darüber hinwegzutrösten, daß Israel — wie einst versprochen — nun doch kein Land der mittleren Stände geworden ist. «Für die Geschäftsphilosophie der Schtetl ist in Israel kein Platz», wird ihm kalt entgegengehalten. Zudem brauchte das Kleinbürgertum sich weder in Palästina noch hernach in Israel gegen feudalistische Despotie, für bürgerlich-demokratische Verhältnisse zu schlagen. Staatliche Hilfe, genossenschaftlicher Sektor und Jüdische Agentur schufen recht günstige wirtschaftliche Entwicklungsbedingungen. So war das Kleinbürgertum lange Zeit nicht wirklich gezwungen, in scharfen, langwierigen Auseinandersetzungen mit der Großbourgeoisie seine wirtschaftliche Existenz zu behaupten. All diese Umstände führten dazu, daß das Kleinbürgertum in Israel weder über revolutionär-demokratische Traditionen verfügt noch sich Teile von ihm — wie in anderen kapitalistischen Ländern — zu mehr oder weniger einflußreichen «Volksparteien» konstituierten.

Israel ist ein junges Land und ein Einwandererland. Für keine Klasse machen sich diese beiden Umstände so bemerkbar wie für die Arbeiterklasse. Die Herauslösung des Proletariats aus der Enge der Manufakturen und Handwerksbetriebe, seine Zusammenballung in Großbetrieben und Industriezentren, all das, was sich in den klassischen kapitalistischen Ländern bereits um die Jahrhundertwende vollzog und dort mehrere Jahrzehnte in Anspruch nahm, geht in Israel eigentlich erst seit den sechziger Jahren vonstatten. Noch 1950 war nur ein Fünftel der Industriearbeiter in Betrieben mit mehr als hundert Beschäftigten tätig. Die Vereinzelung des Arbeiters jedoch, seine Abtrennung von der Klasse behinderte die Herausbildung des Bewußtseins der Klasse, beließ ihn in der Beengtheit der kleinen Gruppe, mit und in welcher er sein Brot verdiente. Das mußte sich aufs Bewußtsein der jüdischen Arbeiterklasse in Palästina und Israel besonders ungünstig auswirken, weil sich darin die Tradition der engen sozialen Bindung des Schtetl-Proleten an den jüdischen Kleinunternehmer fortsetzte, was die Enge ihres nationalistischen Denkens nur noch fester fügte.

Die Konzentration der Arbeiterklasse in der Großindustrie indes ist eine der entscheidenden objektiven Voraussetzungen für ihre Formierung zur «Klasse für sich», für ihre politische, ideologische und auch organisatorische Loslösung von der Bourgeoisie. Erst der Großkapitalismus «sprengt unvermeidlich jede Bindung der Arbeiter an die alte Gesellschaft, an einen bestimmten Ort und an einen bestimmten Ausbeuter», schrieb Lenin. «Er vereinigt sie, zwingt sie zum Denken und versetzt sie in Verhältnisse, die ihnen die Möglichkeit geben, zum organisierten Kampf überzugehen.»

Wir konnten verfolgen, in welch rasantem Tempo das Kapital allein im vergangenen Jahrzehnt Produktion und Arbeit konzentrierte: Koor — 24 000 Arbeiter, Techniker, Ingenieure und Angestellte; IAI — 20 000; Solel Boneh — 17 000; Clal — 15 000. Von der halben Million Menschen, die heute im engeren Sinne zur Arbeiterklasse Israels zählen, sind etwa die Hälfte Industriearbeiter. Im Bauwesen sind rund 60 000 Menschen tätig, in der Landwirtschaft 20 000, im Transport-, Post- und Nachrichtenwesen 58 000. Insgesamt sind von der knappen Million Lohn- und Gehaltsempfänger Israels 42 Prozent in der produktiven Sphäre beschäftigt.

Daß der andere Teil von 58 Prozent im nichtproduktiven Bereich tätig ist, muß als weitere wirtschaftlich ungesunde Folgeerscheinung des stark zum Parasitären tendierenden staatsmonopolistischen Kapitalismus in Israel angesehen werden. Von allen Beschäftigten sind ungefähr 70 Prozent männlichen und 30 Prozent weiblichen Geschlechts. Etwa 30 Prozent sind Arbeiter mit abgeschlossener Berufsausbildung, 13 Prozent ingenieurtechnisches Personal, etwa 7 Prozent Wissenschaftler und Akademiker. Das heißt, die Hälfte der in der Wirtschaft Beschäftigten verfügt über eine hohe Qualifikation.

Israels Arbeiterklasse ist jung und ohne langjährige Erfahrung im Klassenkampf. Im wesentlichen setzt sie sich aus Israelis zusammen, die erst in erster oder zweiter Generation in diesem Land leben. Knapp die Hälfte der 3,8 Millionen Landeskinder sind genaugenommen keine Kinder des Landes, sondern im Ausland geboren. Sogar von den 1 707 700 Menschen, die mit dem 31. Dezember 1978 als in Israel geboren galten, warenerst 23 Prozent Israelis in der zweiten Generation. Nach Berechnungen israelischer Wissenschaftler sind von den männlichen Arbeitern 80 Prozent im Ausland auf die Welt gekommen.

Will man sich eine Vorstellung von der Reife der israelischen Arbeiterklasse machen, so darf dieser Umstand auf keinen Fall unberücksichtigt bleiben. Er ist in verschiedener Hinsicht bedeutungsvoll. Zum einen ist er Ursache dafür, daß die knappe Hälfte derer, die heute zur Arbeiterklasse gehören, ihrer eigentlichen sozialen Herkunft nach gar nicht aus der Arbeiterklasse stammen. Das gilt beispielsweise für die aus Europa und Amerika Eingewanderten, von denen dort fast 50 Prozent «white collar workers», Beamte, waren. Als sie nach Israel kamen, veränderten sich für sie die Art und Weise ihres Gelderwerbs, ihre soziale Stellung in der Gesellschaft. Ob sie wollten oder nicht — sie wurden Arbeiter, zumeist in der Landwirtschaft oder Industrie, «bestenfalls» in einem Kibbuz oder Moshaw. Für die Arbeiterklasse aber bringt das einen beständigen Zustrom kleinbürgerlicher und bürgerlicher Einflüsse, sozial, ideologisch und politisch. Obendrein fühlen sich die «white collar workers», jene einstigen «Arbeiter mit dem weißen Kragen», in den verschwitzten und angeschmutzten Kragen ihrer jetzt schwarzen oder blauen Kittel überhaupt nicht wohl. Viele von ihnen sehen in der Arbeiterklasse nicht *ihre* Klasse, setzen sich nicht wirklich für deren Interessen ein, weil sie ihr Sinnen und Trachten darauf richten, wieder in die «besseren Kreise» aufzusteigen, zu denen sie sich eigentlich gehörig fühlen. Soviel zu den Arbeitern europäisch-amerikanischer oder — wie man in Israel sagt — ashkenazischer Herkunft, die etwa zwei Fünftel der jüdischen Arbeiter ausmachen.

Aus Einwanderern afro-asiatischer Abstammung kommen zwei weitere Fünftel. Auch sie waren in ihren Mutterländern nichtproletarischer Herkunft. Doch im Unterschied zu den Ashkenazim kommen sie aus vorkapitalistischen, teilweise

Eine der zahlreichen Familien des «zweiten Israel»

halbfeudalistischen Verhältnissen, in denen proletarisches Klassenbewußtsein *noch* nicht entstehen konnte. Nur ein Fünftel der jüdischen Arbeiter sind eigentliche Sabras.

Israels Proletariat ist folglich eine multinationale Arbeiterklasse, von Juden europäischer, amerikanischer, afro-asiatischer oder israelischer Herkunft sowie von Arabern Israels. Daß sich ihre jüdischen Angehörigen heute alle als Israelis verstehen, ändert nichts an der Differenziertheit ihres gesellschaftlichen Hintergrundes, auf dem sie seit vielen Jahrhunderten lebten. Sie unterscheiden sich noch immer, weil ihre soziale, nationale, geographische, sprachliche, kulturelle Herkunft eben unterschiedlich ist, und das reicht bis zur Volkskunst, Musik, Ernährung, zu Gewohnheiten, Umgangsformen und der Art und Weise, sich zu kleiden.

Ein jeder brachte ein Stück jener alten Vielfalt und Vielgestaltigkeit in Sein und Bewußtsein des israelischen Volkes ein, womit er dessem Antlitz schon heute seltene Originalität verleiht. Vor allem trifft das auf das Gesicht der Arbeiterklasse zu. Wer in ihren noch unscharfen, etwas grobschlächtigen Zügen nach den Ähnlichkeiten mit Vätern und Müttern forscht, wer hier genau hinsieht, wird ganz andere Konturen entdecken, als sie die traditionelle Sicht vom europäischen Kontinent vermuten läßt. Diese Sicht ist, vorsichtig gesagt, einseitig. Einseitig in zweifacher Hinsicht. Einmal, weil sie vor lauter mit dem europäischen Hintergrund verbundenen Symbolen zumeist die anderthalb Millionen orientalischer Juden übersieht oder nur am

Rande zur Kenntnis bringt. Das sind Herkunft, Geschichte und Traditionen, vor allem aber die heutige Lage von 436 000 Menschen aus Marokko, 264 000 aus dem Irak, 164 000 aus Jemen, 160 000 aus dem Iran, 115 000 aus Algerien und Tunesien sowie noch viele andere aus der Türkei, Ägypten, Sudan, Libyen, Äthiopien, Indien, Indonesien. Zum anderen, weil dieses «zweite Israel» das zukünftige, sozusagen das Erwachsenengesicht dieses Volkes so gravierend zeichnen wird, wie man es heute selbst bei reicher Phantasie kaum zu erahnen vermag. Und spätestens hier droht die einseitige zur fehlerhaften Sicht zu werden, wenn wir nicht wenigstens einen kurzen Blick in die Geschichte werfen.

Die Inneneinrichter des Herzlschen Judenstaates fanden zu Beginn der Einwanderung in Palästina ja nicht überall günstige Bedingungen vor. Nur der kleinere Teil dieses Landes war wirtschaftlich und baulich erschlossen — von den Arabern übrigens. Wollte und mußte man neue Gebiete urbar machen, so war das mit schwerer körperlicher Arbeit verbunden. Arbeit auf steinigen, versteppten oder Wüstenböden, in sumpfigen malariaverseuchten Gegenden unter sengender nahöstlicher Sonne. Also mußten Menschen her, die an Knochenarbeit unter subtropischen Bedingungen gewöhnt waren. Viele jüdische Schtetl-Proleten konnten so nicht arbeiten, die Bürger und Kleinbürger wollten's nicht. Und noch etwas kam hinzu: Die jüdischen Unternehmer waren drauf und dran, sich selbst ein Bein zu stellen. «Ihre» Proleten, die sie aus Europa mitgebracht hatten, waren zu unbequemen Partnern geworden, stellten Forderungen und pochten auf ihre gleichen Rechte. Andererseits waren sie dabei, die arabischen Arbeitsleute von Boden, Arbeit und Markt zu verdrängen. Wer blieb da noch übrig für eine «ordentliche» Ausbeutung?

Um aus dieser Zwickmühle herauszukommen, «begann sich die Idee zu verbreiten», erinnert sich ein Führer der zionistischen Bewegung, Yitzhak Brunbaum, «daß Juden gebraucht würden, die anspruchslos sind, die weder bei der Arbeit noch wegen ihrer Unterbringung in den Siedlungen all die Streitereien noch verstärken und die komplizierten Fragen, welche so schwer zu beantworten waren». Für diese Zwecke eigneten sich am besten die jüdischen Gemeinden in arabischen Ländern.

Diese orientalischen Gemeinden waren die Nachfahren der Emigranten aus Israel und Judäa nach Assyrien, Babylonien und Ägypten. Im Laufe der Jahrhunderte hatte die Geschichte manche von ihnen weiter in andere Länder verschlagen — in die Türkei, nach Syrien, Persien, Nordafrika und auf die Arabische Halbinsel. Und wenn überhaupt von Uralterben jener Staaten der antiken Hebräer gesprochen werden könnte, dann dürften das am ehesten noch jene orientalischen Gemeinden und die der in Palästina selbst verbliebenen Juden sein. Denn sie waren es, die im Nahen und Mittleren Osten und in den angrenzenden zentralasiatischen Regionen in relativ großen und kompakten Gemeinden seit der Antike ausgeharrt hatten.

Da waren einmal jene Gemeinden, die an der Peripherie der arabischen Welt lebten — im Jemen, in den Gebieten der Kurden und in Marokko. Die marokkanischen Juden, meist Handwerker, Teppichknüpfer, Schneider, Zinnschmiede und Kleinhändler, siedelten größtenteils im Atlasgebirge. In der Abgeschiedenheit seiner Täler verlief in den Gemeinden das Leben nach alten, patriarchalischen Normen und Sitten. Die Großfamilien hatten sich jeweils um den gemeinsamen Siedlungshof eingerichtet, an den alle Wohnungen grenzten, und wo man auch die kleinen Haustiere hielt. Überwiegend waren die Atlasjuden orthodoxe Gläubige, die sich streng von den religiösen Vorschriften und Ritualen leiten ließen. Hauptperson war der Rabbi, Schlichter und Richter zugleich. Das Verhältnis zu den arabischen Marokkanern war von Dorf zu Dorf unterschiedlich, von gutnachbarlichem Einvernehmen mit gegenseitigen Geschenken und Feiern bis zur Feindschaft.

Atzeta, Spezialisten, nannte der Volksmund die Juden im Jemen. Sie konnten sich ihrer hohen Handwerkskunst als Gold- und Silberschmiede, Teppichknüpfer, Schuhmacher und Schneider rühmen. Nicht wenige waren als Tabakbauern, Geldverleiher und Wechsler tätig. Wie das handwerkliche Geschick wurden auch bei ihnen Religion, deren Gesetze und Feiertage über die Jahrhunderte von Generation zu Generation vererbt und bewahrt. Die religiösen Riten einzuhalten galt als ungeschriebenes Gesetz, wer dagegen verstieß — als Verbrecher. Mit vier Jahren wurden die Knaben in die Welt der Thora eingeführt, ab zehntem Lebensjahr pflegten sie frühmorgens mit dem Vater zu beten, der ihnen auch die religiösen Gesetze vermittelte. In der Religionsschule, der Cheder, lernten sie die Heilige Schrift auswendig.

Die andere Gruppe orientalischer Juden lebte in den arabischen Zentren der einsetzenden kapitalistischen Entwicklung — in Algerien, Tunesien, Ägypten, Irak, Syrien und in den marokkanischen Städten. Hier begann sich auch unter den Juden die Klassenteilung durchzusetzen. Als Angehörige einer unterdrückten nationalen Minderheit waren sie für die Impulse empfänglich, die von der allgemeinen revolutionären Bewegung in ihren Heimatländern ausgingen, die sich für nationale Unabhängigkeit gegen die koloniale Fremdherrschaft Englands und Frankreichs auflehnte. Nicht wenige von ihnen schlossen sich den nationalen Befreiungsorganisationen und kommunistischen Parteien an. In ihnen spielten sie eine prominente Rolle, bemühten sich um ein brüderliches Verhältnis zwischen den Angehörigen unterschiedlicher nationaler und religiöser Gemeinschaften.

Doch nicht für sie entschied sich die Führung der zionistischen Bewegung, sondern für jene in jüdisch-orthodoxer Tradition Erzogenen. «Zwischen 1909 und 1924 trafen in mehreren Einwandererwellen Jemeniten in Rehovot ein», schreiben A. Katz und A. Zlochover im Vorwort zu ihrer Untersuchung «Israels Sozialstruktur». «Sie kamen auf Initiative mehrerer ashkenazischer Abgesandter. Obgleich die meisten dieser Leute jemenitischer Herkunft keine Erfahrung in der Landwirtschaft hatten, begannen sie auf den Plantagen der Ashkenazim zu arbeiten. Ihre Frauen, die zuvor auch im Jemen die Hausarbeit verrichteten, fingen bei den Ashkenazim im Haushalt an.» Und der schon zitierte Brunbaum erinnert sich: «Alle arbeiteten: das Familienoberhaupt, Frauen und Kinder in den Farmen und Häusern der Pflanzer. Sie erhielten geringeren Lohn als die jüdischen Arbeiter aus Europa, aber höheren als die arabischen.»

Untergebracht wurden sie auch hier wieder in den Randgebieten, in Sha'arayim am Ortsrand von Rehovot oder in Kerem-Feimanim an der Tel-Aviver Stadtgrenze. Im November 1948 zählte man 16 300 jemenitische Juden, damals 2,3 Prozent der jüdischen Bevölkerung Israels. In ihrer überwiegenden Mehrheit waren sie die typischen Schwerstarbeiter jener Zeit — Träger, Docker und Landarbeiter.

Die Masse der orientalischen Juden aber wanderte nach der Staatsgründung ein. Von 1948 bis 1957 kamen 459 000 Menschen. Sie wichen dem antijüdischen Druck und dem Haß, die nach dem Palästinakrieg in zahlreichen arabischen Ländern entfesselt wurden. Für die israelische Bourgeoisie kamen sie im rechten Moment, denn gerade die fünfziger und sechziger Jahre waren eine Zeit beschleunigter kapitalistischer Entwicklung von Industrie und Landwirtschaft. Die Bourgeoisie brauchte eine möglichst große Zahl billiger, ungelernter, daher sozial mobiler Arbeitskräfte ohne proletarisches Klassenbewußtsein. Genau diese Funktion erfüllten die orientalischen Juden, die in Israel in die Arbeiterklasse gestoßen wurden. Aus ihren Reihen kamen 1961 die meisten Beschäftigten in den arbeitsintensiven Zweigen der Landwirtschaft — in den Zitrusplantagen 50,6 Prozent, im Gemüseanbau 52,8, beim Feldbau 32 sowie nahezu 40 Prozent der Bauarbeiter, 41 Prozent der Textilarbeiter. Insgesamt waren 1961 fast 32 Prozent der Industriearbeiter orientalischer Herkunft. In elf von sechzehn Industriezweigen hatten sie einen höheren Anteil als jeweils die Ashkenazim oder Sabras.

Nun wäre der Eindruck falsch, sollte ein solcher entstanden sein, alle orientalischen Juden Israels gehörten der Arbeiterklasse an. Ein Teil wurde zu Bourgeois, andere gehören zu den kleinen und mittleren Unternehmern, zu den Handwerkern, sind Beamte, Intellektuelle, Künstler und so weiter. Bei genauerem Hinsehen zeigt sich aber, daß der Anteil der orientalischen Juden innerhalb der Bourgeoisie gering ist. Zu den reichsten Familien des Landes gehören von ihnen nur 5 bis 7 Prozent. Unter hundert führenden Leitungskadern der Industrie fanden sich 1961, 1966 und 1967 jeweils nur drei orientalischer Herkunft. Die absolute Mehrheit der Privatunternehmen liegt in den Händen ashkenazischer Bourgeois.

Das «zweite Israel» besteht in seiner Masse aus Arbeitern, werktätigen Kleinsteigentümern und Lumpenproletariern, den sozial Entwurzelten in den Slums der großen Städte. Im Unterschied zur Mehrheit der Ashkenazim und Sabras, die in den Städten, ihren Zentren und vornehmen Vierteln leben, wurden sie zumeist in Vororten, Armenvierteln und den sogenannten Entwicklungssiedlungen untergebracht, in den südlichen Stadtteilen von Tel Aviv und Jerusalem, in Haifa zu Füßen der Karmelberge. In Kleinstädten wie Ofakim, Shlomi, Netivot, Hatzor sind 90 Prozent der Einwanderer orientalische Juden, 60 Prozent in Ashdod, Ashkelon und Acre. Von den 60 000 jüdischen Familien, die in unzumutbaren Wohnverhältnissen leben, ist die absolute Mehrheit orientalisch.

Wie Avraham Wolfson, Soziologe an der Haifaer Universität, in einer Untersuchung feststellte, sind von den Schülern der israelischen Grundschulen 55 Prozent Kinder aus afro-asiatischen Familien. Von ihnen gelangen nur 13 Prozent zum Abitur, die anderen müssen trotz guter Lernerfolge die Schule verlassen, um Geld zu verdienen. Ganz anders ist das Bild bei den Schülern ashkenazischer Familien, von denen 87 Prozent das Abitur erreichen. Das Verhältnis der Universitätsstudenten orientalischer und ashkenazischer Herkunft ist eins zu fünf. Anstatt jenen, die aus Entwicklungsländern kommen, mehr Bildungsmöglichkeiten einzuräumen, gibt ihnen die bürgerliche israelische Gesellschaft weniger Schuljahre, weniger Lehrer und Schulen. Obendrein lenkt sie sie dorthin, wo die Unwissenschaftlichkeit am höchsten ist — in die Religionsschulen der orthodoxen bürgerlichen Parteien Mafdal, Agudat-Israel sowie in die vom Staat kontrollierten. Hier machen sie in den Klassen bis zu 97 Prozent aus. Aber selbst im religiösen Schulsystem stehen ihnen wiederum nur die bildungsmäßig rückständigsten Einrichtungen offen, während die Söhne der «Elite» sich bei den Hesder Yeshivot, den religiösen Colleges, eintragen.

Diese diskriminierenden Bedingungen fixieren die afro-asiatischen Arbeiter auch in der Arbeiterklasse selbst auf eine bestimmte soziale Stellung. Weil sich von ihnen nur etwa ein Viertel eine Facharbeiterausbildung leisten kann, folglich auch die Zahl derer, die Meister oder Vorarbeiter sind, bei rund 26

Maidemonstration der YCLI — Young Communist League of Israel — in Nazareth

Prozent stagniert, bilden sie jenen Teil des Proletariats, der direkt an die Produktion gebunden ist, sie trägt und aufrechterhält. Die Leitungsfunktionen hingegen nehmen zumeist ashkenazische Arbeiter ein, von denen 77 Prozent Facharbeiter sind.

Das wiederum hat eine starke Einkommensdifferenzierung zwischen ihnen zur Folge. Während 55,5 Prozent der Familien von orientalischen Juden zur Kategorie mit dem niedrigsten Einkommen gehören, finden sich in ihr von den Ashkenazim nur 18,3 Prozent. Heute entstammen in Israel aus den 12 Prozent der ärmsten und bildungsmäßig rückständigsten jüdischen Familien 42 Prozent der Kinder und Jugendlichen bis zu 20 Jahren!

Gemeinsam mit den arabischen sind die Arbeiter des «zweiten Israel» heute der jüngste Teil der Arbeiterklasse. Aus ihm wächst die neue Generation heran, die nach und nach den ashkenazischen, ideologisch und politisch zumeist mit dem Poale-Zionismus verbundenen Teil überwuchert. Im Unterschied zu jenem steht für die Arbeiter aus dem «zweiten Israel» ein Ausbrechen aus ihrer Klasse nicht zur Debatte, weil sie zu den Ärmsten und sozial am meisten Unterdrückten gehören, für die es keinen «Weg nach oben» gibt. Unter ihnen hat sich ein Gefühl tiefer Ungleichheit und gesellschaftlichen Diskriminiertseins ausgebreitet, wofür sie die rechten sozialdemokratischen Parteien verantwortlich machen, die bis 1977 die Regierung leiteten. Schließlich sind sie es, die auf dem Bau, in den Häfen, bei Erdarbeiten, als Hilfsarbeiter oder Pflücker in den Plantagen täglich mit den palästinensischen Proleten zusammenarbeiten und immer häufiger auch gemeinsam mit ihnen in Streiks und Lohnkämpfen stehen.

Wie wir sehen konnten, sind in der jungen israelischen Arbeiterklasse die Unterschiede hinsichtlich ihrer sozialen Stellung, ihrer ethnischen Herkunft, ihren politischen Erfahrungen und ihrer ideologischen Reife noch immer groß. Noch gelingt es der Bourgeoisie, diese Risse auszunutzen, um die Arbeiterklasse zu spalten und die Herausbildung eines Klassenbewußtseins zu erschweren. Doch die sozialen und politischen Klassenkämpfe in Israel nehmen zu. In ihnen schärft sich der Blick für den gemeinsamen Klassenfeind, um so mehr, als in der Frage von Krieg oder Frieden Schicksalsfragen auf dem Spiel stehen, die eine breite und zwingende, das ganze Volk berührende Dimension erreicht haben.

Tel Aviv, Haifa und ein Kibbuz

Das Surren des Telefons schreckte mich auf. Mit Mühe nur konnte ich das Zifferblatt der Armbanduhr erkennen. Der Zeiger stand auf der achten Stunde. In den frühen Morgenstunden mußte die Müdigkeit wohl doch das Getöse des Sturmes zugedeckt haben, das mich bis dahin am Einschlafen gehindert hatte. Die ganze Nacht blies ein Sandsturm durch die Straßen Tel Avivs. Die gläsernen Flügeltüren zur Halle des Hotels stellten für ihn kein ernsthaftes Hindernis dar, und so fauchte er auch durch Korridore und Luftschächte. Der Chamisin, jener Sandsturm, der in den Weiten der nahöstlichen Wüsten vornehmlich im Herbst und Frühjahr entsteht, hatte sich am späten Nachmittag mit einer dunklen Wolkenwand angekündigt. Mit Urgewalt stürzte er sich dann auf die Stadt, sie mit einer schmutzigen, gelbbraunen Staubwolke wie unter einer Lawine begrabend. Auch die Läden vor den Fenstern konnten den Sandstaub nicht am Eindringen hindern.

Es war stickig. Die Luft schmeckte wie nach dem Aufkehren eines Dachbodens. Als sei die Stadt von ihren sonst beständig summenden Geräuschen leer gepustet, lag sie in völliger Stille, nachdem der Sturm von ihr gelassen hatte und weitergezogen war.

Obgleich auf ein höflich zurückhaltendes Schnurren eingestellt, wirkte der Ruf des Telefons schrill. Die Vermittlung meldete mir einen Anrufer.

«Arne?» fragte kurz darauf eine kräftige männliche Stimme. «Wie lange willst du dich noch in Israel herumtreiben, ohne seine schönste Stadt zu besuchen? Wann kommst du endlich nach Haifa?»

Nur Yossi fiel so humorig zupackend über seine Gesprächs-

Blick auf Tel Aviv

partner her. Hatte er sich etwas in den Kopf gesetzt, gab es kein Entrinnen vor ihm.

Ich brauchte nur mit dem Bus zum Bahnhof zu fahren, dort eine Fahrkarte zu kaufen, in den Zug zu steigen, mich zu setzen und zu warten, bis ich in Haifa ankäme, meinte er. Dort würde mich der und der auf dem Bahnsteig erwarten.

«Aber den kenne ich doch gar nicht», gab ich zu bedenken.

«Ach, das macht nichts», erwiderte Yossi. In der linken Hand werde er als Erkennungszeichen eine Zeitung halten. «Und wenn die anderen Leute auf dem Bahnsteig auch eine Zeitung in ihrer Linken halten?» meldete ich vorsichtig Bedenken an. Auch das sei nicht schlimm, dann würde er die Zeitung eben in die Rechte nehmen.

«Ich komme», sagte ich zu, «es wird schon klappen.»

«Na klar klappt es», versicherte mir Yossi. «Dein Zug fährt so gegen zehn, genau weiß ich es auch nicht. Und hör' mal, sei nicht so voller sozialistischer Planung. Bei uns hier geht's anders zu. Da verabredet man sich in der Art von David und Yitzhak.» Wieder einmal ging sein unverwüstlicher Humor mit ihm durch. «Verabreden sich David und Yitzhak: ‹Also treffen wir uns morgen.› — ‹Um wieviel Uhr?› fragt Yitzhak. ‹Wann du willst›, antwortet David. ‹Und wo?› erkundigt sich Yitzhak. ‹Wo es dir recht ist.› Antwortet Yitzhak: ‹Na gut, aber sei pünktlich!›»

Vor Lachen fiel mir fast der Hörer aus der Hand. «Bin schon unterwegs nach Haifa», rief ich in die Muschel.

«L'hitra 'ot — bis später», verabschiedete sich Yossi.

Ein Anruf beim Hotelempfang bestätigte mir die Abfahrtszeit des Zuges. Ich mußte mich beeilen. Mit einem Satz war ich auf den Beinen, öffnete das Fenster. Draußen war alles friedlich. Sonnenschein, rein und weich die Meeresluft. Ruhig standen die kurzstämmigen Palmen, deren buschige Köpfe noch vor wenigen Stunden vom Sturm gepeitscht wie Haar im Luftzug eines Föns flatterten. Schräg gegenüber auf einem Balkon des benachbarten Mietshauses verzehrte eine beleibte Dame im Unterrock mit trägen Bewegungen genüßlich ihr Frühstück. Mir blieb für diese beschauliche Morgenbeschäftigung keine Zeit.

An der Ben-Yehuda-Straße stieg ich in den Bus, der mich zum Bahnhof bringen sollte, von dem die Züge nach Haifa abfahren. Obgleich auf die Fahrtroute achtend, mußte ich immer wieder zum Fahrer des Busses hinübersehen. Tel Avivs Busfahrer sind eine Attraktion für sich. Es ist ein Genuß zu sehen, wie sie mit der linken Hand den Wagen lenken und mit ihrer rechten kassieren, Fahrscheine ausgeben, Münzen sortieren, sie in die unterschiedlichen Schlitze ihrer Geldbox verschwinden lassen und das Transistorradio bedienen, mit dem jeder Bus ausgerüstet ist. Aus den Lautsprechern dudelt Unterhaltungsmusik, vom Schlager über Volkslieder bis zu «Kalinka»; das gibt der Fahrt etwas Heiteres. Bei den Nachrichten merken alle Passagiere auf. Der Fahrer dreht auf volle Lautstärke, und mit Aufmerksamkeit verfolgen alle — die Alten wie die Jungen — die Informationen.

Gelassen steuert unser Fahrer seinen Wagen durch den turbulenten Verkehr, hupt, weicht dem einen Auto aus, hält durch kurzes Abbremsen das andere auf respektvoller Distanz, flirtet mit einer Schönen im Sportkabriolet, nickt der Polizistin an der Kreuzung zu und knackt und knabbert zu allem unentwegt irgendwelche Kerne. Fragt man ihn nach dem Weg oder einer bestimmten Haltestelle, was man mit Aussicht auf Erfolg sogar in einer Fremdsprache tun kann, so gibt er mit einer Geste zu verstehen, daß er das Eintreffen am gesuchten Ort signalisieren wird. Man kann sich darauf verlassen.

Inzwischen brummte der Bus die Ben-Yehuda-Straße hinunter. Sie ist eine jener Hauptarterien, welche, parallel zur Küste verlaufend, Tel Avivs Zentrum in nord-südlicher Richtung durchziehen und gleichsam in einzelne Stücke zerschneiden. Zu ihnen gehören noch der Rothschild-Boulevard, die Dizengoff- und die Allenbystraße. Ist der nördliche Teil Tel Avivs wohl geordnet, so führt die Allenby in südlicher Richtung direkt in die städtische Anarchie.

Hier sind die Straßen enger und dichter bebaut als im Norden. Geschäft reiht sich an Geschäft in älteren Häusern. Sonne und Seewind haben ihre Fassaden gebleicht und gezeichnet. Verläßt man die Hauptstraßen, so gerät man in ein Gewirr von Gassen und Gäßchen. Hier wird gelebt und gearbeitet. Weit geöffnet sind die Türen zu unzähligen Handwerksstätten und Kleinstbetrieben — Bäckereien, Schustereien, Juwelierläden, Kunstschmieden, Sattlereien, Tischlereien, Autoreparaturwerkstätten, Schneidereien, Metallbuden. Hautnah ist man am Leben dran in diesen Gassen. Die Häuser scheinen keine Vorderwände zu haben. Gleichsam durchsichtig gemacht von den Geräuschen sind sie, und man schreitet dahin wie durch Straßen von Puppenstuben. Aus den geöffneten Fenstern flattern über Blumenkästen hinweg Gardinen, dudelt Musik, dringen Stimmen und Rufe. Kinder spielen auf dem Pflaster, laufen Bällen hinterher, andere arbeiten mit, die kleinen Gesichter verschwitzt, zerzaust die Haare.

Die Krönung jenes sprudelnden, vollblütigen, menschenwar-

Nachmittags auf der Dizengoffstraße,
Tel Avivs Einkaufsboulevard

men Stadtviertels ist der Karmelmarkt. Wer schon könnte sein Fluidum treffend beschreiben? Karmelmarkt ist Karmelmarkt. Ein orientalischer Basar und doch keiner, jedenfalls nicht von der normalen Sorte. Ein hebräischer, sephardisch, jiddisch, ladinisch, arabisch tönender Organismus. Eine Arterie hinab, eine Vene hinauf, mit- und durcheinander verästelt von Dutzenden kleiner Blutbahnen. Und doch ist alles in sich geordnet. In einer Gasse sind die Fleischer angesiedelt: ganze Hühner, nackt und mit langen Hälsen, Hühnerkeulen, Hühnerbrüste, Hühnerrümpfe, Geflügelklein, alles sauber und übersichtlich ausgelegt. Gegenüber Hammelkeulen, Hammelrücken, Hammelhoden, Hammelköpfe mit Petersilie im Maul. Nächste Gasse — Meeresfrüchte: Fische, Muscheln, Krebse, Garnelen, Krabben. Dritte Gasse — Gemüse und Obst. Dann Stände mit Nüssen, mit Gewürzen. Lebensmittelläden — Nährmittel, Konserven, Flaschen; Würste baumeln von der Decke. Ich hatte wohl zum Karmelmarkt kommen müssen, um endlich, nach vierzig Jahren meines Lebens zu erfahren, welch beeindruckende Menge an Wurstscheiben sich aus hundert Gramm Salami mittels einer Wurstschneidemaschine schnippeln lassen.

In allen Gassen blüht der Handel. Wer in Tel Aviv preiswert einkaufen will, kommt hierher. Hier geht alles. Ein paar Jeans, die ich in Jerusalem eingekauft hatte und die mir einige Tage später viel zu klein vorkamen, konnte ich auf dem Karmelmarkt bei einem Händler umtauschen, nicht ohne Überredungskunst zwar und nicht ohne ein geringes Aufgeld, denn Strafe muß sein. Und so verkauft und kauft man, handelt und feilscht, lacht und schimpft, tuschelt und ruft, bietet hunderterlei Waren feil. Man verliert dabei den Sinn für Zeit und Raum.

Als hätten die gescheiten Geschäftsleute gewußt, daß dem erschöpften und staubigen Karmelshopper hernach der Sinn nach einem Stuhl und einer Erfrischung steht, umkränzten sie den Markt mit einem Ring von kleinen Restaurants, Imbißstuben und Cafés. Man sitzt, steht, lehnt oder kauert auf Barhokkern an hochbeinigen Imbißtischen, trinkt Juice oder Kaffee, kaut Würstchen, die sich wie bei uns besonderer Beliebtheit erfreuen. Und so mischt sich über dem Karmel das orientalische Marktgesumm mit dem Duft von Kaffee und 1 001 Würstchen.

Von hier herauf, aus dem Süden, war Tel Aviv gewachsen, hatten 1906 etwa 60 Einwandererfamilien, angeführt von Meir Dizengoff, ihre Spaten in den Wüstenboden gestoßen, um die erste jüdische Stadt zu bauen.

Die Herkunft ihres Namens, Tel Aviv, ist noch immer umstritten. Einige meinen, er stamme von der Übersetzung des Herzlschen Buches «Altneuland» ab, in dem «Tel» den Hügel einer antiken Siedlung und «Aviv» als «Frühling» das Neue symbolisiert haben sollen. Andere sagen, die Bezeichnung leite sich daraus ab, daß es Frühling war, als die ersten Häuser der Stadt entstanden. Wie dem auch sei, Tel Aviv ist heute eine moderne Großstadt, die mit ihren rund einer Million Einwohnern und Tausenden Touristen jährlich aus den Nähten zu platzen beginnt. Sie ist das Industrie- und Handelszentrum des Landes. Wegen seiner günstigen geographischen Lage ist die Stadt zugleich Drehscheibe des Land-, Luft- und Seeverkehrs. Kein bedeutender israelischer Konzern, der nicht seine Zentrale in Tel Aviv hätte.

Tel Aviv beherbergt zwei Universitäten und zahlreiche Institute. Auch der Liebhaber der schönen Künste kommt hier auf seine Kosten. Bei sechs Theatern, einem Opernhaus, 18 Kinos, einer Menge Museen und drei Konzertsälen fällt die Auswahl schwer. Beeindruckend mit seiner phantastischen Akustik und 3 000 Plätzen ist das Mann-Auditorium, Wirkungsstätte des Israelischen Philharmonischen Orchesters. Sicherlich ist es der hohen Meisterschaft seiner Musiker zu danken, daß Israel den Weltrekord pro Kopf der Bevölkerung bei Abonnements für ein philharmonisches Orchester hält.

Wer lieber daheim bleibt, kann fernsehen oder einem der fünf Sender von Kol Yisrael lauschen, die ihre Programme in Russisch, Rumänisch, Ungarisch, Georgisch, Arabisch, Persisch, Französisch, Englisch, Jiddisch, Ladino und Maghrebinisch ausstrahlen.

An der Küstenstraße schießen moderne Hotels wie Pilze aus

der Erde, wächst ständig die Anzahl der Restaurants, Nachtklubs und Diskotheken. Sie aber konzentrieren sich vornehmlich im Norden Tel Avivs, beginnen etwa dort, wo sich die Ben-Yehuda-Straße verästelt.

Die Ben Yehuda ist die Straße der «Jeckes», wie man witzelnd die deutschen Juden nennt. Fast in jedem Geschäft versteht man deutsch und spricht es selbst, ein für unser Ohr allerdings etwas altmodisch klingendes «Deitsch». Geradezu amüsant wird es auf der Ben Yehuda am Schabbesnachmittag, wenn sich ihre betagteren Bewohner auf den Spaziergang begeben. Da tippeln die Mütterchen und ihre Tates mit Stöckchen und Hütchen und Hündchen den Bürgersteig entlang, ihre Rücken von Alter und Lasten des Lebens gebeugt. Man grüßt sich, nickt sich zu, macht einen Schwatz, gerade wie auf einer Kurpromenade der zwanziger Jahre.

Sie haben es in Israel zu einem bescheidenen Wohlstand gebracht, in den Himmel freilich sind ihre Bäume nicht gewachsen. Nicht wenige von ihnen verdienen ihr Geld, wenn sie nicht gerade eine hohe Pension oder Wiedergutmachungsgelder bekommen, immer noch beschwerlich in einem zugigen Zeitungsstand, hinter dem Schalter von Kinokassen oder als Inhaber eines kleinen Ladens. Die Inflation entnervt sie. Fragt man nach dem Preis einer Ware, so antworten sie mürrisch, sie müßten erst mal nachrechnen, vorige Woche noch hätte sie so und so viel gekostet. Dann machen sie ihren Rücken krumm, kritzeln ächzend Zahlen auf ein Stück Papier und brummeln einem den Preis zu. Irgendwo auf der unteren Stufe der sozialen Leiter haben sie sich zwischen arm und reich verfangen, es nicht bis in die exklusiven Vororte Tel Avivs geschafft — nach Savyon, Kfar Shmaryahu, Herzliyya, Pituah. Nur wenige hundert Meter hinter der Ben Yehuda ist ihr Schtetl zu Ende, setzt ihnen der reiche Norden Tel Avivs mit eleganten, superteuren Läden, blitzenden Limousinen und unerschwinglichen Mieten seine Schranken.

Der Bus bog nach rechts von der Ben Yehuda ab. In dieser Gegend Tel Avivs hat man die halbe zionistische Bewegung in Straßennamen verewigt: Ben-Gurion-Boulevard, Arlosoroffstraße, Jabotinskystraße, Weizmannstraße.

Haifa - Railwaystation. In der geräumigen Bahnhofshalle überwogen unter den Wartenden die Uniformierten. Meist Soldaten: knöchelhohe Schnürstiefel, khakifarbene Hosen und Blusen, hochgerollte Ärmel, die zusammengelegte Feldmütze unter die Achselklappe geschoben. Nicht wenige reisten mit ihrer Uzi — eine kurze Maschinenpistole —, lässig über die Schulter gehängt. Neben dem Fahrkartenschalter waren der Zeitungs- und Bücherstand sowie die Imbißreihe am stärksten umlagert. Ein Schild mit der englischen Aufschrift «dairy» teilte den Imbißstand. Auf der einen Seite verkaufte man Produkte aus Fleisch, auf der anderen die aus Milch. Nach den Gesetzen des Kashrut, des koscheren Essens, dürfen beide nicht miteinander in Berührung kommen. Auch beim Schnellimbiß werden also die alten biblischen Ernährungsvorschriften streng eingehalten. Auf ihre Beachtung wird überall größter Wert gelegt. Später sollte ich noch bei einem eigenen Mißgriff lernen, daß man sogar die Benutzung eines Trinkglases mißbilligte, das ich aus der Milch- in die Fleischabteilung herübergeholt hatte.

Pünktlich setzte sich der Dieselzug in Bewegung. Die Strecke verläuft parallel zur Küste des Mittelmeeres, nur wenige Kilometer von ihr entfernt. Dazwischen liegt die moderne Autobahn Tel Aviv—Haifa.

Dieser nur etwa 90 Kilometer lange Landstrich ist der am dichtesten besiedelte Teil Israels. Von den knapp vier Millionen Einwohnern leben allein in Tel Aviv und seinen Vororten fast eine Million; in Haifa 300 000 Menschen. Hier befinden sich auch die wichtigsten wirtschaftlichen Ballungszentren. Tel Aviv folgt nördlich in Richtung Haifa das 1928 gegründete Netanya. Mit 70 700 Einwohnern ist es der Mittelpunkt der Diamantenschleiferei. Einst hatten jüdische Einwanderer aus Belgien dies kunstvolle Handwerk mitgebracht, heute gehört der Export von geschliffenen Diamanten zu den wichtigsten Devisenbringern des Landes, neben dem Waffenexport, dem Tourismus und der Ausfuhr von Zitrusfrüchten.

Diese gedeihen besonders gut nur wenige Kilometer an der Mittelmeerküste weiter in Richtung Haifa, in Hadera. Dort befindet sich eines der Hauptanbauzentren von Zitrusfrüchten. Die ganze Gegend, die Sharon-Ebene, ist wegen ihrer außerordentlich großen Fruchtbarkeit und ihres günstigen Klimas für intensive Landwirtschaft wie geschaffen. Sicherlich gaben sie keinen geringen Ausschlag dafür, daß die französische Familie der Rothschilds gerade hier Land kaufte und die Ansiedlung jüdischer Einwanderer förderte, die ihr auch gleich als Arbeitskräfte in ihren Plantagen und Weingärten zur Verfügung standen. Zichron-Ya'akov war eines der ersten Rothschild-Dörfer.

Die Landschaft, die hinter den Zugfenstern vorbeihuschte, erinnerte mich zu meiner Überraschung eher an die grüne Umgebung Berlins, als an ein nahöstliches Land. Die Bahnstrecke führt vorbei an Nadelwäldern, an Viehweiden mit gescheckten Rindern und landwirtschaftlichen Intensivanlagen. Auch die Dörfer, besser wohl als ländliche Siedlungen zu bezeichnen, sind in europäischer und nicht orientalischer Art angelegt. Es überwiegen Landhäuser, bungalowartige Flachbauten und eingeschossige Siedlungshäuser, hin und wieder sogar mit einem roten Ziegeldach. Auf vielen Hausdächern sind tonnenartige Wasserbehälter angebracht. Etwa eine viertel Million Häuser wird in Israel mit Sonnenenergie-Warmwasserheizung versorgt.

Es fällt auf, daß die Landschaft, Hügel oder Senken, geschickt bei der Auswahl der landwirtschaftlichen Kulturen berücksichtigt werden. Neben großen Schlägen mit nur einer Kultur stehen kleinere Flächen mit spezialisierten, sehr wertvollen Pflanzungen. Die Gunst kleiner Hügel wird genutzt, um in ihrem Windschatten Bananenstauden anzubauen. Zum Schutz vor den kühleren Nordwinden sind ihre empfindlichen Fruchtstöcke in Plastetüten eingeschlagen.

Die Küstenregionen nördlich und südlich von Tel Aviv sind die industriell, baulich und landwirtschaftlich am weitesten entwickelten Gebiete Israels. Nicht in allen Teilen des Landes ist ein so hoher Entwicklungsgrad erreicht, was sicherlich auch in ihren weniger günstigen klimatischen und landschaftlichen Bedingungen begründet ist.

Die israelische Landwirtschaft ist gekennzeichnet durch einen hohen Mechanisierungsgrad, die Anwendung wissenschaftlich-technischer Arbeitsmethoden und eine hohe Kon-

Tel Aviv — Altes aus den Gründerjahren und Neues

zentration der Produktion. Dank seiner modernen Landwirtschaft ist Israel bei Lebensmitteln weitgehend Selbstversorger, abgesehen von Getreide, Ölfrüchten und Fetten.

Entscheidend für diese Entwicklung waren und sind die umfangreiche materielle Unterstützung, die der Landwirtschaft durch den Staat und zionistische Organisationen zuteil wurden, sowie die Tatsache, daß der größere Teil der landwirtschaftlichen Unternehmen kapitalistisch wirtschaftende, genossenschaftlich organisierte Großbetriebe sind.

Trotzdem hat der Besucher den Eindruck, das Land sei nicht fertig. Überall wird noch gebaut, werden neue Gebiete erschlossen. Alles geschieht in großer Hast. Die Geschichte dieses Staates hat den Arbeitsstil geprägt: Alles, was angepackt wird, muß möglichst rasch zu Ende gebracht werden. Es scheint das Motto zu dominieren: «Hauptsache das Haus steht, verputzt und aufgeräumt wird später», was dann nicht selten unterbleibt. Dieser Arbeitsstil prägt auch einen recht hemdsärmeligen, dabei aber zupackenden Menschenschlag.

In der Höhe von Zichron Ya'akov, knapp 30 Kilometer von Haifa entfernt, tauschten Bahnlinie und Autobahn die Seiten. Der Zug fuhr nun direkt an der Küste entlang. Athlit huschte am Fenster vorbei. Hier hatte Lea Grundig 1941 als antifaschistische Emigrantin im britischen Sammellager jene schon erwähnten Zeichnungen und Bilder ausgestellt. Weiter drüben, jenseits der Autobahn, liegt Ein Hod, ein Künstlerdorf. Hier leben und arbeiten an die hundert Maler, Bildhauer und andere bildende Künstler in einer Art Genossenschaft oder Kolonie zusammen, zu deren Unterhalt sie monatlich ein Viertel ihres Verdienstes beisteuern. Angeführt von dem dadaistischen Maler Marcel Janco, nahm 1953 eine kleine Gruppe von Künstlern dieses einst arabische Dorf in Besitz.

Auf den letzten Kilometern veränderte sich die Landschaft. Das üppige Grün wurde immer häufiger von sandigen, dünenähnlichen Flächen unterbrochen. Hin und wieder wuchsen darauf nahezu zwei Meter hohe Kakteen. Angelegt wie Schutzwände, markieren sie die einstigen arabischen Siedlungsplätze. Die Dörfer sind nicht mehr, die Kakteen aber erwiesen sich als unausrottbar.

So wenig nahöstlich wie das äußere Bild, das sich mir darbot, wirkten auf mich auch die Reisenden in dem nicht allzu vollen Waggon. Mir gegenüber im Abteil saßen drei junge Amerikanerinnen. Ihre Rucksäcke hatten sie vor sich auf den Boden gelegt. Ihrer Unterhaltung konnte ich entnehmen, daß sie einige Wochen in einem Kibbuz gearbeitet hatten. Dort hatte man sie beköstigt und untergebracht, aber ihnen keinen Lohn gezahlt. Dafür besorgte ihnen der Kibbuz eine Tour durch Israel. Seit einigen Minuten fanden sie einen Mordsspaß daran zu erproben, in welchen Variationen man das Wort Schokolade aussprechen konnte. «Choclate. Chooc'late. Chocolaate. Chuclate», immer neue Varianten fielen ihnen ein, und jede begrüßten sie mit Gelächter.

Ihre Heiterkeit wirkte ansteckend. Gerade wollte ich die deutsche Variante «Schokolade» in die Debatte werfen, als ein uns schräg gegenüber sitzender, sorgfältig gekämmter junger Israeli die Brille abnahm und sich laut räusperte. Schon eine ganze Weile hatte er mit gequältem Gesichtsausdruck aus dem Fenster geschaut. «Was würden Sie sagen, führte man sich so, wie Sie hier, in einem amerikanischen Zug auf?» kanzelte er hochmütig die drei Teenager ab. Jene schauten betreten drein und schwiegen verlegen. «He, Sie! Ich habe Sie etwas gefragt», drang er auf die eine von ihnen ein, die sich am meisten amüsiert hatte.

«Wir haben's ja nicht so gemeint», versuchte sie ihn zu beschwichtigen.

«Das ist keine Antwort auf meine Frage», beharrte er starrköpfig. «Was also würden Sie sagen?» Stimme und Augenbrauen zog er in die Höhe.

Die junge Amerikanerin klappte die Kapuze ihres Parkas hoch und feixte ihm ins Gesicht. «Choohoclate!»

Die Mädchen bogen sich vor Lachen, und auch ich konnte mir ein Grinsen nicht verkneifen.

Im angrenzenden Abteil hatte schon in Tel Aviv eine Dame Platz genommen, deren europäisches Äußere mir sofort aufgefallen war. Bekleidet war sie mit einem hellgrauen Rock und einer cremefarbenen Spitzenbluse. In ihrem runden hellhäutigen Gesicht saßen, wie ordentlich aufgetupft, Sommersprossen. Das aschblonde, schon mit einigen grauen Fäden durchzogene Haar trug sie sorgfältig nach hinten gekämmt. Als sie den Waggon betreten hatte, trug sie über dem linken Arm eine braune Strickjacke, in der Hand hielt sie eine Henkeltasche. Kaum hatte sich der Zug in Bewegung gesetzt, öffnete sie die Tasche, entnahm ihr ein Wollknäuel und Nadeln, legte bequem die Beine auf die Bank vor sich, zupfte sorgfältig ihren Rock zurecht und begann zu stricken. Wäre mir dieselbe Frau mit derselben Beschäftigung im Zug von Berlin nach Leipzig begegnet, so hätte mich das nicht verwundert. Aber hier — im Nahen Osten! Wirklich ungewohnte Bilder, auf die man sich erst einstellen mußte.

Der Zug rollte in den Haifaer Bahnhof. Mir schien, alle Leute auf dem Bahnsteig hielten Zeitungen in den Händen, rechts wie links und manche sogar in beiden. Aber Yossi war klug genug, mich selbst abzuholen. Die Wiedersehensfreude war riesengroß. Yossi nahm mir die Tasche ab, legte freundschaftlich die Hand auf meine Schulter und lenkte mich in Richtung Ausgang. Vor mir tauchte noch einmal die aschblonde Frau aus dem Zug auf. Sie hatte sich die Strickjacke locker um die Schultern gelegt, im Rhythmus ihres raschen Ganges schwenkte die Henkeltasche. Sicheren Schrittes eilte sie auf ein Taxi zu. Einen kleinen arabischen Jungen, der ihr im Wege stand, schob sie mit einer barschen Bewegung ihres rechten Armes beiseite, stieg ein und fuhr davon.

«Hast du gesehen, wie die Frau mit dem Jungen umgegangen ist», fragte ich Yossi. Dieser winkte ab. «Wenn du wüßtest, wie oft die Araber beleidigt, als zweitklassige Menschen behandelt werden.»

Sein plötzlich ernst gewordenes Gesicht heiterte sich aber gleich wieder auf. Er schlug vor, erst einmal etwas zu essen. Wir liefen etwa fünf Minuten in Richtung Hadar ha-Karmel und kehrten in eine kleine arabische Gaststube ein.

«Deine Beobachtung über die Frau und den Jungen — genau das ist unser heißestes Problem», meinte Yossi und goß «Gold Star»-Bier in die Gläser. «Selbst im Landesinneren werden die Araber ständig provoziert. Man behandelt sie wie jemanden, den man hinausekeln möchte.»

Der Wirt persönlich erschien an unserem Tisch, um die Bestellung aufzunehmen. Er gab Yossi freundschaftlich die Hand. Ihrem Gespräch konnte man entnehmen, daß sie sich gut kannten. Keine Spur von Vorbehalt zwischen den beiden.

Von unserem Tisch aus, wir hatten im Freien Platz genommen, bot sich mir ein herrlicher Blick auf die Karmelberge. Die Stadt liegt auf drei Ebenen. Von hier unten, wo sich der Bahnhof befindet, Schienen und Transitstraßen am Meer entlang in die Stadt schlängeln, der Hafen, die Werft, Industriebetriebe und die Ölraffinerie ihre Standorte haben, war Haifa die Karmelberge hinauf- und um sie herumgewachsen. Hier, zu Füßen der Karmelberge, pulsiert auf einem verhältnismäßig schmalen Küstenstreifen das Leben der Stadt, schlägt ihr Herz, das seine Ströme von Energie, Autos und Menschen bergauf pumpt, nach Hadar ha-Karmel, in den mittleren Bezirk, und schließlich zum Bergplateau hinauf, nach Ha-Karmel.

In der Altstadt stehen die Häuser dicht an dicht. Amtsgebäude, im britischen Kolonialstil errichtet, klotzige, angegraute Handels- und Bürohäuser in der Bauart der zwanziger Jahre. Ein wenig höher den Hang hinauf folgt ein Streifen sandsteinfarbener, villenartiger Häuser, große und kleinere. Dort wohnen Araber. Ihre Gassen sind schmal, Steintreppen überbrücken die Höhenunterschiede zwischen den aus massiven Quadern errichteten Häusern. Weiter hinauf wird die Bebauung lockerer, lichten sich die Räume zwischen Gebäuden und Straßen, lassen viel Platz für grüne Flächen, parkartige Gärten, blühende Sträucher und sattgrüne Orangenbäume. Auf halber Höhe leuchtet die goldene Kuppel des Bahaidentempels inmitten der spitz in den hellblauen Himmel zeigenden dunkelgrünen Zypressen. Ganz oben, auf dem Bergplateau, deuten Hochhäuser den Eintritt nach Ha-Karmel an, in jenes elegante Stadtviertel, das mit seinen modernen Hotels, den Villen, Appartementhäusern und Boutiques die wohlhabenden jüdischen Haifaer für sich reserviert haben.

Auch in Haifa hatte man sich seinerzeit beeilt, zunächst die Bergkuppen und Hügel rundum wie auch zwischen den arabischen Vierteln zu besiedeln. Von oben herab das Land kontrollierend, schob man sich dann in die Zwischenräume, engte ihren Siedlungsraum ein.

«Willst du mich umbringen?» Erschreckt deutete ich auf das Dutzend Teller, Tellerchen und Schalen, das der weißbejackte Kellner vor uns auf dem Tisch aufgebaut hatte.

«Was hast du?» fragte Yossi scheinheilig. «Das ist ein bescheidenes arabisches Mahl. Iß und sieh zu, daß du Zeit gewinnst. Das Sättigungsgefühl soll erst eine halbe Stunde nach der Mahlzeit einsetzen, sagen die Ernährungswissenschaftler. Also los!»

Der Kellner erklärte mir die Gerichte und Zugaben. Kebab und Lammrippchen vom Holzkohlengrill, Geflügelleber gebraten, Falafel in siedendem Öl gebacken, Thena, Hommos, Tomatensalat, marinierte Oliven und Auberginen.

Alles mundete phantastisch. Überhaupt ist dieses Israel ein kulinarisches Sündenbabel. Aus Italien, Spanien, Deutschland, Polen, Ungarn, Bulgarien, Rußland, Indien, China, Mexiko, Indonesien, Marokko, Äthiopien, Südafrika, Amerika und Frankreich brachten die jüdischen Einwanderer die landesübliche Küche mit. In den großen Städten findet man die verschiedensten Nationalitätenrestaurants, in denen man sich — vorausgesetzt der Geldbeutel erlaubt es — um die ganze Welt futtern kann.

«Zeugt es nicht von politischer Kurzsichtigkeit, wenn man nicht einmal versucht, das Verhältnis zu den palästinensischen Arabern im eigenen Staat in Ordnung zu bringen?» wandte ich mich, unseren Gesprächsfaden wieder aufnehmend, an Yossi.

«Zweifellos», stimmte er mir zu, «sogar in doppelter Hinsicht. Von außen, von den arabischen Nachbarn, wird dieses Verhältnis als Gradmesser für die Bereitschaft zum Frieden mit den Arabern überhaupt gesehen. Im Inneren wiederum wird eine Zeitbombe am Ticken gehalten, wenn man von vier Millionen Bewohnern eine halbe ständig bedrängt, niederdrückt und provoziert. Die Stimmung unter unserer arabischen Bevölkerung ist sehr kampfbereit, explosiv, könnte man sogar sagen.»

Yossi nahm einen Schluck Arak. Bis auf einige Reste hatten wir Teller und Schalen tatsächlich fast leer geputzt. «Du mußt mehr Arak trinken», forderte mich Yossi auf, «der hilft verdauen. Den Ernährungswissenschaftlern ringst du damit mindestens eine Viertelstunde ab.»

Am nächsten Tag fuhr ich mit der streckenweise unterirdisch laufenden Drahtseilbahn, dem «Karmelit», nach Ha-Karmel hinauf. Dort oben lebte und arbeitete die Lehrerin Miriam.

Ihr Sohn war im Oktober 1973 im Jom-Kippur-Krieg gefallen. Der Schmerz über den Verlust ihres erst achtzehnjährigen Jungen veranlaßte sie jedoch nicht, passiv in stiller Trauer zu verharren. Sie wollte keine Heldenmutter sein. Auf der Suche nach dem Warum, nach dem Sinn dieses Todes schrieb sie einen Brief an eine israelische Zeitung, in dem sie — einem Aufschrei gleich — forderte, doch endlich zum Frieden zu kommen.

Miriam mußte erfahren, daß die Öffentlichkeit auf ihren Brief sehr unterschiedlich reagierte. Deutlich spiegelte sich dies in ihrem Kibbuz wider, in dem sie, nicht weit entfernt von Haifa, mit ihrem Mann und einem jüngeren Sohn wohnte. Dort vergab man ihr zunächst den Brief als Kurzschlußreaktion. Das änderte sich, als Miriam Kontakt zu anderen Frauen fand, die wie sie zu der Ansicht gelangt waren, daß es an der Zeit sei, sich für den Frieden zu engagieren. Daß sie bei ihrer Suche nach Gleichdenkenden auch auf Kommunisten stieß, war nur natürlich. Von Frauen der Demokratischen Frauenbewegung wurde sie zu Meetings eingeladen. Sie lebte auf, es war ihr eine große innere Erleichterung festzustellen, daß ihr Wunsch nach Frieden normal war, sie in ihrem Eintreten gegen den Tod auch anderer Mütter Söhne nicht allein stand.

Ganz anders stellte man sich jetzt im sozialdemokratischen Kibbuz zu ihr. Die Zeit der Rücksichtnahme war für sie abgelaufen. Es folgten heftige Auseinandersetzungen und Diskussionen mit ihr über die Notwendigkeit, für die Sache der Juden Opfer zu bringen. Als man schließlich erfuhr, daß sie mit der Demokratischen Frauenbewegung sympathisierte und gar zu internationalen Veranstaltungen reiste, war das Maß im Kibbuz voll. Man beschloß, sie kollektiv zu strafen, zu isolieren. Man ging ihr aus dem Weg, mied sie beim Essen im gemeinsamen Speisesaal, sprach nicht mehr mit ihr.

Als ich Miriam traf, hatte sich ihre Lage im Kibbuz wieder halbwegs normalisiert. Yossi hatte unsere Begegnung telefonisch arrangiert. Ich sei ihr willkommen, ließ sie mich durch ihn wissen. Sie würde mich in der Schule erwarten. Anschließend könnten wir dann, wenn es mir angenehm sei, in ihren Kibbuz fahren. Ich solle mir daher Zeit mitbringen.

Die Adresse der Schule führte mich in eine freundliche Nebenstraße. Einfamilienhäuser, kleine Gärten, Nadelbäume. Der Schulhof war schnell überquert.

«Sind Sie Arne Jörgensen?» fragte mich eine weiche frauliche Stimme aus dem Halbdunkel des Korridors heraus. Einige Schüler, die Miriam ansprachen, halfen, die Verlegenheitspause nach der Begrüßung zu überbrücken. Ich sah mich um. Das Gebäude war verhältnismäßig neu. Durch die sauberen Gänge hallten die üblichen Schulgeräusche. Die Jugendlichen bewegten sich ungezwungen, sprachen miteinander, lachten. Niemand lärmte oder tobte. Auch die Unterhaltung zwischen Miriam und ihren Schülern war von respektvoller Freundlichkeit. Mir fiel auf, daß sich Lehrer und Schüler gegenseitig beim Vornamen nannten.

«Hat man Ihnen ausgerichtet, daß ich mich über Ihren Besuch in unserem Kibbuz freuen würde?» wandte sich Miriam an mich, nachdem sie ihr Gespräch mit den Schülern beendet hatte.

«Mit Freude nehme ich Ihre Einladung an», antwortete ich.

«Dann lassen Sie uns gehen.»

Wir verließen die Schule.

«Sehen Sie die Kakteen in den Vorgärten?» Miriam deutete hinüber zu den Einfamilienhäusern auf der anderen Straßenseite. «Dort befand sich früher ein kleines arabisches Dorf. Es wurde liquidiert, als man diese Straße baute. Dabei ist so viel Platz. Aber nein, das Dorf mußte verschwinden — weil die Gegend und der Ausblick hinunter ins Tal so schön sind.» Miriam schwieg. «Dumm ist es, wie man mit den Arabern umgeht. Auf diese Weise kommen wir nie zur Ruhe.» Sie schlug die Richtung zurück zum «Karmelit» ein. In ihrer Art zu gehen und zu sprechen, in Mimik und Gesten lag etwas Sanftes.

Mit großer Herzlichkeit in den Augen sah sie mich an. «Ich bin über jeden Besucher froh, der mir hilft, die Enge, in der wir leben, etwas zu durchbrechen. Früher habe ich sie nicht so empfunden. Seitdem ich aber mit Menschen aus vielen Erdteilen und Ländern zusammentraf, weiß ich, wie belastend dieser nationalistische Druck hier ist.» Miriam sann nach. «Wer zu diesen Konferenzen kam, wollte wirklich den Frieden. Eine Wohltat, dies zu sehen, zu spüren und zu wissen. Zum erstenmal bin ich auch mit Palästinensern zusammengetroffen.»

Sie kam ins Erzählen. Ihre Bewegungen wurden lebhafter, doch sie blieben maßvoll. Ihr dunkelblondes Haar schimmerte matt in der Sonne. An der Endhaltestelle des «Karmelit» bestiegen wir einen Autobus, der uns zu ihrem Kibbuz bringen sollte. Hinten im Bus fanden wir zwei freie Plätze.

Der Omnibus fuhr durch das Haifaer Industrieviertel. «Nur», setzte Miriam plötzlich mitten in einem Gedanken an, der ihr wohl schon einige Zeit durch den Kopf gegangen sein mochte, «ich kann nichts unterschreiben, worin der Zionismus verurteilt wird. Das ist mir unmöglich. ‹Sag mal›, würden mich die Leute im Kibbuz fragen, ‹du warst auf der und der Konferenz. Die hat den Zionismus verurteilt. Wofür hast du die Hand gehoben? Für oder gegen uns?› Man würde mich Verräterin schimpfen, stimmte ich einer solchen Resolution zu. Sogar mein Mann würde mich meiden. Mein Sohn würde von der Schule kommen und sagen: ‹Mama, über dich reden sie!›»

Miriam sah versunken aus dem Fenster. Der Bus hatte die Stadt verlassen und fuhr auf schnurgeradem Asphaltband in östlicher Richtung. Rechts von uns lagen die Karmelberge. «Da haben es die Kommunisten leichter», wandte sie sich mir wieder zu. «Sie meinen, Israel sei nicht gleich Zionismus und Zionismus nicht gleich Israel. Vielleicht haben sie recht. Die meisten Menschen bei uns aber halten beides noch immer für Synonyme.»

Als wolle sie herausfinden, wie ihre Rede auf mich wirkte, warf sie mir aus ihren nachdenklichen, graugrünen Augen einen kurzen, prüfenden Blick zu.

«Ich befinde mich in einem Zwiespalt, weil alles andere, worüber ich mit Vertretern verschiedener Länder und Organisationen sprach, auch meinen Ansichten entspricht.»

An ihren Fingern zählte sie auf: Frieden im Nahen Osten, keine Annexion der 1967 okkupierten arabischen Gebiete, weg mit der Neutronenbombe, das Selbstbestimmungsrecht der Palästinenser anerkennen, Bildung eines Staates für diese und — für Miriam natürlich — Respektierung der Existenz Israels, gegen Rassismus, Freiheit für Namibia, Ja zur Abrüstung, Freiheit für Chile und so weiter.

«So denke nicht nur ich.» Sie mußte wohl die Skepsis bemerkt haben, die sich bei ihren Worten in mir regte. Augen lügen halt doch nicht.

«Beißt sich Ihre Aufzählung internationaler Fragen nicht mit der Enge, von der Sie vorhin sprachen?» wandte ich vorsichtig ein.

«Nein, nein», antwortete Miriam, entschieden den Kopf schüttelnd. «Seit dem Jom-Kippur-Krieg, seit 1973, fühlen die Menschen bei uns, daß wir so, mit ständigen Kriegen, nicht weiter leben können. Damals fiel mein Sohn. Es war schrecklich. Alles ist aus, dachte ich. Es war eine Katastrophe.»

Miriam sprach ganz ruhig. Keine Träne netzte ihre Augen. «Vielen Menschen ging es so. Jener Krieg ernüchterte. Seitdem suchen sie einen Ausweg. Sie suchen.»

Die Landschaft war hüglig geworden. Schwer brummte der Diesel an den Steigungen. «Dort unten — das Tal Yizreel.» Miriam deutete auf die sattgrüne Ebene, die sich seitlich von uns erstreckte. «Wir sind gleich da.»

An der nächsten Haltestelle stiegen wir aus. Hinter sich eine hohe Staubwolke aufwirbelnd, zog der Bus davon. Bis zum eisernen Gittertor am Eingang des Kibbuz waren es nur wenige Meter. Im Schatten seiner hohen Eukalyptusbäume glich das Wohnviertel des Kibbuz einer Oase der Ruhe in erfrischendem Halbdunkel. Von einer Straße, die das gesamte Gelände durchquerte, gingen nach rechts und links Wege zu einzelnen Gebäuden ab. Das Ganze war weiträumig angelegt, mit Blumenrabatten und Stauden als bunte Tupfen.

«Hier entlang, nach rechts bitte.» Miriam bog in einen schmalen Seitenweg ab, der zu mehreren einstöckigen, leichtgebauten Wohnhäusern führte. Wir betraten eine winzige Wohnung, die aus einer Kochnische und einem Wohnraum bestand, dazwischen lag ein schmaler Korridor, gerade groß genug, um die Garderobe abzulegen. Obwohl ohne besonderen Komfort, wirkte der Wohnraum dennoch gemütlich. Das machten wohl die bis an die Decke reichenden Bücherregale.

«Ein wenig eng ist es ja», setzte Miriam zu einer Erläuterung an, «aber eigentlich benötigen wir nicht mehr. Mein Mann arbeitet tagsüber in der Stadt, ich in der Schule. Kochen brauchen wir nicht, denn im Kibbuz verpflegen sich alle im gemeinschaftlichen Speisesaal. Höchstens einen Kaffee brühen wir uns mal auf dem elektrischen Kocher. Unser Sohn schläft mit den anderen Kindern im Hort. Am Nachmittag kommt er herüber. Dann verbringen wir einige Stunden und essen gemeinsam zu Abend. Vor dem Schlafengehen lesen wir noch, manchmal gibt es etwas zu arbeiten. Dafür haben wir den kleinen Schreibtisch hier.» Miriam deutete zum Fenster, unter dem ein Tischchen stand. «Was will man mehr?»

Im Wohnraum befanden sich noch — abgesehen von Stühlen und spärlichem Kleinmobiliar — zwei Liegen, die jetzt wie Sofas hergerichtet waren.

Bei einem Kaffee, den meine Begleiterin bereitet hatte, erläuterte sie mir die Lebensweise im Kibbuz. Die meisten Wohnungen seien eingerichtet wie ihre. Nur einigen Veteranen hätte man etwas mehr Komfort zugebilligt. Auch die Neubauten seien geräumiger. Man lebe mietfrei, die Einrichtung stelle der Kibbuz. Bis zu einer bestimmten Wertgrenze erhalte man im Genossenschaftsladen alle lebensnotwendigen Waren, wie Textilien, Büromaterial und Waschmittel, kostenlos. Überhaupt gehe der gesamte wirtschaftliche Lebensablauf der Kibbuzbewohner bargeldlos vonstatten, ebenso die gesundheitliche und schulische Betreuung bis zum Hochschulstudium. Die Genossenschaften verfügten über Kinderkrippen, Kindergärten und über Horte für die älteren Schüler. Ihr kulturelles Leben gestalteten die Kibbuzniki selbst. Wer in die Stadt fahre, dort arbeite oder verreisen wolle, bekomme eine bestimmte Summe Bargeld ausgehändigt. Auslandsreisen sehe man nicht gern, weil sie teuer sind.

Miriam forderte mich zu einem Spaziergang auf. Die Siedlung war weiträumig in einem parkähnlichen Gelände angelegt. Eltern gingen mit ihren Kindern spazieren oder spielten mit ihnen.

«Unsere Arbeitszeit geht bis vierzehn Uhr, obgleich niemand den Hammer fallen läßt, wenn bestimmte Arbeiten noch zu erledigen sind», erklärte Miriam. «Während der Ernte geht es rund um die Uhr. Unsere Männer, aber auch viele Frauen sind so ausgebildet, daß sie fast alle Arbeiten erledigen können, die in der Landwirtschaft anfallen. Das bringt viele Vorteile mit sich. Die Leute sind vielseitig einsetzbar; geht Technik entzwei, wissen sie sich zu helfen, und schließlich braucht man nicht immer die gleiche Tätigkeit zu machen.»

Alles war sauber, freundlich und wohldurchdacht angelegt.

Wir kamen zum Rand der Wohnsiedlung. Hier befanden sich die Kindereinrichtungen. Schon wenige Wochen nach der Geburt kommen die Kinder der Kibbuzniki in die Krippe. Im Grunde genommen wachsen sie dann bis zur Beendigung ihrer Schulzeit in der Gruppe auf.

Wir betraten den Hort. Helle Schlaf- und Aufenthaltsräume, ordentlich möbliert, die Wände farbenfroh gestaltet. «Die Kinder richten sich ihre Räume selbst her, so wie es ihnen gefällt», erzählte Miriam. «Bei den Kleinen erledigen das die Erzieher, aber auch sie werden schon zum Mitmachen herangezogen.»

«Fiel es Ihnen schwer, sich schon nach der Geburt von Ihren Kindern zu trennen?» wollte ich von Miriam wissen. Sie bejahte. «Wiederum, es ist keine Trennung im eigentlichen Sinne, denn wir stillen sie beispielsweise. Wissen Sie, das Kibbuzleben hat seine umstrittenen Seiten», räumte sie ein. «Die Kindererziehung gehört dazu. Einerseits ist der elterliche Einfluß auf die Formung der Kinder eingeschränkt. Andererseits fallen mit der alltäglichen Hausarbeit zugleich auch Streit und Geschimpfe weg. Die gemeinsamen Stunden mit den Kindern am Nachmittag verlaufen meistens harmonisch. Wir freuen uns alle darauf. Die Erzieher sind auch von hier, und jeder kennt jeden. Persönlich haben wir mit unseren Kindern gute Erfahrungen gemacht.»

Wir traten wieder ins Freie. In sanftem Schwung fiel das Gelände zum Yizreeltal ab. Die Sonne stand schon tief und überzog die fruchtbaren Äcker mit weichem, pastellfarbenem Licht. In der Ferne gleißte die Oberfläche eines kleinen Sees wie ein Spiegel.

«Auch in anderen Fragen nehmen die Diskussionen im Kibbuz zu. Die Leute geben ihre gesamte Arbeitskraft der Genossenschaft ohne Entlohnung, dafür übernimmt der Kibbuz ihre materielle Versorgung. Das bedeutet natürlich weitgehenden Verzicht auf persönlichen Konsum über das hinaus, was das Leben im Kibbuz selbst hergibt. Luxus ist verpönt, um so verführerischer wirken die Städte. Der Jugend gefällt das nicht, wie Sie sich denken können.»

Unser Gespräch wurde durch einen Mann in mittleren Jahren unterbrochen. Schlendernd war er auf uns zugekommen. Er gab Miriam und mir die Hand, eine kräftige Hand, die einem hochgewachsenen, breitschultrigen, rotgesichtigen Burschen mit blondlockigem Haarbusch gehörte. Miriam stellte vor: «Das ist Yoram.»

Er wollte wissen, ob es mir im Kibbuz gefalle. Dann erzählte er mir, er sei Traktorist und finde es großartig, daß die gesamte Arbeit im Kibbuz kollektiv beraten, geplant und durchgeführt werde. Im Unterschied zu den Arbeitern in den Industriebetrieben, wo man nur Lohnsklave sei, wäre das doch ein wesentlicher Fortschritt. «So stelle ich mir den Sozialismus vor. Demokratisch und bei Gleichheit aller. Leider nimmt der Sozialismus bei uns immer mehr ab. Die israelische Gesellschaft wird keine Kibbuzgesellschaft sein. Dabei brauchen wir den Sozialismus, damit sich die Menschen mit dem Land identifizieren können. Der Kibbuz spielt dabei die Hauptrolle.»

Aus seinen Erläuterungen, die ein wenig demonstrativ klangen, sprach eine gespaltene Seele. Sein Zwiespalt mochte echt sein, denn die Kibbuzim sind heute weder das, wofür sie ihre Gründer einst hielten, noch was sie in deren Vorstellung einmal werden sollten — «Pionierzellen des Sozialismus».

Wir erinnern uns jener Herzlschen Vision vom jüdischen Bauern. Aus strategischen Erwägungen der zionistischen Bewegung, zum Zwecke der Eroberung des Bodens und der Arbeit, aber auch geboren aus der Notwendigkeit, Lebensmittel zu produzieren, schlossen sich seinerzeit die Einwanderer — Proletarier, Kleinbürger, Intellektuelle — auf dem Lande zu kollektiven Siedlungen zusammen. In ihnen entstand ein Querschnitt der religiösen und politischen Strömungen, welchen sich jene Siedler verbunden fühlten, wozu auch utopisch-sozialistische Träumereien und Anschauungen der russischen Volkstümler zählten. Wiederauferstehung erfuhren durch sie die idealistischen Vorstellungen vom Sozialismus, über die schon Karl Marx und Friedrich Engels im «Kommunistischen Manifest» gespöttelt hatten — über die «Stiftung einzelner Phalanstere, Gründung von Home-Kolonien, Errichtung eines kleinen Ikariens — Duodezausgabe des neuen Jerusalems.»

Der Weg dazu sollte die mittels kooperativer Vereinigung zusammengefaßte Kraft der «freien Arbeit» sein, ohne Ausbeutung des Menschen durch den Menschen. Auch zwischen den Menschen wollte man neue Verhältnisse herstellen und versuchte sich sogar in einer «Revolution der sexuellen Beziehungen».

In Wirklichkeit jedoch hatten die landwirtschaftlichen Ge-

Kibbuz Ein Gedi am Toten Meer

nossenschaften entscheidende Aufgaben bei der ursprünglichen Akkumulation des Kapitals im Interesse der jüdischen Bourgeoisie in Palästina zu erfüllen.

Dafür ließ sie durch die Jüdische Agentur und später durch die israelische Regierung wichtige materielle Voraussetzungen schaffen. Die wesentlichsten bestanden in der Vertreibung der arabischen Fellachen und in der damit einhergehenden Verstaatlichung von etwa neun Zehnteln des Grund und Bodens.

Israel ist somit das einzige kapitalistische Land der Welt, in dem der Staat das Übergewicht an Landbesitz gegenüber dem privaten Eigentum an Grund und Boden behauptet. Mit der Verstaatlichung des Bodens waren die Voraussetzungen für eine konsequentere, vollkommenere Durchführung der Konkurrenzfreiheit in der Landwirtschaft gegeben. Die Jüdische Agentur und der Staat übernahmen den Löwenanteil bei der Finanzierung der landwirtschaftlichen Produktion.

Die so im materiellen Bereich geschaffenen günstigen Bedingungen wurden durch eine Reihe subjektiver Faktoren verstärkt. Besondere Bedeutung hatte eben jene genossenschaftliche Organisation der landwirtschaftlichen Tätigkeit, die es ermöglichte, den Arbeitsprozeß mehr oder weniger industriemäßig zu gestalten und eine hohe Effektivität zu erreichen. Auch trug die enge Verknüpfung von Politik und Ökonomie im gesellschaftlichen Leben der Genossenschaften zur Entwicklung der Produktivkräfte bei. So waren nahezu alle Genossenschaften von Anfang an parteipolitisch gebunden und in entsprechenden Gruppierungen zusammengefaßt. In ihnen herrschte rege gesellschaftliche Aktivität, die nicht, wie Marx es einmal nannte, jene ausgeprägte «Idiotie des Landlebens» aufkommen ließ, sondern das sozialpsychologische und politische Verhalten sowie das Bewußtsein der Menschen in bürgerlichen Richtungen mitprägte. Nicht nur die militärische Elite kam und kommt aus den Kibbuzim, sondern zur Regierungszeit der Sozialdemokraten bis 1977 auch nahzu ein Drittel der Minister und Parlamentsabgeordneten sowie mehrere Ministerpräsidenten. All das bewirkte — ergänzt von einem hohen Maß an Disziplin in den Genossenschaften, einem relativ hohen Niveau der Bildung und reger kultureller Tätigkeit, dem Zustrom zahlreicher Spezialisten aus kapitalistischen Ländern —, daß sich der Kapitalismus in der Landwirtschaft Israels verhältnismäßig rasch und umfassend entwickelte. Es entstanden Produktionseinheiten von durchschnittlich 200 bis 600 Personen, mit einer jährlichen Steigerung der Arbeitsproduktivität bis Ende der sechziger Jahre von etwa 10 Prozent.

Ende 1978 bestanden in Israel 614 Genossenschaften — 25 weniger als noch 1971. Sie bilden den Kern des genossenschaftlichen Eigentums in der Landwirtschaft, zu dem neben den Kibbuzim die Moshawim gehören. Ist der Kibbuz gemeinschaftlicher Eigentümer der Produktionsmittel und aller anderen Formen von Besitz, so sind die Moshawim aus Einzelwirtschaften bestehende Dörfer. Den Farmern steht Grund und Boden zur Verfügung, der individuell bearbeitet wird. Der Maschinenpark ist teilweise Kollektiveigentum, er wird gemeinschaftlich geleitet. Als Zwischenform zwischen Moshaw und

Das Ackerland mußte oft der Steppe und Wüste abgerungen werden (Aufnahme aus dem Jahre 1949)

Kibbuz haben sich die Moshawim Shitufiim herausgebildet, wo zwar kollektiver Besitz und Bewirtschaftung vorherrschen, die Haushaltsführung jedoch individuell erfolgt. Entlohnt wird mit Geldanteilen und Produkten. Die Gruppe der Moshawim umfaßt 384 Siedlungen. Neben den Genossenschaften gibt es in Israel etwa 7 000 selbständige Farmer.

Von den 614 Genossenschaften, denen übrigens keine Araber angehören, sind nur 230 Kibbuzim, in denen etwa 130 000 Menschen arbeiten oder leben, das entspricht knapp 3 Prozent der Landesbevölkerung. Die etwa 47 000 Angehörigen von Kibbuzim und Moshawim, die 1979 direkt landwirtschaftlich tätig waren, schufen etwa drei Viertel der Landwirtschaftsproduktion Israels. Insgesamt sind in ihr nahezu 74 000 Menschen beschäftigt.

In dem Maße, wie mit Hilfe der Genossenschaften in der Landwirtschaft der Kapitalismus vorangebracht wurde, vollzogen sich auch in ihnen selbst grundlegende Veränderungen. Vor allem sind die Kibbuzim zu gemischten Wirtschaftsunternehmen geworden. Sie errichteten Industriebetriebe — meist mit Hilfe ausländischen Kapitals —, bauten eigene Hotels, betreiben Tourismus und sind über die Absatzgenossenschaft Tnuva in den Handel eingedrungen. Ihre Betriebe beschränken sich nicht etwa auf die Verarbeitung landwirtschaftlicher Produkte, sondern sie stellen ein breites Sortiment industrieller Erzeugnisse her, das bis zum Maschinenbau und zur Elektronik reicht. Nur noch etwa 18 500 von den rund 72 000 Menschen, die 1978 ihre Arbeitsplätze in den Kibbuzim hatten, sind landwirtschaftlich tätig. Hingegen arbeiten nahezu 17 000 in den Industriebetrieben, 6 500 im Hotelwesen sowie im Handel und 12 400 im Dienstleistungswesen oder stehen in öffentlichen Diensten. In den letzten zehn Jahren waren durchschnittlich 60 bis 70 Prozent der in den Kibbuzim Beschäftigten genossenschaftsfremde Lohnarbeiter, die etwa 5 Prozent der israelischen Arbeiterklasse ausmachen. Aus dieser fremden Lohnarbeit beziehen die Kibbuzim 30 Prozent ihrer Einnahmen, ja in einigen Fällen übersteigen sie das Einkommen aus der Landwirtschaft.

Die Kibbuzim sind folglich zu kapitalistisch wirtschaftenden Unternehmen geworden, keine Spur also von einem «fast vollkommenen Mikrokosmos der sozialistischen Gesellschaft», als welche der langjährige Generalsekretär der Sozialistischen Internationale, Julius Braunthal, sie einst bezeichnete. Ein Mikrokosmos, so schrieb er, in dem «die Einrichtungen des Privateigentums und der Geldwirtschaft abgeschafft» wären, und die Menschen «gemäß dem edlen marxistischen Ideal: ‹Jeder nach seinen Fähigkeiten, jedem nach seinem Bedürfnis› leben».

In westlichen Ländern wurden von bürgerlichen Ideologen die Kibbuzim zum Mythos aufgebauscht, man sprach vom «israelischen Sozialismus» als einem «demokratischen Sozialismus», der den Beweis der Lebensfähigkeit «sozialdemokratischer Aufbaumethoden» sowie deren «Überlegenheit gegenüber den kommunistischen» erbracht habe. Vor allem Jugendlichen in entwickelten kapitalistischen Ländern, die dem staatsmonopolistischen Establishment gegenüber oppositionell eingestellt sind, werden die Kibbuzim gern als Ideal angeboten. Ihre Überlegenheit bestehe darin, so sagt man ihnen, daß sie weder kommunistisch noch kapitalistisch seien, «frei von Dogmen»,

Bulldozer bereiten auf der okkupierten Sinaihalbinsel Baugelände für israelische Ansiedlungen vor (1978)

«völlig freiwillige Vereinigungen», in denen der Mensch «Individuum im Kollektiv» bleiben könnte. Selbst die Erfahrungen der «sexuellen Revolution» in den Kibbuzim werden als Ausweg aus der moralischen Krisensituation offeriert, in der sich viele Jugendliche im Westen befinden.

Die Vielzahl von Argumenten, mit denen der sozialistische Inhalt und die Überlegenheit der Kibbuzim bewiesen werden sollen, lassen sich in dieser oder jener Weise immer wieder auf die gleichmacherischen Arbeits-, Verteilungs- und Lebensverhältnisse reduzieren. Angesichts der sich vertiefenden Widersprüche und Krisenerscheinungen im Kapitalismus kann man solchen kollektiven Lebensformen, die die Vereinsamung des Individuums reduzieren und ihm eine bestimmte soziale Sicherheit bieten, ihre Anziehungskraft nicht absprechen. Praktische Versuche der Gründung von Kibbuzim gab es in den USA und Japan, dort lebten etwa 7 000 Menschen in solchen Genossenschaften, aber auch in afrikanischen Ländern sowie in Burma.

Die Unwissenschaftlichkeit der angeführten Theorien über

die Kibbuzim besteht jedoch darin, daß sie sowohl die Genossenschaften als auch die in ihnen bestehenden Verhältnisse aus deren konkreter Bezogenheit und Abhängigkeit vom Charakter der herrschenden Produktionsverhältnisse lösen, auf deren Grundlage sie funktionieren und von denen in letzter Konsequenz das Wesen und die Qualität der Prozesse in jedem Teil des gesellschaftlichen Gesamtorganismus bestimmt werden.

Auch die israelischen Genossenschaften konnten diesem Zwang objektiver gesellschaftlicher Entwicklungsgesetze nicht entgehen. Mit der Umwandlung in kapitalistische Ausbeuter mit Industriebetrieben und Lohnarbeit bildet sich auch in den Kibbuzim eine klassenmäßige Differenzierung, ein Oben und Unten heraus, trotz aller demokratischer Wählbarkeit vom Betriebsleiter über den Hauptbuchhalter oder Produktionsleiter bis zum Feldbaubrigadier.

In den ökonomisch und technologisch fortgeschrittensten Genossenschaften entwickeln sich die Produktivkräfte am schnellsten, wächst die Kapitalkonzentration. Die dadurch beschleunigte soziale Differenzierung zwischen und in den Genossenschaften wird durch die zunehmende Diskrepanz der steigenden Preise für Ausrüstungen zu den sinkenden Erlösen aus dem Absatz landwirtschaftlicher Produkte erhöht. Die ökonomisch schwächeren Betriebe, dazu gehören vor allem die Moshawim von Neueinwanderern sowie die der arabischen Bevölkerung, stehen vor einer wirtschaftlich kritischen Situation. So wurde denn auch die schöngefärbte Idylle der israelischen Genossenschaften bereits durch soziale Streikkämpfe von Moshawmitgliedern zerrissen. Die angespannte wirtschaftliche Lage vieler Genossenschaften wurde durch die Wirtschaftskrise und die Beginsche Politik des «Gesundschrumpfens» noch zugespitzt, denn schließlich befinden sich in den Händen von Regierung und Jüdischer Agentur die Hauptproduktionsmittel der Landwirtschaft — Grund und Boden.

So durchdringt der Grundwiderspruch des Kapitalismus immer mehr alle Lebensbereiche der Kibbuzim. Bestimmte verkündete und angestrebte soziale und moralische Werte, die von idealistisch-utopisch geprägten Verhaltensweisen einiger Kibbuzmitglieder über eine gewisse Zeit in der Tat belebt wurden,

Von der Kommunistischen Partei organisierte Versammlung gegen den Raub arabischen Bodens (1980)

verschwinden immer mehr aus den Kibbuzim. Es wächst die Unzufriedenheit mit der gleichmacherischen Verteilungsweise; die Gleichberechtigung der Frau läßt sich nicht in erforderlichem Maße durchsetzen. Für alle entwickelten kapitalistischen Länder typische Probleme wie Vernachlässigung der alten Menschen, Generationskonflikte und anderes nehmen akute Formen an. Nicht verwunderlich, daß die Mitgliederzahl der Kibbuzim nicht wächst, man heute offen von einer «Krise der Kibbuzim» spricht.

Bevor ich zurück nach Haifa fuhr, lud mich Miriam in den Speisesaal des Kibbuz zum Abendessen ein. An der Selbstbedienungsreihe wählte sich jeder aus, wonach ihm der Appetit stand. Reichhaltig war das Speiseangebot, wenn auch nicht üppig – Brot, Milch, verschieden zubereitete Quark- und Käsesorten, viel Gemüse und Obst. Fleischgerichte oder Wurst konnte ich nicht entdecken – wohl des Kashrut wegen?

«Wie verträgt sich denn euer demokratischer Sozialismus mit der Ausbeutung von Arbeitern?» fragte ich Yoram zwischen zwei Gabeln trockenen Quarks. Der Traktorist hatte sich mit an unseren Tisch gesetzt. Neu schien ihm die Frage nicht zu sein.

«Ach ja», meinte er, «die Lohnarbeit ist ein Krebs. Er frißt den Kibbuz von innen her, wenn wir nicht aufpassen. Wir werden sie daher auch nur für eine bestimmte Periode zulassen dürfen. Doch was bleibt uns anderes übrig, als das Problem Schritt für Schritt zu lösen?»

«Aber lieber junger Freund», echote in meinem Hinterkopf die Stimme von Perez Merchav. «Reformismus ist doch kein Schimpfwort!»

Miriam begleitete mich durch den nun dunklen Kibbuzpark bis vor das Tor zur Haltestelle. Die Baumwipfel begannen im schwachen Lichtschein des sich nähernden Busses zu tanzen. «Ich bin sehr froh, daß wir uns treffen konnten», verabschiedete sich Miriam herzlich. «Ihr Besuch hier im Kibbuz hat auch den anderen gezeigt, daß meine Art zu denken Freunde bringt.»

«Mit einer Hand taten sie die Arbeit...»

«Mit einer Hand taten sie die Arbeit, und mit der anderen hielten sie die Waffe» (Nehemia, IV;11)

«Das Prinzip der Verteidigung, wie wir es vorschlagen, beinhaltet folgendes: Die Verteidigung hat zwei Aspekte — einen aktiven und einen potentiellen. Der jüdische Wächter, welcher unter Befehl der Shomer-Vereinigung in den Siedlungen wirkt, sorgt für die tagtägliche aktive Verteidigung. Bei der Verteidigung des Jishuv hat diese Vereinigung deshalb die Führung zu übernehmen. Zusätzlich zu den aktiven bewaffneten Wächtern aber benötigen wir zu deren Verstärkung noch eine Reservekraft. Das Erstrebenswerte ist, daß in Zeiten der Gefahr alle Bauern und Arbeiter, die Waffen tragen können, sich an der Verteidigung aktiv beteiligen. In jeder Siedlung muß eine örtliche Vereinigung für die Verteidigung organisiert werden, die alle wehrfähigen Bauern und Arbeiter erfaßt, um sie auszubilden und zu ertüchtigen.»

Diese Überlegungen wurden im Dezember 1912 von Yisrael Shochat in seinem Papier «Ein Vorschlag für die Verteidigung der Jüdischen Gemeinde im Land Israel» niedergeschrieben. Shochat zählt zu den Gründern der Histadruth Hashomer, der «Vereinigung der Wächter», eine jener bewaffneten Gruppen, die in den ersten Jahren der Einwanderung in Palästina seit etwa 1880 entstanden waren. «Wir verfolgen keine kurzlebigen Absichten, geboren etwa aus dem Augenblick der Krise», begründete Shochat seinen Plan an das Zionistische Aktionskomitee, dem Vorläufer des späteren israelischen Parlaments, «sondern vielmehr ein großes historisches Ziel, dessen Werte von Ewigkeit sind.»

Am Vorabend und in den Jahren des ersten Weltkriegs, dessen Flammen auch in den Nahen Osten und nach Palästina getragen wurden, galt Hashomer als die wichtigste unter den militärischen Gruppen der jüdischen Einwanderer. Daß von diesen gerade zu jener Zeit erörtert wurde, wie ein Militärapparat zu schaffen sei, hatte vornehmlich zwei Gründe. Zum einen hatte, wie wir wissen, die Zionistische Weltorganisation im ersten Weltkrieg Partei für Großbritannien ergriffen. Um sich der Unterstützung der britischen Krone zu versichern, schickten die Führer der Herzlschen Partei etwa 6 000 ihrer Anhänger in den Krieg. Das gehörte zu ihren flankierenden Maßnahmen, um der englischen Regierung die Nützlichkeit der Ansiedlung von Juden in Palästina möglichst stichhaltig und greifbar belegen zu können. Damals wurden für die britische Armee aus diesen 6 000 Mann erstmals jüdische Bataillone aufgestellt; im zweiten Weltkrieg sollte sich das dann noch einmal wiederholen.

Auch entstand hinter den deutsch-türkischen Frontlinien die Organisation mit der aus der Bibel entliehenen Bezeichnung «netzah Yisrael Lo yeshaker» — «Die Ewigkeit Israels trügt nicht», abgekürzt NILI. Sie leistete Aufklärungs- und Diversionsdienste.

Zum anderen waren mit und nach der Balfour-Deklaration die einstigen Herzlschen bürgerlichen Utopien zur konkreten Bewegung geworden. Die Eroberung des Bodens und des Marktes in Palästina waren ohne militärischen Druck überhaupt nicht realisierbar. Daher stützte sich die Besiedlungsstrategie neben der Politik und Ökonomie auch auf das Militär.

Die militärische Planung spielte von vornherein eine bestimmende Rolle. Es ging darum, neue Okkupationsgenossenschaften zu bilden. Die Standorte wurden so ausgewählt, daß mit jeder neuen Siedlung die «politische Präsenz in allen Teilen des Landes» erweitert wurde, wie Yigal Allon, über viele Jahre einer der führenden israelischen Militärs, feststellte. Errichtet wurden die Siedlungen bewußt in entlegenen, von arabischer Bevölkerung bewohnten Gebieten, möglichst dicht an den Landesgrenzen, hebt Allon in seinem Buch «Die Schaffung der israelischen Armee» hervor. Die Siedlungsblocks dienten zugleich als militärische Außenposten mit den dazugehörigen bewaffneten Einheiten. Sie bestanden aus einer nicht allzu großen Anzahl mobiler Verbände, besoldet und ausgerüstet von der britischen Mandatsverwaltung. Daneben gab es eine größere Menge Einheiten, welche keine ständigen eigenen Waffen besaßen, sondern am Gerät der mobilen Verbände als eine Art Polizeireserve ausgebildet wurden. Schließlich standen Sondertrupps bereit zum mobilen Einsatz an unterschiedlichen Abschnitten, Orten oder auf Straßen und Verbindungswegen. Zusammen bildeten diese Formationen die von den britischen Mandatsbehörden zugelassene Siedlungspolizei. In ihr war der Hashomer aufgegangen, und aus ihr entstand im Verlaufe der zwanziger und dreißiger Jahre allmählich eine zentralisierte und zunächst noch illegale Armee — die Irgun Ha-Haganah — «Verteidigungsorganisation». Sie wuchs im Zusammenwirken der drei Formationen der Siedlungspolizei.

Wie ging dies praktisch vonstatten?

Zu den vorrangigen Aufgaben der Haganah zählte besonders in den dreißiger Jahren die Errichtung der Okkupationssiedlungen. Zu diesem Zweck wurden in ihr Bautrupps geschaffen, die Bauelemente herstellten. Aus diesen errichteten sie auf dem ausgewählten Territorium zunächst einen Siedlungsvorposten. Meist bestand er aus Holzhütten, einem gemeinsamen Speisesaal, der Küche und anderen unverzichtbaren Einrichtungen. In die Mitte der Siedlungsburg pflegte man einen Wachturm mit Suchscheinwerfer zu stellen. Umgeben wurde das Ganze von einer hölzernen Palisade, versehen mit Schießscharten und mit Steingeröll als Kugelfang. Um den Wall zog man Stacheldraht und legte Minenfelder an.

Die Aktion begann in der Regel bei Tagesanbruch, und vor Einbruch der Dunkelheit stand die gesamte Anlage. Ihre Errichtung wurde von den Verbänden der Siedlungspolizei abgeschirmt. Die mobilen Einheiten übernahmen die unmittelbare militärische Absicherung am Ort, während die Reservekräfte die Vor- und Nachhut bildeten sowie die Zugangswege überwachten.

Die Siedler selbst waren mit leichten Infanteriewaffen ausgerüstet, die sie auch während der Arbeit bei sich trugen. «Ihr seid eine moderne Version der Arbeiter Nehemias: Mit einer Hand taten sie die Arbeit, und mit der anderen hielten sie die Waffe.» Mit derartigen Parolen wie auch mit biblischen Sinn-

*Die Anlage der Kibbuzim erfolgte von vornherein nach militärischen Aspekten. Hier die Siedlung Beth-Yoseph
1937*

bildern pflegte man den Siedlern die Berechtigung ihres Tuns historisch zu begründen.

Unter dem so aufgespannten militärischen Schirm eines Siedlungsvorpostens wurde das angrenzende Terrain erschlossen, bebaut und zugleich eine neue stabile Siedlung geschaffen, in die sodann die Familien einzogen. «Eine bemerkenswert effektive Methode, um politische wie militärische Ziele zugleich zu erreichen», resümiert Allon. Und das galt nicht nur hinsichtlich der äußeren, der expansiven Ziele, wie der Eroberung des Bodens. Nicht weniger effektiv erwies sie sich bei der politischen Eroberung der Menschen für den seinem Wesen und den Zielen nach bürgerlichen Militärapparat. Die Siedler wurden Soldaten.

Yisrael Shochat gehörte mit Ben Gurion und Ben Zvi zu den führenden Köpfen der Hapoel Hazair, dem rechten Flügel der

Poale-Zionisten. Sie gebaren auch den Hashomer, betteten ihn in die Verführgedanken vom sozialistischen Judenstaat und konnten so ihr Wiegenkind unter die jüdischen Einwanderer tragen. Die Funktion des Hashomer «beschränkt sich nicht darauf, eine kleine Gruppe junger Juden zum Schutz des Siedlungseigentums zu sein», erläuterte Shochat in dem genannten Plan. «Unser Ziel besteht darin, den Bauern und Arbeitern das Gefühl und das Bewußtsein einzuimpfen, daß sie und nur sie sich selbst und ihren Besitz verteidigen können. Wir taten, was wir konnten, um dieses Ziel zu erreichen, und blieben dabei nicht ohne Erfolg.» Shochat hatte damit durchaus recht.

Warum sollten die einfachen Menschen in den Arbeitersiedlungen und Kibbuzim dieses so gut anzuschauende Wechselbalg nicht annehmen? Sie, die sie ohnehin dem Trugbild verfallen waren, sie bauten «ihr» Land auf? Was lag näher als die Folgerung, daß man es schützen müsse? Mehr noch: daß die Arbeiter, die ehemaligen Proleten und Handwerker der Schtetl, die den Boden erschlossen, glaubten, im «nationalen jüdischen Sein» in Palästina und später in Israel den Ausweg aus sozialer wie nationaler Unterdrückung zugleich gefunden zu haben? Das brachte verständlicherweise auch in militärischer Hinsicht ein hohes persönliches und moralisches Engagement hervor. Solange sie im Zionismus die nationale Befreiungsbewegung der Juden sahen, mußten ihnen dessen Waffenträger nationale Befreiungskämpfer sein, Streiter also für eine gerechte, gute Sache. Das um so mehr, als es ihnen bei den oft sehr erbitterten Auseinandersetzungen, den bewaffneten Zusammenstößen zwischen jüdischen Bodenbesetzern und arabischen Bodenverteidigern ans nackte Leben ging. So kam zum allgemeinen das ganz persönliche Wehrmotiv. Dieses gegenseitige Durchdringen von bürgerlicher «Vaterlandsverteidigung» und persönlicher Sicherheit tat besonders in den ländlichen Siedlungen und in den Genossenschaften, den Kibbuzim und Moshawim, seine Wirkung. Hier paarte sich beides mit strammem Nationalismus und Elitedenken, die aus dem gängigen Verständnis vom Kibbuz als Pionierzelle und treibender Kraft emporwucherten. Dies brachte über die Jahre eine militärische Elite hervor. Vier Fünftel der Offiziere des israelischen Generalstabs und zwei

Beth-Yoseph zwei Jahre später

Drittel der Truppenoffiziere kamen 1948, als die offizielle Armee gegründet wurde, aus den Kibbuzim. Noch 1967 stammten 22 Prozent der Offiziere aus den landwirtschaftlichen Genossenschaften, von den jüdischen Opfern des 6-Tage-Krieges fielen auf diese ein Viertel. Die F-16-Staffel, welche 1981 das irakische Kernforschungszentrum in Bagdad bombardierte, wurde von Piloten geflogen, die samt und sonders aus Kibbuzim kamen.

Das so über einen relativ langen Zeitraum herangewachsene sehr komplexe Wehrmotiv schloß auch die Armee und die Haltung des einzelnen zu ihr ein. Daß es der Bourgeoisie gelang, große Teile der Werktätigen zur freiwilligen Verteidigung des bürgerlichen Vaterlandes zu motivieren, ist keine israelische Besonderheit; das ließe sich an vielen Beispielen aus der Geschichte belegen. Vor dem ersten Weltkrieg brachte dies die

Bourgeoisie in allen imperialistischen Staaten zustande. Viel schwerer aber fiel es ihr, das gespaltene Verhältnis, die Distanz der Massen zum bürgerlichen Militärapparat zu überbrücken. In der Offizierskaste, im Kasernendrill jedoch erkannten jene früher oder später die Gesichter ihrer Klassenpeiniger wieder. Das durfte sich die jüdische Bourgeoisie nicht leisten. Wer so peinlich genau wie sie darauf aus war, das Oben und Unten in der bürgerlichen Gesellschaft zu verwischen, mußte auch in der Armee den Schein wahren, alle Juden seien gleich und gleichberechtigt.

Sie schneiderten ihrem Kind Armee aus verschiedenen Stoffen ein demokratisches Cape. Weil man sie als revolutionäre Befreiungsarmee einer unterdrückten Nation ausgab, gehörten dem Oberkommando der Haganah die gewählten Vertreter aller zionistischen Parteien an. Geleitet wurde das Oberkommando von der Jüdischen Agentur. Auf Dienstränge und Dienstgradabzeichen wurde damals verzichtet, doch das sollte sich später ändern. Auch einheitliche Gefechtsvorschriften gab es nicht. Besondere Anforderungen wurden an die Offiziere gestellt. Gerade bei ihnen, die kraft ihrer Führungsaufgaben schnell als die Verkörperung eines «Oben» erscheinen konnten, wurde darauf Wert gelegt, daß sie sich nicht zur Kaste verselbständigten. Jeder Anschein von Militarismus mußte vermieden werden. Das Offizierskorps, das sich vor allem in der regulären Armee nach der Staatsgründung herausbildete, wird noch heute ständig rotiert und erneuert. Das Durchschnittsalter der Kompaniechefs beträgt 22 bis 23 Jahre, das der Bataillonskommandeure 26 bis 28. Die Oberkommandierenden der Teilstreitkräfte sind Anfang 40 und werden nach drei, vier Jahren ausgewechselt. Großen Wert legte man auf einen besonderen Offizierstyp: hemdsärmelig-volksverbunden, ohne Krawatte, selten eine Mütze auf dem Kopf, Schnürstiefel, breites Koppel. Bis heute hat sich die Tradition erhalten, die höheren Offiziere in der Öffentlichkeit, auch in der Presse, beim Vornamen zu nennen. Die Offiziere haben bei und mit ihrer Truppe zu leben, sie auch persönlich in den Kampf zu führen. Der Kommandeur «muß nicht nach vorne stürmen und brüllen ‹mir nach!›. Aber er muß Teil seiner Einheit sein, muß sich dieser Einheit zuge-

*Angehörige der Haganah bei einer Terroraktion gegen
arabische Palästinenser
(1947)*

hörig fühlen und darf sie nicht verlassen» — wie Moshe Dayan, langjähriger Kriegsminister Israels, formulierte.

Das Empfinden, nationale Befreiungskämpfer zu sein, wurde dadurch bestärkt, daß sich ein großer Teil der jüdischen Einwanderer, der Antifaschisten, neben dem schon beschriebenen politischen auch am militärischen Kampf gegen das faschistische Deutschland beteiligte. Er wurde von der Haganah getragen, die 1939 der englischen Regierung anbot, jüdische Einheiten zu bilden. Angesichts der Gefahr einer Invasion Palästinas durch die Armeen des faschistischen Deutschlands und Italiens meldeten sich über einhunderttausend Menschen zum nationalen Hilfsdienst. Gebildet wurde die schon erwähnte jüdische Infanteriebrigade innerhalb der britischen Armee, der 27 000 jüdische Männer und Frauen angehörten und die in Nordafrika sowie 1944 an der norditalienischen Front zum Einsatz kam.

Im Mai 1941, als die westlichen Alliierten beschlossen, Syrien und Libanon, die von der französischen Vichy-Regierung kontrolliert wurden, militärisch zu besetzen, wurde im Rahmen der Haganah als besonderer militärischer Verband Palmach, die Stoßtruppe, gebildet. Palmach bestand aus neun Kompanien. Zwei davon beteiligten sich als selbständige Einheiten an den Operationen Großbritanniens und Frankreichs in Syrien und Libanon. Gemeinsam mit britischen Spezialeinheiten operierten sie in nordafrikanischen Wüstenregionen im Hinterland von Rommels Truppen. Ihre Angehörigen sprangen auch mit Fallschirmen in den von deutschen Faschisten besetzten Balkanländern ab, um unter den Juden den Widerstand zu organisieren.

Im Unterschied zur jüdischen Brigade, die Teil der britischen Armee war, blieb die Palmach selbständig. Die Führer der zionistischen Bewegung verfolgten mit ihr eigene Absichten. Sie sollte zur eigentlichen unabhängigen Streitkraft für das zu schaffende Eretz Israel werden. Von den neun Kompanien wirkte der größere Teil daher im Untergrund. Weil die Mittel für diesen Kern eines stehenden Heeres nicht ausreichten, wurden die Kompanien zugweise auf die Kibbuzim verteilt. Einen halben Monat lang wurde in den Kibbuzim mitgearbeitet, die andere Hälfte blieb der militärischen Ausbildung vorbehalten. «Diese Rechnung ging vollständig auf. Auf diese Weise konnten die finanziellen Probleme gelöst werden, die mit der Dauerunterhaltung der Palmach verbunden waren», erinnert sich Allon. «Aber auch in einer anderen, unerwarteten Hinsicht stellte sie sich als Erfolg heraus. Abgesehen davon, daß die jungen Menschen in der Palmach lernten, für ihr eigenes Auskommen durch Arbeit zu sorgen, erwies sich dies als unschätzbare moralische und gesellschaftliche Erziehung, was letztlich jene hohe Moral und den Geist hervorbrachte, die die Einheit bis zuletzt zusammenhalten ließ.»

Die Palmachangehörigen wurden als Elitetruppe ausgebildet. Neben hartem physischem Training stand die Ausbildung an allen Waffenarten, die für sie zugänglich waren, sowie der Umgang mit Sprengstoffen auf dem Plan. Die Bewegung im Gelände wurde unter Tages- und Nachtbedingungen geübt. Auch

Eine Frauenabteilung der israelischen Armee aus dem Jahre 1949. Auch heute noch werden Mädchen und jüngere Frauen in Israel einberufen

wurden alle als Kampfschwimmer ausgebildet. Alle fähigen Kader durchliefen einen Kommandeurslehrgang, unabhängig davon, ob sie Führungsaufgaben sofort oder erst später übernehmen konnten. Gebildet wurden eine «Seekompanie» und ein Zug Piloten, die in einem zu diesem Zweck ins Leben gerufenen privaten Club Flugunterricht erhielten. Einige andere ließen sich bei der britischen Royal Air Force zu Jagdfliegern ausbilden. Zu ihnen gehörte auch Ezer Weizman, seinerzeit Flieger 77 58 65 der Royal Air Force, der die Jagdfliegerei auf einem britischen Luftwaffenstützpunkt in Rhodesien erlernte. Gegen Ende des zweiten Weltkriegs verfügte die Haganah über neun leichte Flugzeuge.

Nachdem die ersten Angehörigen der Palmach ihre dreijährige aktive Dienstzeit beendet hatten, wurde beschlossen, ein Reservesystem aufzubauen. Jeder Soldat wurde nach zwei Jahren entlassen und einer Reserveeinheit zugeteilt. Jeden Reservisten berief man jährlich für mehrere Wochen zur Ausbildung und zu Manöverübungen ein. Damit war der Grundstein für das Reservesystem gelegt, das später weiter durchgebildet zu einer Besonderheit der israelischen Armee werden sollte.

Als der zweite Weltkrieg zu Ende ging, verfügte die zionistische Exekutive in Palästina über vier gut organisierte und gut ausgebildete Palmachbataillone mit 2 100 Männern und Frauen sowie 1 000 Mann Reserve. Unterteilt in drei Stadt- und drei Landkommandos, gehörten der Haganah alles in allem 32 000 Personen an.

Zwei Briefe

Erster Brief:

18. Juni 1946
Frag die Jungs. Sie können Dir erzählen, wie sie im Feuer lagen, wie sie den Stoff, mit was drin zum Explodieren, verpflanzten, und wie sie sich aus dem Staub machten, im Kugelhagel der Armeen zweier Staaten, von denen sie gejagt werden. Wie es kam, daß keiner von uns fiel, willst Du wissen? Vielleicht war's einfach Glück, meint mancher. Oder war's vielleicht was anderes? Lag's eventuell daran, daß wir unbedingt heil wieder zurück sein mußten, verstehst du? Wir mußten einfach. Wir sind doch noch nicht viele. Wir haben Grips, Gewehre und sind gut ausgebildet. Aber wir sind zu wenige. Hat man nicht viel Leute, dann haben alle heil zurückzukommen. Und wenn man muß, dann geht's auch. — Was mit denen auf der anderen Seite passiert ist, weiß ich nicht. Als wir zu den Trümmern kamen, etwas Wasser tranken und ausruhten, zählten wir unsere Männer. Alle waren da. Keine Verwundeten. Unsere Leben sind kostbar. Hier lassen wir uns nicht wieder in Ghettos oder Konzentrationslager sperren. — Nein, mein Freund, ohne Zionismus geht nichts. Ohne ihn hätte es keinen Sinn gehabt, alles hinter sich zu lassen und hierher zu kommen, in diesen Kugelhagel. Sinnlos wär's gewesen. — Ob es uns Spaß macht? Nein, natürlich nicht! Was glaubst Du, wer wir sind? Etwa Söldner? Uns gefällt das ganz und gar nicht. Wir haben tausend andere Dinge zu tun, und wir wollen sie vollenden. Aber es gibt keinen anderen Weg. Es gäbe einen anderen, meinst Du? Und welchen, wenn ich fragen darf? Siehst Du — nun weißt Du keine Antwort.

Dieser Brief, den ich wegen seiner Länge nur auszugsweise wiedergebe, wurde am Morgen des 18. Juni 1946 von einem Palmachsoldaten geschrieben. Er gehörte zu jener Gruppe, die in der Nacht vom 17. zum 18. Juni die Allenby-Brücke sprengte, welche damals den Jordan zwischen Palästina und Transjordanien überspannte. Als «Nacht der Brücken» ging diese Operation in die Geschichte der Palmach ein, in der von ihr auf einen Schlag sechs Brücken vernichtet wurden. Ein Jahr später, in der Nacht vom 20. zum 21. Juli 1947, wurden in einer ähnlichen Blitzaktion, der «Nacht des Radars», die britischen Radaranlagen auf den Karmelbergen bei Haifa in die Luft gejagt. Mit ihnen überwachten die Mandatsbehörden die palästinensische Küste, um die jüdischen Einwandererschiffe aus Europa abzufangen.

Hatten sich die Bundesgenossen, die britischen Imperialisten und die Führer der zionistischen Bewegung, verfeindet? Standen sie nicht eben noch gemeinsam auf einer Seite der Antihitlerkoalition?

Was war geschehen?

In der Londoner Downing Street, dem Amtssitz des britischen Premierministers, wußte man genau, daß der Organisator der massenweisen Einwanderung von Juden während und mit dem Ende des zweiten Weltkriegs Palmach war. Abraham Zakai alias Erez, Eliezer Klein alias Arik, Zippora und Eli Zohar alias Zifzah und Eli vom 4. Bataillon der Palmach waren nach Kriegsende zum illegalen Haganah-Kommando Europa abkommandiert worden. Ihre Instruktionen erhielten sie direkt vom Palmachoberkommandierenden Yiftah, hinter dem sich Yigal Allon verbarg. Ihr Auftrag bestand darin, den Transport Tausender jüdischer Überlebender der faschistischen Mordhöllen nach Palästina zu organisieren und zu leiten. Die britischen Behörden hatten nach dem Sieg der Antihitlerkoalition über das faschistische Deutschland jene versprengten, mittellosen, aus ihren Heimatländern verschleppten Juden in Sammellagern konzentriert.

Die zionistische Exekutive wollte sie nach Palästina holen. Auch in anderen Ländern arbeiteten ihre Vertreter verstärkt daran, die jüdischen Gemeinden zur Auswanderung nach Palä-

Premierminister Ben Gurion gibt die Proklamierung des Staates Israel bekannt (Tel Aviv, 14. Mai 1948)

stina zu bewegen. Sehr aktiv waren sie beispielsweise im Irak, wo 1946/47 ihr Palmachagent Dan Ram alias Ramadan eine entsprechende Kampagne im Ghetto von Bagdad organisierte. All diese Maßnahmen waren darauf gerichtet, das von Ben Gurion 1942 ausgearbeitete Biltmore-Programm durchzusetzen, in dem die uneingeschränkte jüdische Einwanderung, die Schaffung eines jüdischen Staates in ganz Palästina und die Bildung einer Armee gefordert wurden.

Natürlich hatte die britische Regierung diesem Programm nicht zugestimmt, weil ihr nichts daran lag, ihre kolonialen Vorrechte in Palästina zu verlieren. Um so mehr unterstützte der USA-Imperialismus diese Absichten, sah er doch hier eine Möglichkeit, den britischen Rivalen zu schwächen und seine eigenen Positionen im Nahen Osten zu stärken. Die Downing Street reagierte in Kolonialmanier. Mit ihren Kriegsschiffen blockierte sie die palästinensische Küste, um die Einwanderung zu unterbinden. In Palästina selbst entfaltete sie Ter-

Vereidigung der ersten Polizeieinheiten des neuen Staates

ror. Zugleich stachelte sie zur Kooperation bereite arabisch-palästinensische bürgerliche Politiker an, wie sie zum Beispiel im al-Maktab al-Arabi, dem Arabischen Büro unter der Leitung von Musa al-Alami vertreten waren. Jenen paßten die Forderungen nach einer demokratischen Republik Palästina und dem Abzug aller britischen Truppen, wie sie 1945 und 1946 von den demokratischen Kräften unter den Arabern und Juden erhoben wurden, ebensowenig wie England. Auch Emir Abdallah von Transjordanien war dagegen. Um ihn als Verbündeten zu gewinnen, hatte Großbritannien 1946 Transjordanien als Jordanisches Haschemitisches Königreich in die Unabhängigkeit entlassen.

Als Abdallah sich zum König erklärte, stieß er mit seinen monarchistischen Ambitionen auch hier auf den Widerstand national empfindender Kräfte, die eine Republik, eine Volksversammlung und eine demokratische Verfassung anstrebten. Was Abdallah für den eigenen Staat nicht wollte, hatte er auch im Nachbarland zu verhindern. Und so fiel es den britischen

Politikern nicht schwer, jene reaktionären arabischen Kräfte dazu zu bewegen, kräftig mit in die Flamme zu blasen, die ohnehin zwischen den jüdischen und arabischen Bevölkerungsteilen bereits züngelte.

«Die arabische reaktionäre Oberschicht in Palästina lehnte den Teilungsbeschluß der UNO (vom 29. November 1947) ab», schreibt der palästinensische, dem Politbüro der KP Israels angehörende Historiker Emile Touma. «Indem sie sich in die Intrigen des Imperialismus hineinziehen ließ, legte sie äußerste politische Kurzsichtigkeit an den Tag ... Nach der Annahme des Teilungsbeschlusses begannen die Zusammenstöße zwischen Arabern und Juden. England schürte diese Zusammenstöße, um den Feindesgraben und den Haß zwischen beiden Völkern zu vertiefen. Am 15. Mai 1948 wurde der Staat Israel offiziell verkündet, und unmittelbar darauf begann der Palästinakrieg.»

In dieser außerordentlich zugespitzten Situation erfuhr der Autor jenes eingangs zitierten Briefes vielleicht den Tagesbefehl Nr. 1 über die offizielle Proklamierung der Haganah, der er angehörte, zur Zavah Haganah Le Yisrael, zur Verteidigungsarmee Israels. Ben Gurion, Regierungschef des soeben gebildeten Staates, hatte ihn am 31. Mai erlassen.

Zu dieser Stunde lagen hinter dem Palmachsoldaten bereits vier Monate erbitterter militärischer Zusammenstöße. Unter Einsatz seines Lebens hatte auch er England gezwungen, den Union Jack, die britische Flagge, einzuholen und seine Mandatstruppen abzuziehen. Er hatte so persönlich ein Stück des Kampfes gegen die britische Kolonialpolitik im Nahen Osten mit ausgefochten.

Kaum gewonnen, rückte gegen ihn die Armee des reaktionären Abdallah vor, die Arabische Legion, geführt und kommandiert von einem Oberst mit dem Namen Glubb — aus England. Mit ihr zogen die Armeen anderer arabischer Staaten heran, die gleichfalls unter britischem Einfluß standen. An seiner Seite kämpften Juden, von denen nicht wenige gerade erst vor Monaten aus faschistischen Konzentrationslagern befreit worden waren. Möglicherweise war es sogar der Briefautor, der einigen von ihnen bei der illegalen Landung an Palästinas Küste Feuerschutz gegen die englischen Marineinfanteristen gegeben hatte? Die antifaschistische Stimmung zu jener Zeit in Palästina war groß. Für ihn und die meisten seiner Kameraden war es ein gerechter Krieg, den sie führten. Auch volksdemokratische Staaten Osteuropas standen damals auf seiten der demokratischen Kräfte in Palästina, der Juden und Araber, die für die Schaffung der beiden von der UNO beschlossenen Staaten eintraten. «Das Volk kämpfte 1948 in Israel für nationale Unabhängigkeit, für die Befreiung von fremder, britischer Herrschaft», bemerkt Meir Vilner zum Palästinakrieg. «Die zionistische Führung und die israelische Regierung aber verrieten den Kampf für die Unabhängigkeit und die Bestrebungen des Volkes. Israels Unabhängigkeit verkauften sie an den amerikanischen Imperialismus, und in Übereinkunft mit König Abdallah verhinderten sie, daß ein unabhängiger palästinensischer arabischer Staat gebildet wurde.»

Was hat dieser Ausflug in die Geschichte mit der israelischen Armee zu tun? — Ohne Kenntnis jener spezifischen Umstände, in der sich die Soldaten der israelischen Armee am Tag ihrer Gründung befanden und ihre Feuertaufe erhielten, ist das Verhältnis, das die meisten Israelis zu dieser Armee bis heute aufrechterhalten, nicht zu verstehen. Ohne sie ist auch nicht zu begreifen, daß Reservisten des Jahres 1956, aktive Armeeeangehörige von 1948, mit Mandolinen und Gitarren in die Panzer stiegen, als sie in den Tagen der Aggression einberufen wurden. Vor der Geschichte können sie zwar nicht auf mildernde Umstände plädieren. Um keinen Deut ist ihre politische und menschliche Verantwortung kleiner als die von Soldaten anderer Armeen, die ungerechte Kriege führen.

Der Briefschreiber von der Allenby-Brücke irrte sich, wenn er meinte, es gäbe keinen anderen Weg. Ob er wohl wußte, daß sich Golda Meirson (Meir) von der zionistischen Exekutive und ihre Kollegen Sasson und Danin etwa zehn Tage vor der israelischen Staatsgründung mit König Abdallah zu geheimen Gesprächen trafen? Daß sie ihm dabei erklärten, es bestünde «Einverständnis darüber, was er und was wir wollen, und daß sich unserer beider Interessen nicht aneinander stoßen»?

*David Ben Gurion
(1886—1973)*

Golda Meir wußte genau, wonach es Abdallah gelüstete — er wollte sich die Gebiete westlich des Jordans einverleiben, in denen der arabische palästinensische Staat gebildet werden sollte. Was Golda Meir in Diplomatensprache Abdallah mitteilte, war für ihn Klartext: «Wenn er fähig und bereit ist, uns und die Welt vor vollendete Tatsachen zu stellen, so würde die *traditionelle Freundschaft* zwischen uns weiter bestehen, und sicherlich könnten wir eine gemeinsame Sprache finden, um die Angelegenheiten, die beide Seiten interessieren, in Ordnung zu bringen.» (Hervorhebung A. J.)

Abdallah hatte verstanden. Er ließ seine Legion in die Westbank einmarschieren. Die beiden Seiten fanden ihre gemeinsame Sprache und teilten mit Ausnahme des Gazastreifens, den die Armee des ägyptischen Königs Faruk besetzte, jene Gebiete untereinander auf. Am 3. April 1949 besiegelten sie die Teilung in einem Waffenstillstandsabkommen.

Nur wenige Tage danach drängte Meir Vilner im Parlament: «Für Israel ist ein unabhängiger und befreundeter arabischer Staat nicht nur der beste Schutzgürtel. Wir brauchen ihn auch deshalb, weil wir uns in Anbetracht des Zusammenspiels von Abdallah und Bevin im ständigen Kriegszustand befänden, der Staat Israel einer permanenten Gefahr ausgesetzt wäre!»

Ob der Briefschreiber wußte, daß etwa zu der Zeit, als er an der Allenby-Brücke sein Leben gegen die britische Regierung mit Außenminister Bevin aufs Spiel setzte, Ben Gurion die Herren der anglo-amerikanischen Palästina-Untersuchungskommission beschwor: «Wenn England einem jüdischen Staat in einem Teil Palästinas zustimmt, dann sind wir bereit, einen Stützpunkt zur Verfügung zu stellen — gegen Rußland ... Den Abzug der britischen Armee fordern wir nicht.» Auch seine unmittelbaren militärischen Vorgesetzten wußten, daß der Kampf sich nicht gegen die britische Kolonialpolitik richtete. «Wir sehen keinen Widerspruch zwischen Masseneinwanderung, jüdischem Staat einerseits und großen, schlagkräftigen britischen Stützpunkten andererseits ... Im Gegenteil, wir sehen das positiv», meinte der Chef von RAMA, des nationalen Stabes der Haganah, Moshe Sneh.

Nicht gegen den britischen Imperialismus ging es also in der «Nacht der Brücken» oder in der «Nacht des Radars», sondern einzig und allein darum, England unter Druck zu setzen und es so wieder auf die Seite der zionistischen Exekutive zurückzubringen. Auch damals schon ging es zugleich gegen die Sowjetunion, gegen jenes Land, das im Kampf gegen den Faschismus und die Befreiung auch seiner jüdischen Opfer die größten Leistungen vollbracht hatte. Schließlich waren es die Siege ihrer Armeen bei Stalingrad, auf der Krim und im Kaukasus, denen es die jüdischen Einwanderer zu danken hatten, daß die Pläne des faschistischen Generalstabs nicht aufgingen, nach denen sich die Panzerspitzen Rommels und die faschistischen Stoßtruppen im Kaukasus in Palästina vereinigen sollten. Jedermann kann sich vorstellen, welcher «Endlösung» Hitler die «Judenfrage» in Palästina zugeführt hätte.

Ob der Briefschreiber wohl vom Büro der Haganah in der Meineckestraße 10 in Berlin-Charlottenburg wußte? Dort hatte — so unglaublich das klingt — das faschistische Reichssicherheitshauptamt der illegalen Einwandererorganisation, der Haganah Mossad Alliyah Bet, jenes Büro genehmigt. Dieses finstere

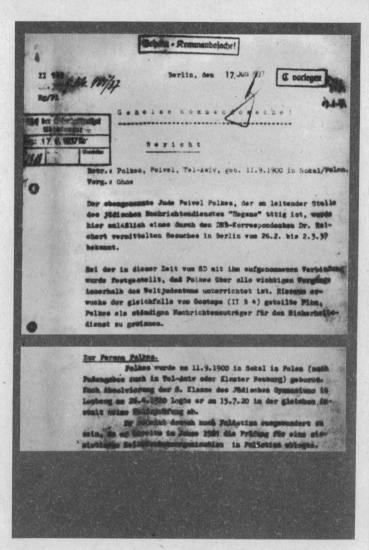

Das sogenannte Six Papier belegt die Zusammenarbeit der Haganah mit Organen des faschistischen Deutschlands

Als sein Ziel, also als das der Hagana, bezeichnete er die möglichst baldige Erreichung der jüdischen Majorität in Palästina. Er arbeite aus diesem Grund, soweit es zur Erreichung dieses Zieles nötig sei, sowohl mit als auch gegen "Intelligence Service", "Sûreté générale", England und Italien.

Auch für Deutschland erklärte er sich bereit, Dienste in Form von Nachrichten zu leisten, soweit sie nicht seinen politischen Zielen entgegenstünden. Er würde u.a. die deutschen außenpolitischen Interessen im vorderen Orient tatkräftig unterstützen, würde sich dafür verwenden, dem Deutschen Reich Erdölquellen in die Hand zu spielen, ohne

Als Gegenleistungen könnten Polkes folgende Zusicherungen gemacht werden:

1) Auf die Reichsvertretung der Juden in Deutschland wird ein Druck dahingehend ausgeübt, daß sie die aus Deutschland auswandernden Juden verpflichten, ausschließlich nach Palästina, nicht aber in irgendein anderes Land zu gehen.
   Eine solche Maßnahme liegt durchaus in deutschem Interesse und wird bereits durch Maßnahmen des

Für die Arbeit der Verbindungsaufnahme käme vor allem SS-Hauptscharführer Eichmann von der Abteilung II 112 in Frage, der bei dem Berliner Aufenthalt Polkes die Unterredungen mit ihm führte und von ihm zu einem Besuch der jüdischen Kolonien in Palästina unter seiner Leitung eingeladen wurde.

Stabsführer mit der Bitte um Vorlage C

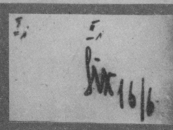

Kapitel hielt die zionistische Exekutive streng geheim, und bis heute ist darüber recht wenig bekannt geworden. Aber das Wenige reicht für die Feststellung aus: Organe des faschistischen Deutschlands haben mit der Haganah zusammengearbeitet. Der Vertreter der Haganah hieß Feivel Polkes und stellte 1937, zwischen dem 26. Februar und dem 2. März, in Berlin den Kontakt zum SD her. Ein «kleines Licht» kann er nicht gewesen sein, dann das Six-Papier, die Geheime Kommandosache 981/37 der Abteilung II 112 des RSHA, gerichtet an den Chef der Sicherheitspolizei Heydrich, weist ihn als einen Mann aus, der «an leitender Stelle im jüdischen Nachrichtendienst ‹Haganah› tätig» war.

In Berlin macht er dem SD folgende Angebote: «Dienste in Form von Nachrichten»; «die deutschen außenpolitischen Interessen im vorderen Orient» sollten «tatkräftig unterstützt» werden, auch würde er sich «dafür verwenden, dem Deutschen Reich Erdölquellen in die Hand zu spielen». Als Gegenleistung erwartete er, daß «die deutschen Devisenordnungen für die nach Palästina auswandernden Juden gelockert würden».

Zu den Vorschlägen seines Nazi-Verhandlungspartners Six gehörte neben der Freilassung in Deutschland verhafteter Haganah-Angehöriger unter anderem auch das Angebot, «auf die Reichsvertretung der Juden in Deutschland ... ein(en) Druck dahingehend» auszuüben, «daß sie die aus Deutschland auswandernden Juden verpflichtet, ausschließlich nach Palästina, nicht aber in irgendein anderes Land zu gehen. Eine solche Maßnahme liegt durchaus im deutschen Interesse und wird bereits durch Maßnahmen der Gestapo vorbereitet.» Und der «Führer» persönlich war es, der Anfang 1938 «entschieden hat, daß der Judenauswanderungsstrom weiterhin auch nach Palästina zu lenken sei».

Hinter diesen Abmachungen standen handfeste materielle Interessen und Geschäfte. Seit August 1933 bestand zwischen dem Reichswirtschaftsministerium und der Anglo-Palestine-Bank, die allein seinerzeit den Baron de Rothschild von der Nützlichkeit des Zionismus zu überzeugen vermochte, ein brieflich bestätigtes Transferabkommen. Beide Seiten vereinbarten, die «Palästina-Treuhandstelle zur Beratung deutscher

Juden GmbH» (Paltreu) zu gründen. Das Büro der Paltreu befand sich in der Berliner Friedrichstraße 218. Die Guthaben der deutschen Juden, die von den Nazis zur Flucht gezwungen worden waren, wurden aufs Konto der Paltreu überwiesen und damit Warenlieferungen deutscher Firmen nach Palästina bezahlt. Partner der Paltreu war der Trust and Transfer Office Haavara Ltd., dessen Aktien — nachdem das Geschäft in Gang gebracht war — an die sich bis dahin im Hintergrund haltende Jüdische Agentur übergingen. Und hier waren wieder einige aus der erlauchten Gesellschaft Herzlscher Gründer beieinander: die Jüdische Agentur, die Bank der Warburgs und die der Wassermanns, die die Anglo-Palestine-Bank kontollierten. Man errang so das Monopol im Export Nazideutschlands nach Palästina.

Die faschistische Regierung wiederum nützte den Transfer zur Devisenbeschaffung und Ausplünderung der um ihre Existenz gebrachten deutschen Juden, wobei deren Geld zum Teil in die «Hermann-Göring-Werke» und andere Rüstungsbetriebe floß.

Für die etwa 52 000 jüdischen Auswanderer transferierte Haavara 100 249 091 Mark. Hinzu kamen Sondertransfers von 39 139 019 Mark. Diese Geschäfte erklären auch die Einschätzung, die Polkes in einer seiner Informationen an die Verbindungsleute des SD traf: «Über die radikale deutsche Judenpolitik zeige man sich in national jüdischen Kreisen sehr erfreut, weil damit der Bestand der jüdischen Bevölkerung in Palästina so vermehrt werde, daß in absehbarer Zeit mit einer Mehrheit der Juden gegenüber den Arabern in Palästina gerechnet werden könne.»

Über Polkes gab die Haganah dem SD die verschiedensten Spionagematerialien, so über Ägypten, Italien, Rumänien, gegen die Sowjetunion und auch gegen die Kommunistische Partei Deutschlands.

Von großem Interesse in den genannten Dokumenten, die von Burchard Brentjes in mühevoller Kleinarbeit erschlossen wurden, ist folgende Mitteilung der Haganah: «Wenn erst einmal der Judenstaat ... errichtet worden sei, werde man (die) Grenzen nach Belieben verschieben können.» Doch Ben Gurion bezog 10 Jahre später eine weitaus entschiedenere Position. «Die Grenzen des jüdischen Staates gar nicht erst festlegen», war seine Auffassung. Und während er die Männer der Palmach damit zum Kampf motivierte, sie sollten im Palästinakrieg die Grenzen ihres jungen Staates verteidigen, sagte er am 12. Mai 1948 in der Debatte der Volksverwaltung, einer Art provisorischer Regierung: «In einer Deklaration über die Gründung eines Staates ist es nicht erforderlich, die Grenzen dieses Staates zu definieren ... Warum ist das überflüssig? Weil wir sie nicht kennen.» Im Falle eines Krieges gegen uns «werden wir Westgaliläa und die Gebiete beiderseits der Straße nach Jerusalem in Besitz nehmen. Wenn wir stark genug sind, wird dann all das Teil des Staates. Weshalb also sollten wir uns festlegen?»

So Ben Gurion während der Diskussion über den Entwurf zur Unabhängigkeitserklärung des Staates Israel.

Diesen zu erarbeiten oblag einem «Komitee der Fünf», das in seinen Überlegungen vom UNO-Teilungsbeschluß ausgegangen war. «In Paragraph 10 (des Entwurfs — A. J.) streichen: Der Plan für die Teilung Palästinas mit Wirtschaftsunion», wies Ben Gurion an. «Warum soll die Teilung überhaupt erwähnt werden? Warum sollen wir die Teilung erwähnen?» wird die verärgerte Frage Ben Gurions im Protokoll festgehalten, das Israels Behörden wohlweislich erst dreißig Jahre später freigaben.

Ist der Leser bisher geduldig der Fragestellung gefolgt, wogegen die zionistische Exekutive nicht kämpfte, besitzt er nun das Recht auf eine Auskunft, wofür sie eintrat. Worin bestanden die Kriegsziele, um derentwillen die israelische Armee aufs Schlachtfeld geschickt wurde?

Auf die richtige Spur führt der Beschluß der Volksverwaltung vom 12. Mai 1948, die Grenzen des Staates Israel gesetzlich nicht zu fixieren. Daß es sich dabei um keine Augenblicksentscheidung handelte, bescheinigt ein Operationsplan des Generalstabes der Haganah. Unter der Bezeichnung «Plan IV» wurde an die Einheiten der Haganah folgende Direktive erlassen: «Inbesitznahme des Territoriums des jüdischen Staates ... sowie der Gebiete mit jüdischen Okkupationssiedlungen und jüdischer Bevölkerung, welche jenseits seiner Grenzlinien liegen.»

Wem kommen da nicht augenblicklich die Allonschen Kriterien für die Errichtung jener Okkupationsgemeinschaften in den Sinn — in entfernten, von Arabern besiedelten Gebieten, möglichst dicht an den Landesgrenzen, um mit jeder neuen Siedlung die politische Präsenz in allen Teilen des Landes zu erweitern? So lauteten sie doch damals schon, für die zwanziger und dreißiger Jahre, als für die Siedler die Parole hieß: «Grab, so viel du kannst!»

«Plan IV» war also nichts anderes als der Befehl zur territorialen Ausdehnung. Er ging Hand in Hand mit der Vertreibung der palästinensischen Araber. In seinem Roman «Khirbit Khiza» erinnert sich der israelische Schriftsteller Yizhar Smilansky an die Order, nach der die Truppen der Haganah und nur wenig später der israelischen Armee verfahren sollten: «Von Punkt x (siehe Karte) bis Punkt y (siehe Karte) sind alle Einwohner zu sammeln, auf LKW zu verladen und über unsere Grenzlinie zu transportieren. Steinhäuser sind zu sprengen, Lehmhütten anzuzünden. Das Gebiet ist von feindlichen Kräften zu säubern ...»

Allein aus Lod und Ramla wurden 50 000 Araber vertrieben. Israels Armee besetzte 1948 und 1949 in Galiläa teilweise leere Dörfer. Die Einwohner hatten sie aus Angst verlassen, weil ihnen schreckliche Beispiele zu Ohren gekommen waren: das Irgun-Massaker von Deir Jasin oder die «Säuberung» Jaffas bei Tel Aviv.

Aber mußten nicht, damit der junge Staat überleben konnte, jene «potentiellen Hilfskräfte» der feindlichen arabischen Armeen sozusagen vorbeugend ausgeschaltet werden? War das nicht ein Sicherheitserfordernis?

Führende israelische Politiker wie Ben Gurion oder Golda Meir widerlegen diese Fragestellung mit ihren eigenen Einschätzungen aus dieser Zeit. «Plan IV» wurde im März 1948 vom Haganah-Generalstab angenommen, und noch am 7. Februar beurteilte Ben Gurion auf einer Zusammenkunft in seiner Partei, der Mapai, die Lage so: «Dieser Krieg wurde entgegen den Wünschen des arabischen Volkes erklärt, in dessen

Berittene Israelis in einer im Kampf zerstörten Siedlung

Namen er angeblich geführt wird. Die entscheidende Mehrheit des arabischen Volkes weigert sich, an diesem Krieg teilzunehmen, obgleich es dazu unter Druck gesetzt wird.»

Anstatt hier anzuknüpfen, wurden gerade diejenigen Kräfte unter den Arabern besonders bekämpft, die für die Durchführung derselben UNO-Resolution eintraten, der Israel seine staatliche Existenz überhaupt erst verdankte. Als beispielsweise die israelische Armee in das Gebiet von Abu Agilah an der Front mit Ägypten eindrang, befreite sie ein ägyptisches Strafgefangenenlager. Unter den Insassen befanden sich arabische Kommunisten, die die ägyptischen Behörden wegen ihres Eintretens gegen den Krieg der arabischen Reaktion eingesperrt hatten. Die israelischen Truppen ließen alle Inhaftierten frei — bis auf die arabischen Kommunisten. Jene brachten sie in ein israelisches Straflager.

Anstatt sich die «entscheidende Mehrheit des arabischen Volkes», welche den Krieg ablehnte, zum Freund zu machen, indem man auch die Bildung des arabischen palästinensischen Staates unterstützte, unternahmen die reaktionären Kräfte in der zionistischen Führung das genaue Gegenteil. Das arabische palästinensische Volk wurde von ihnen zum Hauptfeind und Hauptopfer gemacht. Von April bis Dezember 1948 flohen etwa eine dreiviertel Million Araber aus Palästina, und nur 160 000 blieben in Israel oder kehrten 1949 allmählich zurück. So entstand das schmerzliche Problem der Palästinaflüchtlinge, von denen damals 280 000 auf das Gebiet westlich des Jordans gingen, 190 000 in den von Ägypten während des Palästinakrieges besetzten Gazastreifen, 100 000 nach Libanon, 75 000 nach Syrien, 70 000 nach Jordanien, 7 000 nach Ägypten und 4 000 in den Irak. Damals wurde die große Chance vergeben, zu einem geregelten Zusammenleben zu kommen.

Diese Politik war es, durch die die Palästinafrage noch mehr zugespitzt und zum Schlüsselproblem des Konflikts im Nahen Osten gemacht wurde. Nicht nur die jüdischen und arabischen Kommunisten hatten seinerzeit davor gewarnt. Selbst aus zionistischen Kreisen erhoben sich mahnende Stimmen. «Für unsere nationale und politische Zukunft ist es von großer Bedeutung, daß in demjenigen Teil des Landes, in dem laut UNO-Beschluß ein arabischer Staat gebildet werden soll, ein arabischer Staat auch wirklich gegründet wird», gab Yossef Sapir von der Partei der Allgemeinen Zionisten, der Vorgängerin der heute dem Likudblock angehörigen Liberalen Partei, am 4. April 1949 in der Knesset zu bedenken. «Nach meiner Ansicht wäre ein unabhängiger arabischer Staat in vielerlei Hinsicht günstiger für uns, als wenn dieser Teil Jordanien angeschlossen wird.»

Ob der eingangs zitierte Briefschreiber zwei Jahre später zu jenen gehörte, die ohne Gewissensbisse den Befehl «Sprengen, verbrennen, verhaften, aufladen, abtransportieren!» ausführten, vermag ich nicht zu sagen. Denkbar wäre aber, daß er an Frontgesprächen beteiligt war, die Yizhar Smilansky im letzten Kapitel des schon erwähnten Romans «Khirbit Khiza» so wiedergibt: «Was siehst du mich so an? — sagte Moshe. Ein schmutziger Krieg ist das, erwiderte ich ihm erschaudernd. Warum hat man uns nichts über die Flüchtlinge gesagt? — Alles, aber auch alles für die Flüchtlinge, für ihre Sicherheit und für ihre Rettung — für unsere, versteht sich! Die wir von hier vertreiben, sind was völlig anderes... Juden werden ermordet. Europa. Jetzt sind wir hier die Chefs!»

Daß die eigentlichen Ursachen für Israels «Unsicherheit» im Nahen Osten bereits damals und vor allem aus den *eigenen* Reihen heraus gelegt wurden, ist im israelischen Volk und unter den Angehörigen der Armee nur wenigen bewußt. Wo auch immer man in Israel die Frage von Krieg oder Frieden anschneidet, ob im persönlichen Gespräch unter vier Augen oder im Bekanntenkreis — das Sicherheitsbedürfnis der Menschen spielt stets eine große Rolle. An dieses Bedürfnis knüpfen alle israelischen Regierungen an, um die Menschen für die Besetzung oder Annexion arabischer Gebiete, für neue Siedlungen und vor allem zum Nein zu einem palästinensischen arabischen Staat zu gewinnen. Man gibt all das als Sicherheitserfordernis aus. Auch in die internationalen Diskussionen, bis hinein in die UNO und ihren Sicherheitsrat, tragen die bürgerlichen Politiker Israels immer wieder gerade diejenigen Argumente, die sich mit Sicherheitserfordernissen begründen lassen. Damit werden auch die Soldaten und Offiziere der israelischen Armee entscheidend motiviert.

Allein selbst namhafte bürgerliche Politiker halten, wie gezeigt wurde, die fortdauernde Okkupation von Gebieten, die 1967 besetzt wurden, nicht für unbedingt sicherheitsdienlich. Sogar Moshe Dayan, langjähriger Kriegsminister und unter Begin eine Zeitlang Außenminister, meinte Ende Dezember 1968 vor dem israelischen Presseklub im Tel-Aviver Sokolov-Haus, er glaube nicht, daß unter dem Gesichtspunkt der Verteidigung die Siedlungen in den besetzten Gebieten irgendeine besondere Bedeutung hätten. «Die Grenzen können wir heute genausogut mit wie ohne Siedlungen verteidigen.»

Dayans Generalskollege im Junikrieg von 1967, Matityahu Peled, ging sogar noch weiter, indem er schrieb, «die Behauptung, daß im Juni 1967 Israel die Gefahr der Vernichtung drohte und daß der Staat Israel um seine nackte Existenz zu kämpfen hatte, ist ein Bluff, der erst nach dem Krieg geboren und weiter ausgearbeitet wurde». «Im Mai 1967», so vermerkte Peled am 19. März 1972 in der Zeitung «Haaretz», «war die Vernichtung Israels weder im Allgemeinen noch im Besonderen akut. Die Ägypter konzentrierten im Sinai 80 000 Soldaten, und wir mobilisierten gegen sie 100 000.»

Eine andere Äußerung Dayans, die er im Juli 1968, also nur fünf Monate vor den umseitig zitierten Ausführungen machte, zeigt, in welche Richtung das Sicherheitsbedürfnis der Menschen und der Soldaten manipuliert wurde. Die Teilnehmer eines Jugendmeetings beschwor Dayan, sie hätten «an die Konzentration des jüdischen Volkes hier zu glauben. In dieser Zeit und solange ihr lebt, habt ihr nach besten Kräften die Ausweitung der Siedlungen zu unterstützen. Ihr braucht das alles noch nicht zu vollenden. Aber Gott verbietet euch zu sagen: ‹Hier ist der Endpunkt, bis hierher, bis Deganya, bis Mefalsim oder Nahal Oz und nicht weiter.› Schon fast seit einhundert Jahren ist dieser Prozeß der Ausdehnung in Gang, und ihr habt euren Teil ihm beizufügen. Wir sitzen heute in einem Gebiet vom Suezkanal bis zu den Golanhöhen und gehen Schritt für Schritt weiter.»

Dayan sagte sowohl im Sokolov-Haus wie auf dem Jugendmeeting die Wahrheit. Erinnern wir uns der Karte, die Chaim Weizmann 1919 auf den Tisch der Pariser Friedenskonferenz breitete. Es war die Landkarte mit den Traumgrenzen eines Staates für denjenigen Teil der jüdischen Bourgeoisie, der seine Renaissancehoffnungen an die Herzlsche Bewegung geknüpft hatte.

Nur 29 Jahre gingen ins Land, und dieser Staat ward Realität mit demselben Chaim Weizman als erstem Präsidenten. War bis hierher im großen und ganzen nicht alles zugunsten dieser jüdischen Bourgeoisie gelaufen? Aus welchem Grunde sollte sie, die sie ein ganz anderes Verständnis von nationaler Vernunft als die Arbeiterklasse besitzt, ihre Traumgrenzen von 1919 aufgegeben haben? War das Offenhalten der Grenzen nicht geradezu die Voraussetzung, um die Politik der Schaffung vollendeter Tatsachen auch nach der Staatsgründung fortsetzen zu können? Im Palästinakrieg von 1948/49 holte sich die Bourgeoisie in Westgaliläa, in Mittelpalästina, im Gazastreifen und

Chaim Weizmann leistete am 17. 2. 1949 in der Knesset den Eid als erster Präsident des Staates Israel

in der Negevwüste 6 700 Quadratkilometer hinzu, rund 30 Prozent des Territoriums, das Israel in den Grenzen bis zum 5. Juni 1967 ausmachte. Im Juni-Krieg von 1967 ließ sie von ihrer Armee die übrigen Gebiete Palästinas, die Golanhöhen und die Sinaihalbinsel besetzen, ein Territorium von 66 278 Quadratkilometern.

Das ging ähnlich vonstatten, wie in den zwanziger und dreißiger Jahren: Was damals die Okkupationsgenossenschaften verrichteten, wird heute von den Wehrsiedlern besorgt. Nur daß heutzutage keine Holzhäuser, sondern Betonbungalows aufgestellt werden. Ihre Errichtung beginnt unter militärischem Schutz am Morgen und ist abends abgeschlossen. Wie damals tragen die Siedler ihre Waffen während der Arbeit bei sich, und die Familien ziehen später nach. Die vorfabrizierten Bauteile werden nicht mehr von Bautrupps der Haganah zusammengenagelt, sondern mit moderner Technik bei Mabat-Precast Houses Constructions Ltd. und anderen Betrieben der Jüdischen Agentur gegossen.

In diese Siedlungen ziehen ganz bestimmte Bevölkerungsgruppen ein — Staatsbeamte, Offiziere, Mitglieder der Regierungsparteien und Anhänger von Gush Emunim, Neueinwanderer und sogar Kibbuzim der sozialdemokratischen Parteien. Bereits 1982 waren 45 Prozent des Bodens im Besitz oder unter Kontrolle Israels. Die Pläne der Jüdischen Agentur reichen bis weit ins zweite Jahrtausend. Mit der Regierung Begin wurde 1981 vereinbart, die Anzahl der jüdischen Siedler auf der Westbank von heute 20 000 auf eine Million in den nächsten 30 Jahren zu erhöhen. «Das ist ein Plan für Juden. Ob ihn die Araber akzeptieren oder nicht, interessiert mich nicht», meinte bei dessen Bekanntgabe im Oktober 1981 Matityahu Drobles von der Herutpartei und Leiter der Siedlungsabteilung der Zionistischen Weltorganisation.

Dem Plan zufolge sollen die heutigen Siedlungen zu Städten werden. Ihre Namen stehen bereits fest: Elkana, Ariel, Karnei, Shomron. In jeder sollen einmal 50 000 Menschen leben. Zehn Satellitenstädte vor Jerusalem sowie an den Westhängen Samarias werden von je 36 000 Einwohnern zu besiedeln sein. — Eine definitive Sprache, ein definitiver Plan! Geht er auf, so wäre man der Traumgrenze von 1919 wiederum ein wesentliches Stück näher gekommen.

Bis dahin aber zahlt sich aus, daß von rund einer viertel Million berufstätiger palästinensischer Araber der Westbank etwa 80 000 in Israel arbeiten und dort ihre Arbeitskraft der israelischen Bourgeoisie verkaufen, zu niedrigen Löhnen, ohne Rechte und ohne Gewerkschaften. Bis dahin läßt sich in diesen Gebieten die landwirtschaftliche Produktion beträchtlich steigern, deren Anteil an der israelischen jetzt schon mehr als ein Fünftel beträgt. Auch die Industrieproduktion dürfte sich noch mehr erhöhen, als im Jahrzehnt von 1968 bis 1979. In dieser Zeit stieg sie im okkupierten Gazastreifen wertmäßig von 8 Millionen israelischen Pfund auf 717 Millionen, in der Westbank von 30 Millionen auf 893 Millionen.

«Israel hat ‹rote Linien› festgelegt, deren Überschreiten durch die Araber eine militärische Reaktion Israels auslösen würde», drohte Kriegsminister Ariel Sharon Ende Oktober 1981. Ihm zufolge würde der Verteidigungsfall eintreten, wenn ein arabischer Staat Atomwaffen produziere oder in deren Besitz gelange, irakische Truppen in Jordanien oder Syrien eindrängen, ägyptische Truppen die demilitarisierten Zonen in Si-

Eines der «Wehrdörfer» auf den widerrechtlich besetzten Golanhöhen (1978)

Die «Wehrsiedlung» Shiloh im okkupierten Westjordangebiet

nai besetzten, syrische Verbände in den Südlibanon vorrückten.

Noch immer dem Dayanschen Gedanken vom hundertjährigen «Prozeß der Ausdehnung» auf der Spur, ist für uns die «rote Linie» Sharons im südlichen Libanon besonders interessant. Seitdem der bewaffnete Konflikt den Libanon erschüttert, vor allem aber seit dem Moment, da es Israel gelang, in dem «christlichen» libanesischen Major Haddad einen Spießgesellen zu finden, der im Süden des Landes einen Separatstaat ausrief, geistert jene «rote Linie» im Libanon durch die Presse. Als Drohlinie zuerst in den israelischen Zeitungen, später dann auch in der westlichen Presse. Indes, sie wurde nie genau definiert. Allgemein nahm man an, es handle sich um den Litanifluß.

Den Regierungen Israels kam die Unschärfe der Darstellung gelegen. Am 12. Mai 1981 veröffentlichte das amerikanische Blatt «The New York Times» in seiner Frontberichterstattung eine Karte vom libanesischen Kriegsschauplatz, in der die «rote Linie» zum erstenmal so eingezeichnet war, wie sie von Israels Militärs tatsächlich verstanden wird. Sie durchschneidet in Höhe der Stadt Sidon den Libanon quer von der Mittelmeerküste bis zur Bergkette an Syriens Grenze. Sidon wiederum liegt etwa 30 Kilometer nördlich der Mündung des Litani und ist, der Leser merke auf, der gleiche Schnittpunkt, den die Weizmannsche Karte von 1919 als Nordgrenze des Judenstaates ansetzte.

Verteidigungsfall oder Traumgrenze? Ben Gurion am 29. Juli 1937 auf dem Weltkongreß der Poale-Zionisten in Zürich: «Libanon ist der natürliche Verbündete von jüdisch Palästina. Das Schicksal der Christen ähnelt dem der Juden im Lande ... Libanon ist eingekreist von einem Meer arabischer Moslems, (wie wir) ist es eine ziemlich aufgeklärte Insel inmitten primitiver Wüstenbewohner ... Es ist nicht auszuschließen, daß sich uns nördlich der südlibanesischen Grenze, die an den jüdischen Staat anschließt, die erste Möglichkeit zur Ausdehnung eröffnet, bei voller Übereinstimmung und mit dem guten Willen unserer Nachbarn, die uns brauchen.»

Der Nachbar mit dem guten Willen war jener Major Sa'ad

Haddad. Seine Truppe wurde von Israels Armee ausgebildet, ausgerüstet und in militärischen Aktionen auch direkt unterstützt. War er selbst einmal krank, transportierte ihn ein Hubschrauber der israelischen Luftstreitkräfte zur Behandlung ins Militärhospital Rambam. In dem von ihm kontrollierten Gebiet wurde Israels Währung in Zahlung genommen, waren die Geschäfte mit israelischen Waren gefüllt. Haddads Unabhängigkeit zu respektieren zählte neben der Unantastbarkeit der «roten Linie» zu den Bedingungen, die Sharon mit seiner Amtsübernahme im Verteidigungsministerium 1981 als militärischen Status quo im Libanon postulierte. — Verteidigungsfall oder Traumgrenze?

Zahal — wie die Armee im Lande genannt wird — das sind die scharfkralligen Tatzen des israelischen Monopolkapitals von heute. Zwar gehört Israel in der Welt der Monopolkapitalisten nicht zu den Großkatzen. Aber auch die kleineren Räuber, die immer hungrigen und gefräßigen, denen vor Kraft das eigene Fell zu eng erscheint, haben ihre rosigen Träume. Israels herrschende Klasse — wie wir schon sahen —, das sind nicht mehr die Reb Naphtalis und «Hofjuden» der Jahrhundertwende oder die Ruthenbergs der zwanziger und dreißiger Jahre. Die Politik dieser Klasse heute ist von ganz spezifischer Art: rigoros im Schaffen vollendeter Tatsachen, clever im eiskalten Auspokern politischer Spielräume und von kaum vorstellbarer Demagogie, weil sie zur eigenen Rechtfertigung auf das Unrecht pocht, das den Juden über die Jahrhunderte angetan wurde. Daß dieses Unrecht, wenn auch in weitaus geringerem Maße als den armen Juden, auch jüdischen Bourgeois widerfuhr — das verdreht sie in ihr «Massel», zu ihren Gunsten. Und sie wird auch weiter alles tun, zu jedem Trick greifen, um so lange wie nur irgend möglich daraus ihren Vorteil zu schlagen. Daß diese Art von bürgerlicher Politik den passenden Typ der Militärs und Politiker gebiert, versteht sich von selbst.

Schauen wir uns — stellvertretend für jene Clique — Brigadegeneral Ariel, genannt Arik, Sharon an. «Dieser wie ein Teddybär aussehende menschliche Bulldozer, der ungerührt alles niederwalzt, was ihm in den Weg kommt, pflegte mit einem grimmigen Gesichtsausdruck und dem Blick eines Mannes aufzutreten, der jeden Augenblick zum Angriff übergehen konnte», charakterisierte einmal Ezer Weizman nicht eben schmeichelhaft seinen Generalskollegen. Geboren wurde er 1928 in K'far Malal. Seine Eltern waren Moshawniki. Die Verwurzelung in der Genossenschaftsbewegung brachte ihn politisch Ben Gurion nahe. Dieser kannte Sharon gut und vermerkte in seinem Tagebuch über ihn: «Wenn er den Fehler ablegen könnte, nicht die Wahrheit zu sagen, und sich aus Klatsch heraushielte, wäre er das Muster eines militärischen Führers.»

Sharons Großvater, Mordechai Scheinermann, war der engste Freund von Dov Zeev Begin, dem Vater Menachem Begins. Beide waren die ersten Zionisten ihrer Heimatstadt Brest-Litowsk und glühende Jünger Herzls. Die Großmutter Sharons spielte eine wichtige Rolle in Begins Leben, denn sie war dessen Hebamme.

Seit seiner frühen Jugend gehörte Sharon der Haganah, wenn auch nicht der Palmach, an. Schon als Siebzehnjähriger absolvierte er in Ruhama eine Gruppenführerschule, mit neunzehn Jahren wirkte er als Instrukteur in der jüdischen Siedlungspolizei. Als Offizier wurde er während des Palästinakrieges mehrfach verwundet. Anfang der fünfziger Jahre studierte er Geschichte und Orientwissenschaften, als Dreißigjähriger erhielt er eine Ausbildung für höhere militärische Führungsaufgaben in der British Staff High School. Politisch bewegte er sich in seiner Karriere von der sozialdemokratischen Mapai weg über eine kurze Gastrolle in der Liberalen Partei bis ins ultrarechte Lager in den Likudblock hinein, wo er zu den Führern der Gush Emunim, jener faschistoiden Gruppierung, zählt. Von Begin, zu dessen Lieblingen und Protegés Sharon gehört, wurde er zum Landwirtschaftsminister berufen und war damit verantwortlich für die Siedlungspolitik. Er gilt als Spiritus rector des Siedlungsprogramms in den besetzten arabischen Gebieten. Nach dem Oktoberkrieg von 1973 wurde er wegen der von ihm geleiteten Überquerung des Suezkanals als «Arik, König von Israel» hochgejubelt. Man sagt ihm nach, er besitze Staatsstreichfähigkeiten. Selbst Begin traute Sharon zu, dieser könne eines Tages seine Panzer schicken und den Amtssitz des Premierministers belagern. Dieser «Bulldozer mit dem grimmigen Gesicht» von ganz rechts außen wurde im Sommer 1981 an die Spitze von Israels Armee gestellt.

Im August 1953, noch während seines Studiums der Orientwissenschaften an der Hebräischen Universität von Jerusalem, erhielt Sharon vom damaligen Generalstabschef Mordechai Makleff den Auftrag zur Bildung eines Kommandos für Sondereinsätze, der Einheit 101. Sie bestand aus etwa 40 Mann, die Sharon im ganzen Land persönlich auswählte. Ihre Taktik beruhte auf drei Elementen: verdeckte Annäherung sowie Infiltration eines Objektes, Nachtkampf und Überlegenheit der Feuerkraft.

Nicht lange nach ihrer Gründung überfiel am 14. Oktober «101» das arabische Dorf Khibye in Jordanien, sprengte 45 Häuser, einige von ihnen samt ihren Einwohnern. Dabei verbrannten mehr als 40 Menschen. Insgesamt wurden in der Aktion 66 Menschen getötet und 75 verwundet.

Moshe Dayan machte aus der Einheit 101 das Fallschirmspringerbataillon 101 mit Sharon als Kommandeur, aus dem sich später die Fallschirmjägerbrigade 202 entwickelte. In nur anderthalb Jahren, bis Ende 1954, überfiel diese Truppe weitere arabische Ortschaften: am 28. März 1954 Nahalin, am 7. April desselben Jahres Husan, am 9. Mai Khirbet Ilin, am 27. Mai Khirbet Jimba, am 28. Juni Azzoun, am 13. August Sheikh Madhkur, am 15. August Bir es Saka im Gazastreifen. Aus Sharons Terroreinheit gingen die späteren Generalstabschefs Mordechai Gur, Yitzhak Hoffi und Raphael Eytan hervor.

Sharons terroristischer Kampfmethode lag die Überlegung zugrunde, daß der überraschte Gegner improvisations- und damit weitgehend auch operationsunfähig sei. Seine Überraschungs- oder auch Schocktaktik wurde zu einem der grundlegenden Elemente in der Operationstheorie der israelischen Armee, in der militärische und psychologische Kriegführung eng miteinander verbunden sind. Israels Militärs orientieren auf die Aufrechterhaltung einer militärischen Überlegenheit um jeden Preis.

Das erfordert nach ihrer Auffassung die Austragung der kriegerischen Handlungen auf dem fremden Territorium und die rasche Vernichtung der dort befindlichen militärischen Reservoirs. Gültigkeit hat diese Grundüberlegung sowohl für kurzfristige Operationsziele, die meist als Vergeltungsmaßnahmen gegen Terroristen ausgegeben werden, als auch für die Operationstaktik im Krieg.

«Jede größere Kampfhandlung mußte so geplant werden, daß schon gleich am Anfang die Entscheidung fiel.» Dabei würde der «wahre Wert der Überraschung» darin gesehen, heißt es in israelischen Einschätzungen, «bis zum vollständigen Abschluß einer Operation die Spitze der feindlichen Führung» in Verwirrung zu stürzen und irrezuführen. Ein solches Verhalten würde durch Panik, Chaos und Verwirrung «zur schnellen Auflösung der Feindtruppen führen».

Diesen Zielen entsprach die Blitzkriegstaktik, die seit der Suez-Aggression 1956 beständig verfeinert wurde. Damals erhielten die israelischen Einheiten den Auftrag, nach Angriff und Durchbruch durch die erste gegnerische Linie pausenlos weiter vorzustoßen. Jedem militärischen Verband wurde ein Zielobjekt zugewiesen, das in einer einzigen ununterbrochenen Bewegung ohne weiteren Nachschub an Menschen oder Material zu erreichen war. Bis Anfang der sechziger Jahre wurden die Lehre von der permanenten Aktion sowie die Blitzkriegtaktik weiter perfektioniert und die dazugehörigen technischen Umrüstungen vorgenommen.

Zu strategischen Formationen für weiträumige Umfassungsbewegungen, tiefe Vorstöße und Durchbrüche wurden die Landstreitkräfte umgebildet. Zugleich stellte man taktische mobile Einheiten für örtlich begrenzte Einsätze auf. In Regimentern, Brigaden und Divisionen entstanden bewegliche Kampfgruppen. Hinzu kam die sogenannte Messerschnitt-Taktik, die auf das Durchstoßen der gegnerischen Linien an einzelnen Punkten zielte, und das mit der stärksten Konzentration von Truppen, Feuerkraft und Panzern. Panzer und Fallschirmjägereinheiten wirkten zusammen. Infanterie und Fallschirmspringer wurden auch als motorisierte Kräfte eingesetzt.

Diese Taktik wurde im Juni-Krieg von 1967 angewandt. Nach dem Durchstoß an jenen vorgegebenen Positionen hatten die Verbände schnell voranzukommen, ohne sich um die Sicherung zu kümmern. Jeder Verband besaß Treibstoff, Munition und Ersatzteile für 72 Stunden. Jede Marschsäule wurde von mobilen Einheiten mit der entsprechenden Technik, die meist Reservisten bedienten, begleitet.

Dabei spielten die Panzer eine besonders wichtige Rolle. Der amerikanische General Hamilton H. Howze schreibt, daß sie größtenteils zu Panzerbrigaden zusammengefaßt waren, während die Zahl der Brigaden in den Divisionen veränderlich war.

Seit 1967 ist die Division der größte taktische Verband. Seit dieser Zeit gibt es in der israelischen Armee keine Regimenter mehr. Die Armee ist wie folgt strukturiert: Gruppe (Kita), Zug (Machlaka), Kompanie (Pluga), Bataillon (Gdud), Brigade (Hativa) und Division oder Kampfgruppe (Ugda). Nach 1967 wurden Infanterie und Fallschirmjäger einem Oberkommando unterstellt. Jeder Infanterist wurde nun auch als Fallschirmspringer ausgebildet, wodurch ein bedeutender Teil der Landstreitkräfte das Niveau jener Sondereinheiten vom Sharonschen Schlag erhält.

Ein wesentliches Problem dieses Umbildungsprozesses bestand darin, das Leistungsniveau der Berufssoldaten und der Reservisten anzugleichen. Während die Berufssoldaten das Gerüst der Armee bilden, kommt der überwiegende Teil der Streitkräfte aus der Reserve. Für jeden Wehrdiensttauglichen erwachsen daher nach Beendigung der aktiven Dienstzeit regelmäßige Verpflichtungen. Jährlich hat er bis zu einunddreißig zusammenhängende Tage Reservedienste zu leisten. Hinzu kommen ein Tag pro Monat oder drei Tage vierteljährlich für eine militärische Übung. Ab 39. Lebensjahr reduziert sich diese Anzahl der Übungen um die Hälfte. Bei Offizieren und Unteroffizieren kommen bis zum 45. Lebensjahr noch weitere sieben Tage hinzu. Unverheiratete Frauen haben bis zu 29 Jahren die gleichen Pflichten zu erfüllen. Der Reservist wird immer zu seiner alten Einheit einberufen, wodurch über viele Jahre Kontinuität bei der Beherrschung der Technik und, was gewiß nicht weniger zählt, im persönlichen Kontakt erreicht wird.

Dieses System erlaubt es, geschlossene Einheiten mit kom-

Israelischer Angriff in Richtung Suezkanal (1967)

Israelische Soldaten bringen Haubitzen gegen ägyptische Städte in Stellung (16.-7. 1967)

pletter Ausrüstung einzuberufen. Bei Übungen, so im August 1974, soll es gelungen sein, innerhalb von 22 Stunden 90 Prozent der Kampfverbände zu mobilisieren. Spätere Übungen sollen noch bessere Ergebnisse gebracht haben.

Die Einberufung wiederum erfolgt nach territorialem Prinzip, so daß die Mehrheit der Reservisten, ausgenommen natürlich die Spezialeinheiten, aus einer Gegend kommt. Bei der Mobilmachung finden sie sich dann immer wieder bei ihren alten Einheiten ein. Wer sich dort trifft, ist über viele Jahre zusammen ausgebildet worden und kennt sich. Förderlich wirkt sich auch aus, daß etwa die Hälfte der Berufstätigen Israels, also jene Menschen, die für den Wehrdienst in Frage kommen, über eine hohe Qualifikation verfügt.

Der Eindruck, daß in Israels Armee gern und oft improvisiert werde, ist falsch. Auch in dieser Armee werden wichtige Operationen bis ins Detail geplant, ausgearbeitet und geprobt.

Nicht die technischen oder organisatorischen Fragen sind jedoch die zentralen, sondern die politischen und ideologischen. Im Grunde steht die herrschende Klasse stets von neuem vor der Notwendigkeit, den objektiv bestehenden Widerspruch zwischen dem bürgerlichen Militärapparat, den sie zur gewaltsamen Durchsetzung ihrer Interessen schuf, und dem Interesse des Volkes an sozialer Gerechtigkeit, gesicherter Existenz und Frieden zu vertuschen. Zu diesem Zweck knüpfen die bürgerlichen Politiker und Militärs immer wieder an die Traditionen und Erfahrungen jener Generation von Menschen an, zu der auch der Palmach-Mann von der Allenby-Brücke gehörte.

Faßten jene damals die Haganah als Befreiungsarmee der Juden auf, so wird heute von der zionistischen Führung Zahal als Synonym für die Existenz des Staates gesetzt. Dem Soldaten und Wehrpflichtigen sagt man, die Armee gebe es überhaupt nur zu dem einen Zweck, das Bestehen des Staates, der Heimstatt der Juden, zu schützen. Auch der Krieg würde nur diesem einen Ziel dienen. Wer als Jude dem Judenstaat nicht die Daseinsberechtigung absprechen will — und wer wollte das schon in Israel? —, der dient. Und so wird dem Soldaten eine politische Motivation unterschoben, die ihn zugleich an den bürgerlichen Nationalismus und damit die bürgerliche Ideologie bindet. In seinem Bewußtsein erscheint Staats- und Wehrverständnis als Einheit. Damit unterscheidet sich seine Motivation von der amerikanischer Armeeangehöriger, die in Vietnam, Südkorea oder auf Militärstützpunkten fern ihrer Heimat eingesetzt waren oder sind.

Israels bürgerliche Politiker, Militärs und Ideologen haben jenes demokratische Cape, das sie ihrer Armee in den Anfangsjahren schneiderten, für die heutigen Bedingungen umgenäht. Vor allem steckten sie mehr Flitter dran — aus Geschichte, Religion und Tradition.

Der junge Rekrut wird in Masada vereidigt. Masada spielt in der Geschichte des antiken Judäa eine besondere Rolle. Nachdem Judäa etwa nach dem Jahre 44 der römischen Fremdherrschaft völlig verfallen war, riefen die Zeloten, die Eiferer — eine politisch radikale Strömung —, zur Erhebung gegen Rom. Viele Bauern Galiläas unterstützten sie, deren bekanntester Führer Simon Bar Giora war. Die Römer führten gegen die Rebellen einen Ausrottungskrieg. Sie drängten diese zunächst auf Jerusalem zurück, das Titus im Jahre 70 durch Aushungern sturmreif machte und schließlich einnahm. Noch drei Jahre lang kämpften gegen die Römer versprengte Trupps der Zeloten, die lieber starben, als sich zu ergeben. Dabei erlangte die Verteidigung der Burgfeste des Herodes, Masada, hoch über dem Toten Meer, Berühmtheit. «Nicht von unseren Todfeinden, den Römern, sondern von Gott durch unsere eigene Hand wollen wir die Strafe erleiden», soll Eleazar, Anführer der Zeloten auf Masada, seinen Leidensgenossen in der Stunde höchster Bedrohung zugerufen haben, liest man bei Flavius Josephus in dessen Geschichte des Jüdischen Krieges. «Ungeschändet sollen unsere Weiber sterben, frei von Sklavenketten unsere Kinder! Und sind sie uns im Tode vorangegangen, so wollen wir selbst einander den Liebesdienst erweisen — dann wird der Ruhm, die Freiheit hochgehalten zu haben, uns ein ehrenvolles Leichenbegräbnis ersetzen! Zuvor aber wollen wir unsere Kostbarkeiten und die ganze Burg durch Feuer vernichten ... Nur die Nahrungsmittel wollen wir ihnen übrig lassen, damit sie nach unserem Tode zum Zeugnis dienen, daß nicht der Hunger uns bezwang, sondern daß wir, wie von Anfang an, so auch jetzt noch entschlossen waren, den Tod der Knechtschaft vorzuziehen.»

Als 1960/61 und 1965 archäologische Expeditionen unter Leitung von Yigal Yadin, Israels ehemaligem Generalstabschef, die schwer zugänglichen Wadis nach Spuren des Aufstandes durchforschten, fand man tatsächlich Überreste der Zeloten. Und so stehen die jungen Menschen an dieser Stelle, vom hochaufragenden Felsplateau mit weitem Blick in die Ferne, stolz auf ihr Volk, das Jahrhunderte überlebte, und geloben symbolisch: «Masada wird nie wieder fallen!»

Indes, wer ist der Todfeind? «Masada symbolisiert die Standhaftigkeit der Wenigen gegen die Vielen, der Schwachen gegen die Starken», lautet die offizielle Interpretation. Im Klartext heißt das: vier Millionen Israelis gegen 200 Millionen Araber. Was da als Symbol tatsächlichen Freiheitskampfes dienen könnte — der Zeloten Standhaftigkeit, die gegen eine wirkliche Fremdherrschaft wider Rom kämpften und starben —, wird zum Sinnbild des Kampfes gegen die Araber, die keine Fremdlinge, sondern Nachbarn sind, mit denen man versuchen müßte auszukommen.

Während seiner Armeezeit marschiert der Soldat der israelischen Armee durchs ganze Land. Dabei lernt er die Heimatorte und Familien seiner Kameraden kennen. Er zeltet in den Bergen Galiläas und unter dem klaren nächtlichen Sternenhimmel der Negevwüste. Ihm darf kein Ortsname im Lande fremd bleiben.

Viele sind biblisch. Ruinen, Mauern, Grabmäler tragen Namen, die ihnen Hebräer, Israeliten oder Judäer in uralten Zeiten gaben. In Karten setzt man für die okkupierten Gebiete bewußt jene alten Namen ein. So findet man auf der Westbank-Karte nördlich von Jerusalem Mizpah wieder, Hauptstadt Sauls, den antiken Treffpunkt der Stämme Israels, wo sich diese einst zum Einheitsstaat zusammenschlossen. Bei anderen Ortsnamen wird der historische Kontext vermerkt: Bethlehem — Begegnung zwischen Ruth und Boaz, Geburtsort von Jesus und David, Rachels Grab; Jericho — erste Stadt der Kanaaniter, die von Israels Kindern erobert wurde, Balsamgärten; Hebron — eine der vier heiligen Städte der Juden, Grabstätte von Abraham, Sarah, Isaac, Rebecca, Jacob und Leah, Davids Residenz vor der Eroberung Jerusalems. Diese Art von Heimatkunde reicht bis hinein nach Jordanien: Mount Nebo — von hier aus sah Moses vor seinem Tode das gelobte Land; Madeba — Fundort einer mosaischen Landkarte aus dem 6. Jahrhundert vor unserer Zeit.

So verbinden sich auf subtile Weise Politik, Militär, Geschichte, Religion und Archäologie für den jungen Soldaten zu einer großen jüdisch-nationalen Kontinuität. Nicht aus Zufall oder wegen der Freizeitgestaltung betreiben und betrieben führende Militärs und Politiker Israels wie Yigal Yadin oder Moshe Dayan die Archäologie mit Hingabe und Meisterschaft. In Israel ist die Archäologie auch eine politische Wissenschaft. Mit ihrer Hilfe versucht man den jungen Soldaten, die in die besetzten Gebiete kommandiert werden, die Zweifel zu vertreiben. «Besetzte Gebiete? Wieso? Sprechen nicht ihre biblischen Namen die Sprache eurer Vorväter? Zurückgekehrt seid ihr! Nur keine Scham!» (Vergl. Pilgerkarte aus Israel)

Zustatten kommt dem historisch gebetteten Chauvinismus, daß Israel ein Einwandererland ist. Von den rund 250 000 wehrpflichtigen Israelis, die 1981 achtzehn bis zweiundzwanzig Jahre alt waren, kamen etwa 212 000 in Israel zur Welt, wurden über 16 000 in Europa oder Amerika geboren, 20 000 in Afrika und 6 000 in Asien. Für die ältesten von ihnen liegt der Geburtstag im Jahre 1959. Noch Ende der sechziger Jahre waren von den rund 25 000 Israelis, die jährlich achtzehn Jahre alt und eingezogen wurden, etwa 11 000 in Israel geboren, kamen 6 000 als kleine Kinder aus Europa in dieses Land und 8 500 aus dem Orient. Nur 5 Prozent der Väter des Einberufungsjahrgangs 1968 zählten zu den Sabras, alle anderen waren aus 30 verschiedenen Ländern zugewandert. Waren schon in den zwanziger und dreißiger Jahren die Siedler auf die Lüge der zionistischen Führer hereingefallen, das Land, welches sie in Besitz nahmen, wäre unbebaut und menschenleer gewesen oder bestenfalls, die arabischen Bauern hätten jüdischen Boden widerrechtlich bebaut, um wieviel leichter mußten sie dann Beute jener Geschichtsklitterer von heute werden? Dem Autor ist selbst nicht selten widerfahren, daß ihm junge Gesprächs-

Ausgrabungsgelände bei Jericho

Durch Ausgrabungen freigelegter alter Stadtturm in Jericho

partner erstaunt parierten: «Arabischer Boden, wieso? Solange *ich* hier bin, solange meine Eltern hier arbeiten, haben hier Araber weder gelebt noch gearbeitet.»

Das National-Historische verquickt sich mit dem National-Religiösen auch in der Armee. Jeder Soldat erhält als Geschenk des Rabbinats eine Armeebibel. Sofern von ihm gewünscht, kann er zwei verschiedene Eßgeschirre erhalten — für Milch das eine, für Fleischspeisen das andere. Über jede Küche wachen Rabbis. Am Sabbat ruht alles in der Armee, solange das die militärische Lage zuläßt. Der religiöse Soldat darf fünfmal im Jahr fasten, es ist ihm auch gestattet, sein Käppi unter dem Stahlhelm zu tragen. Vor einigen Jahren soll unter orthodoxen jungen Männern, die zu den Fallschirmspringern einberufen wurden, hitzig die Frage debattiert worden sein, ob die Thorarolle mit dem Fallschirm abgeworfen werden dürfe oder

nicht. Das Rabbinat entschied natürlich positiv: Die Rolle dürfe man abwerfen, wenn sie in einen besonderen Schrein eingeschlossen und gut befestigt sowie beim Weitertransport nicht allzu kräftig gerüttelt werde.

Ganz besondere Bedeutung mißt man in Israels Armee dem Verhältnis zur persönlichen Waffe bei. Der Soldat trägt seine MPi fast immer bei sich. Fährt er zum Wochenendurlaub oder übers Land, seine MPi nimmt er mit. Ungewohnt für mich war der Anblick junger Soldaten, die in den Überlandbus stiegen, in der einen Hand ihren kleinen Rucksack, in der anderen die Waffe, die Magazine nicht selten mit Schnur oder einem Stück Draht einfach an ihr festgebunden.

Daß der Soldat seine Waffe mit sich führen darf, gilt ihm als handgreiflicher Beweis dafür, stets und überall stünde nur seine ganz persönliche Sicherheit im Vordergrund. Sie gemahnt ihn zu ständiger Wachsamkeit. Wo immer er sich befindet, kann auch der Feind lauern — der Araber. Die Waffe macht ihn eins mit den Siedlern, die wie er ihr Gewehr bei sich tragen, in den besetzten Gebieten und in Grenzregionen zu den Arabern. Niemals darf eine Waffe dem Gegner in die Hände fallen, ebensowenig wie eigene Gefallene. Das wäre ein Schlag gegen das eigene Überlegenheitsgefühl. Andererseits wird zurückgelassenes arabisches Gerät als Beweis dafür benutzt, daß die gerechte Sache mit Israels Soldaten sei. Weil ein gerechter Krieg zum Kampf bis zur letzten Kugel ermutigt, so heißt es, müßten die Araber nicht davon überzeugt sein, einen solchen zu führen. Also pflegt man die Panzerwracks arabischer Armeen aus den vergangenen vier Kriegen an den Zufahrtsstraßen nach Jerusalem oder anderenorts und streicht sie aufmerksam mit rotbrauner Rostschutzfarbe —zur eigenen Erbauung und zur Demütigung der Araber.

Hier wird weitergeführt, was die Soldaten schon als Kinder in der Schule lernten: «Die Rasse des israelischen Volkes ist die beste aller Rassen, weil sie aus der Auswahl der Besten in jeder Generation hervorgegangen ist. Erzogen von den Propheten, ist es nur folgerichtig, daß ein Volk mit solchen Lehrmeistern besser ist als andere Völker.» (Aus dem Vorwort von Dr. A. Tsifroni zum «Buch Khozari» Yehuda Halevis aus dem 12. Jahrhundert, herausgegeben 1966 vom Ministerium für Erziehung und Kultur Israels als Schullesebuch.) In der Beginschen Regierung wurde dieses Ministerium bewußt einem Mann namens Hammer anvertraut, der, wie Sharon, zu den Förderern von Gush Emunim gehört, welche ihrerseits nach dem Jabotinskyschen Groß-Israel strebt. «Sind der Zionismus und die Umwandlung des Landes Israels in einen jüdischen Staat moralisch, also gerecht», hatte Jabotinsky 1923 geschrieben, «dann muß man die Gerechtigkeit durchsetzen ohne Rücksicht darauf, wer dafür oder dagegen ist... Wer gewaltsam verhindern will, daß die Gerechtigkeit durchgesetzt wird, den muß man aufhalten, ebenfalls mit Gewalt — so lautet die Doktrin der Moral. Eine andere Moral gibt es nicht.»

So wird heute in Israel schon die zweite und in ihren Anfängen auch die dritte Generation im Geiste von Chauvinismus, Militarismus und religiösem Mystizismus erzogen, wozu die Armee ihr gerüttelt Maß beiträgt. Jeder Krieg gegen die Araber sei ein gerechter Krieg, lehrt man die Soldaten. Er wäre ein Verteidigungskrieg, auch wenn der erste Schlag geführt wird. Der Krieg gegen die Araber wäre nichts anderes als die Fortsetzung der uralten Tradition der Selbsterhaltung. Armee-Rabbiner sekundieren mit orthodox-religiöser Rechtfertigung. «Jede Schwäche Israels ist eine Gotteslästerung. Tote Araber kümmern uns nicht. Wir müssen uns verteidigen. Das Leben eines Juden ist das heiligste Gut, das es gibt. So steht es in der Bibel. Sie schreibt uns vor, auf die Ungläubigen keine Rücksicht zu nehmen, wenn es gilt, dem jüdischen Volk das Land Israels zurückzuerobern.» Diese Worte zeichnete ein Berichterstatter des «Tagesspiegel» im Sommer 1981 auf, als er Ortschaften im Norden Israels besuchte, in denen im Libanon abgefeuerte Raketen einschlugen.

Für die Beginregierung und die Armeeführung, vor allem für Generalstabschef Raphael Eytan war es der Anlaß, die Schraube des militärischen Terrors gegen die Palästinenser wieder um einige Umdrehungen anzuziehen. Man entwickelte eine «neue Politik des Angriffs auf Terroristen selbst in Bevölkerungszentren» und ließ im Juli 1981 Beirut bombardieren. Dabei kamen mehr als hundert arabische Zivilisten ums Leben.

Im Politbüro der MA'I rief dieser Angriff eine heftige Kontroverse hervor. Professor Zeév Sternhal, der in dieser Partei eine Gruppe führt, die sich Kreis 77 nennt, forderte das Politbüro auf, die Politik der Beginregierung gegenüber dem Libanon und die Bombardierung Beiruts zu verurteilen. Parteivorsitzender Peres reagierte hart. «In einer Zeit, da Kanonen feuern und im Norden die Menschen in Bunkern sitzen, dürfen wir Kritik nicht zulassen», konterte er. Die Kräfte um Sternhal kamen nicht durch. Eine Mehrheit überstimmte sie und bestätigte folgende Resolution: «Systematische Aktionen gegen Terroristen-Konzentrationen sind für Israel ein unverzichtbares Verteidigungserfordernis, um Überfällen vorzubeugen, die Terroristen auszuradieren und ihre Organisationen aufzuhalten.»

Nicht nur in diesen Fragen fand die chauvinistische Position eine Mehrheit. Auch den Angriff auf das irakische Kernforschungszentrum in Bagdad im Frühjahr 1981 hielten 82,9 Prozent der Befragten in Israel für gerechtfertigt.

Der herrschenden Klasse ist es im wesentlichen gelungen, die Mehrheit der israelischen Bevölkerung und vor allem auch die Armeeangehörigen daran zu gewöhnen, die arabischen Völker als minderwertig zu betrachten und im militärischen Kampf gegen die PLO wie auch in der Annexion arabischer Territorien ein Sicherheitserfordernis zu sehen.

Die Gespräche und Begegnungen, in denen dieser Eindruck entstand, hinterließen in mir beklemmende Gefühle. Beklemmend deshalb, weil meine Gesprächspartner, von denen keiner zu den Kriegsgewinnlern zählte, von einer Niederdrückung der Palästinenser nichts gewinnen. Aber es gelingt ihnen einfach nicht von allein, die eigentlichen sozialen und politischen Kräfte zu durchschauen, die sie in Krieg und nicht endende militärische Auseinandersetzungen hineinmanipulieren. Sinngemäß trifft auf sie zu, was Lenin 1917 zu diesem Problem schrieb: «Die Vaterlandsverteidiger aus der Masse sind ehrlich, nicht im persönlichen, sondern im Klassensinne, das heißt, sie gehören jenen Klassen an..., denen Annexionen und Erdrosselung fremder Völker tatsächlich keine Vorteile bringen.»

Als Lenin die Haltung der SDAPR zum imperialistischen

Krieg und zur revolutionären Vaterlandsverteidigung ausarbeitete, zu einer Zeit also, da ein großer Teil der poalezionistischen Stammhalter noch in Rußland wirkte, unterstrich er besonders, daß die «Hauptbedingung für einen demokratischen Frieden ... der Verzicht auf Annexionen ist». Und weiter: «Die Frage des Friedens kann nicht anders gestellt werden als die eines Friedens ohne Annexionen», denn, so meinte er, «die geringsten Schwankungen in der Frage der Annexionen zulassen heißt, endlose Kriege rechtfertigen». Lenin wies darauf hin, daß die «blinde Vertrauensseligkeit der breiten Massen gegenüber der Regierung der Kapitalisten, der schlimmste Feind des Friedens und des Sozialismus, ... das Haupthindernis für die rasche Beendigung des Krieges ist».

Einer meiner Gesprächspartner sagte mir rund heraus, als wir Zeugen wurden, wie nach einem Bombenanschlag im westlichen Teil Jerusalems die Ambulanzen durch die Straßen jagten, daß sich die Chauvinisten Israels nichts besseres als jene terroristischen Aktionen wünschen könnten, um die Leute, die Soldaten, deren Frauen, Kinder und Eltern bei der Fahne zu halten. Es sei genau die richtige Methode, so meinte er, um dem Mißtrauen gegenüber den Palästinensern immer wieder neues Leben einzuhauchen, anstatt die ersten Ansätze der Verständigung zwischen beiden Völkern zu fördern. Auch dem Klassenkampf seien solche Kampfmethoden abträglich. «Wir können die Fälle kaum noch zählen», erklärte mein Partner, «da mit einer oder mehreren Bomben nicht nur ein Bus, sondern auch ein anberaumter Streik gleich mit platzte. Manchmal könnte man glauben, das sei so bestellt.»

«Die Führer von Likud und sogar der Koalition der sozialdemokratischen MA'I und Mapam stürzen sich auf jedes chauvinistische Phänomen, das Israels Existenzberechtigung bestreitet, um ihre eigenen Positionen zu rechtfertigen, die einen palästinensischen Staat und Verhandlungen mit der PLO ablehnen», schrieb 1979 David (Sascha) Khenin vom Politbüro der KP Israels. «Verbrecherische terroristische Aktionen und Angriffe auf die Zivilbevölkerung in Israel dienen jenen als Argumente, welche die Rechte der Palästinenser verneinen. Sie werden zum Vorwand genommen, um Flüchtlingslager zu bombardieren, zahllosen Menschen im Libanon Tod und Verwundung zu bringen.»

Geschichte und bisheriger Verlauf der politischen Auseinandersetzungen um die Lösung der Palästinafrage haben längst bewiesen, daß das Ignorieren der nationalen Rechte der Palästinenser und der PLO, ihrer anerkannten Befreiungsorganisation einerseits wie die Aufforderungen, Israel zu beseitigen, ihm die Existenzberechtigung abzusprechen oder die eingewanderten Juden wieder auszusiedeln andererseits nur Schaden, ein Weniger an Sicherheit gebracht haben. Und zwar beiden Völkern.

Zeigt nicht gerade die in vielerlei Hinsicht tragische Entwicklung ihres Verhältnisses zueinander, daß die jüdische wie die arabische Bevölkerung immer dann schlecht beraten war, wenn sie nationalistischen Ausschließlichkeitsansprüchen folgte? Wenn man ihr weismachte, ihre Rechte seien mehr wert als die des anderen Volkes? Oder wenn ihr die Lüge unterschoben wurde, das Selbstbestimmungsrecht des einen schließe das des anderen aus?

Emile Habibi hatte eben jene schmerzlichen Erfahrungen im Blick, als er auf dem XVI. Parteitag der KP Israels 1969 feststellte: «Wir sagen unseren Brüdern, den Söhnen des palästinensischen arabischen Volkes: Laßt Euch nicht wieder von Abenteurern in die Irre leiten ... Die Führer, die damit prahlen, sie würden die Juden ins Meer werfen, haben geholfen, die Araber über den Jordan zu werfen. Die Gefahr besteht heute nicht in der Liquidierung ... des Staates Israel, sondern in der Liquidierung der Existenz des palästinensischen arabischen Volkes und seiner Rechte.»

Israels Kommunistische Partei hat in diesen so unerhört komplizierten nationalen Fragen eine kristallklare Position. Dazu ist sie fähig, weil sie ihre Politik aus einer ganz besonderen Quelle speist — aus den Erfahrungen ihrer arabischen *und* jüdischen Mitglieder. Sie kennt die jüdischen wie die arabischen Verführer der Arbeiterklasse, die alten wie die neuen, die monarchistischen wie die bürgerlichen, rechte wie linke, die Versöhnler wie die Abenteurer. Sie kennt die territoriale Gefräßigkeit der israelischen Bourgeoisie und ihre Gefährlichkeit. Weil sie davon überzeugt ist, daß die Einheit der Arbeiterklasse ihre wichtigste Waffe ist, bewahrt sie sich vor nationalistischem arabischem wie jüdischem Abirren, das sie aus der Richtung bringen könnte. Was für sie zählt, sind die Interessen der gesamten Arbeiterklasse, der zu ihr gehörenden Juden und Araber. An ihnen mißt sie, was falsch oder richtig ist. Diese Partei läßt sich von keiner Seite durch enge nationalistische Fragestellungen einmauern, obwohl die Reaktion immer wieder versucht, sie zu isolieren. Auch begibt sie sich nicht auf eine Position, wo Erfolge beim Vorankommen zum Frieden abhängig gemacht werden von einem ungewissen «ersten Schritt» oder von «Vorleistungen» der einen Seite zur Anerkennung der anderen.

Wiederholt haben sich Vertreter ihrer Parteispitze offiziell mit Abgesandten der PLO getroffen, deren Vorsitzenden Jasir Arafat eingeschlossen. In diesen Zusammenkünften gewannen sie die Gewißheit, daß es «heute definitiv möglich ist, mit dem palästinensischen arabischen Volk und mit der PLO an dessen Spitze auf der Grundlage der Anerkennung des Staates Israel als souveränen Staat zum Frieden zu kommen». Dies erklärte Meir Vilner in der Knesset-Tagung vom 9. Juli 1979. «Zu welchen Bedingungen wäre dies zu erreichen?» fragte er zugleich. «Einzige Grundlage ist die Gegenseitigkeit. Es wird immer gesagt, das palästinensische Volk und die PLO müssen den Staat Israel anerkennen», meinte Meir Vilner. «Das ist richtig. Aber sie können uns nicht anerkennen, wenn wir sie nicht auf der Basis der Gegenseitigkeit auch anerkennen, wenn wir nicht gelten lassen, daß in diesem Land ein zweites Volk lebt, das palästinensische, mit dem Recht auf Selbstbestimmung und auf einen unabhängigen Staat — nicht an Stelle des israelischen Staates, sondern an seiner Seite, auf der Grundlage der Koexistenz. Ich besitze Dutzende Erklärungen von Führern der PLO, von Arafat, Kaddumi und anderen, welche auch die israelische Presse veröffentlichte, in denen sie ihre Bereitschaft zu Frieden und Koexistenz bekräftigen.»

Der Mann, der diese Worte sprach, besitzt große politische Erfahrung und nationales Verantwortungsgefühl. Er gehörte zu jenen vier Abgeordneten im Volksrat, die bereits im Mai 1948 gegen die Taktik Ben Gurions aufgetreten waren, die Grenzen Israels nicht zu fixieren. Und es ist folgerichtig, daß der erste is-

raelische Soldat, der sich weigerte, seinen Armeedienst in den besetzten arabischen Gebieten zu leisten, vom Kommunistischen Jugendverband Israels kam. Sein Name ist Yossi Khen, ein großer kräftiger Bursche mit verschmitzten Augen und immer humorvoll. Wegen Befehlsverweigerung steckten ihn die Militärbehörden ins Gefängnis. Als er im Sommer 1973 an den X. Weltfestspielen der Jugend und Studenten in Berlin teilnahm, freute er sich über die Anerkennung und Solidarität, die ihm für sein mutiges Verhalten die Vertreter vieler Länder entgegenbrachten.

Yossi Khen war der erste israelische Soldat, der als Jude nicht Besatzer sein wollte. Er blieb nicht allein. Als die Insassen des israelischen Militärgefängnisses Nr. 6 am 2. Oktober 1980 zur Mittagspause in den Hof geführt wurden, entrollten auf dem Bergrücken oberhalb der Haftanstalt Jugendliche ein meterlanges Transparent. «Wir sind mit Euch — Besatzungsverweigerer!» Dankesrufe drangen vom Hof zum Berg hinauf. Die Botschaft war angekommen. Sie galt Gaddi Al-Gazy, einem aus einer Gruppe von 27 Soldaten, der nein gesagt hatte zum Dienst jenseits der «grünen Linie», wie die Grenze zu den 1967 besetzten arabischen Gebieten in Israel genannt wird. Dreimal hatte man ihn ins Gefängnis gesperrt, um seinen Willen zu brechen. Er brachte seinen Fall bis vor das Oberste Gericht. In der israelischen Presse wurde in diesem Zusammenhang zugegeben, daß unter den israelischen Armeeangehörigen die Gewissenskonflikte zunehmen.

Woran liegt das?

Anfang der achtziger Jahre machte der junge israelische Soldat während seiner Armeezeit ganz andere Erfahrungen als die Generation der Palmach. Einen Einblick in ihren praktischen militärischen Einsatz vermitteln uns die Schilderungen israelischer Soldaten, die an drei Tagen im Mai 1980 vor dem Vorsitzenden der Liga für Menschen- und Bürgerrechte Israels, Professor Israel Schahak, aussagten.

Von der Kommunistischen Partei organisierte Gedenkveranstaltung für die Opfer eines Massakers an der arabischen Bevölkerung

Ein dreißigjähriger Reservist erklärte: «Während der ersten Maihälfte diente ich in Hebrons Berg-Viertel. Ich gehöre einer Kampfeinheit an. Im allgemeinen dienen wir nicht in diesen Gebieten. Unmittelbar nach unserer Ankunft im Berg-Viertel von Hebron traten vor uns ein Vertreter der Militärregierung auf und ein Wehrsiedler aus Kir Yat Arba, der uns als Offizier vorgestellt wurde, aber Zivil trug. Beide hielten Vorträge zum Thema ‹Die Araber, wie sie sind›. Aus ihren Ausführungen ging hervor, die Araber seien keine Menschen, wie wir sie kennen, sondern man habe sich zu ihnen wie zu ungezähmten Tieren zu verhalten. Immer wieder wurde betont, daß Schläge und Entwürdigung die beiden Mittel seien, um die ‹Araber Mores zu lehren›. Wir erhielten folgende präzise Instruktionen: Bei Hausdurchsuchungen vor allem den Vater schlagen, vor der gesamten Familie, besonders vor seinen Kindern. Der Mann von der Militärregierung meinte: ‹Die Mutter schlagen ist nicht dasselbe.› Sollte jemand frech werden, wozu auch feindselige Blicke zählten, so seien die wertvollsten Besitzgegenstände zu zerschlagen, wie Möbel oder das Bett im Schlafraum der Eltern. Der Wehrsiedler empfahl auch, Lebensmittel unbrauchbar zu machen, Öl ins Mehl zu gießen und so weiter. Einer der Soldaten fragte: ‹Wäre Reinpissen nicht besser?› Antwortete der Wehrsiedler: ‹Mögest du sprudeln!›

Als wir in einem Dorf ankamen, das durchsucht werden sollte, fuhren wir einige Male hin und her und schossen in die Luft. Dann sah ich, daß mehrere Männer und Jungen auf die Straße gestoßen wurden und sich in einer Reihe aufstellen mußten. Hin und wieder wurde einer von ihnen vorgerufen und geschlagen. Mir fiel auf, daß immer dann kräftiger geschlagen wurde, wenn Vertreter der Militärregierung oder von Gush Emunim auftauchten. Es war schwer zu unterscheiden, ob die Gush-Emunim-Leute Offiziere oder Zivilisten waren, aber das spielte scheinbar keine große Rolle. Aber zu sehen war, daß die Männer unserer Einheit Angst vor ihnen hatten, weil diese direkten Kontakt zum Generalstab besitzen und über die Offiziere berichten. Nicht nur über deren Aktivitäten, sondern auch über ihre Ansichten ... Die geschlagenen Personen mußten sich obendrein noch entwürdigen. Man zwang sie zu sagen:

‹Ich danke für die Schläge und dafür, daß Sie mich zum Menschen machen.› Darauf gab es die Antwort: ‹Aus einem Araber wird sowieso kein Mensch, aber wir tun unser Bestes!› Oder er mußte sich auf Hände und Knie niederlassen, bellen und rufen: ‹Ich bin ein Hund!› Manche wurden gezwungen, sich splitternackt auszuziehen. Dann machte man ihnen Angst, sie in die Genitalien zu schlagen. Letzteres wurde aber von den Gush-Emunim-Leuten abgelehnt. Für einen Juden ist es unanständig, solche Dinge zu sehen›, sagten sie ... Auch an den folgenden Tagen wurde die Einheit in gleicher Weise eingesetzt ... Einige Reservisten entschlossen sich danach zur Auswanderung.»

Ein vierzigjähriger Reservist sagte aus: «Ich diene in einer Infanterieeinheit. Die Männer sind in meinem Alter ... Zu Beginn unserer Dienstzeit sang und tanzte vor uns eine Gruppe Habad Hassidim (Sekte fanatischer Juden, die ein in den USA lebender Rabbi leitet). Ihre Lieder waren fanatisch-religiösen oder nationalistischen Inhalts. Ein Rabbi predigte ... Er sagte, die Araber müßten aus dem Land vertrieben werden. Ich konnte nicht an mich halten und fragte: ‹Ist das etwa jüdische Religion?› Er meinte, ich sei wohl einer von den Reform-Juden, bei denen in den Synagogen Männer und Frauen zusammen beten. Alle Soldaten lachten über mich, und ich fühlte mich beschämt.

Unsere Einheit hatte in einigen Ortschaften den Ausnahmezustand durchzusetzen. Überall dort gingen von Haus zu Haus Gruppen, angeblich um Haussuchungen durchzuführen. In Wirklichkeit untersuchten sie fast gar nichts. Ihre Aufgabe bestand darin, einzuschüchtern und zu erniedrigen. Einige machten beim Schlagen und Zerstören von Hausrat nicht mit. Sie wurden von den anderen verspottet und geschmäht. Nur in einigen Fällen, wenn mal ein Offizier mit gutem Beispiel voranging, ließen auch die anderen der Gruppe das Schlagen ... Unsere Berater kamen von Gush Emunim: Durch Schläge die Rippen brechen, ‹weil das bei Knaben besonders leicht› sei, auch an den Händen und Unterarmen würden sich Knochen leichter brechen lassen ... Zitieren möchte ich einen Offizier der Fallschirmjäger, der zu uns versetzt war. ‹Heult ein Araber vor anderen nicht, so heißt das, ihr habt ihn noch nicht genug gedemütigt. Macht alles, wozu ihr Lust habt, aber bringt ihn zum

Heulen.› Hervorheben möchte ich, daß Soldaten wie ich, die nicht schlagen wollten, zwar nicht bestraft, aber zur Zielscheibe des Spotts in der Einheit wurden. ‹Er hat Angst, die dreckigen Araber zu schlagen.›»

Aussage eines fünfundzwanzigjährigen Reservisten. «Es ist unmöglich, nicht Zeuge fürchterlicher Handlungen zu werden... Mit unserem Fahrzeug kamen wir in einen verlassenen Ort und hörten Schreie. Nur mit Mühe konnte ich einige andere Soldaten überreden, mit nachzusehen, was da los sei. ‹Ach, laß' doch›, antworteten sie mir. ‹Sicherlich nur ein paar Araber, denen man Maß nimmt.› Wir fanden einen mit Stacheldraht umzäunten Platz. Darin saßen ungefähr 300 Männer und Kinder, aufgestellt in zwei Gruppen. In der Mitte stand ein Tisch, an dem drei Männer saßen: ein Offizier und zwei in Zivil. Um sie herum 15 bis 20 Soldaten. Ein Soldat zerrte aus einer Gruppe jeweils eine Person am Ohr oder an den Haaren heran. Dann begann die ‹Untersuchung› mit Schlägen oder Stößen... Plötzlich sah ich auf der einen Seite acht junge Burschen. Fast nackt lagen sie auf dem Boden, die Hände mit Drähten zusammengebunden, die wie elektrische Kabel aussahen, wessen ich mir aber nicht sicher bin. Einige von ihnen waren ohne Besinnung... Wir gingen dichter an das Tor zum Drahtverhau. ‹Eintritt frei in diesem Kino!› rief uns der Posten zu... Alle, auch meine eigenen Freunde lachten. Mich fragte einer von ihnen: ‹Na, hast du nicht Lust, mal 'nen Araber zu verwamsen?›»

Ein dreißigjähriger Soldat führte nach der Schilderung ähnlicher Greueltaten aus: «Einige Soldaten meiner Einheit ersuchten, von derartigen Aufgaben befreit zu werden. Ihnen wurden sofort andere Aufträge zugeteilt... Ich selbst begann nach einigen Tagen zu diskutieren. Solche Handlungen seien falsch, gab ich zu bedenken. Aber es war ein Fehler, das in Gegenwart meines Kommandeurs (ein Leutnant) zu sagen, einem Kibbuznik und strammen ‹Falken›. ‹Warum bist du so ein Zärtling?› wollte er wissen. ‹Seit wann bist du denn Kommunist?› Ich sei kein Kommunist, antwortete ich, fühlte mich aber sofort miserabel, weil die Männer meiner Reserveeinheit mich zu hänseln begannen. ‹Zärtling›, äfften sie nach. Dann machte er weiter: ‹Wenn du zur Kommunistischen Partei Israels gehörst, dann bist du aber ein Fall von schwerer Geistesstörung ... Vielleicht soll ich dich in eine Heilanstalt bringen? Das würde dir helfen. In unserem Kibbuz hat ein Psychiater solche Fälle schon erfolgreich behandelt.› Als ich ‹Psychiater› hörte, hielt ich für den Rest meiner Dienstzeit den Mund. Aber ich bemerkte, daß mich von da an alle meine Kumpels anders ansahen.»

Auszüge aus einer Niederschrift des Knesset-Abgeordneten und Verlegers Uri Avneri von Aussagen einer Gruppe achtzehnjähriger Soldaten im Mai 1980, die sich von den Ausschreitungen in den besetzten Gebieten distanzierten und dies wie folgt begründeten: «Wir kommen aus Städten, haben das Abitur und gehören keiner politischen Bewegung an. Wir haben beschlossen, ohne eine bestimmte politische Absicht zu reden und streng bei den Tatsachen zu bleiben ... Wir, die wir hier aussagen, haben uns jedes Schlagens konsequent enthalten und beschränkten uns darauf, den Leuten, die ihre Häuser verließen, zu erklären, daß sie wieder hineingehen sollten. Aber die allgemeine Stimmung unter den Soldaten erinnerte uns an die Erzählungen von den Quälereien beim Holocaust ... Wir waren nur für eine Woche Augenzeugen dieser Ereignisse. Danach kehrten wir in unseren Stützpunkt zurück. Diese eine Woche aber hinterließ in uns den Eindruck, daß solches Vorgehen alltäglich ist, normales Auftreten. Es herrschte eine regelrechte Terrorstimmung. Was wir hier beschrieben haben, war uns völlig unbekannt, bis wir selbst Augenzeugen wurden. Zum ersten Mal entdeckten wir das wahre Gesicht der Militärregierung in den besetzten Gebieten. Unter den Jungs unserer Einheit bestanden unterschiedliche Meinungen, ob solche Handlungen zu rechtfertigen seien. Uns wurde klar, daß die Mehrheit einfach dem Befehl folgte und nicht nachdachte. Wir haben uns entschlossen, der Öffentlichkeit diese Angelegenheit zur Kenntnis zu bringen, weil wir sie ablehnen. Für uns sind diese Handlungen eine schwere Verletzung der Moral und der nationalen Prinzipien unseres Volkes, in deren Sinne wir erzogen wurden. In keinem Volk ist für sie Platz und gleich gar nicht in unserem, das der Massenvernichtung ausgeliefert war, in der ganzen Welt verfolgt und geschlagen wurde. Mit unseren Aussagen wollen wir zur Besinnung anregen, um solchen Handlungen ein Ende zu setzen.»

Wer so spricht, hat Mut, obgleich er mit seiner Besorgnis nicht allein steht. Über anderthalb Millionen Menschen in den besetzten Gebieten mit einem Apparat von Militärs, Polizisten, Geheimagenten und faschistoiden paramilitärischen Verbänden zu herrschen — wer kann da garantieren, daß daraus nicht ein Polizeistaat wird?

Unter dem Schirm der israelischen Armeeführung wächst eine vielköpfige Hydra heran. Ihre Höhlen gräbt sie sich in den besetzten arabischen Gebieten:
— in der Umgebung von Hebron die Wehrsiedler von Kiryat-Arba, angeführt vom Rabbi Levinger, die beschlossen, eine eigene Jüdische Verteidigungsmacht zu schaffen, für die sie Freiwillige in ganz Israel werben;
— die bewaffneten Gush-Emunim-Siedler von Ofra und Atona sowie ihre militärische Organisation «Zug 24»;
— das Jüdische Verteidigungskorps der «Kakh»-Bewegung des Rabbi Kahane;
— die Grüne Streife, Privatarmee der Ariel Sharon, deren Aufgabe es ist, im Süden Israels Beduinen aus ihren angestammten Siedlungsgebieten und Weidegründen zu vertreiben. Von diesem Land schlug Sharon seinem 4 000 dunum großen Grundbesitz 500 dunum zu.

Was da bei einigen jungen israelischen Soldaten noch Besorgnis, ist bei ihren arabischen Altersgenossen, denen sie als Besatzer gegenübertreten, schon Entschlossenheit. Bei ihrem Dienst in den besetzten Gebieten treffen sie auf den Widerstand eines ganzen Volkes.

Es sind nicht mehr die verschüchterten Fellachen, mit denen es die Palmach 1948 zu tun hatte. Heute muß der israelische Soldat sogar gegen zornige Kinder, gegen Schüler kämpfen. Vielleicht stand ihm unser dunkeläugiger Bursche vom Tempelberg gegenüber, als Tausende Araber Ostjerusalems im März 1979 dorthin zogen, um die Al-Aqsa-Moschee gegen eine Provokation des Rabbi Kahane zu schützen? Seit dem Juni 1967 ist es Israels Regierungen trotz Besetzung, Unterdrückung und verlockenden Angeboten zunehmend schwerer gefallen, in den arabischen Gebieten Quislinge zu finden.

Und noch eine wichtige Erfahrung machen Israels Soldaten

Protestversammlung von Beduinen gegen ihre Vertreibung von Grund und Boden (südlich von Beer Sheva)

heute. Als Wehrsiedler Anfang 1979 in der arabischen Stadt Halhul auf der Westbank einen regelrechten Pogrom veranstalteten, den man sogar in der israelischen Öffentlichkeit mit der nazistischen Kristallnacht verglich, demonstrierten nur Tage danach Tausende Juden und Araber durch Tel Avivs Dizengoffstraße. «Sag nicht, ich habe nichts gewußt!» lautete eine ihrer Losungen.

Auch in den besetzten Gebieten selbst werden die Soldaten eingesetzt, Demonstrationen von Juden und Arabern für den Frieden und gegen die Okkupation zu zerstreuen. Wer von den israelischen Soldaten und Offizieren die Augen benutzt, um zu sehen, der wird feststellen, daß in diesen gemeinsamen Aktionen demokratischer, nationaler Kräfte jene neuen Erfahrungen gesammelt werden, die nötig sind, die Entfremdung zwischen beiden Völkern zu überwinden und Vertrauen zu schaffen.

Der Ausweg wird nicht mehr in einer Beseitigung Israels gesehen. «Was wir brauchen, ist Wachsamkeit. Vor uns, vor dem palästinensischen Volk, das um seine Befreiung und die Freiheit ringt, und vor den fortschrittlichen Kräften in Israel, die für eine gerechte Lösung und gesicherten Frieden in unserer Region eintreten, erwächst eine neue, eine gemeinsame Aufgabe. Die Absichten der israelischen Okkupanten und des Imperialismus werden wir mit vereinten Kräften und im gemeinsamen Kampf zweifellos durchkreuzen — dann werden zwischen unseren beiden Völkern Frieden und Freundschaft herrschen», so Bassam Al-Shaqá, Bürgermeister der größten Stadt der Westbank, Nablus, im Gespräch mit Hans Lebrecht vom Zentralkomitee der KP Israels. Als Al-Shaqá diesen Standpunkt vertrat, saß er im Rollstuhl — bei einem Anschlag waren ihm beide Beine weggerissen worden.

Bedenkt man es recht, so befindet sich der israelische Soldat heute, mehr als dreißig Jahre nach Gründung des Staates Israel, in einer Situation, die nicht weniger komplex und kompliziert ist als jene, mit der sich der Palmach-Mann von der Allenby-Brücke seinerzeit konfrontiert sah. Man sagt ihm, er trage die Verantwortung für Israels Sicherheit, und Israel sei seine Sicherheit. Indes, haben die vergangenen vier Kriege und die Libanon-Invasion, die seine Eltern und er in den wenigen Lebensjahren dieses Staates auszufechten hatten, seine Sicherheit wirklich erhöht? Waren deren Folgen für eine gesicherte Existenz im Nahen Osten, zwischen den arabischen Völkern, positiv oder negativ?

Man sagt ihm, Israels Armee, in der er die Waffe führt, sei noch niemals so stark gewesen wie heute. Hatte man damit nicht auch die Jungen in Sicherheit gewiegt, die nach dem 6-Tage-Krieg in die betonierten Kasematten der Bar-Lev-Linie am Suezkanal auf Vorposten zogen? Und wer blieb von ihnen am Leben, als im Jom-Kippur-Krieg, im Oktober 1973, Ägyptens Armee Zahals Ruhm zusammenschoß? Und hatte er nicht mit seinem Leben den Preis für die Libanon-Invasion zu bezahlen, in welche ihn Sharon und Begin unter der demagogischen Devise «Frieden für Galiläa» jagten? 684 israelische Soldaten fielen allein bis April 1985; 3840 wurden verwundet und Tausende Libanesen getötet.

Daß Israels herrschende Klasse, sein und der Palästinenser eigentlicher Verunsicherer, an ihre Traumgrenze hautnah herangerückt und der Wolffsohns, Warburgs, Seligmans und Roth-

*Herbst 1980. Protestdemonstration vor der Knesset
gegen Einschränkung demokratischer Rechte und Freiheiten*

schilds kühnste Wünsche weit übertroffen sind, ist erwiesen. Aber der einfache Israeli? Hat er heute in der Welt mehr oder weniger Freunde? Saugen ihm die Steuern und Rüstungskosten nicht schon seit Jahren das Mark aus den Knochen? Und die Demoralisierung der Jugend, die da in den besetzen Gebieten schlägt und demütigt? Wie wird sich der damit einhergehende Verfall von Moral, Sitte, Familie und Tradition auswirken? Die schwarzen und braunen Geister, vor denen die Großeltern einst flohen, flogen schon damals unerkannt, weil «auch Juden», ins gelobte Land mit. Haben sie sich seither nicht breiter gemacht?

«Wehe den Besiegten!» hatte Arnold Zweig gewarnt. Und heute? Was diese Dämonen zum Tanz der Habad Hassidim mittels Okkupation und Wehrsiedelei, die auch von ihm, dem Soldaten oder Offizier, getragen werden, in den besetzten Gebieten ausbrüten — ist das nicht die eigentliche Gefahr? Eine gemeinsame Gefahr, für Palästinenser und Israelis? — Die Zahl der Fragen und Frager wächst heute in Israel; auch in der Armee.

Zweiter Brief:

März 1978
Eine Regierung, die einen Staat Israel in den Grenzen Groß-Israels dem Frieden und gutnachbarlichen Beziehungen vorzieht, könnte in uns schwerwiegende Überlegungen auslösen. Eine Regierung, die dem Bestehen von Siedlungen jenseits der ‹grünen Grenze› den Vorrang vor der Lösung des historischen Konflikts und normalen Beziehungen in unserer Region einräumt, würde in uns Fragen über die Gerechtigkeit unseres Weges hervorrufen. Eine Regierung, deren Politik die Herrschaft über eine Million Araber verewigt, würde den jüdischen, demokratischen Charakter des Staates beeinträchtigen und es uns schwer machen, uns mit dem Weg des Staates Israel zu identifizieren ... Nur der Frieden bringt wirkliche Sicherheit.

Diesen Brief schrieben dreihundertfünfzig Reserveoffiziere, von denen 80 Prozent höhere Dienstgrade trugen, an Begin. Ihm folgten ein Jahr später weitere Briefe, Proteste und Erklärungen ähnlichen Inhalts, von der Gruppe 101, bestehend aus 101 Offizieren und Soldaten, von der Gruppe 27, jenen wehrpflichtigen Mädchen und Jungen, die 1980 ablehnten, in den besetzten arabischen Gebieten zu dienen. Zusammen mit Friedenskräften aus verschiedenen Parteien Israels entstand so 1979 und 1980 die Bewegung «Peace now!» — «Frieden jetzt!», die Zehntausende zu Massenkundgebungen auf die Straßen brachte. In ihr widerspiegelt sich der Wunsch einer immer größer werdenden Zahl von Israelis, endlich zu einem gesicherten Frieden zu kommen. Daß heute von israelischen Soldaten und Offizieren diese Impulse ausgehen, Fragen gestellt und Antworten gefordert werden, ist bemerkenswert. Es erstaunt nicht, sind sie doch Teil des Volkes, lautet doch für sie die alles erfassende Frage von Krieg oder Frieden — Leben oder Tod.

Als Fallschirmjäger bei 202

Tom Freund drehte das Glas mit Rotwein gedankenversunken zwischen seinen Handtellern. Zu zweit saßen wir im Weinkeller der Erfurter Cyriaksburg. Unser Besuch der Gartenbauausstellung hatte mehr Zeit als vorgesehen in Anspruch genommen, und so beschlossen wir, in der Blumenstadt zu übernachten. Wir hatten also Zeit.

«Weißt du eigentlich, daß dieser Keller für mich schon einmal Zuflucht war?» fragte Tom nach längerem Schweigen. Im ersten Moment glaubte ich, er wolle andeuten, daß er sich hier nicht zum ersten Male dem Rotwein widme. Doch sein Gesicht war zu ernst für solch profane Erklärung.

«In den letzten Kriegswochen hielten wir uns hier versteckt, meine Großmutter und ich. Der jetzige Weinkeller war seinerzeit Bunker. Unter den vielen Menschen, die hier kampierten, fielen wir nicht auf. Als der Krieg dann zu Ende war, wurde ich nach Palästina gebracht.»

Als Tom zu erzählen begann, ahnte ich nicht im entferntesten, welch interessante Lebensgeschichte ich zu hören bekommen sollte.

Geschwind und sicher löste sich das Paket vom Rücken und entfaltete sich in der Luft zu einem großen Schirm, von dem aus ein paar Dutzend Leinen zu zwei Metallringen am Tragegestell zusammenlaufen, in dem der Fallschirmspringer festgeschnallt ist.

In kurzen Abständen hatten die Männer das Flugzeug verlassen und schwebten der Erde zu, während die Maschine wieder auf Kurs ging und dann allmählich in der Ferne verstummte. Wir saßen in Dreierreihen im warmen Sand. Alle

Köpfe waren nach oben gerichtet, um das imposante Schauspiel zu beobachten, das vor dem Werbepavillon der Fallschirmjägerdivision 202, der Elitetruppe von Zahal, ablief. Kurz nach ihrer Landung präsentierten sich die Männer mit den roten Baretten in ihren nagelneuen Uniformen und den hohen Schnürstiefeln mit den auffälligen dicken Kreppsohlen. An ihren Jacken funkelten auf blauem Untergrund die symbolischen Metallflügel — die Knafajim —, und an den Schulterklappen heftete das Divisionszeichen, eine schwebende Schlange mit Flügeln.

Die Soldaten gingen zu zweit oder zu dritt ein paarmal das zentrale Rekrutenlager der Armee auf und ab, wobei sie sich bewußt lässig zeigten und bereitwillig jedem der Neuankömmlinge Auskunft über den Dienst in ihrem Verband gaben. Danach zogen sie sich zurück, um das Ganze erneut abrollen zu lassen. Mehrmals an diesem Tage wiederholte sich diese Werbeshow. Alles, was die Fallschirmspringer vor den anderen Waffengattungen der israelischen Armee auszeichnete, wurde sorgfältig zur Schau gestellt, um Freiwillige anzulocken.

Eigentlich war diese Show für meine Schulkameraden und mich überflüssig. Uri, Simcha und ich meldeten uns sehr bald in dem bewußten Pavillon als Freiwillige. Nur Jair konnte sich nicht so richtig entscheiden. Er landete bei der Infanteriedivision Golani. Der Mutigste war er schon in der Schule nicht.

Für uns Kibbuzniki war es selbstverständlich, in einem bekannten Kampfverband zu dienen und nicht nach einem bequemen Druckposten für die 30 Monate, die uns bevorstanden, zu suchen. Unsere Ideale waren nicht nur zionistisch, sondern als Mitglieder einer Kooperative fühlten wir uns den «Individualisten», insbesondere den Städtern, überlegen. Wir versuchten natürlich, das auch in der Armee zu beweisen. Nach unserem Verständnis leistete der Kibbuz einen bedeutungsvollen Beitrag für die Sicherheit unseres jungen Staates gegen seine äußeren Feinde, die Araber. Für uns war der Kibbuz schon die Keimzelle des Sozialismus. An Klassenkampf, Diktatur des Proletariats oder Internationalismus dachten wir nicht. Wir kannten ja diese Begriffe kaum. Für uns bedeutete Sozialismus eine Art politische Richtung, zionistischen Pioniergeist, Solidarität aller Werktätigen, kooperative Lebensweise, ganz allgemein eine Erneuerung der Gesellschaft. Der wichtigste Aspekt unserer Erziehung im Kibbuz war die Wehrbereitschaft. Das Trauma vom Antisemitismus und die mangelnde Selbstverteidigung der Juden in der Diaspora wurden in Israel, vor allem unter der zionistisch geschulten Jugend, zu wahrem Fanatismus in allem, was das Beherrschen der Kriegskunst, des Waffenhandwerks und dergleichen betraf, hochgezüchtet. Für die Wehrerziehung war jedes Mittel recht. Man sagte uns, der Antisemitismus sei ewig, quasi eine gesetzmäßige Bedrohung, gegen die sich die Juden immer und überall zur Wehr setzen müßten. Alles, was aus der Vergangenheit irgendwie brauchbar schien, um den Wehrgeist zu fördern, wurde dafür eingesetzt. Angefangen bei den Bibelhelden, wie dem tapferen David, der den Riesen Goliath besiegte, über die Erhebung der Makkabäer bis hin zum Aufstand im Warschauer Ghetto gegen die Nazibarbarei. Vor allem aber wurde unter der Kibbuzjugend der Geist der Palmach und der Haganah stets wachgehalten, noch Jahre nach deren Ablösung durch die regulären israelischen Streitkräfte.

Uri und Simcha waren Sabras. Nach all der Propaganda zählte für sie nur das eine — nicht wie ihre Väter nackt den Weg in Gaskammern gehen zu müssen. Für mich, der seit seinem elften Lebensjahr im Kibbuz aufgewachsen war, galt die gleiche Logik, die durch meine Kindheitserinnerungen aus dem faschistischen Deutschland sogar noch Unterstützung fand.

Geboren wurde ich 1937 in Berlin. Mutter war väterlicherseits jüdischer Abstammung und Mitglied des KJVD. Als Jungkommunistin und Jüdin war sie natürlich der faschistischen Gefahr doppelt ausgesetzt. Hals über Kopf mußte sie 1939 fluchtartig emigrieren. Sie wollte uns, ihre Mutter und mich, nachholen, doch das mißlang. Die folgenden Jahre bis zur Befreiung verbrachte ich in Nazideutschland verborgen. Daß ich diese Zeit überlebt habe, verdanke ich in erster Linie dem Mut und dem Geschick meiner Großmutter, der Tochter einer streng katholischen Arbeiterfamilie aus dem Eichsfeld.

Nachdem wir den Krieg überlebt hatten, sind wir — leider, muß ich sagen — den Zionisten auf den Leim gegangen. Für sie

*Israelische Fallschirmjäger während eines Manövers
(September 1970)*

war es nicht allzu schwierig, die überlebenden Juden aus den Trümmern des Deutschen Reiches nach Palästina zu lotsen. So kam ich nach Israel. Nach kurzem Aufenthalt in einem Kindersammellager wurde ich in einem Kibbuz im Galiläa untergebracht. Dort habe ich die Schule besucht und wurde nach dem Abitur zur Armee eingezogen.

In kurzen Abständen und mit hoher Geschwindigkeit rasten drei Militärlastwagen in Richtung Süden. Dichtgedrängt auf den Ladeflächen saßen die angeworbenen Rekruten in ihren noch kahlen und schmucklosen Uniformen. In den Gesichtern mischten sich Freude und Spannung zugleich.

Ich saß zusammen mit Uri und ein paar anderen, uns aus der

Jugendorganisation bekannten Jungen. Wir freuten uns, daß alles so glatt verlaufen war. Noch am selben Tag, an dem wir uns registrieren ließen, hatte man unsere Namen über den Lautsprecher ausgerufen. Wir wurden aufgefordert, uns sofort vor dem Pavillon der Fallschirmjäger einzufinden. Dann ging alles sehr schnell. Ärztliche Untersuchung, Einkleidung und Abfahrt.

Wir waren gespannt, was uns bevorstand. Je mehr wir uns dem Ziel näherten, desto ruhiger wurde es in unserer Runde, bis schließlich auch die letzten verstummten, als der Schlagbaum am Haupteingang zum Camp Tel-Nov hinter uns niederging. Wir wurden in einer langen Betonbaracke untergebracht. In den ersten Tagen lernten wir, wie es wohl in jeder Armee üblich ist, Betten zu bauen, sauberzumachen und dergleichen mehr.

Tel-Nov war ein riesiges Objekt, eine Hinterlassenschaft der britischen Kolonialarmee aus der Mandatszeit in Palästina. Hier befanden sich das Kommando der Luftlandedivision 202 sowie die zentralen Ausrüstungsdepots. Die Kommandoschule, die unter anderem für die Grundausbildung der Fallschirmjäger zuständig ist, war ebenfalls hier untergebracht. Dicht hinter dem Trainingsgelände mit dem Übungsturm — dem Swing — und den alten Flugzeugrümpfen, die eigens für die Ausbildung aufgestellt waren, schloß sich das Objekt der Luftwaffe an, mit der Fliegerschule, den Hangars und Pisten.

Die Mannschaftsunterkünfte sahen alle gleich aus: Fertigteilbaracken mit gewölbten Dächern. An den Wänden waren noch vereinzelte lateinische Buchstaben zu erkennen, die man mit Kampflosungen in hebräischer Schrift übertüncht hatte. Auf der gegenüberliegenden Seite stand die sinnige Losung: «Eine Minderheit im Kampf gegen die Überzahl — wie zur Zeit unserer Väter».

Die Moral der Truppen glich bereits vor dem Sinaifeldzug von 1956 in nichts mehr dem Pioniergeist, mit dem sich der Zionismus so überaus gern garnieren läßt und auf den der Kibbuznik immer so stolz gewesen ist. Die Atmosphäre in Tel-Nov war eher mit der eines Söldnerlagers zu vergleichen. Raufereien waren an der Tagesordnung. Vor allem prügelte man sich gern mit den Angehörigen der Luftwaffe von nebenan. Allabendlich wurden Filme gezeigt, vorwiegend über die Heldentaten der amerikanischen GI's im Koreakrieg. Während der Vorstellung ging es meistens laut zu, und gegen Ende des Films steigerte sich die Stimmung oft zur Aggressivität.

Überall im Camp lagen Reste von Munition und zerschossenes Gerät herum. Hin und wieder begegneten uns Verwundete, und überall wurden Geschichten vom letzten Kommandounternehmen erzählt, wobei sich die Erzähler gegenseitig zu übertreffen suchten.

Eines Tages, wir Neuen waren gerade damit beschäftigt, vor der Miphkada — dem Sitz des Lagerkommandanten — aufzuräumen, wurden wir Zeugen gleich zweier Schauspiele. Ein halbes Dutzend Offiziere raste zum Gaudi der Zuschauer und mit lautem Geschrei in einem offenen ägyptischen Jeep die Hauptstraße entlang. Es hieß, das Prunkstück mit den großen arabischen Lettern «Feuerwehr» auf der Kühlerhaube sei eine Trophäe vom letzten Einsatz im Gazastreifen. Völlig überladen und zum bloßen Spaß wurde der Jeep nun mehrmals die Straße hinauf und hinunter gejagt. Gegenüber der Miphkada befand sich die Wachbaracke. Der Offizier vom Dienst und sein Stellvertreter spielten der Wachmannschaft Krieg vor. Mit gezogener Pistole und einer arabischen Kafia um den Kopf gebunden der eine, mit einem Messer im Mund der andere, schlichen sie in entgegengesetzter Richtung um die Baracke, um sich gegenseitig zu überraschen. Alle ringsherum grölten und gaben schreiend ihre Hinweise, wie das Spiel noch zu verbessern sei.

Diese ersten Erlebnisse schockierten uns zunächst, weil niemand von uns eine solche Vorstellung von der Armee besaß. Doch das sollte erst der Anfang sein. In der kurzen Mittagspause, während der wir die Baracke nicht verlassen durften, spielte sich eines Tages folgendes ab: Als jeder mit sich selbst beschäftigt war, die einen mit Briefeschreiben, andere versuchten ein Nickerchen zu machen, wurden plötzlich die Türen aufgerissen und Rauchgranaten in den Raum geworfen. Während wir ahnungslos und verängstigt ins Freie stürzten, kletterten die «alten Hasen» der Nachbarkompanie in aller Ruhe durch die offenen Fenster und stahlen uns alles an Verpflegung und Bekleidung, was ihnen unter die Finger kam. Eine Beschwerde bei unseren Kommandeuren kam uns teuer zu stehen. Noch am gleichen Abend wurde ein Bekleidungsappell durchgeführt, und die fehlenden Stücke mußten bezahlt werden. Ich habe nur einmal nach solch einem Appell zahlen müssen.

Von den vielen Typen, die mir in Tel-Nov auffielen, ist mir Seren Marcel am festesten im Gedächtnis haften geblieben. Marcel war groß, kräftig und hatte mehrere Narben am Kopf. Er fiel durch seine buntgescheckte Uniform und die vielen Orden an seiner Brust besonders auf. Marcel ging man besser aus dem Wege. Nicht nur die Rekruten, auch die Dienstälteren fürchteten ihn. Hatte er erst einmal jemanden auf dem Kieker, so war er beim geringsten Anlaß ruck, zuck dabei, diesen zu degradieren. Mit kalter Miene, scheinbar unbeteiligt, ließ er sich den Wehrpaß vorzeigen. Alles andere vollzog sich sodann automatisch. Sein Kraftfahrer wurde im Monat mehrmals befördert und degradiert. Über Marcel waren die merkwürdigsten Geschichten im Umlauf. Er sei Fremdenlegionär gewesen und besitze langjährige Kommandoerfahrungen, sagte man. In seinen politischen Anschauungen stand er der reaktionären Herutpartei nahe. Andere wußten über ihn zu berichten, daß unzählige getötete Araber auf sein persönliches Konto kämen. Was immer davon erdichtet war — fest stand, dieser ranghohe Offizier war der Prototyp eines brutalen Söldners. Später erfuhr ich, seine Karriere als Instrukteur der israelischen Armee endete im Solde der Apartheid irgendwo in Afrika.

Besonders empört waren die Jugendlichen der Mapam, die sich zum linken Flügel der israelischen Arbeiterbewegung zählten und deren Ideale mit den Realitäten der Armee am weitesten auseinanderklafften. Ein regelrechter Zorn aller Kibbuzniki, aber auch der übrigen Soldaten unserer Kompanie richtete sich gegen die Drillmethoden des Raw, des Unteroffiziers, Samoel Giwati, der selbst Mitglied eines Kibbuz war und sich bei der Armee als menschenverachtender Spieß entpuppte. Die Mapamniki schickten über diesen Giwati sogar eine schriftliche Beschwerde an das Sekretariat seines Kibbuz.

War das die israelische Armee, auf die wir so stolz waren?

Dieser Gedanke bewegte viele, und wir diskutierten sehr oft und sehr lange darüber. Selbstverständlich waren nicht alle so wie Marcel oder Giwati. Es gab viele Soldaten, die sich kameradschaftlich verhielten. Aber auch viele Gleichgültige gab es, die alles hinnahmen, auch den Drill, den der Zionismus verbal bei anderen Armeen kritisierte und ablehnte.

Bereits am Vorabend der Suez-Aggression von 1956 tauchten Erscheinungen des Söldnertums in dieser Armee auf, hervorgerufen hauptsächlich durch die vielen bis dahin geführten Kommandoaktionen von Zahal, den sogenannten Vergeltungsschlägen, die immer tiefer in die Nachbarstaaten hineingetragen wurden. Keiner von uns ahnte damals auch nur im entferntesten, daß diese Militäroperationen erst die Vorläufer sein sollten für die großen Schlachten, die noch folgten und die den gesamten Nahen Osten erschütterten.

Unsere Ausbildung verlief keineswegs routinehaft. Schon die Rekrutierung vollzog sich schnell. Viele Übungen schienen hastig und improvisiert angelegt. Die Erklärung dafür fanden wir erst später. Noch wußte niemand, worauf das ganze hinauslaufen sollte, als das Camp sich über Nacht mit Reservisten füllte. Sie kamen aus allen Landesteilen, einzeln oder schon in Gruppen, die sich unterwegs gebildet hatten. Sie begrüßten einander wie alte gute Bekannte. Stundenlang noch lungerten sie in Zivil in und um die Mannschaftsunterkünfte herum, wo sie lärmend ihre gemeinsamen Erinnerungen austauschten oder einander aus ihrem Privatleben erzählten.

Doch allmählich kam Unruhe unter die Männer. Man wollte endlich wissen, woran man war. Schon tauchten die ersten Gerüchte auf, denn mehr als ein Umstand schien den Reservisten ungewöhnlich im Vergleich zu anderen Alarmübungen.

Da war zunächst sonderbar, daß so überaus viele mit einem Mal eintrafen, auch nebenan im Stützpunkt der Luftwaffe. Außergewöhnlich war auch, daß niemand die Männer empfangen hatte. Gewöhnlich erschienen die Kommandeure sofort und wiesen die Leute ein. Für unsere Rekrutenkompanie schien überhaupt niemand mehr zuständig. Völlig sich selbst überlassen, ging jeder seine eigenen Wege.

Uri und ich suchten die Aktiven wie die eingezogenen Reservisten auf. Wir trafen viele Bekannte. Auch die Unteroffiziere unserer Rekrutenkompanie, die uns gestern noch drillten, waren hierher abkommandiert. Endlich fanden wir Dodik, ein Mitglied unseres Kibbuz und Offizier der Reserve im Fallschirmbataillon 896. Dodik und seine Leute waren bereits eingekleidet, ausgerüstet und bewaffnet. Er beauftragte gerade zwei seiner Männer, Verpflegung für die Einheit zu fassen.

Auch Dodik wußte nichts Näheres. Seine Leute bestürmten jeden Vorbeikommenden, also auch uns beide, mit Fragen. Man vermutete diesmal einen größeren Vergeltungsschlag gegen Jordanien, weil es an der Grenze zu diesem Land in den letzten Wochen ziemlich unruhig war.

Dodik selbst hatte es satt. Er erzählte ziemlich verärgert, daß er nicht dazu komme, seinen Busführerschein zu machen, weil er im letzten Vierteljahr nun schon das viertemal eingezogen wurde. Ein Tel-Aviver in der Runde klagte ebenfalls. Sein Arbeitgeber sei zwar Patriot, aber langsam bringe er kein Verständnis mehr dafür auf, daß seine Arbeiter immerzu einberufen würden. «Und ihr seid auch Freiwillige?» fragte uns einer in besonders ironischem Ton.

Wir begleiteten Dodiks Zug zum Flugplatz. Die Männer waren schwer bepackt, und wir halfen ihnen, wo wir konnten. «Nehmt nur alles mit, ihr werdet es brauchen», riet der gerade angekommene Versorgungsoffizier. Er brachte große Spaten, Schaufeln und Hacken, die zusätzlich auf die Männer aufgeteilt werden mußten. Sein Lager sei nun völlig ausgeräumt. Wohin es gehe, wisse er auch nicht.

Uri schlug vor, zur Kompanie zurückzukehren. Es könnte Ärger geben, wenn wir so lange wegblieben. Einer der Reservisten sagte laut: «Kommt doch mit uns.» Wir lachten, aber dann beschlossen wir doch, diszipliniert zurückzubleiben. Spät am Abend kamen wir müde in unsere Baracke und hauten uns sofort aufs Ohr. Unser Schlaf währte nicht lange. Ein uns unbekannter Offizier weckte uns und ließ uns im Dunkeln vor der Baracke antreten. Wir wurden in kleine Gruppen eingeteilt und zu den Depots kommandiert.

Uri und ich waren bemüht, stets beisammen zu bleiben. Das gelang uns auch diesmal. Man setzte uns an einem Treibstofflager ab, wo wir die nächsten vierundzwanzig Stunden ununterbrochen arbeiten mußten. Wir hatten die ankommenden, meist privaten LKWs, die inzwischen samt Fahrer der Armee unterstellt worden waren, mit vollen 20-Liter-Kanistern zu beladen. Arme und Beine taten uns bald weh. Der Benzingeruch benebelte unsere Sinne. Unsere Kleider stanken noch tagelang. Zu essen und zu trinken bekamen wir nichts. Die Benzindämpfe schnürten uns ohnehin die Kehle zu.

Draußen starteten und landeten ununterbrochen mit ohrenbetäubendem Lärm Transportflugzeuge. Wir konnten uns nicht erklären, woher auf einmal die vielen Transportmaschinen kamen, denn noch wußte niemand unter uns von der koordinierten Operation zwischen Zahal und den Armeen Großbritanniens und Frankreichs.

An den folgenden Tagen wurden wir noch hastiger als bisher im Notwendigsten, was der Soldat wissen muß, unterwiesen. In aller Eile und ohne die übliche Zeremonie wurden wir vereidigt, bewaffnet und zur Bewachung des Objekts eingeteilt. In unser Camp zog trostlose Stille ein. Wie unbewohnt war es, und die leeren Munitionsverpackungen trieb der Wind vor sich her. Sogar Marcel, der sonst täglich seine Runde durch das Camp machte, war verschwunden. Auf dem benachbarten Flugplatz zog ebenfalls allmählich Ruhe ein.

Nur Bruchteile von Nachrichten drangen zu uns durch. Inzwischen wußten wir soviel, daß unsere Division, also auch Dodik und sein Zug, tief in der Sinaiwüste abgesetzt worden war. Ein paar Franzosen, ja auch Briten sollen beteiligt gewesen sein. Das ganze Ausmaß des Komplotts von Zahal und den Armeen zweier imperialistischer Großmächte, die Ägypten Ende Oktober 1956 ohne Kriegserklärung überfallen hatten, ist uns aber nie richtig bewußt geworden. Auch später nicht, auf der Abschlußveranstaltung der Division 202 im Kibbuz Giwat-Brenner. In der großen Turnhalle, die ich von Konferenzen und Jugendtreffs kannte, feierte die Division ihre heimkehrenden Helden, bevor sie wieder ins Zivilleben entlassen wurden. Dodik war nicht mehr unter ihnen.

Jene, die mit dem Fallschirm über Sinai abgesprungen waren, durften fortan an ihrer Uniform die Knafajim auf rotem Untergrund tragen. In einem Bildband, der den Titel «Miwza-Kadesh» trägt, jenes Codewort für den Überfall, das soviel wie geheiligte Operation bedeutet, waren die Erfolge der israelischen Armee veröffentlicht. Die Beteiligung Englands und Frankreichs war weder in Bild noch Text auch nur andeutungsweise erwähnt.

Während alle Welt von diesem neokolonialen Vorstoß Großbritanniens und Frankreichs im Nahen Osten erfuhr, feierte man in Israel den Feldzug als den Erfolg von Zahal. Erst viel später, als die politische Weltmeinung den Rückzug aller Streitkräfte, also auch der israelischen, aus Sinai erzwang, wurden auch die militärischen Operationen in der israelischen Öffentlichkeit diskutiert. Aber es fehlte immer noch ein klares Bild über das tatsächliche militärische Kräfteverhältnis zwischen Israel und den arabischen Ländern. Noch war der Weltöffentlichkeit das wahre Ausmaß der Bewaffnung und Ausrüstung der israelischen Armee, das hohe Niveau ihrer Ausbildung und damit ihre Gefahr für den Frieden in dieser Region nicht bekannt. Das sollte erst durch den militärischen Alleingang in der Juniaggression von 1967 deutlich werden, nach der sich die israelische Armee in einem Mythos der Unbesiegbarkeit sonnte. Im Jom-Kippur-Krieg 1973 aber, der zum erstenmal nicht durch Blitzkriegstrategie gekennzeichnet war, wurde dieser Mythos zu Grabe getragen. Ich werde noch darauf zurückkommen. Zunächst ging aber unsere Ausbildung weiter.

An der Spitze der kleinen Fahrzeugkolonne fuhr der Jeep des Kompaniechefs. Wir Rekruten saßen wieder einmal dichtgedrängt auf Lastautos und waren gespannt auf das Kommende. Diesmal ging die Reise in Richtung Norden, in die Nähe von Hadera, dem Stützpunkt des Bataillons 890 der Fallschirmjägerdivision 202, der wir als die neue Kompanie Aleph zugeteilt waren. Noch in Tel-Nov waren wir in Gruppen und Züge eingeteilt worden. Ich war wieder mit Uri in einem Zug, doch diesmal in verschiedenen Gruppen.

Unsere neuen Kommandeure waren überwiegend Kibbuzniki, alle mit Kampferfahrungen aus mehreren Einsätzen und Teilnehmer des Sinaifeldzuges. Der Kompaniechef richtete ein paar Worte an uns, in denen er auf die Traditionen der alten

1. Kompanie hinwies, die, in den zurückliegenden Kämpfen stark dezimiert, inzwischen aus dem aktiven Dienst entlassen worden war.

Der Stützpunkt unseres Bataillons, ebenfalls ein ehemaliges britisches Camp, war wesentlich kleiner als Tel-Nov. Unser Bataillonskommandeur hieß Raful (Raphael) Eytan und war später Oberbefehlshaber der israelischen Armee.

Die Ausbildung verlief jetzt planmäßig. Wir begannen mit der Unterweisung in Handfeuerwaffen, diesmal auch an der Uzi, der bekannten israelischen Maschinenpistole, die damals neu war und noch nicht zur Standardwaffe in allen Einheiten zählte. Es folgten Ausbildung in Gruppen und im Zug, schließlich Training am Swing und Absprung vom Flugzeug. Zu diesem Zweck wurden wir für etwa drei Wochen in Tel-Nov einquartiert. Endlich waren wir stolze Fallschirmjäger. Wir erhielten das rote Barett und durften die Knafajim, das begehrte Abzeichen der israelischen Armee, anheften.

Die Grundausbildung war hart und äußerst anstrengend. Unsere Kommandeure waren sehr dienstbeflissen und unnachgiebig, schikanierten uns aber nicht. Die geringste Nachlässigkeit wurde jedoch hart bestraft. Allmorgendlich war Misdar, Appell. Bis dahin mußte unsere Unterkunft blitzsauber sein. Schon eine nicht vorschriftsmäßig gefaltete Decke hatte zur Folge, daß das ganze Feldbett umgestürzt wurde. An der Waffe durfte kein Staubkörnchen gefunden werden, das Blechgeschirr hatte zu glänzen. Nach dem Appell rückten wir ins Gelände aus. Während der Mittagspause war für all jene, die beim ersten Misdar nicht makellos waren, Gelegenheit, alles für den Nachappell in Ordnung zu bringen. Nachmittags waren wir meist wieder im Gelände. Für die Nacht wurden wir häufig zur Wache eingeteilt, was den Dienst zusätzlich erschwerte. Ausgang gab es in den ersten drei Monaten grundsätzlich nicht.

Wir hatten uns gerade an den Rhythmus gewöhnt, als der Befehl zur erneuten Verlegung unserer Kompanie eintraf. Wohin? Noch wußte es niemand. Es folgte eine lange und strapaziöse Autofahrt durch Wüstengebiet, erst durch den Negev, danach durch Sinai. Endziel der Reise war die besetzte ägyptische Stadt Sharm-el-Sheikh. Wir hatten noch keine abgeschlossene

Grundausbildung, und schon waren wir Besatzungssoldaten. Hoffentlich ging alles gut. Ich glaube, unsere Kommandeure hatten mehr Angst als wir ahnungslosen, unerfahrenen Soldaten. Noch schlimmer erging es unserer Nachbarkompanie. Die Jungen dort waren kaum drei Wochen Soldaten. Man hatte sie unmittelbar nach der Einberufung hierher verlegt, und nun trugen diese Grünschnäbel schon die geladene Uzi und scharfe Handgranaten am Koppel.

Wir übernachteten unter freiem Himmel, bis unsere Vorgänger das Quartier räumten. Gleich in der ersten Nacht fielen unmittelbar neben uns Schüsse. Am Morgen hieß es, einer von diesen Neulingen habe sich vor Schreck ins Bein geschossen, als man ihn zur Wache weckte, worauf die übrigen in Panik gerieten und losballerten. Wie durch ein Wunder war sonst niemand zu Schaden gekommen.

Am anderen Morgen trennte sich unsere Gruppe von der Kompanie. Wir setzten unsere Reise auf einem gepanzerten Kettenfahrzeug entlang der Küste des Roten Meeres fort. Gegen Mittag erspähten wir ein einsames Zelt und einen Wasserwagen. Das sollte für die nächsten Wochen unser Quartier sein. Hier, an der äußersten Grenze des von Israel besetzten Gebietes, mußten wir als vorgeschobener Posten Stellung beziehen.

Die Natur war in ihrer Unberührtheit einmalig schön. Südlich von unserem Zelt, keine hundert Meter entfernt, toste das Meer in seiner Brandung. Auf der gegenüberliegenden Seite war die Landschaft in hohe, kahle, glitzernde Bergspitzen zerklüftet. Dazwischen nichts als Sand, soweit das Auge blicken konnte. Nur die schmale Betonstraße lag wie ein Fremdkörper in der Landschaft und drohte von der zornigen Natur, die sich mit ihr nicht abfinden wollte, jeden Augenblick zugeschüttet zu werden.

In den kühlen Morgenstunden vertauschten Gebirge und Meer ihre Plätze, und man mußte erst ans Ufer gehen, um sich Gewißheit zu verschaffen, daß dies ein Trugbild war, die Täuschung einer Fata Morgana.

Stieg die Sonne höher, so flüchtete alles ins Zelt. Jetzt wurde es einsam für den Posten, der bis zu seiner Ablösung in der glühenden Sonne schwitzend und von tödlicher Langeweile geplagt seine Runden zog. Drinnen im Zelt war es nicht viel angenehmer. Wir lagen dort dicht aneinander gedrängt und versuchten die Zeit totzukriegen.

Postengang und Aufenthalt im Zelt wechselten einander ab, über Wochen. Eine willkommene Abwechslung waren die Patrouillengänge ins Gebirge oder entlang der Küste. Auf diesen Streifzügen offenbarten sich uns die steilen, in ihrer Form und in ihrem Glanz einzigartigen Sandfelsbrocken wie auch die beängstigend tiefen Schluchten aus nächster Nähe. Das kristallklare Meer und der kilometerlange Strand waren voller Schönheit. Wir bewunderten die Korallen in ihren vielfältigsten Formen und wetteiferten, wer die größten und schönsten Muscheln fand. Noch gab es hier keine israelischen Taucherclubs, die die Touristen scharenweise anlockten und die räuberische Zerstörung dieser einzigartigen Naturschönheiten zur Folge hatten.

Die Wüste brachte uns regelrecht ins Schwärmen. Wir hatten viel Zeit zu ausführlichem Gedankenaustausch, und wir führten Vergleiche zum Golan- und Baschangebirge, zur Schfela — dem Küstenstreifen am Mittelmeer — oder den kräftig bewachsenen Karmelbergen. In dieser Situation wird der Israeli stolz auf sein Land, auf die Geschichte. Wenn dann noch von Moses und dem Berge Sinai oder von Yam-Suph, dem Roten Meer, die Rede ist, beginnen bei so manchem die wirklichen Grenzen zu verschwimmen. Aber auch den bedrückenden Folgen der Schlachten begegneten wir auf diesen Streifengängen.

Wir sahen das zerschossene Kriegsgerät, die zurückgelassenen Schuhe überraschter Araber, die in den Schluchten Schutz suchten, aber auch im offenen Gelände liegengebliebene und allmählich verwesende Leichen. In solchen Momenten überfielen uns Gedanken über die Grausamkeit des Krieges, und unsere Gespräche nahmen einen anderen Verlauf. Da tauchten auch Zweifel auf an dem Sinn unseres Hierseins. Die Wüste kam uns gespenstisch vor, und es drängte sich der Wunsch auf — weg von hier — habaita! — nach Hause!

Tatsächlich erreichte uns auch bald der Befehl zum Abrücken. Wir bauten das Zelt ab, falteten es vorschriftsmäßig zusammen und verpackten das Funkgerät — in den letzten Wochen unsere einzige Verbindung zur Außenwelt.

Doch bevor es nach Hause ging, sollte sich noch etliches ereignen, und das konnte keiner der Soldaten selbst in seinen pessimistischsten Gedanken vorausahnen.

Der Rückzug der israelischen Armee vom ägyptischen Territorium nach der ersten großen Aggression von 1956 war in vollem Gange. Auch in Sharm-el-Sheikh, wo unsere Kompanie sich wieder sammelte, war das deutlich zu spüren. Die Blauhelme — die Soldaten der UN, die das Territorium übernehmen sollten — waren bereits angereist und fotografierten eifrig ihre neue Umgebung. Das besondere Kennzeichen aber für die Aufbruchstimmung war die systematische Plünderung.

Alles, was nicht niet- und nagelfest war, wurde zum Kai gebracht. Dabei handelte es sich keinesfalls nur um Beutewaffen, Munition oder andere Kriegsausrüstungen. Möbel, Baumaterialien, Maschinen und Werkzeuge, Vieh und Lebensmittel wurden weggeschleppt. Das ging so Tag und Nacht. Die Arbeit wurde von Versorgungsoffizieren und Spezialisten in Zivil organisiert. Dazu wurden Schiffe aller Art und Hafenarbeiter aus Haifa, ja sogar von ausländischen Häfen, angeheuert. Man ging systematisch vor, von Wadi zu Wadi, wie die Täler genannt werden. Die Spezialisten kennzeichneten, was zu verladen war. Unbrauchbares wurde verbrannt. Daß bei diesen Raubzügen auch kräftig in die eigene Tasche gewirtschaftet wurde, ist wohl klar. Man unternahm nicht einmal den Versuch, das unter Kontrolle zu halten. Und so zogen Offiziere mit Radiogeräten, Kühlschränken, Porzellan und Schmuck davon, während die Mannschaften sich mit Geringerem zufriedengeben mußten. Es herrschte eine richtige Raubpsychose. Ich sah, wie sich Soldaten der von ihnen gesammelten wunderschönen Muscheln entledigten, um Bettwäsche und Handtücher einzusacken. Es zählte nur eines: Wenn die Ägypter wieder einziehen, sollen sie keinen Stein auf dem anderen vorfinden.

Uri, den ich hier wiedertraf, erzählte mir von seinem Einsatz entlang der Küste am Golf von Suez. Spezialisten hätten dort alle Stellungen bis zur Suezkanalzone hin gesprengt.

Dann kam der Tag der Übergabe an die UN-Soldaten. Auf

Ein Lager der UN - Truppen im Gazastreifen.
«UN — nicht schießen!»
Die israelischen Aggressoren mißachteten vielfach
diese Aufforderung

einem Appellplatz nahmen wir Aufstellung. Unsere Kompanie in voller Montur, fertig zur Abreise, auf der einen Seite, auf der anderen der bunte, ungeordnete Haufen der Touristenarmee, wie wir die UN-Soldaten nannten, deren wichtigste Ausrüstung Photoapparat und Sonnenöl waren. Der Appell war sehr kurz. Die Zeremonie bestand darin, die israelische Flagge einzuholen und durch die UN-Flagge zu ersetzen. Ein israelischer Offizier brüllte die Kommandos, und während wir stramme militärische Haltung annahmen, brachten die UNO-Vertreter ihre Kameras in Anschlag. Unmittelbar nach dem Appell gingen wir an Bord der zwei israelischen Kriegsschiffe, die als letzte Sharm-el-Sheikh verließen, um uns nach Eilat zurückzubringen. Die Kompanie Aleph war wieder beisammen.

Als Teilnehmer des Sinaifeldzuges erhielten wir die gelbe Spange, die die israelische Armee aus diesem Anlaß verlieh. In der Nähe von Tel Aviv stellte man für die Bevölkerung eine große Anzahl von erbeuteten Waffen zur Schau. In unserem Camp wurde eine Militärparade abgehalten, an der auch wir — die jüngste Kompanie — teilnahmen. Diese Parade wurde speziell für Juden, die aus den USA herübergekommen waren, in Szene gesetzt. Wir Soldaten fanden es ziemlich abgeschmackt, für zwei Dutzend alte Geldsäcke und ihre aufgetakelten Ladys die ganze Division aufmarschieren zu lassen. Daher nahmen wir die Sache nicht übermäßig ernst. Das kleine Publikum war jedoch begeistert, während einige Offiziere über unsere mangelhafte Disziplin tobten.

Daß Israel auf die Dollars angewiesen ist, wußte ein jeder von uns, darüber brauchte uns der aufgebrachte Tarzan, so nannten wir den Stellvertreter des Kompaniechefs, nicht erst aufzuklären. Im allgemeinen waren diese amerikanischen Dollar-Juden dem Soldaten und dem Durchschnittsisraeli gleichgültig, denn sie mußten ihren Kopf ja nicht hinhalten.

Die Sinaiinvasion von 1956 gehörte nun der Vergangenheit an. Unsere Kompanie widmete sich neuen Aufgaben, die abwechselnd aus Ausbildung und Sicherung von Militärobjekten bestanden.

In der Ausbildung waren jetzt Gefechtsübungen in Gruppen und in Zügen an der Reihe. Zugleich wurde immer wieder großer Wert auf das individuelle Training in Judo, Messerkampf, Schießen und Kondition gelegt. Die meisten Übungen fanden in Grenznähe, weit entfernt von unserem Camp, statt. Der Dienst dort war sehr hart. Unsere Unterkunft bestand aus Zweimannzelten. Es gab keine Kantine, selten warme Mahlzeiten. Sanitäreinrichtungen fehlten. Auch das Wetter machte uns arg zu schaffen. Oft regnete es tagelang, und man fand nirgendwo ein trockenes Plätzchen. Ein andermal plagte uns der Chamsin — dieser lauwarme Sandsturm, der alles mit feinem Staub bedeckt. Niemals waren solche Bedingungen Anlaß für irgendwelche Marscherleichterungen, im Gegenteil — es wurden stets harte Gefechtsbedingungen gefordert.

Überhaupt wurde Gefechtsrealität sehr groß geschrieben. Ein wesentliches Element in der Ausbildung war daher die Wiederholung. So übten wir zum Beispiel den Sturmangriff so lange, bis in allen Details Perfektion herrschte. Es spielte sich immer das gleiche ab. Der Kommandeur erklärte das Angriffsziel, eine Anhöhe oder ein Objekt. Daraufhin wurden das Maschinengewehr und die Panzerabwehrwaffen in Stellung gebracht, und die Gruppe schlich sich so an das Ziel heran, daß sie möglichst 90 Grad zur Feuerlinie der schweren Waffen stürmen konnten. War das Signal zum Angriff gegeben, kam es auf äußerst schnelle und koordinierte Bewegungen an. Die erste Übung dieser Art werde ich nie vergessen. Sie wurde ausführlich vom Zugführer erläutert. Auf seinen Befehl mußten wir gruppenweise einen steilen Hang im Sprinttempo hinaufstürmen. Wir waren alle bereits nach dem erstenmal völlig erschöpft. Einigen wurde durch die übermäßige Anstrengung sogar übel.

Geschossen wurde grundsätzlich mit scharfer Munition. Die Maschinengewehrkugeln mußten wenige Meter vor der Sturmkette niederprasseln, um den Gegner niederzuhalten. War der Gipfel erreicht, so hatten wir ohne Verschnaufpause und im gleichen Tempo die Verfolgung des zurückweichenden Gegners aufzunehmen. Solange das Kommando zur Feuereinstellung nicht gegeben war, hieß es flitzen, was die Kräfte hergaben. Während die Gruppe den Gegner verfolgte, um ihn restlos zu vernichten, mußten die Kämpfer mit dem Maschinengewehr und der Panzerabwehrwaffe über das Feld jagen, um den Anschluß an die Gruppe herzustellen. Sturm und Verfolgungsjagd endeten mit dem Beziehen der Stellung. Das hieß für uns, unverzüglich Schützenmulden graben, um das eroberte Terrain zu sichern. Mit dem Abrechnen und Melden der Munitionsreste sowie dem Abtransport von Verwundeten endete die Übung. Hatten wir ein Objekt, meist eine Ruine, zu stürmen, mußte exakte Koordination auch mit der Panzerabwehr erzielt werden. Sekunden bevor die Ruine erreicht wurde, mußte die Granate treffsicher durch die Fensteröffnung einschlagen, ohne daß der Sturm ins Stocken geriet. Jede Bewegung und jedes Detail mußten exakt und schnell ausgeführt werden. Wenn eine Gruppe zu langsam war, der Feuerschutz nicht ausreichte oder die Verfolgung des Gegners nicht zufriedenstellend war, wurde das Ganze wiederholt.

Soldaten, die ihre Schützenmulden nicht ordnungsgemäß

ausgehoben hatten, durften das in der Mittagspause oder abends im Quartier nachholen. Wenn die Verwundeten nicht in ausreichendem Tempo weggeschafft wurden, dann mußten wir die Trage um so länger schleppen. Wie oft wir diese Übungen täglich wiederholten, weiß ich nicht mehr genau. Wir gaben uns schon deshalb alle Mühe, um uns Wiederholungen zu ersparen. Nach einer gewissen Zeit waren wir derart aufeinander eingespielt, daß jede Bewegung aus dem Effeff klappte.

Nach dem gleichen Stil wurde auch bei anderen Übungen verfahren. Was immer wir trainierten, ob Infanterieangriff oder später den gemeinsamen Einsatz von Panzern und Infanterie, ob Angriff von See oder koordiniert mit Napalmbomben aus der Luft, stets wurde die Übung mit hohem physischem Einsatz geführt und exakte, detaillierte Ausführung gefordert.

Die Wiederholung war ein dominierendes Element der gesamten Ausbildung und erklärt den hohen Grad der Perfektion des israelischen Soldaten. Normen für Übungselemente gab es nicht. Das Laden der Waffe, das Ausheben der Schützenmulde und ähnliches wurden stets im Zusammenhang mit anderen Kampfelementen bewertet. Sicher besteht das Ziel jeder Armee darin, ihre Soldaten unter möglichst gefechtsnahen Bedingungen auszubilden. Die israelische Armee ist hierbei jedoch wahrscheinlich kaum zu übertreffen. Für die Einheit, die mit scharfer Munition entlang der Grenze übt, ist der Unterschied zwischen Gefechtsübung diesseits und Gefechtseinsatz jenseits sehr fließend. Schießplätze mit gesonderten Sicherheitsvorkehrungen sind nicht unbedingte Voraussetzung. Der israelische Soldat richtet seinen Lauf auf Zielscheiben in Richtung Grenze, selbst wenn auf der anderen Seite ein arabisches Dorf liegt. Aber auch im Innern des Landes, so zum Beispiel in der Negevwüste oder in fruchtbaren Gebieten Westgaliläas, in denen überwiegend Araber siedeln, wurden Kriegsbedingungen simuliert. Unsere Kompanie wurde zum Beispiel bei einer Übung mit dem Fallschirm in einem Melonenfeld abgesetzt, und das während der Ernte! Abgesehen von dem materiellen Schaden bestand für die Fellachen äußerste Lebensgefahr, da wir unmittelbar nach der Landung zur Gefechtsordnung übergingen und mit scharfer Munition schossen.

Eine andere Aufgabe, die das Leben der Kompanie stark prägte, war die Sicherung von Militärobjekten. Diese Einsätze, die teilweise mit der Ausbildung kombiniert waren, verstärkten in uns das Gefühl ständiger Gefechtsbereitschaft. Die Kompanie war praktisch so ausgestattet und mit Munition versorgt, daß sie jederzeit von der Übung in den Wach- und Patrouillendienst überwechseln oder das Gefecht aufnehmen konnte. Zu unseren Einsätzen zählte das Bewachen von Flugplätzen, von Radarstationen und Militärhafenanlagen. Wir patrouillierten entlang der Grenzen zum Gazastreifen oder unterhalb der syrischen Stellungen am Golan. Zu unseren Aufgaben zählte das Bewachen der Gleisanlage und die Begleitung der Eisenbahnzüge nach Jerusalem, die damals teilweise jordanisches Gebiet passierten. Wir lagen auf ausgebauten befestigten Dächern von Wohnhäusern in Jerusalem, den jordanischen Truppen unmittelbar gegenüber. Im Laufe von 30 Monaten Wehrdienst durchstreiften wir auf diese Weise mehr als einmal das Land.

Selbstverständlich nahmen nicht alle Soldaten der Kompanie den harten Dienst in gleicher Weise auf sich. Es gab einige, die diese Strapazen auf die Dauer nicht aushielten. Akrabi beispielsweise versuchte mit allen Mitteln, von der kämpfenden Truppe loszukommen. Dafür erduldete er persönliche Diskriminierung und Schikanen durch die Vorgesetzten. Akrabi war aus dem Irak eingewandert und lebte mit seiner Familie unter primitiven Verhältnissen in Haifa. Im Grunde genommen war er ein sympathischer Bursche und allgemein sehr beliebt, auch wenn nicht alle seine Verstellungskünste, mit denen er die Vorgesetzten täuschte, billigten. Oft brachte er uns in den Pausen oder auf unseren langen Fahrten zum Lachen. Besonders wenn Zivilisten oder gar Mädchen in der Nähe waren, ging er aus sich heraus. Dann vollführte er Bauchtänze und zeigte allerlei artistische Verrenkungen. Für den Dienst war er wenig geeignet. Oft mußten wir seinetwegen Übungen wiederholen. Über seine wahren Motive, warum er so hartnäckig von uns weg wollte, sprach er wenig. Jedenfalls schaffte er es und wurde Lagerverwalter, ein Posten, der wesentlich leichter und bei dem der Ausgang fast wöchentlich gesichert war.

Turko, wir nannten ihn so, weil er aus der Türkei stammte, schaffte es auf ähnliche Weise und landete in der Küche. Seine Familie lebte ärmlich, und er konnte sie nun hin und wieder mit einem Verpflegungspaket unterstützen. Das meiste Glück hatte Simchonie. Er wurde als Kraftfahrer ausgebildet, ein Job, der ihm später im Zivilleben sicher nützlich war.

Die Kibbuzniki harrten am längsten aus. Dem Kibbuznik fällt der Armeedienst im Vergleich zu seinen Kameraden aus der Stadt wesentlich leichter. Er ist auf die Armeezeit besser vorbereitet, kennt das Land und ist von klein auf mit der Natur verbunden. Wie oft haben wir diese verwöhnten Städter belächelt, die im Gelände hilflos dastanden und nicht in der Lage waren, in der für die Rast bemessenen Zeit ihre Konservenbüchse über einem schnell errichteten Feuerchen zu einer warmen Mahlzeit herzurichten. Als Miglied einer Gemeinschaft ordnete sich der Kibbuznik schneller in ein neues Kollektiv ein und paßte sich der Situation rasch an. In den Pausen bot er seinem Nebenmann großzügig Zigaretten an und teilte mit den Kameraden Briefpapier, Seife und andere Gegenstände des persönlichen Bedarfs, deren Bestände er beim nächsten Urlaub im Kibbuz wieder kostenlos auffüllte, während der Soldat aus der Stadt seine Ersparnisse anzapfen oder seiner Familie auf der Tasche liegen mußte. Da sich viele Kibbuzsiedlungen im Grenzgebiet befinden, waren die Jugendlichen von dort schon im Umgang mit Handfeuerwaffen vertraut. Das Umsteigen vom Traktor auf den Panzer fiel ihnen nicht allzu schwer.

In solch einem Grenzkibbuz bin auch ich aufgewachsen. Als Kinder spielten wir in den Deckungsgräben, die quer durch die Siedlung gingen, Räuber und Gendarm. Die älteren Klassen wurden bereits zu regelmäßigen Zivilschutzübungen eingeteilt. In unserem Kibbuz war eine Nahal-Einheit stationiert, jene Truppe der Armee, die sich «kämpfende Pionierjugend» nennt. Die Nahalim, die im Kibbuz arbeiten, unterstehen der Armee und führen ein regelrechtes Kasernenleben. Zu ihrem Gelände gehören standardmäßig Unterkunftsbaracken, eine Sanitärbaracke, ein Klubraum sowie der Appellplatz; alles direkt in der Kibbuzsiedlung. In regelmäßigen Abständen werden die Nahal-Soldaten von der Arbeit befreit und ziehen ins Manöver.

Schon als Kinder lernten wir auf diese Weise das Soldaten- und Kasernenleben aus nächster Nähe kennen.

Da die zionistischen Jugendverbände aller Kibbuzbewegungen der paramilitärischen Ausbildung große Aufmerksamkeit widmen, übten wir uns in der Machnauth. Dabei lernten wir aus einfachen Decken Zelte zu bauen, Feldküchen zu errichten und zu kochen, Hindernisse im Gelände zu überwinden, Topographie und Wandern nach Kompaß und Karte. Vor allem lernte man, sich einzuordnen, aber auch kleine Gruppen zu führen. Seine ganze Jugend verbringt der Kibbuznik in der Gemeinschaft, deren kleinste Einheit die Kwutza — die Gruppe — ist. Angefangen im Kindergarten und später in der Schule ist die Kwutza seine Lern- und Wohngemeinschaft. Mit ihr verrichtet er seine ersten Arbeitseinsätze, und in ihr verbringt er den größten Teil seiner Freizeit. An den Gruppenabenden befaßt man sich mit zionistischer Theorie und Geschichte. Gemeinsam bereiten sie sich auf die Bar-Mitzwa, eine Art Einsegnung, und die Aufnahme als Kibbuzmitglied vor.

Die Schule organisiert Ausflüge, bei denen der Jugendliche im Laufe der Jahre systematisch seine Heimat kennenlernt. Während die Jüngsten mit der näheren Umgebung beginnen, werden für die höheren Klassen Expeditionen in die entlegensten Gebiete der Negevwüste durchgeführt.

In der 11. und 12. Klasse besuchten wir historische Stätten der alten Hebräer. Wir wanderten zu den Kupferminen von Timna aus der Zeit König Salomos, zu den Salinen von Sodom am Toten Meer und in die herrliche Oase Ein Gedi in der Steinwüste von Judäa. Ein Höhepunkt war der Marsch zur Festung Masada.

Der Weg dorthin war damals noch äußerst beschwerlich, insbesondere die letzten Meter von dem durch die Legionäre des Titus errichteten Wall bis hinauf auf das Felsplateau, wo damals gerade die ersten archäologischen Funde freigelegt wurden. Wir nahmen Uri und Zipora das Gepäck ab, weil sie mit einer kleinen Gruppe vorauseilten, um eine Zeremonie vorzubereiten. Von der Höhe des Felsens deklamierten sie, als wir an dessem Fuß angelangt waren. Es war für uns alle beeindruckend. Fanfaren und Trommelschläge erklangen, die von den umliegenden Bergen als Echo zurückhallten. Im Gestein wurden Fackeln zu der Losung befestigt «Ein zweites Mal wird Masada nicht fallen». Sodann wurde Salut geschossen, und die ganze Kolonne setzte sich in Marsch, um den letzten und schwierigsten Teil des Weges nach oben zu nehmen.

Wir waren auf unseren Wanderungen in Gruppen und Züge eingeteilt. Die Besten und Stärksten wurden zu Kommandeuren ernannt. Die Jungen und einige Mädchen waren mit Karabinern bewaffnet. Gjora hatte sogar Handgranaten am Gurt, von seinem Bruder Dodik aus der Armee.

Aus der Feldflasche durfte nur auf Befehl getrunken werden. Ich erinnere mich an einen früheren Ausflug in der 7. oder 8. Klasse. Als ich meine Feldflasche unerlaubt öffnete, wurde ich durch unseren Begleiter, einen Nahalnik aus unserem Kibbuz, gezwungen, das Wasser auszukippen und durch Sand zu ersetzen. Meinen Durst hatte ich nicht gestillt, und außer meiner kindlichen Empörung mußte ich den ganzen Tag die schwere Feldflasche mit mir herumschleppen.

Für die höheren Klassen bestanden jährliche Pflichtübungen in der Gadna — der paramilitärischen Jugendorganisation, die alle Altersgenossen, unabhängig von ihrer politischen Zugehörigkeit, vereint.

In den Monaten vor der Sinaiaggression von 1956 wurden alle 11. und 12. Klassen zu einer sechswöchigen Ausbildung von der Schulbank weg in einen Gadna-Stützpunkt oder ein Militärlager zusammengeholt. Es gab noch viele andere Formen der paramilitärischen Betätigung, bei denen Armee und Jugendverbände mit Kibbuzbewegungen direkt zusammenarbeiteten, zum Beispiel die Interessengemeinschaften Modellflugzeugbau, Segeln, Topographie. Auf eine davon möchte ich näher eingehen, weil sie Massencharakter hatte. Die Armee führte Ende der fünfziger Jahre Marschwettbewerbe zwischen ihren Einheiten durch, die bald darauf mit viel Aufwand und Propaganda zu einer Volkswanderbewegung, der sogenannten Mitzadah, ausgeweitet wurden.

Kurz nach meiner Entlassung aus der Armee beauftragten mich das Sekretariat des Kibbuz und die Schulleitung mit der Vorbereitung unserer Delegation für diese Veranstaltung. Wir fertigten bunte Wink- und Halstücher an, studierten Bewegungselemente und Marschlieder ein. Die Mädchen und Jungen waren zum Marsch einheitlich gekleidet und gaben sich große Mühe, besonders beim Passieren der Schiedsstellen. Und dann kam die große Enttäuschung. Es ging nur um Schnelligkeit und Durchhaltevermögen. Die Schiedsrichter beachteten unseren Auftritt kaum. Der ganze bunte Firlefanz wurde gar nicht bewertet. Die schnellste Einheit erhielt als Preis eine Reise nach Holland zur Teilnahme an einer ähnlichen Veranstaltung. Erst später in Europa stellte sich für mich heraus, daß die Sieger der Mitzadah zur Teilnahme an den Ostermärschen delegiert wurden. Wie wenig Gemeinsamkeiten doch die beiden Veranstaltungen hatten. Ob das die Teilnehmer der politischen Protestmärsche um die Osterzeit aus vielen Ländern Westeuropas gewußt haben?

Der Kibbuznik ist also in vielfacher Hinsicht auf den Militärdienst gründlich eingestellt und ideologisch reichlich geschult. «Predige keinen Zionismus», hieß es bei uns, wenn uns einer agitierte. Was aber wußten wir vom Leben in der Stadt oder gar von den Verhältnissen in den vielen Slums, den großen Maabarot, jenen Durchgangslagern aus dichtgedrängten Elendsquartieren, die Dauerunterkunft für die Einwanderer hauptsächlich aus den Ländern Afrikas und Asiens blieben? Aufgewachsen in einer Gemeinschaft, die ihn freihält von persönlichen Sorgen, hat der Kibbuznik zumeist keine Ahnung vom Arbeitskampf und vom verdienten Lohn. In der Armee wird er mit solchen Problemen erstmals konfrontiert, und oft fehlt ihm das Verständnis für Menschen wie Akrabi, Simchonie oder Turko. Umgekehrt stößt er bei vielen Jugendlichen aus der Stadt auf wenig Gegenliebe. Am wenigsten kommt er bei der Arbeiterjugend, zu der er sich gern zählt, und bei den sephardischen Juden an. Zumindest für einen Teil der israelischen Bevölkerung symbolisiert der Kibbuznik den wohlhabenden Ashkenazim, den Westjuden, der sich zur Elite der Gesellschaft zählt, auch wenn er nicht mit dicker Zigarre im Munde Luxusautos fährt, sondern bei jeder Gelegenheit seine Zugehörigkeit zur Arbeiterklasse beteuert.

Aus eigener Arbeit gelingt es im Kapitalismus für gewöhnlich kaum, eine Siedlung mit Swimmingpool, Kulturpalast, Sportstätten, Parkanlagen und Komfortwohnungen auszustatten, wie es in den Kibbuzim vorkommt. Für Soldaten, die vor oder nach ihrer Dienstzeit ihre Arbeitskraft zum Verkauf anbieten und dabei erst einmal ein Angebot finden müssen, sind die patriotischen Reden des Kibbuznik wenig überzeugend. In der Armee wird der junge Kibbuznik seinerseits erstmalig vor die Situation gestellt, seine Theorien verteidigen und an der Praxis messen zu müssen, allein auf sich gestellt, ohne die Kwutza. Manch einer findet die Lebensweise in der Stadt viel abwechslungsreicher als in seiner Kommune. Plötzlich findet man Geschmack an den «Salontänzen», die man zu Hause als kleinbürgerlich verachtete. Die Garten-Eden-Zeit, wie wir sie als Kinder verbracht hatten, ist vorbei. Ich selbst wußte damals nicht, was mir lieber war — im Kibbuz die begonnene Arbeit zu vollenden oder alles stehen und liegen zu lassen und der Einberufung Folge zu leisten, um die tägliche Routine und Eintönigkeit im Kibbuz zu unterbrechen. Viele Jungen und Mädchen versuchten aus ähnlichen Gründen, die Armeezeit zu verlängern. Es gibt kaum Mädchen, die heiraten, um der Dienstzeit zu entgehen, wie das viele ihrer Altersgenossinnen aus der Stadt tun. Manches Mädchen versucht, eine gute Partie in der Stadt zu machen. Das sind gewiß nur einige Erklärungen für den Drang der Kibbuzjugend in die Armee, zur Offizierslaufbahn.

Doch zurück zu meinem Dienst in der Armee. Die Zeit war gekommen, Abschied zu nehmen von den Kameraden, mit denen man nahezu anderthalb Jahre aufs engste verbunden war. Die Mehrheit wurde zum Lehrgang für Unteroffiziere oder zu Speziallehrgängen delegiert und hatte damit die Chance zur Beförderung. Zuvor aber hieß es erneut, vier harte Monate intensiver Ausbildung und Drill durchzustehen. Im allgemeinen wird der Soldat nach so langer Dienstzeit nicht mehr schikaniert, und das Verhältnis zu den Vorgesetzten ist gut.

Anders ist es als Unteroffiziersanwärter oder als Kadett einer Offiziersschule. Wer bei Zahal weiterkommen will, muß einiges erdulden können. Soldaten, die sich darauf nicht beizeiten einstellen konnten, mußten den Lehrgang verlassen. Unsere Ausbilder waren jetzt durchweg Offiziere. Der Lehrgang war, wie jede Kompanie, in Gruppen und Züge eingeteilt, und jeder von uns kam an die Reihe, die Gruppe zu führen oder zentrale Dienste auszuführen. Die praktische Ausbildung glich in allem der, die wir als Soldaten schon gut kannten. Der Unterschied bestand darin, daß wir lernten, diese Übungen unter Aufsicht von Offizieren zu befehlen. Folglich wurde mehr Zeit für die Auswertung unserer Handlungen und Befehle eingeräumt. Wir wurden jetzt auch zunehmend theoretisch geschult.

Unser Bataillonskommandeur hielt persönlich eine Lektion vor unserem Lehrgang, an die ich mich noch erinnere. Ich war sehr aufgeregt, denn als Diensthabender hatte ich ihm Meldung über die angetretenen Lehrgangsteilnehmer zu erstatten. Raful Eytan war von kleinem Wuchs, aber mit energischen Gesichtszügen, die allgemein Respekt einflößten. Er nahm meine Meldung mit freundlichem Lächeln entgegen und begann seine Ausführungen in sehr aufgelockerter Form, indem er sich nach der Anzahl der Moshawniki unter uns erkundigte. Als sich herausstellte, daß die überwiegende Mehrheit aus dem Kibbuz stammte, pries er die militärischen Leistungen der Kibbuzjugend. Es gab Heiterkeit unter den Zuhörern, da natürlich alle wußten, daß er selbst aus einem Moshaw stammte.

An Einzelheiten seiner Ausführungen kann ich mich nicht mehr erinnern, wenngleich mir einige markante Punkte deutlich im Gedächtnis haften geblieben sind. Er berichtete voller Stolz davon, daß das Pentagon sämtliche Operationspläne der israelischen Armee von den letzten «Vergeltungsschlägen» mit großem Interesse auswertete. Auf die Logistik dieser Operationen eingehend, setzte er sich mit den starren Normen und Sollstärken für die Einsatzgruppen auseinander. Die Erfahrungen hätten gezeigt, daß massive Schläge durch kleinere Einheiten im Hinterland des Gegners wirksam geführt wurden mit einer Ausstattung und Bewaffnung, die weitaus größeren Kräften nahekommt. «Wir haben» — so Eytan — «schon immer mehr aufmunitioniert, als die Norm vorschreibt. Wenn die Umstände es erlauben, werden wir ein Versteck der Fedayin mit Artillerie belegen, ihre Hütten mit Panzern bekämpfen.» Unsere Gruppen würden mit zwei statt einem Maschinengewehr ausgestattet. Nicht ein Sanitäter solle den Zug begleiten, «sondern ein

Ärzteteam mit kompletter Ausstattung». Immer müsse man das Ziel verfolgen, mit wenig, aber gut ausgestatteten Kräften zu operieren. «Niemand wird uns vorhalten, daß wir Munition verschwendet haben. Alle aber werden uns kritisieren, wenn die Opfer hoch sind.»

Andere Lektoren gingen auf taktische Grundsätze ein: Die Nacht sei der natürliche Verbündete von Zahal. Der Araber ängstige sich in der Dunkelheit.

Tatsächlich nahmen Nachtübungen einen hohen Prozentsatz unserer Ausbildung ein, schon in der Kompanie Aleph. Das nächtliche Ausschwärmen wurde sorgfältig vorbereitet. Bevor wir auszogen, mußte jeder auf der Stelle hüpfen, um zu zeigen, daß seine Ausrüstung so angebracht war, daß sie keine Geräusche verursachte, Gesicht und Hände wurden geschwärzt, ebenso blanke Metallteile an der Ausrüstung. Exakt mit Sonnenaufgang wurde angegriffen, wobei die Sonne, möglichst in unserem Rücken, den Gegner blenden sollte. Bei klarem Himmel spielt das eine große Rolle. Außerdem ist die Dämmerung die schwierigste Zeit für die gegnerischen Posten. Am Ende ihrer Wache neigen sie am ehesten zu Unaufmerksamkeit.

Ein ehernes Gesetz bei Zahal, so lehrte man uns, sei die unbedingte und schnelle Ausführung des Befehls. Großer Wert wurde dabei auf selbständiges, initiativreiches Operieren der Gruppe gelegt. Wir hatten Prüfungen zu bestehen, im Gelände und am Sandkasten, wobei die Vorgesetzten Lagen simulierten, die uns vom befohlenen Ziel ablenken sollten und bei denen sie unsere Entscheidungen und Befehle aufmerksam verfolgten. Stets die Initiative in der Hand zu behalten sei oberstes Gebot und gelte nicht nur für den Angriff, sondern auch bei Verteidigung und Rückzug. Geschickt einem überlegenen Gegner auszuweichen, einen schnellen Rückzug zu organisieren und keine Toten oder Verwundeten zurückzulassen waren wichtige Prinzipien, die wir in der Praxis in allen Details ausführen mußten.

Hatten wir bis dahin angenommen, der Sturmangriff wäre die physisch schwierigste Übung, so wurden wir bald eines anderen belehrt. Was hat es für Kraft gekostet, im ununterbrochenen Laufschritt einen geordneten Rückzug aus einem Wadi zu trainieren und dabei den Gegner immer unter Feuer zu halten.

Lief das Zusammenwirken der einzelnen Einheiten nicht synchron, so wurden weitere «Verwundete angeordnet», die den Rückzug noch erschwerten.

Man lehrte uns, den Gegner unter allen Umständen vernichtend zu schlagen, ihm keine Chance zu lassen, aus einer Umklammerung zu entkommen. Das zu mißachten wurde hart geahndet.

Alles in allem waren die Anforderungen an einen Gruppenführer sehr hoch. Die Mehrheit der Anwärter absolvierte den Lehrgang jedoch erfolgreich und wurde danach als Gruppenführer auf die neuen Rekrutenkompanien aufgeteilt. Nur die Besten, darunter mein Klassenkamerad Uri, wurden sofort zur Offiziersschule delegiert. Ich hatte mich für einen Speziallehrgang an der Kommandoschule der Fallschirmjägerbrigade in Tel-Nov beworben und wurde Ausbilder.

Mein Entschluß war ziemlich kühn, denn niemand von den wenigen, die überhaupt zur Bewerbung zugelassen wurden, hatte so rechte Vorstellungen, was uns da erwartete. Der Spezialkurs dauerte drei Monate. Wir trieben viel Sport, trainierten an den Bodengeräten und absolvierten viele Sprünge. Alles, was wir später theoretisch und praktisch weitervermitteln sollten, führten wir auch vorher aus. Das Abspringen wurde aus verschiedenen Höhen und aus unterschiedlichen Flugzeugtypen geübt. Wir lernten den Schirm zu falten sowie Gepäck und Ausrüstung in die Maschinen zu verladen und aus der Luft abzusetzen. Auch Havariefälle im Flugzeug, das Einsetzen des Reserveschirmes in der Luft, Landen im Meer und im Wald wurden trainiert.

Bald waren wir mit allen Geräten bestens vertraut und wurden nach Abschluß des Lehrgangs sofort als Ausbilder eingesetzt. Zu unseren «Lehrlingen» zählten die Rekruten aller Fallschirmjägerbataillone, Piloten der Luftwaffe, Absolventen von Offizierslehrgängen und hohe Offiziere aus verschiedenen Waffengattungen und Stäben. Auch Offiziere aus afrikanischen Staaten wurden bei uns ausgebildet.

Der ranghöchste Offizier, der mir unter die Fittiche kam, war ein General aus dem Oberrabbinat der israelischen Streitkräfte. Ein Rabbi also, den ich auch noch in meinem Quartier aufnehmen mußte. Im Training war er den Soldaten gleichgestellt und hatte ziemliche Schwierigkeiten mitzuhalten. Lediglich von den Appellen war er befreit. Wir freundeten uns im Verlauf der drei Wochen an. Er lud mich ins Shekem, ins Kasino, ein, und wir unterhielten uns ausführlich. Über Religion sprach er mit mir nicht. Vermutlich ahnte er, daß das bei mir als Kibbuznik wenig Zweck gehabt hätte. Bei seinen Frühgebeten, bei denen er seine Arme mit Gebetsriemen umschnürte und unaufhörlich im monotonen Rhythmus seinen Oberkörper beugte und dabei heftig die Lippen bewegte, als stünde er im Wettbewerb um das Herunterbeten von möglichst vielen Psalmen, gab er eine lächerliche Figur ab. Ich tat, als schliefe ich noch.

Die Ausbilder gehörten zum fliegenden Personal. Dadurch bekamen wir Sonderverpflegung, Soldzulagen und manch andere Vergünstigung. Entscheidend für mich war jedoch, daß ich nicht über die reguläre Dienstzeit hinaus verpflichtet wurde. Ich hatte seit langem Pläne, meine Angehörigen in London und Berlin aufzusuchen, woran vor der Armeezeit überhaupt nicht zu denken war. Auch wußte ich, daß der Kibbuz mich nicht unmittelbar nach dem Dienst fortlassen würde. Meir Gaon, ein Freund aus Tel Aviv, den ich aus dem Spezialkurs kannte, befaßte sich sogar mit Auswanderungsplänen, ein Vorhaben, das damals noch selten war und viel Mut kostete.

Die Zionisten umgaben die Armee schon immer mit einem regelrechten Mythos. Eine ihrer Thesen lautet: Der israelische Soldat sei unbesiegbar; seine Kampfmoral sei außergewöhnlich hoch. Wirklich geboren wurde diese Parole von der Unbesiegbarkeit im Sechs-Tage-Krieg von 1967. Im Jom-Kippur-Krieg von 1973 aber schlug über Nacht der Blitz ein. Er kam diesmal für Israel völlig überraschend und setzte der Selbstherrlichkeit ein jähes Ende.

Die Folgen lösten unter den Israelis eine wahre Katastrophenstimmung aus. Der Krieg war nach sechs Tagen nicht beendet. Selbst nach vier Wochen war er noch in vollem Gange. Offiziellen Angaben zufolge hinterließ er über 2500 Tote, über 7500 Verwundete und Vermißte. Zahlen also, die sich nur mit dem Krieg von 1946−1948 vergleichen lassen. «Ich habe an allen von Zahal geführten Kriegen teilgenommen

*November 1973 — Panzer der israelischen
Aggressionsarmee in der Wüste Sinai*

und gestehe, daß ich erst in diesem erfahren habe, was eigentlich Krieg bedeutet», sagte General Sharon unmittelbar nach den Kämpfen.

Erst am zweiten Tage des Ramadankrieges, wie er auf arabischer Seite genannt wurde, erfuhren die israelischen Bürger aus Sendungen des jordanischen Fernsehens, was die eigenen Medien sorgfältig verschwiegen hatten: Zerstörung und Tote an der Bar-Lev-Linie entlang des Suezkanals, auf der Hermonfestung am Golan und anderswo. Da standen sie, die «Unschlagbaren», mit gesenktem Haupt in der typischen Pose von Gefangenen. Da liefen Filmberichte über das Verhör des israelischen Generals Jaguri, über den Marsch einer ganzen israelischen Kompanie unter UN-Aufsicht in ägyptische Gefangenschaft.

Die Erschütterung unter der Zivilbevölkerung Israels war gewaltig: Zahal auf dem Rückzug, zu Tode erschreckte Soldatengesichter, Verwundete, zerfetzte Uniformen! Hunderte von zerstörten israelischen Panzern und Dutzende abgestürzter Flugzeuge. Nach diesem Krieg gab es keine Prachtausgaben von Kriegsalben. Die Siegesparade und die Show der erbeuteten Waffen fand damals in Kairo statt. 1956 und 1967 waren die höchsten Generale vor der Presse mit Karten und Diagrammen erschienen. 1973 führten sie Krieg gegeneinander, schoben sich gegenseitig die Schuld in die Schuhe. 1956 und 1967 kehrten die eingezogenen Reservisten sehr bald zu ihren Familien zurück. 1973 dauerte es mehrere Monate, bis man es wagte, die ersten zu entlassen, und sie kehrten erschöpft zurück in eine Gesellschaft, die ideologisch, politisch und ökonomisch stark erschüttert war.

Erstmalig zeichnete sich ein reales Bild über Vermögen und Grenzen der israelischen Streitkräfte ab.

Der israelische Soldat kenne kein Feindbild, lautet eine andere These. Sie hat zu keiner Zeit gestimmt. Das Feindbild ist im Gegenteil unerhört chauvinistisch. «Die Araber sind nicht in der Lage, Krieg zu führen, ihre Kräfte zu koordinieren — schon auf Grund ihrer Mentalität.» — «Brecht sie!» — «Unsere Schläge müssen so schwer, so erdrückend wirken, grausam und erbarmungslos sein, daß sie wie ein nationales Trauma auf die Araber wirken.» So und ähnlich ließen sich führende Politiker und Militärs vernehmen. Wie sollte es da in der Truppe anders ausschauen?

«Der beste Araber ist der tote Araber», hieß die Devise auch in meiner Kompanie Aleph. Nach diesem Leitspruch wurde gehandelt. Wer dazu in Sinai keine Gelegenheit hatte, praktizierte es an der eigenen arabischen Bevölkerung, wie zur Zeit des 1. Sinaifeldzuges 1956 im Massaker von Kafr Kasem, einem arabischen Dorf, das Hunderte Kilometer von der Front entfernt friedlich seiner Arbeit nachging und keinerlei Risiko für die Sicherheit des Landes darstellte. Wir alle waren damals sehr empört über die Handlungen der grünen Barette, der Grenztruppen. Die Verantwortlichen mußten zur Rechenschaft gezogen werden, um die Wogen der allgemeinen Empörung zu glätten. Ein paar Offiziere erhielten lächerliche Strafen, die Hintermänner blieben ungeschoren.

Zahal hatte immer eine strenge Regel: Dem Gegner keine Verwundeten überlassen. Der Divisionschef persönlich hat uns

Israelische Besatzer patrouillieren durch Nablus (1974)

eingepaukt, der israelische Soldat würde nie im Stich gelassen, alles werde getan, um Opfer zu vermeiden. Im Jom-Kippur-Krieg 1973 wurde auch dieses Gesetz gebrochen. Die hohe Zahl der Vermißten hinterließ einen der schlimmsten Schocks in der israelischen Öffentlichkeit und in der Armee. Plötzlich wurde klar, daß alles Gerede völlig haltlos und man nur darauf bedacht war, der Armee und dem Volk einzureden, daß es möglich sei, Kriege auch ohne Opfer zu führen, wenn man es nur technisch geschickt anstellte.

Noch deutlicher wurde das Bild von realem Vermögen und den Grenzen der israelischen Streitkräfte während der Libanon-Invasion. Dort brach Sharons militärische Konzeption in den Überraschungsangriffen der libanesischen Widerstandskämpfer völlig zusammen. Gegen jene vermochte auch waffentechnische Überlegenheit nicht anzukommen. Im Gegenteil — Zahal wurde von weniger gut Bewaffneten eine militärische Niderlage zugefügt. Eine gute Lektion für all jene im Nahen Osten, die da behaupten, Kampffähigkeit hänge ausschließlich von den Waffen ab. «Der Libanon — das ist das Vietnam Israels», schrieb die Zeitung «Haaretz» im Mai 1983. Und zum ersten Mal ließen israelische Truppenteile wegen einer Niederlage nicht die Köpfe hängen, sondern jubilierten über ihren Rückzug. «Habayta, Habayta — nach Hause», sagen ausgelassen israelische Soldaten im März 1985, als sie endlich ihre elektronischen Aufklärungsgeräte auf dem Mount Barouk abbauen konnten.

Auf den israelischen Offizier stimmt die zionistische Propaganda wahre Ruhmeshymnen an. Es gäbe keinen Offiziersdünkel. Zum Vergleich wird mit Vorliebe der steife Offizier der Naziwehrmacht herangezogen. Mittlerweile ist es jedoch so, daß selbst führende imperialistische Armeen diesen Offizierstyp abgeschafft haben. Hat das etwa an der Aggressivität dieser Armeen etwas geändert? Natürlich nicht!

Um Beförderung wird bei Zahal ebenso gerangelt wie in jeder anderen kapitalistischen Armee auch. Das Verhältnis zwischen Offizieren und Mannschaft ist durch keinerlei Besonderheiten gekennzeichnet. Die Distanz ist schon auf Grund der völlig unterschiedlichen Dienstbedingungen gegeben. Die Soldaten wohnen in billigen Massenunterkünften. Sie stehen Schlange nach dem Essen und speisen aus dem Blechnapf. Zu Klubs und Kasinos ihrer Vorgesetzten haben sie keinen Zutritt. Rekruten und Lehrgangsteilnehmer unterliegen besonderen Schikanen nach den klassischen Methoden einer imperialistischen Armee. Zu den Standardstrafen gehörten das Ausheben von Schützenlöchern, das Verbot, den Stahlhelm und den Tornister abzulegen, und anderes. Fast täglich sah man Dutzende Soldaten beim Essen in voller Montur. Um unsere Unterkunft waren zeitweise so viele Schützenlöcher, daß man seine Mühe hatte, das Gelände zu passieren.

Die Bestrafung des Soldaten, hieß es, verfolge ausschließlich das Ziel der Ertüchtigung und des Nachholens von Versäumnissen. In Wahrheit ging es oft darum, Gehorsam zu erzwingen und die Persönlichkeit zu diskriminieren. Der Soldat Akrabi mußte vor angetretener Kompanie mit einer langen Metallstange in der Hand und mit sandgefüllten Granatbehältern auf dem Rücken hüpfen, weil er in den Augen seines Vorgesetzten nicht würdig war, die Panzerbüchse zu führen.

Ein eigenes Kapitel ließe sich über die Generalität schreiben. «Der israelische General stammt aus dem einfachen Volke», heißt es in der offiziellen zionistischen Propaganda. Dayan, Weizman, Sharon oder Eytan sind nicht gerade Angehörige der Arbeiterklasse oder der Bauernschaft. Der Herkunft nach sind sie reiche Farmer der zweiten und dritten Generation, deren Eltern oder Großeltern bei der zionistischen Eroberung des Bodens tüchtig zulangten und weder die arabischen noch die jüdischen Arbeitskräfte von der Ausbeutung verschonten. Andere Generale sind erfolgreiche Unternehmer- oder Managersöhne.

Auf Eroberung verstehen sich die israelischen Generale überhaupt sehr gut. War Ende der fünfziger Jahre noch die Rede von der strikten Trennung zwischen Armee und Politik, eine These, die von Ben Gurion, dem geistigen Vater Zahals, selbst aufs gröbste mißachtet wurde, so sprach man nach dem Sechs-Tage-Krieg von einer regelrechten Invasion der Generale in der Knesset und in der Regierung. Der erste General, der seine Uniform gegen einen Ministersessel tauschte, war 1969 Ezer Weizman. Bald merkten viele Generale, daß militärische Ehren durchaus auch politisch auszuschlachten sind, und folgten dutzendweise diesem Weg.

Trotz öffentlicher Kritik liierten sich mehr und mehr Generale des aktiven Dienstes wie der Reserve mit politischen Parteien und zogen für diese in den Wahlkampf. Rabin, Bar Lev, Sharon sind nur die bekanntesten. Eine Trennung zwischen Armee und Politik hat es nie gegeben. Das Neue besteht heute lediglich darin, daß der Erfolg in der Armee die Türen zur Knesset öffnet und nicht umgekehrt, wie zu Zeiten Allons, Dayans oder Yadins, daß diesen Weg heute unvergleichlich mehr Generale als anfangs gehen.

Viel schlimmer aber ist, daß die Politisierung der Generale in der Gegenwart mit einem erheblichen Rechtsruck in der Politik verbunden ist. Heute sind in Israel alle Voraussetzungen gegeben, in kürzester Zeit einen Staatsstreich zu inszenieren, der die Staatsgeschäfte voll in die Hände der Militärs legen könnte.

Der Mythos, die israelische Armee wäre ein Bürgerheer im Dienste des Volkes, entbehrt jeder Grundlage. Eine Armee kann stets nur so sauber und menschlich sein wie die Gesellschaft, in der sie wirkt und aus der sie kommt.

Das Tandem

Am 19. September 1970 sitzen im Keller des Weißen Hauses in Washington etwa vierzehn Personen um einen rechteckigen Tisch. Schallschluckende Teppiche, Paneel, Wandkarten, elektronische Direktverbindungen mit der CIA, der Kommandozentrale im Pentagon und der NSA, der Nationalen Sicherheitsbehörde. Hier ist das Operationszentrum der Washingtoner Special Actions Group des Nationalen Sicherheitsrates der USA. Sein Vorsitzender, Henry Kissinger, leitet die Zusammenkunft. Er koordiniert von hier aus alle militärischen, diplomatischen und politischen Schritte, die die USA nach Bestätigung durch Präsident Nixon in jenen angespannten Septembertagen während der schweren bewaffneten Auseinandersetzungen in Jordanien unternehmen.

Tausende Jordanier und palästinensischer Widerstandskämpfer kommen dabei ums Leben, bekämpfen statt des gemeinsamen Feindes — des israelischen Aggressors — sich gegenseitig. Zwietracht, Mißverständnisse, Gegensätze und letztlich die Zusammenstöße hatten in den Wochen zuvor derartig zugenommen, daß man glauben könnte, sie seien von einer dritten, fremden Hand gelenkt worden.

Während des 19. September verläßt Kissinger nicht den Sit Room. Über gewaltige Landkarten gebeugt, schiebt er mit den Fingern kleine Kriegsschiff- und Kampfflugzeugattrappen von einem Ende des Mittelmeeres zum anderen, streitet mit Admiralen, debattiert über taktische Manöver und telefoniert.

Gegen Abend bestätigt Nixon die Empfehlung Kissingers zur Teilalarmierung der amerikanischen Streitkräfte. Die 82. Luftlandedivision und in der BRD stationierte Luftlandeeinheiten begeben sich zu ihren Flugplätzen. Einige Kriegsschiffe

Ein israelischer Centurion-Panzer kehrt von einem Terroreinsatz im Libanon zurück (26. 5. 1970)

der 6. Flotte erhalten Befehl, Kurs auf die Küsten Israels und Libanons zu nehmen.

Am Tag zuvor, dem 18. September, war Israels Ministerpräsidentin Golda Meir in Washington mit Präsident Nixon und Kissinger zusammengetroffen. Nixon stimmte ihrem Ersuchen nach einem 500-Millionen-Dollar-Kredit zu. Auch versprach er, die gewünschten 18 Phantom-Kampfflugzeuge vorfristig auszuliefern. Danach traf sie sich zweimal mit Außenminister Rogers und seinem für Nahostfragen zuständigen Stellvertreter Sisco. Eingehend erörterten sie die Entwicklung der Ereignisse in Jordanien.

Am Abend des 20. September, einem Sonntag, ist Golda Meir prominentester Gast des Essens, zu dem Israel-Bonds — die Gesellschaft für den Verkauf israelischer Staatsobligationen zum Zweck der Finanzbeschaffung — dreitausend betuchte Gäste in den großen Ballsaal des New-Yorker «Hilton» geladen hatte. Als sie das Wort ergreift, warnt sie ihre Zuhörer: «Wenn meine Füße schmerzen, werde ich nur kurz sprechen, wenn nicht, etwas länger.»

Sie sprach eine Stunde und fünf Minuten — ihre Füße hatten sie nicht geschmerzt.

Kurz nach 22 Uhr tritt ein Adjutant an den Platznachbarn Golda Meirs, General Yitzhak Rabin, Israels Botschafter in den USA, heran und schiebt ihm einen Zettel mit einer kurzen Notiz zu. «Dringend Kissinger im Weißen Haus anrufen», lautet der Text.

Rabin erhebt sich, begibt sich in einen Nebenraum des Festsaals und wählt die angegebene Rufnummer. In wenigen Worten deutet Kissinger die Entwicklung der letzten Stunden auf den jordanischen Kampfplätzen an und legt Rabin nahe, sofort nach Washington zur Beratung zurückzukommen. Ein Flugzeug würde für ihn bereit stehen.

Als Rabin wieder den Festsaal des «Hilton» betritt, sucht er die Augen seiner Regierungschefin. Er fängt ihren Blick auf, flüstert ihr Kissingers Information zu, und in einem günstigen Moment verlassen beide das Bankett. Während Golda Meir über die Botschaft Israels den in ihrer Abwesenheit amtierenden Yigal Allon beauftragt, unverzüglich Aufklärungsflugzeuge zu starten und ihr die letzten Frontmeldungen zu übermitteln, jagt Rabins Wagen zum La Guardia Militärflugplatz. Die Triebwerke der Jetstar, die ihn zum Luftwaffenstützpunkt Andrew in Maryland fliegen soll, laufen bereits.

Um drei Uhr morgens, am Montag, dem 21. September 1970, trifft Rabin in seiner Washingtoner Residenz in Forest Hill ein. Kissinger befindet sich noch immer im Sit Room, Sisco in der Operationszentrale des State Department. Durch eine abhörsichere Telefonkonferenzschaltung stehen die drei Politiker miteinander in ständiger Verbindung.

«Und während die Schlaglichter der Öffentlichkeit noch immer auf Rogers und Sisco gerichtet waren, wurde in aller Stille, im Schatten der Diskretion, ohne Kenntnis sogar des State Department, die Last der Verhandlung für eine bisher beispiellose, geheime amerikanisch-israelische Verständigung über das gemeinsame militärische Vorgehen in der Jordanien-Krise auf die Schultern von Kissinger und Rabin gelegt.» So schildern die amerikanischen Journalisten Marvin und Bernard Kalb in ihrem Buch «Kissinger» den Einstieg der USA und Israels in eine neue Phase ihres Zusammenwirkens, in die Phase der unmittelbaren militärischen Koordinierung, die später unter der Regierung Reagan und Begin noch enger werden sollte.

An jenem 21. September 1970 jedoch befand sich das Tandem Kissinger – Rabin im Sit Room des Weißen Hauses. Kissinger hatte Rabin direkt ins Allerheiligste der USA gerufen – etwas Einmaliges. Rabin witzelte später stolz, er kenne im Haus der amerikanischen Exekutive mehr geheime Ein- und Ausgänge als selbst der Geheimdienst.

Nachdem sie sich zusammengesetzt hatten, informierte Rabin mit Verteidigungsminister Dayans Genehmigung Kissinger bis in die Einzelheiten über Israels militärische Planung. Rabin, früher selbst Generalstabschef, war ein sachkundiger Gesprächspartner. Zweimal täglich erhielt er aus Tel Aviv die neuesten Aufklärungsergebnisse und wertete sie mit Kissinger aus.

Am Nachmittag des 19. September war in Washington der Beschluß des israelischen Kabinetts zum direkten militärischen Eingreifen in Jordanien eingetroffen. Die Operation sollte sich aber nicht auf Jordanien beschränken, sondern auch gegen Syrien sollten israelische Luft- und Bodenangriffe vorgetragen werden. Man erwarte allerdings in Tel Aviv die Zusicherung aus dem Weißen Haus, teilte Rabin auftragsgemäß Kissinger mit, daß die USA die Operationen Israels mit eigenen Mitteln abschirmen würden. «Präsident Nixon gab seine Zustimmung», wissen die beiden erwähnten amerikanischen Journalisten.

«Israelische Panzer rollten in großer Zahl auf den Jordan zu. Die Golanhöhen belebten sich durch demonstrative Vorbereitungen für den Krieg. Auf den Flugplätzen in ganz Israel heulten die Düsentriebwerke auf, wurden Raketenträger und Bombenluken bestückt. Ein amerikanischer Flugzeugträger schob sich in die 60-Meilen-Zone der israelischen Küste vor.»

Das Spiel mit dem Feuer war in vollem Gange. Und während die USA und Israel kräftig in die Flammen bliesen, bemühte sich Ägyptens Präsident Nasser, den Konflikt in Jordanien einzudämmen. Ihm war es letztlich zu danken, daß die amerikanisch-israelischen Brandsätze im Sand der Wüste verpufften und nicht die gesamte Region erneut in einen großen Krieg stürzten.

Fast auf die Woche genau elf Jahre später, im September 1981, trifft erneut ein israelischer Regierungschef in Washington ein. Menachem Begin unterbreitet USA-Präsident Reagan ein Programm für die militärische Zusammenarbeit ihrer Staaten, wie es noch nicht dagewesen ist. Er bietet den USA die Nutzung zweier neuer Luftwaffenstützpunkte in der Negevwüste an und erklärt sich sogar bereit, sie mit zusätzlichen Landebahnen nur für die US Air Force zu versehen. Für Dock- und Reparaturarbeiten an Schiffen der amerikanischen 6. Mittelmeerflotte trägt er dem Amerikaner die Dienste der israelischen Kriegshäfen Haifa und Ashdod an. Er schlägt ihm vor, in Israels Armeebunkern das Großgerät der vornehmlich für Operationen im Gebiet des Persischen Golfes gebildeten RDJT — der Rapid Deployment Joint Task Force der USA oder Schnellen Eingreiftruppe — zu stationieren. Den USA offeriert er die Nutzung des israelischen Territoriums für Manöver, die gemeinsam mit israelischen Einheiten durchgeführt werden sollten. Begin regt an, verstärkt Geheimdienstinformationen auszutauschen, wobei er bittet, die Möglichkeit zu prüfen, daß Israel von amerikanischen Satelliten Daten über den Nahen Osten empfängt. Schließlich bietet er Reagan an, daß die israelischen Luftstreitkräfte die Luftdeckung für amerikanische Flugtransporte bis tief in den östlichen Mittelmeerraum hinein übernehmen. Am Rande einigte man sich noch darüber, daß die USA zur Unterhaltung und Reparatur von amerikanischem Kriegsgerät in Westeuropa Israels Dienste in Anspruch nehmen würden. Auch der Kauf von israelischen Rüstungsgütern in Höhe einer halben Milliarde Dollar durch die USA wurde vereinbart.

Mit seinen Vorschlägen trifft Begin beim amerikanischen Präsidenten auf mehr als nur Wohlwollen. Seine Ideen passen genau ins Konzept der offensiven Beherrschung jener «lebenswichtigen Zone», zu der die USA den arabischen Raum, den Persischen Golf, das Arabische Meer und den Indischen Ozean erklärt haben.

Israel und die USA hatten auf militärischem Gebiet schon immer ein inniges Verhältnis. Daran änderte auch der Zorn aufeinander nichts, in den man mitunter geriet. Der kam freilich

Die USA sind seit Jahren Israels Hauptlieferant für Waffensysteme und Ausrüstungen. Hier eines der Geschütze vom Typ M 109

Übergabe der ersten F 16-Jagdflugzeuge an Israels Luftwaffe im Jahre 1980. Aus den USA stammen 85 Prozent der israelischen Kampfflugzeuge

vor, wenn in der Nahostpolitik der eine Hü und der andere Hott sagte. Dann sperrten die erbosten amerikanischen Präsidenten ihren querköpfigen israelischen Kollegen schon mal eine Partie Rüstungsmaterial. So beispielsweise, als Begin Befehl gab, den irakischen Atomreaktor in Bagdad zu zerbomben. Meist aber war der Groll nach wenigen Wochen verflogen, und die Waffenschleusen wurden wieder geöffnet. Im großen und ganzen ergänzt man sich prächtig. Über die Jahre ist von den USA nicht ein einziger wichtiger Posten von den jährlichen Waffenwunschlisten Tel Avivs gestrichen worden. Das gelieferte Kriegsgerät war stets vom modernsten, und in einigen Fällen wurde neueste Technik, so die F-16, in Israel eher als in den NATO-Ländern eingeführt.

Obgleich das Pentagon letztlich den gewichtigeren Beitrag leistet, war und ist die militärische Zusammenarbeit zwischen Israel und den USA durchaus keine Einbahnstraße. Auch für die Militärs der USA bis hin zum amerikanischen militärisch-industriellen Komplex ist das Zusammenwirken mit der israelischen Armee, deren Forschungs- und technischen Einrichtungen ersprießlich. Wo bietet sich ihnen schon die Gelegenheit, ihr Kriegsmaterial in direkter Berührung mit moderner Technik der Sowjetunion zu testen? Beispielsweise ihr Hawkeye E-2C air borne control system, das von der israelischen Luftwaffe zur Leitung von Luftkämpfen mit syrischen MiG-21 eingesetzt wird.

Bei einigen neuen militärischen Forschungsprojekten der USA hantierten von vornherein israelische Offiziere mit ihren amerikanischen Partnern zusammen. Auch dabei waren die israelischen Techniker nicht etwa die Nehmenden und die Amerikaner die Gebenden. Das erstmalig im Juni 1981 vorgestellte U-Boot-Abwehr-Schallsystem, das in Israel speziell für die

wechselhaften Wassertemperaturen des Mittelmeeres entwikkelt wurde, hatte man gemeinsam gebaut. Und so verwundert nicht, daß Israel 1985 von den USA zur Teilnahme an der militärischen Forschung für Vorbereitungen auf den «Krieg der Sterne» eingeladen wurde.

Auf dem weiten Feld militärischer Kooperation befährt das amerikanisch-israelische Tandem auch verdeckte Wege. Mit den USA ist abgesprochen, daß Israel und israelische Spezialisten für solche Länder die Militärhilfe besorgen, die sich nicht direkt mit Washington liieren wollen oder wo das Weiße Haus lieber im Hintergrund bleiben möchte.

Feste Vorstellungen über das arbeitsteilige Vorgehen sind in Washington und Tel Aviv auch für Situationen entwickelt worden, in denen man die «innere Sicherheit» wichtiger arabischer Erdölförderländer bedroht sieht. Genau abgesprochen ist, auf welche Weise Israel wirksam wird, wenn dieser Fall für Saudi-Arabien einträte. Auch besteht Einverständnis, daß Israel militärisch eingreift, falls bestimmte arabische Staaten versuchen würden, die, wie es in den einschlägigen Papieren heißt, «regionale Vorherrschaft» an sich zu reißen. Genannt werden Syrien und Irak. Schließlich ist «Einvernehmen über die Rolle erreicht», so formulierte man in den entsprechenden Schriftstükken, «die Israel spielt, sollte das Regime in Ägypten von Libyen bedroht werden».

Höchst aufschlußreich ist auch die Kladde der geheimdienstlichen Zusammenarbeit, die ja dicht bei der militärischen liegt. Daß manche arabischen Staatsoberhäupter heute noch Kopf und Krone tragen, verdanken sie dem richtigen Tip im rechten Moment, der zur CIA über den israelischen Geheimdienst kam. Mossad, dabei der wichtigste israelische Geheimdienst, hatte seine amerikanischen Partner auch beizeiten über die Gefahr des Sturzes von Reza Pahlewi, des Schahs von Iran, informiert. Daß die USA danach so grobe Fehler machten, die auf die Flammen der iranischen Volksrevolution wie Öl wirken mußten, löste in Tel Aviv nur Kopfschütteln aus.

Nun beschlossen Begin und Reagan im September 1981, den gewichtigen Schritt von der «Zusammenarbeit in bestimmten Bereichen» zur «strategischen Kooperation» zu gehen. Im Vergleich zum Konzept Carters sei die Politik der Regierung Reagan «globaler angelegt», erklärte Außenminister Haig am 18. März 1981 vor dem Senatsausschuß für Auswärtige Angelegenheiten der USA. «Wir sind uns bewußt, daß sich unsere Politik nicht einfach auf den Persischen Golf ausrichten kann oder gar auf etwas, was man Südwestasien nennt. Unsere Interessen werden von den Vorgängen in der gesamten Region berührt und bedroht — von der Türkei bis Somalia, von Ägypten bis Pakistan.» Folgerichtig erwähnten denn auch hohe Beamte des Pentagon am Rande des Septembertreffens von Reagan und Begin, die USA hätten einen «umfassenderen Plan für die Sicherheit des Nahen Ostens», zu dem die Kooperation mit Israel ebenso gehöre wie die Zusammenarbeit mit Saudi-Arabien.

Tatsächlich strecken die Männer im Weißen Haus und im Pentagon begehrlich ihre Arme zur militärischen Umarmung Saudi-Arabiens aus. Im November 1981 sanktionierte der amerikanische Kongreß den Verkauf eines enormen Waffenpakets an diesen Staat. Für 8,5 Milliaren Dollar werden fünf AWACS-Aufklärungssysteme, 1177 AIM-9L Sidewinder Luft-Luft-Raketen, sechs KC-707 Tankflugzeuge, Zusatzgeräte zu den von Saudi-Arabien in Dienst gestellten 62 F-15 C Jäger sowie die dazugehörigen Ersatzteile und Trainingseinrichtungen geliefert. Seit 1984 versuchen die USA Saudi-Arabien zu überzeugen, die weiterentwickelte F-15 E in Dienst zu stellen — ein Langstreckenbomber!

Reagans Entscheidung zur «strategischen Kooperation» mit Israel war von der Entschlossenheit des amerikanischen Imperialismus getragen, die direkte militärische Präsenz der USA im arabischen Raum zu verstärken, die gesamte Region bis hin zur Türkei im Nordosten und Pakistan im Südosten mit Hilfe der hochmodernen israelischen Armee fest in den Griff zu bekommen, um der revolutionären Prozesse Herr zu werden, die hier in den Jahren davor um sich griffen.

Die Revolutionen in Äthiopien und Afghanistan, der Sturz des iranischen Schahs und die ausgeprägt antiimperialistische Ausrichtung der Volksrevolution im Iran hatten den Völkern dieser Länder die Möglichkeit eröffnet, sich endlich um ihre eigenen, nationalen Interessen zu kümmern. Abgebaut wurden die «großen Ohren» der USA im Norden des Iran, jene Spionage- und Abhöreinrichtungen, mit denen die CIA weit in die Sowjetunion hineingehorcht hatte. Geplatzt waren die Absprachen mit dem gestürzten afghanischen Daud-Regime, das Land aus der traditionellen Neutralität und Freundschaft mit der Sowjetunion heraus — und in die Verbindung mit den USA hineinzuführen. Das Loch im Süden ihres antisowjetischen Angriffsringes, welches die USA auf diese Weise zu stopfen getrachtet hatten, war nicht kleiner, sondern größer geworden. Obendrein war die CENTO, jene südöstliche Verlängerung der NATO, durch die iranische Volksrevolution zusammengebrochen. Das alles geschah, nachdem der Imperialismus nur wenige Jahre zuvor seinen strategisch wichtigen Stützpunkt in Aden verloren hatte, im Südwesten der Arabischen Halbinsel die Volksdemokratische Republik Jemen entstanden war, die US Air Force ihre riesige Luftwaffenbasis im libyschen Wheelusfield räumen mußte, weil sich das nationaldemokratische Libyen von der amerikanischen Vormundschaft ab- und zur nationalen Politik hingewandt hatte. Dazu gehörte auch eine Erdölpolitik, die sich daran orientierte, was fürs eigene Land gut war, und daher im Nahen Osten Schule machte. Auch ihrem Regime nach konservative arabische Erdölländer wie Kuweit, Saudi-Arabien oder die Vereinigten Arabischen Emirate im Golf begannen eine nationale Erdölpolitik zu verfolgen. Zu den wirklich großen, tief ins Mark gehenden Schocks, von denen der bürgerliche Gesellschaftsmechanismus der USA traumatisch getroffen wurde, gehört der arabische Erdölboykott des Jahres 1973. Damals hatten die arabischen Erdöl produzierenden Staaten erstmalig zum Erdölstopp als Waffe gegen die Unterstützung Israels durch die USA im Oktoberkrieg von 1973 gegriffen, und die bange Frage tauchte auf, was geschehen würde, wenn die Ölquellen völlig «außer Kontrolle» gerieten. Experten errechneten die Antwort — das Ausbleiben des arabischen Erdöls würde den völligen Zusammenbruch der wichtigsten Wirtschaftszweige der westlichen Staaten innerhalb von vier bis fünf Jahren bedeuten. Von hier bezogen die Länder Westeuropas 60 bis 70 Prozent ihres Öls, Japan 75 Prozent, Australien 80 Prozent und die USA etwa ein Viertel.

Ein noch nie dagewesener militärischer Aufmarsch der USA

in jene «lebenswichtigen Zonen» begann mit der Aufstellung eines gemischten Eingreifverbandes, der Schnellen Eingreiftruppe, der im Endzustand 230 000 Mann und 100 000 Mann Reserve umfassen soll und Einheiten aller vier Teilstreitkräfte einschließt. Obwohl für den verschiedensten Einsatz ausgerüstet, soll Hauptoperationsgebiet der Persische Golf sein. Um schnelles Operieren zu gewährleisten, soll das Großgerät der Truppe in der Region vorgelagert werden. Zu diesem Zweck, wie auch zur Nachschubsicherung, bemühen sich die USA um neue Stützpunkte in der Golfregion und in benachbarten Ländern. Sie bekamen sie in Oman, Kenia, Somalia. Ihre Bereitschaft erklärten Pakistan, das einen unerklärten Krieg gegen die afghanische Revolution führt, Ägypten und Sudan.

Unterhielten die USA bis 1979 bis sechs Kriegsschiffeinheiten im Persischen Golf, im Arabischen Meer und den anderen westlichen Gebieten des Indischen Ozeans, so stockten sie ihre Kriegsflotte auf mehr als dreißig ständige Einheiten auf. Ein bis zwei, zeitweise sogar drei Flugzeugträger bilden ihr Rückgrat. Hauptstützpunkt dieser neuen Flotte ist die Insel Diego Garcia, mit Landemöglichkeiten für den atomwaffentragenden B-52-Bomber und den Großraumtransporter C-141. Außerdem stationierten die USA auf sieben Spezialschiffen im westlichen Indischen Ozean einen Teil der Geräte und Versorgungsgüter für die Eingreiftruppe. Nimmt man Diego Garcia und jene Spezialschiffe zusammen, so sind hier Material und Ausrüstung für 70 000 Mann konzentriert.

Bei den Luftstreitkräften stützen sich die USA neben ihren eigenen 200 modernen Kampfflugzeugen der beiden Flugzeugträgergruppen auf die Luftstreitkräfte Ägyptens und vor allem Israels.

Niemals hätten Weißes Haus und Pentagon ein militärisches Spiel von solch riesigem Ausmaß aufziehen können, ohne einen «Platz in der Region zu haben, auf dem wir stehen können ... um von dort Macht zu projizieren», wie der Unterstaatssekretär im Verteidigungsministerium der USA, Fred C. Ikle, am 18. Mai 1981 vor dem amerikanisch-israelischen Ausschuß für öffentliche Angelegenheiten treffend den eigentlichen Zweck der amerikanischen Politik im Nahen Osten formulierte.

Zu diesem festen Standbein in der Region verhalf ihnen vornehmlich ein arabischer Politiker ganz eigener Denkweise. «Meine Begeisterung gegenüber dem deutschen Militarismus ist unbeschreiblich», schrieb jener in seinen Memoiren. «Wollte ich versuchen, sie zu beschreiben, so fände ich selbst im Arabischen nicht die treffenden Worte, um die Tiefe meiner Liebe auszudrücken. Hitler begeisterte mich, aber schon vor ihm war ich vom deutschen militärischen Geist zutiefst beeindruckt.»

Der Mann hieß Anwar al-Sadat und war zu dieser Zeit Ägyptens Präsident. Im November 1977 war er nach Jerusalem gereist, hatte mit Israels Regierungschef Begin gesprochen, eine Ansprache in der Knesset gehalten und in der Suite Nr. 622 des King-David-Hotels mit Verteidigungsminister Weizman unter vier Augen konferiert.

Sicher spielten die großen wirtschaftlichen Schwierigkeiten Ägyptens eine Rolle, die Auslandsschulden, die fünf Millionen Arbeitslosen, um daran interessiert zu sein, die enormen Ausgaben für die Armee zu reduzieren. Daß Sadat die Wirtschaftslage Ägyptens aber hernach, da die Waffen zwischen diesem Land und Israel schwiegen, nicht verbesserte, sondern im Gegenteil weiter verschlechterte, bestätigt, daß er andere Prioritäten im Sinn hatte, als er Weizman bedrängte, es sei von «großer Wichtigkeit, schnellstens auf einen Friedensvertrag hinzuarbeiten».

«Er zog es vor, sich auf die Konfrontation der Großmächte und die Rolle unserer Region in diesem Konflikt zu konzentrieren — auf seine Vorstellung der Zukunft», erinnert sich Weizman. Sadats Vorstellung von der Zukunft war ein Naher Osten mit gesicherten bürgerlichen Verhältnissen, eine Region, frei von revolutionären Erschütterungen. «Damit Ägypten der Ausbreitung des Kommunismus in Afrika entgegenwirken kann, brauchen wir Frieden mit Israel», verteidigte Mahmud Abu Wafia, Sadats Schwager, dessen Absichten in Jerusalem.

Das Angebot des ägyptischen Staatschefs an die Regierung Israels, die Waffen nicht länger aufeinander, sondern vereint gegen die Volksbewegungen in der Region und in Afrika zu richten, war vom Standpunkt seiner Klasse durchaus folgerichtig. Hatte er schon keinen Beifall von den Herrschenden in an-

Sonnenuntergang in Eilat

Negev-Felsen am Toten Meer bei Ein Gedi

Am Jordan

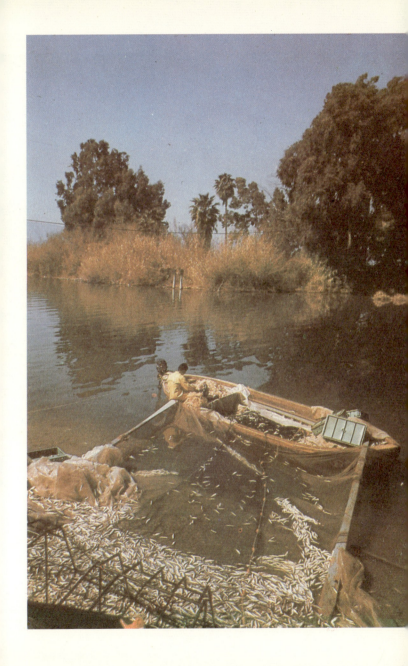

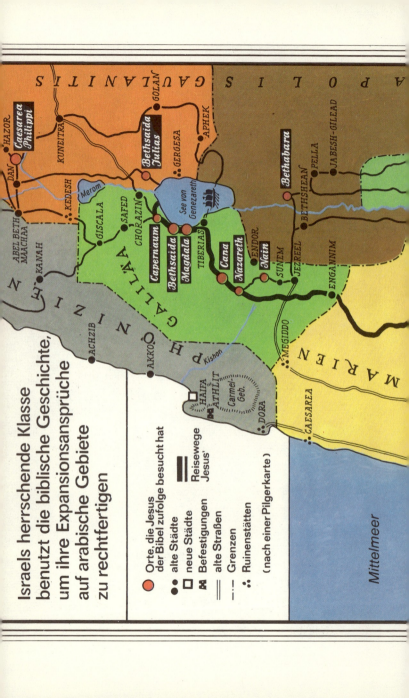

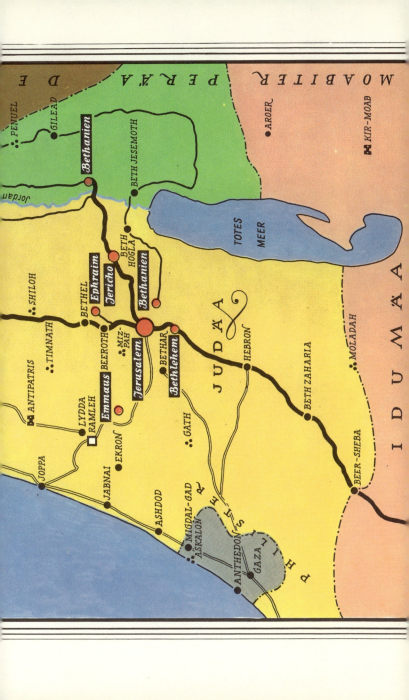

Die Altstadt von Jerusalem, Damaskustor

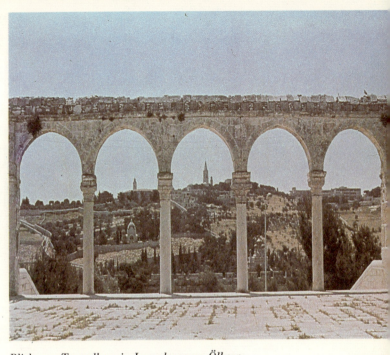

Blick vom Tempelberg in Jerusalem zum Ölberg

Aufgeforstete Landschaft am nördlichen Zugang zu Galiläa

Blick auf Nazareth

deren arabischen Ländern erwartet, so war er doch von mehr Entgegenkommen und Anerkennung im israelischen Lager überzeugt gewesen. Aber auch hier waren die Meinungen geteilt.

Vielen erschien es gar nicht weise, den nationalistischen Feindesgraben zuzuschaufeln, hatten sie ihn doch über Jahrzehnte ausgeschachtet, um die ehemaligen Schtetl-Proleten in der eigenen Festung für sich einzukreisen. Was würde mit den Sprüchen geschehen von Israel als einem belagerten Land? War nicht der «nationale Konsens der Juden» abhängig von dem stets neu zu erbringenden Beweis, Israel sei von lauter Feinden umgeben? Es lag auf der Hand: Sadats Angebot anzunehmen oder auszuschlagen war nicht nur eine außenpolitische Entscheidung, sondern vielmehr eine Angelegenheit, die tief in die inneren Verhältnisse Israels einschneiden konnte.

Sodann gab und gibt es da die breite Fraktion der Jabotinsky-Anhänger, die vielen kleinen und großen Begins in der Herutzentrale. Sadats Grundidee war ihren Herzen schon nah, aber noch näher war ihnen das eigene Hemd — Groß-Israel. Sadats Hand ergreifen, Ägypten aus der Front des arabischen Widerstands herausführen und sie damit schwächen — darin waren sich nahezu alle bürgerlichen Parteien Israels einig. Auch waren die Begins zur Not bereit, sich für die entsprechenden ägyptischen Gegenleistungen aus Sinai zurückzuziehen. Sinai hatte in ihrer Groß-Israel-Konzeption nie eine unverzichtbare Rolle gespielt, weil es außerhalb ihrer Interpretation der «national-historischen» Grenzen von Eretz Israel lag.

Anders freilich standen sie zu den palästinensischen besetzten Gebieten, zum Gazastreifen und dem Westjordanland, voran Ostjerusalem. Sie zu räumen, die nationalen Rechte der palästinensischen Araber anzuerkennen oder ihnen gar einen eigenen Staat auf diesen Gebieten zuzubilligen ist in ihren Augen nationaler Verrat. Von ihnen gingen die meisten Schwierigkeiten für Sadat aus. Ohne mit der Wimper zu zucken, setzten sie die «Schaffung vollendeter Tatsachen» fort, bauten sie in den besetzten arabischen Gebieten provokatorisch noch mehr Siedlungen als zuvor.

Sie verärgerten auch Carter, der vorankommen wollte beim

Auszementieren des Grundes für das Standbein der USA in der Region. Zu diesem Zweck steuerte er auf eine Allianz zu, bestehend aus den USA, Israel und Ägypten. Sadats Angebot lag auf seinem Tisch. Nach der Jerusalem-Reise hatte sich Sadat anheischig gemacht, eine Anzahl von Schlüsselländern des Nahen Ostens in einem «strategischen Bündnis» zusammenzuführen. «Wir werden zur Speerspitze des antisowjetischen Feldzuges im Nahen Osten und Afrika werden», versprach er einigen Dutzend Millionen amerikanischer Fernsehzuschauer während eines Besuches bei Carter im Winter 1978.

Im Weißen Haus war man sehr zufrieden mit Sadat. Auch in Israel dachten einige Politiker mit Carter und Sadat weitaus besser mit als Begin. Sie verkörpern eine Strömung in Israels herrschender Klasse, deren Verständnis von «nationalen Grenzen» und «nationaler Sicherheit» sich vom Beginschen in einigen Punkten unterscheidet. Sie fühlen sich weder dem Jabotinskyschen Erbe verpflichtet noch dem der sozialdemokratischen Arbeiterparteien.

Zu ihr gehören Söhne und Töchter der jüdischen Großbourgeoisie, die schon in Palästina und danach in Israel aufwuchsen. Sie sind die Sprößlinge der israelischen «Mayflower-Generation», jenes bürgerlichen Gründerjahrgangs, die Urenkel der cleveren Wolffsohns und Weizmanns. Selbst teilweise Großunternehmer und Multimillionäre, sind sie pragmatisch, wissen sie im Klasseninteresse echte Prioritäten zu setzen. Sie verstehen Kriege brutal zu führen, bedauern, dabei die Hauptstädte ihrer arabischen Nachbarländer nicht besetzt zu haben, aber sie beißen sich nicht an einem Dutzend Siedlungen in den besetzten Gebieten fest, was nicht heißen soll, daß sie jene nicht mit Kußhand behalten würden, ließe es sich so einrichten.

Ezer Weizman faßte ihre politische Konzeption einmal in die Worte: «Eine strategische Allianz mit Ägypten, Saudi-Arabien und Jordanien, ein militärisches Bündnis ähnlich der NATO mit einer politischen und wirtschaftlichen Struktur, vergleichbar der des Europäischen Gemeinsamen Marktes. Ich behaupte, daß diese Alternative wirkungsvoller wäre als ein Festhalten an allen besetzten Gebieten oder an sogenannten sicheren Grenzen.»

Begegnung Sadat—Carter—Begin am 17.9.1978 im Weißen Haus in Washington

Daß diese Konzeption der Sadatschen vom «strategischen Bündnis» einiger Schlüsselländer des Nahen Ostens näher kam als die Groß-Israel-Orientierung Begins oder Shamirs, die den Rückzug aus den besetzten palästinensischen Gebieten kategorisch ablehnt, ist offensichtlich. Trotzdem waren sich auch Sadat und Begin «in einem Punkt lange einig», wußte der Korrespondent der Westberliner Zeitung «Tagesspiegel» Anfang Oktober 1978 aus Washington zu berichten. «Sie wollten keinen Einfluß der Sowjets in dem Gebiet, in dem sie Nachbarn sind.»

Der Korrespondent informierte vom Dreiertreffen der Staats- und Regierungschefs der USA, Israels und Ägyptens in Camp David, dem Landsitz des amerikanischen Präsidenten. Carter hatte über viele Monate ein gerüttelt Maß an persönlichem Engagement aufgeboten, um seinem Ziel, der Allianz dieser drei Staaten, näherzukommen. Seine zugkräftigsten Argumente, um Begin und Sadat zur Unterschrift unter gemeinsame Dokumente zu bewegen, holte er sich immer wieder aus der Jahrhundertlüge von der sowjetischen Bedrohung. «Für eine Gemeinschaft von Interessen», so faßte der Korrespondent zusammen, «scheint in Camp David der Grund gelegt.»

Der «Grund» bestand aus den beiden Rahmenvereinbarungen «Über den Frieden im Nahen Osten» und «Für den Abschluß eines Friedensvertrages zwischen Ägypten und Israel». Vor allem mit Hilfe letzterer wurden die Fragen des ägyptisch-israelischen Verhältnisses aus dem Zusammenhang herausgelöst, in dem die Probleme zueinanderstehen, die mit dem Frieden im Nahen Osten verbunden sind. Geöffnet wurde die Tür zu separaten Regelungen zwischen Ägypten und Israel. Genau das brauchten die USA; all die anderen Fragen hätten ihre Kreise nur gestört. So bestand Carter in Camp David denn auch nicht auf einer Bereitschaftserklärung Begins zum Abzug der israelischen Truppen aus den im Krieg vom Juni 1967 besetzten arabischen Gebieten. Auch interessierte ihn nicht die Anerkennung der nationalen Rechte der Palästinenser. Der Rückzug Israels von den syrischen Golanhöhen wurde nicht einmal erwähnt.

Die Tinte unter den beiden Dokumenten war kaum getrocknet, als Begin schon triumphierend lostrompetete: «Ägypten und die USA haben sich über eine Präsenz Israels am Westufer des Jordan auch nach der vereinbarten Übergangszeit geeinigt.» Niemals würde er zulassen, daß dort oder im Gazastreifen irgendeine andere als die israelische Armee stationiert werde. Sie würde dort verbleiben, um — so Begin — «über die Sicherheit von Groß-Israel zu wachen».

Die Vereinbarungen gingen also einzig und allein auf Kosten der Palästinenser und auch Syriens. Camp David hatte den Nahen Osten somit dem Frieden um keinen Schritt näher gebracht.

Carter war es gelungen, die Normalisierung des Verhältnisses zwischen Ägypten und Israel in Gang und auf vertraglich bindende Bahnen zu bringen. Das war für die USA die Voraussetzung, ihr Ankopplungsmanöver mit dem Land am Nil, jenem

«Schlüssel zum Nahen Osten», voranzubringen. War Ägypten mit dem amerikanisch-israelischen Tandem erst einmal stabil gekoppelt, so würden die USA den festen Boden für ihr militärisches Spielbein im Nahen Osten unter die Füße bekommen.

Und das war Carter gelungen. Die langwierigen politischen Manöver, die komplizierten Züge und Gespräche seiner Diplomaten hatten sich gelohnt: Mit den Abmachungen von Camp David und dem im März 1979 unterzeichneten ägyptisch-israelischen Friedensvertrag hatten sie den USA die Tür für den militärischen Aufmarsch im Nahen und Mittleren Osten aufgestoßen.

Gewonnen hatten auch die Groß-Israel-Verfechter in Tel Aviv. Kaum war an der Südfront Ruhe eingezogen, warfen sie ihre Kräfte auf die Unterdrückung der knapp anderthalb Millionen Araber im besetzten Westjordangebiet und im Gazastreifen, auf die Besiedlung dieser Territorien. Hatte Camp David den USA geholfen, im Nahen Osten nach Ikles Worten «Macht zu projizieren», so half es Israel, Macht einzusetzen, um nur wenig später im Süden Libanons gegen die PLO und die nationalpatriotischen Kräfte einzufallen und die syrischen Golanhöhen zu annektieren.

In dem nachfolgenden «Friedensprozeß» stand denn auch der militärpolitische Bereich im Vordergrund. Präsident Carter drängte auf Ergebnisse und sicherte Israel und Ägypten folgendes zu: Israel versprach er, mit einer Milliarde Dollar bei der Verlegung der Militärstützpunkte, vor allem der beiden strategischen Luftbasen, aus der besetzten Sinaihalbinsel in die Negevwüste zu helfen. Für die Modernisierung der israelischen Armee bot er außerdem anderthalb Milliarden Dollar an. Ägypten sagte er 2,5 Milliarden Dollar für militärische und wirtschaftliche Projekte zu. Im Februar 1980 erhöhte er diese Summe und ordnete die Lieferung moderner Panzer und Kampfflugzeuge an. Außerdem sicherte er Sadat zur Deckung seines Haushaltsdefizits jährlich 750 Millionen Dollar zu. Insgesamt wurde die Unterstützung der USA für Israel und Ägypten von 1980 bis 1983 mit 12,5 Milliarden Dollar veranschlagt.

Reagan konnte nun 1981 auf den politischen und militärischen Fundamenten Carters aufstocken. Er war entschlossen, den gesamten Nahen Osten in eine Region der «strategischen

Demonstration der Demokratischen Front am 1. Mai 1981 in Tel Aviv

Übereinstimmung» umzukrempeln. Das entsprach Reagans weltpolitischer Grundkonzeption. Hatte sein Vorgänger noch davon gesprochen, er wolle den Weltfrieden erhalten, und damit den Konfrontationskurs gegen Sozialismus und nationalen Befreiungskampf eingeleitet, so erklärte Reagan, man müsse den Weltfrieden überhaupt erst einmal schaffen. Es sei an der Zeit, so interpretierte sein Vertrauter Eugene V. Rostow im Oktober 1981 seine Politik, ein für allemal Schluß zu machen mit der «weltweiten Epidemie bitterer revolutionärer Gewaltanwendung», mit jenem «Zug zur Anarchie, der in den letzten Jahren das beherrschende Charakteristikum der Weltpolitik war».

Dem offenen Interventionskurs Reagans entsprachen dann auch die militärischen Akzente in den strategisch wichtigsten Regionen Asiens, Afrikas und Lateinamerikas. Der wissenschaftliche Beraterstab des amerikanischen Kongresses präzisierte die politischen und militärischen Ziele der Reaganregierung im Nahen und Mittleren Osten in einer vertraulichen Studie. Die USA wollen, so heißt es darin, «den Zugang zum Öl und die Seestraßen sichern; der Ausbreitung sowjetischer Macht begegnen; und Amerika will seine politischen, wirtschaftlichen und handelspolitischen Beziehungen in der Region verbessern, indem es Bündnispartnern hilft, ihre Verteidigungsbereitschaft zu erhöhen ... und die amerikanischen militärischen Möglichkeiten in der Region vergrößert; weiterhin will Amerika Kontinuität und Entschlossenheit bei der Aufrechterhaltung regionaler Sicherheit demonstrieren und seine Friedensbemühungen im arabisch-israelischen Konflikt fortsetzen.»

Wie nicht anders zu erwarten, malen die Verfasser die sowjetische Gefahr an die Wand. Im Augenblick jedoch, so meinten die Strategen, stehe «eine indirekte Version solcher Bedrohung auf der Tagesordnung»: die subversiven Umtriebe Libyens und der Volksdemokratischen Republik Jemen als besonders infame Ausgeburten sowjetischer Raffinesse.

Es täuscht sich, wer da glaubt, die Studie wäre eine Übung eifriger Schreibtischstrategen aus dem Reaganschen «Denk-Tank». Anfang September 1981 feuerten Kampfflugzeuge der 6. US-Flotte ihre Raketen im Golf von Syrte auf zwei libysche Militärflugzeuge. Der Zwischenfall signalisierte eine sehr gefährliche Wende in der amerikanischen Nahostpolitik. Erstmals seit dem Eingreifen amerikanischer Truppen 1958 im libanesischen Bürgerkrieg hatten USA-Piloten den Befehl erhalten, in Verbindung mit provozierenden Manövern vor Libyens Küste auf Streitkräfte eines arabischen Staates zu schießen. Nur wenig später gliederte Begin Israel und seine Armee durch die Vereinbarung zur strategischen Kooperation in diesen Kurs der Reaganregierung ein, der 1983 und 1984 mit der direkten Intervention der USA im Libanon und dem Zusammenwirken der amerikanischen und israelischen Streitkräfte dort einen vorläufigen Höhepunkt fand.

Trotz ihrer Niederlage im Libanon — die USA «projizieren Macht» weiter, wie der zuvor zitierte Fred C. Ikle angekündigt hatte. Im Januar 1983 wird «Cenco» gegründet — das Vereinigte Oberkommando für RDJT und im Golf stationiert. Schon im Juli 1984 erklärt «Cenco»-Oberkommandierender, General Robert C. Kingston, zufrieden, er könne jetzt all jene Fragen beantworten, welche 1980 noch unklar waren: Woher jene Truppe für den Golf kommen sollte, woraus sie bestehen würde, wie lange sie bräuchte, um dorthin zu gelangen, wie und in welcher Ordnung, und wer ihr Oberkommandierender sein würde. In den Aktionsradius von «Cenco» fallen 19 Staaten des Raumes Südwest-Asiens, der Arabischen Halbinsel, des Golfs und am Horn von Afrika.

«Nicht nur in einem großen Krieg, einem globalen oder regionalen, in dem den Amerikanern Israels Dienste und Stärke zur Verfügung stünden, würde Israel den amerikanischen Interessen dienen, sondern auch als Abschreckung in einer sich zuspitzenden Lage. Die Entschlossenheit Israels, zur Verteidigung der Interessen des Westens, die mit den seinen übereinstimmen, in den Krieg zu ziehen», sei Hauptfaktor und Hauptgrund, um zusammen mit der Schnellen Eingreiftruppe der USA «einen begrenzten Konflikt zu ‹vertretbaren Verlusten› positiv entscheiden» zu können. Hirsh Goodman, militärpolitischer Korrespondent der einflußreichen israelischen Tageszeitung «The Jerusalem Post», Verfasser zitierter Zeilen, ist sich dessen sicher, daß Israel und seine Armee in allen politischen und militärpolitischen Plänen der USA im Nahen und Mittleren Osten als deren sicherste Bank zählt. Er nennt die Gründe: Erstens — «Israels Politik ist berechenbar». In der Regel würden in diesem Land weder Staats- noch Regierungschefs ermordet. Sollte sich wider Erwarten doch ein Verrückter zu solcher Tat versteigen, so würde das weder den bürgerlichen Staat noch seine politische Grundorientierung verändern. Zweitens — «Israel verfügt über eine hochentwickelte militärische Infrastruktur, derer sich die USA ohne Veränderungen sofort bedienen können. Die wichtigste Kampftechnik Israels ist die gleiche wie das militärische Rückgrat der amerikanischen Armee.» Drittens — «Israel kann eine zuverlässige strategische wie taktische Aufklärung in der gesamten Region bieten». Viertens — «Israel besitzt eine kampferfahrene, westlich orientierte Armee».

Wie die Entwicklung bisher gezeigt hat, sind derartige Erwägungen nicht von der Hand zu weisen.

Die politische Landschaft

Dem aufmerksamen Beobachter entgeht nicht, daß heutzutage die herrschende Klasse Israels mit ihrer Behauptung, sie löse die jüdische Frage, indem sie «die» Juden in Israel in Sicherheit bringe, immer stärker in Bedrängnis gerät. Die Regierungschefs Begin und Shamir bewiesen mit ihrer Groß-Israel-Politik das Gegenteil. Nicht zu mehr Frieden brachten sie das Land und seine Menschen, sondern zu weiteren Kriegen, wie dem gegen seinen libanesischen Nachbarn.

Damit stellten sie ungewollt den Wahrheitsgehalt des Zionismus zur Diskussion, weil sie ja mit ihm auch ihre Politik der Unsicherheit begründeten.

Doch solches geht der ganzen herrschenden Klasse an den Nerv. Sie fürchtet um ihre politischen und ideologischen Fäden, die sie im Zionismus zur bewährten Fessel der Arbeiterklasse zusammengeknüpft hat. Schließlich ist die Absonderung der jüdischen Proleten das Lebenselixier der ganzen Bourgeoisie.

Aus dieser Komplexität von Krise bürgerlicher Politik und Ideologie erklärt sich die Mobilisierung aller bürgerlichen Schichten und Parteien, die scharfen Kontroversen in und zwischen ihnen, von denen Israels politische Landschaft seit einigen Jahren gekennzeichnet ist. Und obgleich man auf Begin bereits im Frühjahr 1981 im großen und ganzen keinen Pfifferling mehr gab, er von der Opposition im Parlament zur Ausschreibung von Neuwahlen gezwungen wurde und Meinungsumfragen seine Niederlage voraussagten, wurde er im Sommer 1981 Sieger und erneut Ministerpräsident. Nach einem Kraftakt von politischer und sozialer Demagogie sondersgleichen konnte Likud 37,11 Prozent der Wählerstimmen gewinnen und hatte mit 48 Knesset-Mandaten vor allen anderen Parteien, einschließlich der rivalisierenden Koalition von MA'I und Mapam, erneut die Nase vorn.

Wie konnte das geschehen?

Der Likudblock war 1973 aus dem Zusammenschluß mehrerer kleiner großbürgerlicher Parteien — der Freien Zentrumspartei, der Staatsliste, der Bewegung Groß-Israel — mit dem Gahalblock entstanden. Gahal war wiederum die Koalition von Herutpartei und Liberaler Partei, welche schon 1965 vollzogen ward. Schon damals signalisierten diese Verschmelzungen, daß sich eine einflußreiche rechtsextremistische, profaschistische Strömung im israelischen Parteiengefüge herauskristallisierte.

Likud vertritt die Interessen des reaktionärsten Flügels des israelischen Monopolkapitals, der auf extrem militaristischen und chauvinistischen Positionen steht.

Die Jugendorganisation der Herut — Betar —, aus der seinerzeit die Bilderstürmer gegen Lea Grundig kamen, arbeitet mit der berüchtigten Jüdischen Verteidigungsliga des Rabbi Kahane zusammen.

Enge Verbindungen der Herut bestehen mit der Nationalreligiösen Partei — Mafdal —, deren ultrarechtem Flügel die faschistische Organisation Gush Emunim entstammt. Diese Kräfte konnten ihren Einfluß innerhalb Mafdals ausweiten, und am Vorabend der Wahlen zur X. Knesset legten sie die ganze Partei fest auf die Linie Groß-Israel, Annexion der Golanhöhen, ja sogar Ablehnung des Rückzugs von Sinai. Letztere Forderung war während der Wahlkampagne zugleich die zentrale Losung der neu ins Leben gerufenen faschistischen Hatehiyapartei, in der die Abgeordnete Geula Cohen eine prominente Rolle spielt. Allein mit diesem Schlachtruf holen sie und Rabbi Kahane dem Likudblock fünfzigtausend Stimmen. Zusammen mit anderen faschistischen Gruppen, die in den besetzten Territorien, vor allem im Westjordangebiet, Wurzeln geschlagen haben und von dort wuchern, bilden sie die faschistische Hauptkraft. Sie sind bewaffnet, militärisch organisiert und geführt von ultrachauvinistischen Reserveoffizieren wie Davidi, Benjamin Peled, werden von der Armeeführung gefördert und bei militärischen Unterdrückungsmaßnahmen gegen die arabische Bevölkerung gemeinsam mit den regulären Einheiten eingesetzt.

Mit Rabbi Shapira an der Spitze der orthodox-religiösen Partei Agudat Israel tauchte ein weiteres neues Gesicht in Israels politischer Landschaft auf. Shapira, als Besitzer des «Karmel-Teppiche»-Unternehmens einer der reichsten Männer Israels, führte Agudat auf die Likudplattform. «Mit Likud verbindet unsere Wähler eine lange Geschichte der Liebe zu Begin», erklärte er während der Wahlkampagne und gab die traditionelle Position von Agudat preis, einer Partei, die sich aus religiösen Vorbehalten nicht zum Zionismus bekannte und auch nicht der Groß-Israel-Konzeption gefolgt war.

Mit dieser illustren Koalition von Wahlhelfern zog Begin in die Schlacht. Für ihn stimmten in großer Mehrheit das Privatkapital und die chauvinistischen Ashkenazim. Aber die meisten der 718 941 Likudwähler waren orientalische Juden.

«Begin — wir haben Dich zur Macht gebracht, wir holen Dich wieder runter!» so hatten sie ihn noch ein halbes Jahr vor den Wahlen erbittert verflucht. Und dann stimmte die Mehrheit ausgerechnet der Ärmsten, der am wenigsten Gleichberechtigten, derjenigen, die den geringsten Grund hatten, dem Schwindel von der Gleichheit der Juden zu glauben, für den «polnischen Ashkenazi» Menachem Begin.

Welche Gründe gibt es dafür?

Herkunft, Einwanderung, Klassendifferenzierung und soziale Lage der orientalischen Juden sind uns bekannt. Den Leser überrascht nicht, daß Leben in Armenvierteln oder Entwicklungssiedlungen, mangelnde Berufsausbildung, unsichere Arbeitsplätze und Abhängigkeit von Wohlfahrtsunterstützung — mit einem Wort, daß sich die soziale Instabilität im Bewußtsein und in der politischen Haltung fortsetzt. Perioden absoluter politischer und gesellschaftlicher Apathie, verbunden mit unfruchtbarer Verbitterung, folgen Zeiten des Aufruhrs und des Widerstands.

Diese gab es 1959 in Haifas Wadi A-Salib, 1971 bis 72 in Jerusalem sowie 1979 und 1980. In diesen Kämpfen, in den Straßenschlachten mit den Hütern der bürgerlichen Ordnung, entstand in Jerusalem, von dessen Bewohnern mehr als ein Viertel in Armendistrikten lebt, die Bewegung Schwarze Panther. An ihrer Spitze steht mit Charlie Biton ein mutiger Mann, der mit seinen hemdsärmelig und unverblümt hingeschmetterten Wahrheiten das bürgerliche Establishment in der Knesset schon manches Mal zum Toben und Weißglühen brachte. Die Schwarzen Panther schlossen sich mit der Demokratischen Front für Frieden und Gleichheit zusammen. Doch die überwiegende Mehrheit der orientalischen Juden hat den Weg zum bewußten Klassenkampf auch deshalb noch nicht gefunden, weil er ihnen von den bürgerlichen Parteien systematisch verlegt wird. Und hier kommen Religion, Klerikalismus, Mystizismus sowie die sie fördernden Parteien, Gruppen und Grüppchen ins Bild, die in Israels politischer Landschaft eine viel größere Rolle spielen, als die nur rund 15 Prozent ihrer Wählerstimmen vermuten lassen.

Obgleich vom «Volk der Heiligen Schrift» 64 Prozent niemals in die Bibel und 84 Prozent nie in den Talmud sahen, hatten unter Begin Religion und religiöse Parteien ihre hohe Zeit. Die Rabbis konnten zufrieden sein. Die Stellung des Chefrabbi wurde gestärkt, die religiösen Gerichtshöfe erhielten das Recht, Gefängnisstrafen bis zu neunzig Tagen zu verhängen. Angenommen wurde ein Pathologie- und Anatomiegesetz, das die Zulässigkeit der nach orthodoxer Auffassung überhaupt verbotenen Obduktion einschränkte, damit dem teuren Verblichenen bei der Auferstehung nichts fehle. Noch strenger wird das Familienrecht ausgelegt, dessen Ausübung vom Staat den Religionsgemeinschaften übertragen wurde. Der jahrhunderte-, ja jahrtausendalte Familienkodex liefert unzählige Gründe, um Ehen zu verbieten, so wenn die Frau geschieden und der Mann im frevelhaften Verdacht steht, Abkömmling der Tempelpriester aus der Zeit Salomos zu sein. Dafür reicht schon aus, den Namen Cohen zu tragen, auf hebräisch Priester. Außereheliche Kinder verheirateter Frauen gelten überhaupt für heiratsunfähig, wie auch Ehen zwischen den Angehörigen verschiedener Religionen verboten sind.

Wer im jüdischen Jahr 5742 ins Jerusalemer Orthodoxenviertel Mea Shearim kommt, reibt sich die Augen, weil er nicht glauben kann, daß es sich eigentlich um 1981 handelt. Frauen hätten ihre Arme bis unter die Ellenbogen und die Beine bis unters Knie zu bedecken, wollen sie die Straßen Mea Shearims betreten, wird dem erstaunten Wanderer durch Schrifttafeln mitgeteilt. Man erschrickt über schwarzgekleidete, glatzköpfige Frauen in dunklen Treppenaufgängen oder hinter den Fensterscheiben. Es ist wie der Alptraum nach dem Besuch eines Panoptikums. Jedes Hotel, das Wert legt auf seinen Namen und möglichst viele betuchte jüdisch-orthodoxe Touristen aus den USA, hält sich als sogen. Kashrut-Aufseher einen Rabbi. Sie und ihre Gehilfen wachen darüber, daß am Sabbat in der Hotelhalle nicht geraucht wird, daß Rechnungen ja in einem Hinterzimmer und nicht am Empfang bezahlt werden. Im super-

modernen Jerusalemer Plaza-Hotel bleiben an diesem Tag Läden, Wäscherei und Frisiersalon geschlossen, wird kein Geld gewechselt, ist auf der Getränkekarte kein Platz für importierte, also unkoschere Weine. So klopfen orthodoxe Juden, Religionsgelehrte und Rabbis jede Neuerung oder Modeerscheinung nach ihrer Vereinbarkeit mit dem Talmud und den alten jüdischen Gesetzen ab. Jedenfalls geben sie dies als Begründung für ihren Eifer an.

Verfolgt man ihr Treiben genauer, so kann man sich des Verdachts nicht erwehren, daß ihre politische Mission vorrangig darin besteht, ihre Umgebung ständig mit Nebensächlichkeiten zu beschäftigen, die Zeitungen, Menschen, ganze Stadtviertel und Ortschaften in Rage bringen. Plötzlich streitet man in der Presse mit Leidenschaft darüber, ob Fußballspiele am Sonnabend nachmittags oder erst abends ausgetragen werden dürfen.

Doch dererlei Reibereien werden zu ernsten Auseinandersetzungen, wenn sich marokkanische und tunesische Juden Straßenschlachten liefern. So geschehen beispielsweise im Juli 1980 in dem Entwicklungsstädtchen Netivot im nördlichen Negev, dessen Bewohner 1956 zu 60 Prozent aus Marokko und 30 Prozent aus Tunesien eingewandert waren. Scheinbar ging es um die banale Frage der Badeordnung im Stadtbad: getrenntes oder gemeinsames Schwimmen und Baden von Männern und Frauen, Mädchen und Jungen, Verheirateten und Unverheirateten. Auch das paarweise Tanzen war Aufhänger. Nur einer der Beteiligten sagte, worum es eigentlich ging: «Unsere wirklichen Probleme sind die sozialen. Wir haben nicht genügend Industrie, keine Wohnungen für junge Paare und so weiter. All das ballt sich zusammen und explodiert in religiösen Fragen.»

An dieser Stelle wird die ganze Rabulistik der Rabbis, ihr emsiges Suchen und Finden von Steinen religiösen Anstoßes politisch. Man braucht diese Steine, um mit ihnen den Blick für die eigentlichen sozialen und Klassenfragen zu vermauern.

Betende an der Klagemauer in Jerusalem

Die Religion spielt im gesellschaftlichen Leben Israels eine große Rolle

Wichtigste Zielgruppe sind die orientalischen Juden. Einmal sind die stabilsten Mauern hier gefragt, weil sich bei ihnen durch das Zusammenfallen von sozialer und nationaler Diskriminierung der meiste Explosionsstoff mit der größten Sprengkraft in Israel angehäuft hat. Zum anderen, weil sie auf Grund der noch immer wirksamen historischen Nähe zu den alten jüdischen Traditionen, den patriarchalischen Sitten und Gebräuchen, wie sie einst in den Tälern des Atlasgebirges oder im Jemen blühten, für die täglichen religiösen Spektakel am zugänglichsten sind. Nicht etwa, weil sie «schwarz» oder gar reaktionär wären, sondern weil das Klammern an — nach ihren Erfahrungen über Jahrhunderte bewährte — religiöse, moralische und sittliche Werte ihr letzter Halt in jener kalten Welt ist, deren Unsicherheiten sie hilflos ausgeliefert sind.

Was als Absorbierung der «heimgekehrten» orientalischen Juden ausgegeben wird und sozial deren Umwandlung in eine billige Arbeitskraft bedeutete, war menschlich und kulturell ein rabiates Auseinanderreißen ihrer traditionellen gesellschaftlichen Bindungen und Verbindungen. Mit ihrer Einwanderung sprengte man die Großfamilien und Clans von einem Tag auf

Tiberias am See Genezareth

Haifa mit dem Bakaiden-Tempel
Mariengrotte in der Verkündigungsbasilika von Nazareth

*Hof einer
Künstlerwohnung
in Jaffa*

In Jaffa

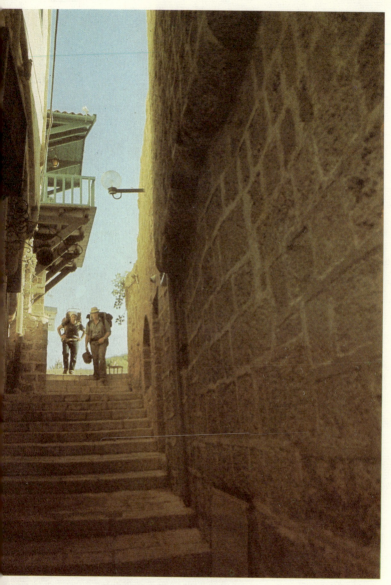

Tramper auf der Wanderung in Jaffa

den anderen und nahm ihnen damit die Sicherheit. Indem man Sohn wie Vater, Junge wie Alte zu Hilfsarbeitern machte, raubte man Familienoberhäuptern die Selbstachtung, zerbrach ganze Sippen. Anstatt ihr in arabischer Umgebung geformtes kulturelles Erbe zu pflegen, vielleicht sogar als kulturelle Brücke zu den Nachbarn, wird es verschüttet.

Je tiefer sie — sozial vor allem — in den Strudel der bürgerlichen Welt Israels hineingezogen wurden, desto mehr wuchs unter den orientalischen Juden die Tendenz zur Rückbesinnung auf Religion und Tradition, das Gefühl, als «Schicksalsgemeinschaft» zusammenhalten zu müssen, der Wunsch nach einem charismatischen Führer.

Die Rückbesinnung auf solcherlei Bindungen kann den Klerikalen und Likud nur recht sein, eignet sie sich doch vorzüglich als Bindemittel für ihren Mauerbau. Genau zu diesem Zweck schickte man von Anfang an einen großen Teil der orientalischen Juden in die religiösen Schulen. Orthodoxe religiöse Bildung — wir verwiesen bereits darauf — wird in staatlichen Schulen und Colleges vermittelt, die aber in der Praxis Mafdal führt, sowie in unabhängigen Einrichtungen.

In letzteren bestimmt Agudat Israel die Lehrpläne. In 180 Kindergärten, 110 Grundschulen, 75 Thoraschulen, 60 Colleges und höheren Bildungseinrichtungen hält allein Agudat Israel die Erziehung von fast sechzigtausend jungen Menschen in den Händen. Der tagtägliche politische und ideologische Einfluß von Mafdal und Agudat Israel ist folglich bedeutend. Emsig treiben sie die Menschen Likud in die Arme. Auch Geula Cohen ist unter den orientalischen Juden aktiv, gibt sich als deren Interessenvertreterin aus und gründet ihre Zweiggrüppchen.

So breiten die ultrarechten Kräfte in den Entwicklungssiedlungen und Armenvierteln ihre nationalistische Demagogie aus, putschen Instinkte und Gefühle der orientalischen Juden auf, um sich unter ihnen eine permanente Massenbasis zu verschaffen. Deshalb stellte sich ihnen während der Wahlkampagne Menachem Begin in martialischer Imponiergebärde vor als ein starker Mann, der prädestiniert sei, für Ordnung im Lande zu sorgen und dessen Sicherheit entschlossen zu gewährleisten.

Dabei führte er knallharte Tatsachen ins Feld: Atomreaktor in Bagdad zerbombt, «Raketenkrise» mit Syrien entfesselt, PLO im Libanon angegriffen. Er legte sich, überraschend für alle Welt, mit westlichen Regierungschefs an. Damit wollte er zeigen, daß er im Interesse von Eretz Israel auch den größten Mächten entschlossen in die Waden beiße — erforderlichenfalls noch aus dem Rollstuhl. Schließlich ließ er seinen Finanzminister Yoram Aridor flankierend die Inflation abbremsen, die Preisstützungen für solche Waren des Grundbedarfs erhöhen, die in den Armenvierteln gefragt sind, und Steuern verringern. Kurzfristig, versteht sich, denn nach den Wahlen schnellte bereits im letzten Quartal 1981 die Inflationsrate wieder auf 150 Prozent hinauf.

Nach dem Wahlsieg und ihrem Zusammenrücken haben sich die erzreaktionären Kräfte in Israel gefestigt. Sie halten die Schlüsselpositionen in der Regierung in ihren Händen, in Armee, Wirtschaft und anderen gesellschaftlichen Bereichen. In ganzer Größe steht die Gefahr des Faschismus heute in Israels politischer Landschaft. Sie wuchs heran im Schatten von vielen Jahren der Unterdrückung eines fremden Volkes, vielen Jahren, welche Israel zersetzten, in eine allgemeine politische, wirtschaftliche, soziale und moralische Krise stürzten. Indes ist die Okkupation, jene Frucht des Krieges von 1967, engstens verbunden mit Namen wie Golda Meir, Moshe Dayan, Jigal Allon, Shimon Peres, Yitzhak Rabin von den sozialdemokratischen Parteien. Und so verwundert nicht, daß auch sie von dem allgemeinen Rechtstrend nicht verschont blieben, der alle etablierten zionistischen Parteien erfaßt hat.

Dem Leser ist das Antlitz noch in Erinnerung, das die sozialdemokratischen Parteien am Ende ihrer Talfahrt trugen. Unter der Losung: «Von der Klasse zur Nation» hatte Mapai noch unter Ben Gurion Ziel und Werte der Arbeiterbewegung dem bürgerlichen Staat geopfert. Seitdem hat diese Partei sich nach Inhalt und Form weiter verändert. Das ist nicht verwunderlich, haben doch Parteiführung wie auch die nächste Schützenreihe hinter ihr ganz kräftig mitgeholfen, die kapitalistischen in staatsmonopolistische Verhältnisse zu befördern.

Koor, Solel Boneh, Bank Hapoalim, die Betriebe der Kibbuzim, ihre histadrutheigene Muttergesellschaft Chewrat Owdim — wer schuf und leitet sie?

Alle Generaldirektoren der Chewrat-Owdim-Betriebe kamen aus Mapai oder MA'I, ebenfalls Dreiviertel der Betriebsdirektoren sowie nahezu vollständig alle Verantwortlichen für Finanzen — einschließlich Finanzrevisoren —, für Öffentlichkeitsarbeit und Kaderfragen sowie Arbeitervertreter. Auch die mittlere Leitungsebene pflegten sie zu besetzen. Als Verteidigungsminister förderte Shimon Peres (1953—1965) kräftig den militärisch-industriellen Komplex. Moshe Dayans Familie verdient in der elektronischen Industrie. Meir Amit, 1968 eingesetzt als Generaldirektor von Koor, zuvor Chef des militärischen und später des israelischen Geheimdienstes, wurde 1977 Minister bei Begin, nachdem er von MA'I in die großbürgerlich-konservative Partei DASH des Exgeneralstabschefs Yigal Yadin übergewechselt war. Den gleichen Weg ging Israel Katz, Generaldirektor der landesweiten Histadruth-Versicherungsgesellschaft Kupat Holim.

Mit ihrer Führungstätigkeit in den Monopolen und anderen Unternehmen des genossenschaftlichen und teilweise auch staatlichen Wirtschaftssektors wurden diese Leute zu Organisatoren der Ausbeutung, zum integralen Bestandteil jenes staatsmonopolistischen Gesamtausbeuters.

Die Veränderungen in der Qualität der kapitalistischen Produktionsverhältnisse in Israel haben so, verglichen mit den zwanziger, dreißiger und vierziger Jahren, die Differenzierung des Opportunismus in der israelischen Arbeiterbewegung auf eine neue Grundlage gestellt und weiter voran gebracht.

Schließlich wirkt sich auf die Politik der sozialdemokratischen Parteien die Tatsache aus, daß beide mittlerweile auch in den besetzten arabischen Gebieten ihre Kibbuzim eingerichtet haben.

Im Wurzelgeflecht des israelischen Monopolkapitals verwachsen, brachten die Bäume von MA'I und Mapam viele bittere Früchte hervor, die von denen Likuds kaum zu unterscheiden sind, nicht einmal mehr ihrer Farben nach. Stark sind die Kräfte in MA'I, die auf eine offen monopolistische Umprofilierung der Parteipolitik drängen. Kolonisierung von Judäa und

Samaria, des Westjordangebietes also, forderten sie schon Mitte der siebziger Jahre Durchführung einer reaktionären Wahlrechtsreform und Zusammenschluß mit Likud in einer «Regierung der nationalen Einheit».

«Warum hassen sie uns?» fragte Kibbuznik Mottel vom Kibbuz Tel-Yossef nach der Knesset-Wahl von 1981 in einem Brief an die Mapam-Zeitung «Al Hamishmar». Warum stimmen Arbeiter, vornehmlich orientalische Juden, gegen Arbeiterparteien? lautete sein Problem. «Meistens begegnen wir der jungen Generation aus den Entwicklungssiedlungen in örtlichen Betrieben, in Fabriken, die den Kibbuzim gehören», schrieb Mottel. «Doch hier stehen wir uns als Arbeitgeber und Arbeitnehmer gegenüber, als Meister, der stets ein Kibbuznik ist, und als Arbeiter, der die schweren Arbeiten verrichtet. Aus dem bißchen, was ich von der Lehre über den Sozialismus, dessen wir uns immer so rühmen, mitbekommen habe», folgerte er, «habe ich gelernt, daß es zwischen Arbeiter und Unternehmer keine Brücke gibt.»

Heute hat sich die MA'I-Führung von der Arbeiterklasse völlig entfernt. Zeigte man früher — trotz Zionismus und Chauvinismus — noch die rote Fahne und beging den Ersten Mai, so meidet man heute jene traditionellen Symbole der Arbeiterbewegung. Um ja keine bürgerlichen und kleinbürgerlichen Wähler zu verprellen, wurde im Wahljahr 1981 die Maidemonstration gestrichen. In Wahlreden oder Schriften tauchte nicht einmal das Wort Sozialismus auf.

«Was ist denn mit Ihnen los, haben Sie vergessen, daß Sie Sozialist sind?» verspottete in einem Fernsehdialog Begin während der Wahlvorbereitung Peres. «Da sei Ihnen doch Gott vor dieser Sünde», meinte er sarkastisch. «Warum erwähnen Sie den Sozialismus nicht, ist es Ihnen peinlich?»

Die Führungen von MA'I und Mapam bieten zu Likud in allen wesentlichen Fragen keine Alternativen. Als Quittung dafür ging bei den Wahlen nicht einmal mehr ihre Hoffnung auf, die Welle der Enttäuschung und des Protestes gegen Begin würde sie schon wieder ans Regierungsruder schwappen, auch ohne Wende ihrer Politik. Um keinen Zentimeter näher zum Frieden als Likuds Politik bringen die Israelis die vier Neins der MA'I:

Nein zum Rückzug auf die Grenzen vom 4. Juni 1967, nein zum Verzicht auf Annexionen, nein zu einem unabhängigen palästinensischen Staat, nein zu Verhandlungen mit der PLO. Als die israelisch-amerikanische Vereinbarung über strategische Zusammenarbeit in der Knesset zur Debatte stand, griff MA'I die Regierung an. Unzureichend sei sie, ereiferte sich Rabin gegenüber Verteidigungsminister Sharon. Vielleicht war jener sogar überrascht, als Rabin mit seinen Vorwürfen an ihm sogar noch rechts vorbeirauschte. «Wenn Sie mir erzählen», wetterte Rabin, «daß Israels Eingreifen auch nur in einem dieser Fälle nicht vorgesehen ist, so frage ich Sie — wozu dann das ganze Papier?»

Sein Antisowjetismus hatte ihm folgende drei «Fälle» eingegeben:

«1. Kubanische Truppen könnten prosowjetischen Kräften zu Hilfe kommen, die nach einer Revolution Saudi-Arabiens Hauptstadt Dschidda unter ihre Kontrolle gebracht haben.
2. Drei sowjetische Divisionen könnten im Irak einmarschieren, um dort einen prowestlichen Aufstand niederzuschlagen.
3. Sowjetische Truppen könnten sich in Richtung Oman bewegen.»

Daß aber als erste der Welt eine israelische Regierung die UdSSR *vertraglich* zu ihrem *Feind* erklärte — dazu kam von Rabin kein Wort des Protestes. Nachdem Rabin 1984 selbst wieder Verteidigungsminister geworden war, bezeichnete er den besetzten Gaza-Streifen als integralen Bestandteil des Staates Israel.

Obgleich Kibbuznik Mottel in seinem Brief an «Al Hamishmar» eingesteht, daß ihm von der Lehre über den Sozialismus nicht viel vermittelt wurde, reichen doch seine Erfahrungen im kapitalistischen Israel für die fundamentale Erkenntnis aus, daß da keine Brücke zwischen Arbeiter und Unternehmer ist.

Die Eingliederung des offen mit dem Monopolkapital paktierenden Flügels von MA'I und Mapam in das staatsmonopolistische System ist jedoch nur eine Seite. Die andere ist das allmähliche Entstehen einer neuen linken Strömung in Israels Arbeiterbewegung und politischer Landschaft. Links, weil ihre Vertreter mehr oder weniger auf der Position des Klassenkampfes stehen und sich bei ihnen Züge antimonopolistischer Politik ausprägen.

Diese Strömung tritt in der Mapam auf, sie entwickelt sich durch Absplitterung von den alten sozialdemokratischen Parteien sowie durch das Auftauchen neuer Gruppen und sozialer Bewegungen, die selbständig in den politischen Kampf eingreifen. In ihr reflektiert sich das Suchen nach Alternativen zur bisherigen Politik der rechten MA'I- und Mapam-Führer.

Bei Mapam wogen zwischen dem rechten, dem zentristischen und dem linken Parteiflügel offene Auseinandersetzungen. Der linke Flügel, bestehend vor allem aus der Jugendorganisation, jungen Parteimitgliedern und Arabern, tritt für einen Bruch mit MA'I und die Konzipierung eigener gesellschaftspolitischer Alternativen ein.

Die Auseinandersetzung fanden einen vorläufigen Höhepunkt im Zusammenhang mit den Parlamentswahlen von 1984 und der Regierungsbildung. Die linken Kräfte in Mapam lehnten es ab, den rechten MA'I-Führern in eine Koalition mit Likud zu folgen. Nach 16 Jahren Zusammenarbeit mit MA'I trennte sich Mapams Parlamentsfraktion von Maarach. Seitdem tritt ein Teil von Mapam für den Sturz der Regierung Peres/Shamir durch eine möglichst breite Opposition, einschließlich Chadash, ein. Andere in Mapam bleiben auch weiterhin bei ihren antikommunistischen Vorurteilen und lehnen das Friedensbündnis mit den Kommunisten ab. Zugleich entstehen aus der Verschärfung der Klassenwidersprüche, aus ihrem Hervorwachsen und Funktionieren auf eigenen nationalen gesellschaftlichen Verhältnissen auch neue Formen antikapitalistischen Bewußtseins, das für den Kampf gegen Monopolkapital, für Frieden und Demokratie fruchtbarer ist als die einstigen antikapitalistischen Tendenzen der «alten Einwanderer».

Die linken oder nach links tendierenden Kräfte befinden sich noch in einer Phase des Suchens. Obgleich einige von ihnen — wie die Schwarzen Panther oder Sasi — schon nicht mehr auf zionistischen Positionen stehen, fällt es den meisten schwer, sich vom Erbe des «sozialistischen» Zionismus und damit vom bürgerlichen Nationalismus zu lösen. Nicht selten liegt ihren theoretischen Positionen noch das Bemühen zugrunde, den Poale-Zionismus den sich verändernden Bedingungen des Klassenkampfes anzupassen.

Moked, in ihrem Selbstverständnis Partei der radikalen Sozialisten, aus der Shelli hervorging, sprach sich im Parteiprogramm gegen das kapitalistische Regime in Israel und für die «Errichtung der klassenlosen Gesellschaft» auf der Grundlage des «gesellschaftlichen Eigentums der Produktionsmittel, der Finanzierungsquellen, des Bodens und der Naturschätze» aus. Die Partei tritt ein für einen gerechten Frieden, für die Verteidigung der Demokratie und der sozialen Interessen der Arbeiterklasse. Zugleich aber «bejaht sie den Zionismus als nationale Befreiungsbewegung des jüdischen Volkes». Ähnlich den linken Kräften von Mapam, «unterscheidet (sie) zwischen entgegengesetzten Klassenelementen im Zionismus», betrachtet sie sich als «Verbündete seiner progressiven Elemente und kämpft gegen seine reaktionären Elemente».

Das Kleben an bürgerlich-nationalistischen Positionen aber macht es selbst subjektiv ehrlichen, mit den Interessen der Arbeiterklasse verbundenen Israelis unvorstellbar schwer, in den Grundfragen der weiteren gesellschaftlichen Entwicklung ihres Landes zu neuen alternativen Vorstellungen und Programmen zu gelangen, weil jede Spielart des Zionismus unweigerlich auch ein Stück Bekenntnis zum bürgerlichen Staat, dessen Institutionen und Symbolen ist. Und unabhängig davon, ob oder mit welcher Konsequenz der einzelne darüber Klarheit besitzt, ist und bleibt der Poale-Zionismus eine sozialistisch drapierte Form des bürgerlichen Nationalismus.

Zwangsläufig macht eine solche Grundposition ihren Verfechter immer wieder verführbar, weil ihn die Blockbildung, die er mit der Bourgeoisie in den Kriegen gegen die arabischen Völker einging, daran hindert, den Charakter jener Kriege richtig einzuschätzen. Und so hält er sie noch immer für gerechte Kriege, bleibt er auch in den Fragen des Friedens, wo man glaubt, hier müsse doch eigentlich alles klar sein, verführbar für pseudodemokratische Friedenslosungen, die letztlich nicht zu einem gerechten und dauerhaften Frieden führen.

So begegnen einem Leute, die sich im Brustton der Überzeugung für die Anerkennung des Selbstbestimmungsrechtes der arabischen Palästinenser aussprechen. Hakt man bei ihnen jedoch in der Kernfrage — dem Recht auf einen eigenen Staat — nach, so kneifen sie. Auch jede Menge Vorbedingungen finden sich — «erst Anerkennung Israels, dann Verhandlungen mit der PLO» ist eine von ihnen. Andere wieder sprechen sich gegen die Okkupation arabischer Gebiete aus, doch vom Rückzug auf die Grenzen vom 4. Juni 1967 wollen sie nichts wissen. Israels Sicherheit erfordere hier ein paar Kilometer und dort ein Stück Land, meinen sie und nennen das Ganze einen «territorialen Kompromiß».

Schließlich trifft man Friedensbereite, die für den Verzicht auf Annexionen sind, auch das Recht der Palästinenser auf einen unabhängigen Staat anerkennen, diesen aber lieber nicht als dritten Staat zwischen Israel und Jordanien, also nicht in den besetzten palästinensischen Gebieten sehen würden.

Für die Friedensfeinde sind hier willkommene Spalten, in die sie prompt eindringen. Um jene Schwankenden, noch Suchenden auf ihre Seite zu ziehen und die Friedenskräfte zu spalten, lassen sie sich viel einfallen.

Da startet man Presse- und Werbekampagnen. «Sie suchen eine Heimat für die palästinensischen Araber?» fragt in großen schwarzen Lettern ein Inserat den Leser, wenn er morgens die Zeitung aufschlägt. «Warum nicht in Jordanien? Jordanien — das sind 76,9 Prozent Palästinas», lockt ihn ein Komitee mit der Bezeichnung «Jordanien ist Palästina» mit Büros in den USA, in Australien, Kanada, England, Frankreich, Neuseeland, Südafrika und der BRD.

Im Gegenzug zu «Frieden jetzt!» wurde die Bewegung «Sicheres Israel» gegründet, finanziert von Oved Ben-Ami, Diamanten-Millionär aus Netanya, dessen Gelder auch Gush Emunim am Laufen halten.

Auch die MA'I-Führung kümmert sich um die Initiatoren von «Frieden jetzt!», sucht den Kontakt und das Gespräch mit ihnen, hilft mit Geld aus, stellt LKWs zur Verfügung, bietet Plätze auf Wahllisten zum Parlament an.

Schwerwiegende Hindernisse für den Zusammenhalt der am

Frieden Interessierten entstehen auch immer wieder aus dem Hochspielen ideologischer Meinungsunterschiede. So bildeten auf poale-zionistischen Positionen stehende Organisationen, darunter auch die radikalen Sozialisten von Moked, den Israelischen Rat für einen israelisch-palästinensischen Frieden. Dieser begann die «zionistischen Friedenskräfte» um sich zu sammeln. Um sich von der Kommunistischen Partei abzugrenzen, nahmen die Initiatoren ins Programm ihres Rates eine zionistische Klausel auf, die es Kommunisten wie Arabern unmöglich macht, in dieser Organisation mitzuarbeiten.

Ungeachtet dessen unterstreicht die KP Israels immer wieder ihre Bereitschaft, auch mit dem Israelischen Rat zusammenzuwirken, weil die Vereinigung in einer Friedensfront der einzige Weg ist, eine breite Volksbewegung für den Frieden zu bilden.

Die einzige Partei in Israels politischer Landschaft, die über eine politische, ideologische und organisatorische Plattform verfügt, die dem Kampf der Arbeiterklasse in der gegenwärtigen Entwicklungsphase in Israel entspricht, bleibt somit die KP Israels. In ihr sind die konsequentesten Kämpfer — Juden und Araber — für den Frieden und eine demokratische, antiimperialistische Wende in Israel vereint. Trotz der von der Reaktion über viele Jahrzehnte geschaffenen antikommunistischen und antisowjetischen Atmosphäre ist es der KP Israels gelungen, sich im Lande eine respektierte, legale Position zu erkämpfen.

Die israelischen Kommunisten vermochten es, die von der Bourgeoisie und den Führern der sozialdemokratischen Parteien herbeigeführte Isolierung ihrer Partei im jüdischen Teil der Arbeiterklasse zu durchbrechen. In der arabischen Bevölkerung genießt die Partei großes Vertrauen und Ansehen. Unter der etwa halben Million israelischen Arabern ist sie bereits Massenpartei.

Die gesamte Geschichte der Kommunistischen Partei Israels von der Gründung der Sozialistischen Arbeiterpartei Palästinas im Oktober 1919 an bis in die Gegenwart ist aufs engste mit dem Kampf gegen Nationalismus und Opportunismus verknüpft. Der proletarische Internationalismus, der heute in der

Maidemonstration junger Kommunisten in Tel Aviv

KP Israels fest verankert ist, mußte von den israelischen Kommunisten in harten Auseinandersetzungen gegen jüdisch-nationalistische wie auch arabisch-nationalistische Abweichungen behauptet und durchgesetzt werden. Diese Abweichungen führten bis zu Spaltungen der einheitlichen Klassenorganisation von Juden und Arabern.

Besonders schwerer Schaden entstand durch die Spaltung 1943 in die Liga der nationalen Befreiung (arabische Kommunisten) und die Palästinensische Kommunistische Partei (jüdische Kommunisten) sowie durch die Gruppe Mikunis-Sneh 1965.

Das Ringen um die Einheit war zugleich ein Festigen ihrer marxistisch-leninistischen Positionen. Im Brennpunkt der innerparteilichen Diskussion standen folgende Fragen: Der Hauptwiderspruch im Nahen Osten; Kampf zweier Nationalismen oder antiimperialistischer Kampf? Die Haltung des israelischen Volkes zum antiimperialistischen Kampf der arabischen Völker — mit dem Imperialismus gegen die arabischen Völker oder mit den arabischen Völkern gegen den Imperialismus? Der Klassencharakter des Zionismus — der Zionismus eine nationale Bewegung des jüdischen Volkes oder die reaktionäre Ideologie und Politik der jüdischen Bourgeoisie?

In ihren Diskussionen, Dokumenten und Schriften erarbeitete sich die Partei eine materialistische Betrachtungsweise der jüdischen Frage. Sie wendet sich gegen die Identifizierung der Juden und Israels mit dem Zionismus. «Es gibt keinen fortschrittlichen Zionismus», betont sie. «Unsere Partei betrachtet die Klassenteilung der israelischen Gesellschaft als entscheidend, als Ausgangspunkt für ihre Strategie und Taktik.» Die entscheidende Trennung «besteht nicht zwischen Zionisten und Kommunisten», sondern sie verläuft «zwischen Arbeitern und Kapitalisten, zwischen den Kräften des Friedens und des Krieges sowie der Annexion, zwischen demokratischen und jenen Kräften, die zum Faschismus führen. Es gibt Zionisten, die in einer konkreten politischen oder sozialen Frage die richtige Position beziehen, folglich ist es möglich und notwendig, unabhängig von ideologischen Ansichten, für die Aktionseinheit, für eine Friedensfront, eine demokratische Front zu kämpfen.»

Annexion führt zum Faschismus — diese Warnung, ausgesprochen von Israels Kommunisten bereits im Dezember 1976 auf ihrem XVIII. Parteitag, noch bevor Likud, Begin oder Shamir überhaupt an die Regierung kamen, bestätigte sich. Viele Israelis hegten die Illusion, Begin würde sie durch das separate Friedensabkommen mit Ägypten dem Frieden einen Schritt näher bringen, was dieser während der Wahlvorbereitung im Frühjahr 1981 auch weidlich ausnutzte. Während die sozialdemokratische Koalition Israel vier Kriege gebracht habe, meinte er mit nicht zu überbietender Demagogie, hätte er, Begin, mit dem ägyptischen Präsidenten Sadat einen Friedensvertrag unterschrieben.

«Auf uns kommt ein schwerer Reinfall zu», meinten hingegen einige wenige realistisch Denkende. Zu den Bemerkenswertesten unter ihnen gehört Professor Yeshayahu Leibowitz. Als Begin die Verträge mit Ägypten unterzeichnet hatte, schrieb er im März 1979 in der Zeitung «Ha'aretz»: «All jene Anzeichen der Degeneration, die es bei uns gibt, werden durch das Abkommen mit Ägypten noch enorm zunehmen, weil zukünftig an der Spitze aller Fragen in diesem Staat der Griff nach der Westbank stehen wird ... Wachsen wird die Korruption ... Auch die Armee ist von ihr erfaßt. Die Kommandeure der Armee des Volkes sind Militärgouverneure eines fremden Volkes geworden. All die schwerwiegenden Anzeichen einer Militärkaste, wie wir sie von anderen Ländern kennen — all das gibt es auch schon bei uns ... Es wird uns dazu bringen, das Feuer auf Kinder in arabischen Schulen zu eröffnen, Leute ins Gefängnis zu werfen und Araber zu vertreiben, die hier seit Jahrhunderten lebten. Und dann werden wir nicht mehr drum herum kommen, Konzentrationslager zu errichten und vielleicht sogar Guillotinen aufzustellen. Zugleich wird man dann auch in den jüdischen Straßen für ‹Ordnung› sorgen müssen. Das wieder wird die Einschränkung der Redefreiheit im Staat nach sich ziehen, und ein Staat ohne Redefreiheit ist ein faschistischer Staat.»

In der Weihnachtswoche des Jahres 1981, ein halbes Jahr nur nach Begins Wahlsieg, demonstrierten in Tel Aviv zehntausend Menschen. «Der Faschismus kommt nicht durch!» —

Junge israelische Kommunisten bei den X. Weltfestspielen der Jugend und Studenten 1973 in Berlin

«Nein zur Annexion!» — «Vorsicht — die Diktatur ist auf dem Wege!» — «Sharon — wir sind nicht in Südamerika!» lauteten ihre Losungen.

«Diese Demonstration», rief Mapam-Generalsekretär Victor Shemtov, «ist der Schrei Tausender Israelis wider die Annexion des Golan und die großen Gefahren, welche sie heraufbeschwört.» Doch auch die Losung «Zionismus ohne Annexion!» wurde mitgeführt.

Ob sich die Demonstranten Meir Vilners Appell zu Herzen nehmen werden: «Die breite antifaschistische Einheitsfront ist der beste Sicherheitsgürtel»?

«Jesus starb auch für die Kommunisten»

Der Regen goß wie aus Kannen. Binnen fünf Minuten war ich pitschnaß. In der Hand die Reisetasche, mit tropfenden Haaren hüpfte ich auf dem Trottoir von Taxi zu Taxi. «Haifa?» — Kopfschütteln. Sprung. «Haifa?» — «Eh?» Der Fahrer hatte mich nicht verstanden. Ein zur Frage breitgezogener Mund und die dazugehörige Geste seiner Hände zeigten es an. «Eh?» meinte er erneut. Wenigstens könnte er die Scheibe herunterdrehen, dachte ich verärgert, eine kurbelnde Bewegung andeutend. Noch einmal: «Haifa?» — Kopfschütteln. Sprung. «Haifa?» — «La'a!» («Nein!») meinte der dritte nun schon grienend. «Jeruscholayim.» Ich dankte. «Komm mit», bot er werbend an, «warum willst du nicht nach Jeruscholayim? Schöne Stadt!» Beim vierten Wagen klappte es endlich. Der Fahrer nickte, und im Handumdrehen war ich im Fond des Wagens verschwunden; erleichtert lehnte ich mich in den Sitz zurück. Vor mir saß der Fahrer, rauchte genüßlich seine Zigarette, rührte aber sonst keinen Finger.

«Wartest du darauf, daß der Regen aufhört?» fragte ich nach zehn Minuten vorsichtig. «Oder warum fahren wir nicht?»

«Wenn nicht mindestens vier Passagiere zusammenkommen, fahre ich überhaupt nicht», meinte er gelassen. Fänden sich doch noch drei Besessene, die am Sonnabend früh bei strömendem Regen irgendein dringendes Bedürfnis nach Haifa trieb. Auch müßten sie sich möglichst bald einfinden, denn der Anschlußbus nach Nazareth würde bestimmt nicht warten.

Es war ja wirklich Schwachsinn, ausgerechnet an einem Schabbes nach Nazareth fahren zu wollen. Am Schabbes, am Sonnabend, wo bis Sonnenuntergang aller Verkehr ruht, der von Juden betrieben wird. Einzige Verkehrsmittel an diesem

Tag waren einige Taxis und von Arabern gefahrene Autobusse, mit denen der Verkehr zwischen und zu den arabischen Städten oder Ortschaften aufrecht erhalten wurde. Doch verläßt der liebe Gott, wie man so sagt, einen guten Atheisten nicht, selbst nicht im Heiligen Land. Drei weitere Reisende hatten sich bald eingefunden, und in Haifa erreichte ich auch noch den Bus nach Nazareth.

Der Fahrer, ein krausköpfiger, breitschultriger Araber, lenkte sein Fahrzeug umsichtig durch die noch leeren Straßen Haifas und erhöhte das Tempo selbst dann nicht viel, als wir die Stadt verließen. Die Scheibenwischer bewältigten die Regenflut nicht, die an der Frontscheibe herunterströmte. Mir war die Strecke vom Besuch bei Miriam bekannt. Weiter oben erst, wenn wir in die Berge Galiläas kommen würden, begann für mich das Neuland. Doch vorerst führte die Strecke am Tal Yisreel entlang, welches Galiläa nach Süden hin von den Karmelbergen abgrenzt. Tal und Karmel trennen das zentrale Hochland Israels geichsam in zwei ungleiche Teile. Der größere zieht sich in südlicher Richtung bis zum Negev und geht dort in die Berge Nordsinais über, der andere erstreckt sich bis an die Berge des Libanon im Norden. Im Westen läuft das Hochland in der fruchtbaren Küstenebene zum Mittelmeer aus, im Osten fällt es in die Jordansenke ab. Liegt der See Genezareth mit seinem klaren, tiefblauen Wasser schon 210 Meter unter dem Meeresspiegel, so erreicht die Jordansenke südlich des Toten Meeres bei Sodom mit 395 Metern den tiefsten Punkt unserer Erdoberfläche. Klimatisch ist es hier im Sommer ziemlich ungemütlich. Die Quecksilbersäule klettert bis weit in den Bereich der tropischen Temperaturen hinauf, obgleich Israel klimatisch bei den subtropischen Ländern eingeordnet ist. Auch weiter nördlich findet man am Jordan — der übrigens nicht viel breiter ist als die Pleiße bei Leipzig — noch Talabschnitte mit nahezu tropischem Klima. In den Bergen Galiläas hingegen ist es frisch, dort geht es am Meronberg bis zu 1 208 Meter hinauf.

Der Regen verausgabte sich an den ersten Bergketten. Grau und schütter war der soeben noch volle Wolkenschopf geworden, und wenn mein Finger auf der Karte die Reise richtig verfolgt hatte, so müßte jenseits des Bergrückens, den der Bus ge-

Blick auf Nazareth

rade unter den Rädern hatte, Nazareth in Sicht kommen. Ich hatte mich nicht getäuscht. Drüben im Tal breitete sich die Stadt aus. Zwischen karstige, nur spärlich bewachsene Berghügel gezwängt, waren Straßen, Häuser und Kirchen an den Hängen hinaufgebaut. Unter unzähligen flachen arabischen Wohnhäusern mit ihrer terrassenartigen Bedeckung standen im ausgeblichenen Rot ihrer Ziegeldächer bchäbig Dutzende von Klöstern und Kirchen, ihre Türme gen Himmel reckend. Bizarr nahmen sich dazwischen die schlanken Minarette der Moscheen aus.

Nazareth. So also sah es aus. «Wiege des Christentums», «Stadt des Neuen Testaments», in ihrer Mitte die Verkündigungsbasilika. «Auf unserer Fahrt durch Galiläa und Nazareth folgen wir den Spuren Jesu», lautet ein Satz der meisten Reiseführer, nach dem der Besucher dann auch gelenkt wird. Ich hatte die Absicht, mich unter die Menschen zu mischen. Mich interessierte, wie es zu jener demokratischen Front von Bürgern dieser Stadt gekommen war, die im Dezember 1975 aus Kommunalwahlen als Sieger hervorging. Seitdem hat Nazareth einen Kommunisten als Bürgermeister — Tawfiq Zayad. «Roter Stern über Nazareth», lauteten damals westliche Presseschlagzeilen. In Israel ein kommunistischer Bürgermeister? staunte man. Und ausgerechnet in der Stadt Jesus'?

1975 machte im Stadtteil Shufani, von dem es heißt, er würde seit Jesus' Zeiten bestehen, ein Witz die Runde. Jesus, wiederauferstanden, besucht seine Vaterstadt. «Wie geht's, wie steht's?» fragt er die Leute. «Was gibt's Neues in der Stadt?» — «Nichts!» wird ihm geantwortet. «In der Stadt ist's wie zu Zeiten Jesus'!»

Der bittere Humor geißelte die schlechten Bedingungen, unter denen die Nazarener zu leben hatten. Schmale, finstere Gassen mit engen Häusern in den Wohn- und Basarvierteln. Ein Gossengraben in der Straßenmitte diente als Kanalisation. Eseltreiber hoben die Fäkalien in runde Säcke, rechts und links an den Flanken der Tiere hängend. Furchterregend die Elektrizitätsleitungen. Die Anzahl der Schulen reichte nicht mehr aus, der rasch wachsenden Kinderschar mangelte es an Kindergärten, Spielplätzen und Möglichkeiten zur Freizeitbeschäftigung. Schlimmstes aller Probleme aber war der Boden.

Wie alle arabischen Ortschaften ist auch die Stadt Nazareth Opfer des Landraubs, den die Behörden zielstrebig betreiben. Für sie ist die Eroberung des Bodens noch keineswegs abgeschlossen. Einen ganzen Sack voller Verordnungen, Gesetze und Anweisungen tüftelten sie aus, um den Lebensraum der Araber Zug um Zug weiter einzuengen. Nach israelischer Statistik bewirtschafteten die arabischen Fellachen 1952 noch 125 000 Hektar eigenen Grund und Boden sowie etwa 50 000 Hektar staatseigenen Boden im Nordbezirk Galiläas. Von den 125 000 Hektar fielen etwa 100 000 einem 1953 erlassenen Landenteignungsgesetz zum Opfer. Heute befinden sich in den Händen der arabischen Bevölkerung Israels nur noch etwa 50 000 Hektar Boden. Die im Negev lebenden 40 000 Beduinen nicht mitgerechnet, kommt damit gerade etwas mehr als ein Zehntel Hektar (= 1 dunum) auf den einzelnen Araber. Für ihn, der ein anderes Wohnverhalten hat, als man es beispielsweise bei uns pflegt, entsteht daraus eine kaum vorstellbare Beengung. Während in unserem Land die verheirateten Kinder in eine andere Wohnung ziehen, bleibt bei den Arabern die Familie zusammen. Um den Neuvermählten eigenen Wohnraum zu geben, wird ans Haus der Familie angebaut. Ohne den dafür erforderlichen Boden aber lebt man «übereinander». Auf den verbliebenen Rest an Boden hat es die Regierung nunmehr mit ihrem Programm der «Judaisierung Galiläas» abgesehen.

Für Nazareth brachte das Landlegen eine Einengung der städtischen Bodenfläche auf ein Drittel ihres einstigen Territoriums mit sich, über das sie bei der Staatsgründung verfügte. Auf 14 000 dunum dieses konfiszierten Bodens wurde oberhalb der Altstadt das jüdische Wohnviertel Nazareth Ilit errichtet. Andererseits aber vergrößerte sich die arabische Bevölkerung der Stadt auf 45 000 Menschen. So entstand die paradoxe Lage, daß auf 7 000 dunum des arabischen Nazareth 45 000 Menschen leben müssen, das 14 000 dunum große Nazareth Ilit hingegen nur 17 000 Einwohner zu beherbergen hat. Obendrein konnte die arabische Stadtverwaltung über ein Drittel ihres Territoriums nicht frei verfügen, weil es Eigentum von Kirchen und Klöstern ist.

«Was die Menschen aufbrachte, schon lange aufbrachte, waren eigentlich Tagesfragen, oftmals Kleinigkeiten.» Mein Gesprächspartner stützte die gepflegten Hände auf seinen rundlichen Bauch. Jackett, Weste, sorgsam gebundene Krawatte. Wir hatten uns beim Mittagessen in einem Restaurant bekannt gemacht. Es wäre ihm eine Ehre, den Besucher aus Alemanya demokratiya bewirten zu dürfen, sagte er bei der Verabschiedung nach Tisch. Wenn ich Zeit hätte, solle ich ihn doch bitte aufsuchen. Ob er mit meinem Besuch am Abend rechnen dürfte?

Gern nahm ich seine freundliche Einladung an. Nun saßen wir uns in seiner guten Stube an einem mit Ornamenten reich verzierten runden Messingtisch gegenüber. Sein fast schon erwachsener Sohn durfte am Gespräch des Vaters teilnehmen.

Man sah ihm an, daß ihn die so erwiesene Ehre mit Stolz erfüllte. Nachdem er den Kaffee gebracht hatte, nahm er bescheiden an der uns entfernter gelegenen Wand Platz.

«Von Jahr zu Jahr wurde es schlechter in unserer Stadt. Alle klagten. Die Lehrer schimpften über die schlechten Schulen. Die Ärzte hielten die katastrophalen hygienischen Zustände für untragbar. Die Transportbetriebe kamen mit den viel zu undurchlässigen Straßen nicht mehr zurecht.» Für jede aufgezählte Unzulänglichkeit bog mein Gastgeber einen Finger seiner linken Hand ein. «Wir Apotheker ersuchten den damaligen Bürgermeister, den Platz vor einer Moschee säubern zu lassen. Doch alle Besuche bei der Stadtverwaltung, Beschwerden und Petitionen waren vergebens.»

Er nippte am Mokkaschälchen. «Der ehemalige Bürgermeister war verkommen. Ein Araber. Auch seine Vorgänger waren bestechlich. Sie gebärdeten sich zionistischer als die Zionisten. Zu'abi verkaufte ihnen Boden, den der eigenen Familie sogar!» Mit einer geringschätzigen Handbewegung untermalte der Apotheker seine Worte.

«Ursprünglich wollten wir gar keine Partei im Wahlkampf werden. In der Stadt gab es damals vier Organisationen — den Anwaltsverband, die Vereinigung der Händler, die Studentenorganisation und Rakach. Als wir sahen, daß es so in der Stadt nicht weitergehen konnte, taten wir uns als Berufsverbände zusammen. Weil wir glaubten, daß Zionisten bei der Regierung wohl am ehesten Erfolg haben würden, schlugen wir Mapam vor, mit uns gemeinsam zu intervenieren. Da hatten wir uns aber getäuscht. Mapam wollte von uns nichts wissen.»

Mein Gastgeber gab seinem Sohn einen kurzen Wink, die Mokkaschälchen nachzufüllen.

«Rauchen Sie?» Einladend hielt er mir ein geöffnetes Zigarettenkästchen entgegen. Ich dankte.

«Wissen Sie», setzte er seinen Gedanken fort, «die jüdischen nichtkommunistischen Arbeiterparteien unterscheiden sich von den anderen zionistischen Parteien nur in zweitrangigen Fragen. Auch sie haben keine echte Verbindung zur arabischen Bevölkerung. Die wenigen arabischen Mitglieder gehören

Markt in Nazareth

ihnen nur aus persönlichem Interesse an. — Doch kommen wir zur Front zurück. Nach dem Mißerfolg bei Mapam wandten wir uns direkt an die Regierung. Dort hörte man sich alles an, was wir zu sagen hatten, doch es änderte sich nichts.»

Unvermittelt riß mein Gegenüber beide Arme in die Höhe, als wolle er direkt zu Allah sprechen. «Vier Jahre lang haben wir gebettelt! Bittsteller waren wir, haben unsere Rücken gebeugt», rief er mit nun erhobener Stimme. «Heute weiß ich, daß wir damals hier in Nazareth den Anfang machten. Rakach ist die einzige Partei, die uns hilft. Sie allein ist dazu fähig, weil ihre arabischen Kommunisten aus der arabischen Bevölkerung heraus gewachsen sind. Keine andere Partei in Israel akzeptiert die Araber als Araber. Wir aber wollen eine radikale positive Veränderung in der Einstellung dieses Staates zu seiner arabischen Bevölkerung!»

Der da sprach, war wirklich kein Bittgänger. Obgleich der bieder wirkende, ältliche Herr mit dem schütteren, akkurat gescheitelten Haar optisch eher den Eindruck machte, seine Bastion sei der Ladentisch, wirkte er mit einemmal stolz und entschlossen. Aufrecht, als sei ihm in seinen alten Tagen frisches Leben eingehaucht worden, schüttelte er mir zum Abschied beide Hände. Wenn ich wieder einmal nach Nazareth käme, müßte ich selbstverständlich sein Gast sein. In Berlin solle ich meiner Familie — leider kenne er sie nicht, aber er wäre überzeugt, daß ich mehrere stolze Söhne hätte — seine Grüße ausrichten. Auch müßte ich das Volk der Alemanya demokratiya von ihm grüßen, von dem sie auch in Nazareth wußten, daß es mit der gerechten Sache der Palästinenser sei.

Wie ich mich überzeugen konnte, bildete der Apotheker keine Ausnahme. Mit wem auch immer man sprach — die Menschen waren streitbar. Das traf nicht nur für Nazareth zu, sondern hing damit zusammen, daß die arabische Bevölkerung der national, sozial und politisch am meisten unterdrückte Teil der Einwohner Israels ist. Betroffen davon sind eine halbe Million Menschen — Arbeiter, Bauern, Intelligenz, Frauen und Jugendliche. Mit einem Durchschnittsalter von fünfzehneinhalb Jahren sind die Araber zudem Israels jüngste Bevölkerungsgruppe. Die Landenteignungen und das Bauernlegen der Fellachen setzten einen Prozeß in Bewegung, der so von den Bodeneroberern sicherlich nicht geplant war.

Zum einen führte die Verdrängung der einst vornehmlich mit der kleinen landwirtschaftlichen Warenproduktion verbundenen arabischen Bevölkerung von ihren Ländereien zu rapiden sozialen Umschichtungen. Die ehemals eher halbfeudale Sozialstruktur der Araber wurde dabei grundlegend umgestülpt. Heute sind über 97 Prozent von ihnen Lohn- und Gehaltsempfänger. Ein Vergleich des Anteils der Arbeiter und Angestellten an der berufstätigen arabischen und jüdischen Bevölkerung führt zu dem interessanten Resultat, daß von den Arabern insgesamt 87 Prozent Arbeiter sind, von den Juden hingegen nur 53 Prozent. Sind von den Arbeitern und Angestellten männlichen Geschlechts bei den Arabern 91 Prozent Arbeiter, sind es bei den Juden nur 67 Prozent. Bemerkenswert auch, daß nahezu 60 Prozent der arabischen weiblichen Arbeiter und Angestellten heute zu Arbeitern geworden sind, bei den jüdischen lediglich 23 Prozent der Frauen.

Die arabische Bevölkerung ist somit in höherem Grade proletarisiert als die jüdische. Es dominieren heute hinsichtlich ihrer Klassenstruktur Lohnarbeiter und Intelligenz. Auch hat die Proletarisierung bei ihr die Familie weitaus tiefer als bei der jüdischen Bevölkerung erfaßt.

Andererseits sind nur 5 Prozent der «Arbeitgeber» Israels «nichtjüdischer» Herkunft, wie sich die bürgerliche israelische Statistik auszudrücken pflegt, denn sie teilt diskriminierend in Juden und Nichtjuden.

Ein sozial völlig verändertes Antlitz zeigt auch das arabische Dorf. Nur ein geringer Teil seiner Bewohner lebt noch von landwirtschaftlicher Tätigkeit auf eigenem Grund und Boden. 75 Prozent der Arbeitenden sind außerhalb der Dörfer als Lohnarbeiter beschäftigt. Da es in den arabischen Siedlungsgebieten so gut wie keine Industrie gibt, begeben sich Zehntausende Araber in die jüdischen Zentren und landwirtschaftlichen Betriebe. Ein großer Teil fährt am Sonntag von seinem Dorf zur Arbeitsstelle und bleibt die ganze Woche über dort. Erst am Wochenende kehrt er nach Hause zurück. Von den arabischen Arbeitern finden 66 Prozent ihre Beschäftigung im Bauwesen, in der Landwirtschaft, als Saison- und Hilfsarbeiter in den unteren Einkommensgruppen, wodurch ihr Verdienst durchschnittlich um ein Viertel unter dem ihrer jüdischen Kollegen liegt.

So ist die jüdische Bourgeoisie heute mit der Tatsache konfrontiert, daß nahezu die gesamte arabische Bevölkerung Israels zu Lohnarbeitern wurde. Man hat also eigenhändig die Schar der potentiellen «Totengräber» des Kapitals innerhalb kürzester Frist beträchtlich vergrößert.

Zum anderen lassen sich Israels Araber nicht mehr wie während des Palästinakrieges zu Flüchtlingen machen. Diskreditiert haben sich mittlerweile die arabischen Quislinge, die einst von den sozialdemokratischen Arbeiterparteien eingesetzt wurden. Als jene ungeliebten Statthalter, wie in Nazareth der erwähnte Zu'abi, gehen mußten oder man sie einfach nicht mehr wählte, blieb auch nicht viel vom Einfluß der zionistischen Parteien in den arabischen Ortschaften.

Im Oktober 1975 veröffentlichte das israelische Landwirtschaftsministerium in seinem Monatsbulletin einen Plan für die Fortführung der Judaisierung Galiläas. Daß im galiläischen Hochland mehr «Nichtjuden» als Juden lebten, mißfiel den Behörden schon lange. Was da als Entwicklungsplan annonciert wurde, hatte eigentlich den Zweck, das Verhältnis von 147 000 Arabern zu 62 000 Juden zugunsten letzterer umzukippen. Ablaufen sollte die Judaisierung in zwei Etappen — bis 1980 die erste und die zweite bis 1990.

«Memorandum — Vorschlag zur Behandlung der Araber in Israel» lautete der Titel eines geheimen Papiers, das am 1. März 1976 Israel König, Chef des Nordbezirkes Israels (Galiläa), seinem Vorgesetzten im Innenministerium unterbreitete. Einige Wochen später geriet das Memorandum in die Presse und rief wegen seines rassistischen Grundtenors beträchtliches Aufsehen in Israel hervor. Der Vorschlag sah in Teil I (4) unter anderem vor:

«a) Um die jüdischen Siedlungen in den Gebieten, in welchen die Kontinuität der arabischen Bevölkerung offensichtlich und ihre Zahl der jüdischen Bevölkerung weit überlegen ist, zu vermehren ... ist es notwendig, die ... arabische Bevölkerungskonzentration zu lichten ...

b) In den jüdischen Städten Akko und Oberes Nazareth (Nazareth Ilit) müssen starke Führungen geschaffen werden, welche imstande sind, wahrscheinlichen kritischen Entwicklungen unter der arabischen Bevölkerung zu begegnen.

c) Einführung einer Politik strenger Bestrafungen jener (arabischen) Führer und Ortschaften, die ... feindliche Gesinnung gegenüber dem Staat und dem Zionismus bekunden.»

Nur einen Tag zuvor, am 29. Februar 1976, war die Beschlagnahme weiterer 2 000 Hektar Land beschlossen und bekanntgegeben worden. Nach den Bodenenteignungen der Vergangenheit überstieg die neuerliche Generalattacke der Behörden das Maß des Erträglichen. Die arabische Bevölkerung antwortete mit einem Streik, zu dem das Nationalkomitee zur Verteidigung des arabischen Bodens aufgerufen hatte. An jenem Streiktag, dem 30. März 1976, ließ die Regierung die «Sicherheitskräfte» einsetzen. Unter ihren Schüssen starben sechs Menschen, wurden Hunderte verletzt und noch mehr verhaftet.

Protestveranstaltungen in Tel Aviv gegen das reaktionäre König-Memorandum

*Felicia Langer,
die bekannte
Anwältin*

Der «Tag des Bodens», als welcher der 30. März in die Geschichte einging und seitdem nicht nur in Israel, sondern auch in den besetzten arabischen Gebieten alljährlich mit Manifestationen begangen wird, war ein echter Wendepunkt für die Gegenwehr der Araber Israels. Nicht nur, daß bei ihnen keine Rede war von Aufgeben oder Flucht, sondern man nahm im Gegenteil den Kampf auf, als Gleichberechtigte im eigenen Land anerkannt und behandelt zu werden. In zahlreichen Städten und Ortschaften entstanden auf Initiative der Kommunistischen Partei demokratische Fronten, dem Beispiel Nazareths folgend. In Nazareth waren die Organisationen, von denen der Apotheker berichtete, im Oktober 1975 erstmalig als Block in Erscheinung getreten. «Alle waren sich mittlerweile darüber im klaren, daß nur eine gemeinsame Front derer, die Veränderung wollten, etwas erreichen konnte», erinnerte sich ein Mitglied der Front, Kommunist, als ich ihn um die Schilderung der bewegten Tage des Jahres 1975 bat. «Eigentlich bedurfte es nur noch jenes berühmten Tropfens, der fallen mußte, um das Faß überlaufen zu lassen. Dieser fiel. Doch handelte es sich nicht um ein Faß, sondern um die Trinkwasseranlage, und was da plumpste, war auch kein Tropfen, sondern ein Esel. Eines Tages schwamm ein Esel in der Trinkwasseranlage. Er war hineingestürzt, weil die Becken nicht in Ordnung gehalten wurden. In der Stadt löste dieser Vorfall große Empörung aus. Besonders aufgebracht waren die Ärzte. Sie wandten sich mit der Bitte an die Partei, in dieser Angelegenheit gemeinsam aufzutreten.»

Der Genosse schmunzelte, als er sich an dieses Ereignis erinnerte.

«An uns wandten sie sich, weil wir damals mit sechs Abgeordneten im Stadtrat vertreten waren, unerschrockene Leute, die wußten, wo die Nazarener der Schuh drückt. Unser politisches Programm ist den Menschen hier gut bekannt. Als einzige Partei hat Rakach eine nationale und soziale Alternative für die arabische Bevölkerung, einen ‹Plan für gleiche, zivile und nationale Rechte der arabischen Minderheit in Israel›. Wir fordern ihre Gleichberechtigung auf allen Gebieten. Dazu gehört auch, Arabisch neben Hebräisch als offizielle Sprache anzuerkennen. Wir fordern, die Landenteignungen einzustellen, den Bauern Boden zu geben, die Städte und Gemeinden materiell wie auch finanziell zu unterstützen, gleiche Bildungsmöglichkeiten für die arabischen Kinder, Jugendlichen und Studenten.»

Mit einer weitausholenden Geste deutete mein Gesprächspartner an, daß die Kommunistische Partei für all die brennenden Fragen der arabischen Bevölkerung einen Lösungsweg zeige.

«Als die Regierung bemerkte, daß Zu'abi und seine Leute ihr mehr schadeten als nutzten, löste sie kurzerhand das Stadtparlament auf und setzte für Dezember 1975 Neuwahlen an», kam er auf die Front zurück. «Alle Berufsverbände und Organisationen in Nazareth protestierten. Wie konnte es die Regierung wagen, ein gewähltes Gremium aufzulösen? Die Nazarener waren empört und traten in einen Generalstreik. Geschlossen ging die demokratische Front an die Wahlvorbereitung und errang 67 Prozent der Stimmen — die absolute Mehrheit. Selbst der offizielle Wahlaufseher der Regierung konnte an diesem Ergebnis nicht rütteln.»

Der Erfolg der Nazarener weckte Selbstvertrauen und Energie. Mit Elan gingen sie daran, ihre Stadt in Ordnung zu bringen. Selbst mein Gesprächspartner, der seine Worte sonst mit Bedacht zu setzen pflegte, kam in Schwung bei seinen Erinnerungen. «Mit Flugblättern riefen wir die Bürger auf, Steuern zu bezahlen, da wir von der Regierung nun finanziell absichtlich benachteiligt wurden. Monate gab es, in denen wir den städtischen Angestellten nicht einmal ihre Gehälter pünktlich auszahlen konnten. Die alte Verwaltung hatte außerdem die Stadt hoch verschuldet. Nicht einmal das Wassergeld war bezahlt. Der Regierung kam das als Vorwand gerade recht, uns mit der Sperrung des Wassers zu drohen. Du wirst es nicht glauben», sagte der Genosse zu mir, «die Menschen kamen von sich aus zur Stadtverwaltung und bezahlten nicht nur Steuern, sondern beglichen auch ihre Schulden. Im August 1976 führten wir ein Jugendlager durch. Organisiert wurde es vom kommunistischen Jugendverband, um die dringendsten Arbeiten in der Stadt zu verrichten. Alle unsere Erwartungen wurden übertroffen.»

Mein Gesprächspartner setzte zu einer Aufzählung an. «Etwa vierhundert Jugendliche beteiligten sich. Araber und Juden. Auch die Kirchen machten mit. Der YMCA — die Vereinigung christlicher junger Männer — nahm teil. Ungefähr tausend Frauen kochten zu Hause für die Jugendlichen Mittagessen. Binnen dreier Tage wurde in der Stadt der gröbste Schmutz beseitigt, Gehwege angelegt, alle Schulen wurden gestrichen, Kanalisation und Trinkwasseranlagen ausgebessert, Verkehrszeichen angebracht. Sogar in den kirchlichen Kranken- und Missionshäusern wurde gepinselt. Private Fuhrbetriebe stellten ihre Fahrzeuge zur Verfügung. Begreifst du», unterbrach der Genosse, nach Worten suchend, seine Rede, «in diesen Wochen wurden nicht nur große Arbeitsleistungen vollbracht, es wurden die Herzen der Menschen bewegt. Sogar wohlbehütete Töchter bürgerlicher Familien kamen zu uns — teils gegen den Willen ihrer Eltern. Die Nonnen eines strenggläubigen Ordens, die ihr Kloster nicht verlassen dürfen, fragten beim Stadtrat an, ob nicht die Grünflächen vor ihrem Gebäude in Ordnung gebracht werden könnten. Als wir ihren Wunsch erfüllt hatten, waren sie überglücklich und wollten unbedingt den kommunistischen Bürgermeister sehen.»

Seit jenen ersten Initiativen hat sich in Nazareth viel verändert. Die Türen der Stadtverwaltung öffneten sich für seine Menschen. Das Jugendcamp ist zu einer Tradition geworden. Jährlich finden sich Juden und Araber ein, aus dem Ausland reisen Jugendgruppen an, um mitzuhelfen. Große Fortschritte wurden seitdem im kleinen Nazareth erreicht. Viel größer, als man im Dezember 1975 zu hoffen wagte, klein jedoch, gemessen an den langen Schatten, welche die Sorge der Menschen um ihre Zukunft wirft. Darüber sprach ich mit einem evangelischen Pfarrer.

Von mir unbemerkt, war er herangetreten, als ich seine Kirche besichtigte, die zu betreten mich die weit geöffnete Tür ermutigt hatte. Weißgetünchtes, von hohen Säulenbögen getragenes Mittelschiff, nußbraunes Gestühl, schlichter Altar, darüber eine fast weltliche Darstellung der Heiligen Familie. Die bescheidene Ausstattung der Kirche wirkte angenehm. Als hätte der Pfarrer meine Empfindungen erahnt, begann er mir dies und das zu erklären, immer zurückhaltend dabei, unaufdringlich, rücksichtsvoll. Es blieb nicht aus, daß wir ins Gespräch kamen. Sein erster Satz war: «Roter Stern über Nazareth? fragt die ganze Welt. Man schreibt, daß Nazareth eine heilige Stadt sei, doch man schreibt nicht über ihre Menschen.»

Gastfreundlich und warmherzig wie alle arabischen Nazarener, denen ich in den wenigen Tagen meines Aufenthaltes begegnete, lud er mich zu einem Glas Limonade in sein kleines Büro ein. «Gewiß ist Ihnen bekannt, daß wir in Nazareth eine demokratische Front haben, welche die Wahlen gewann und jetzt die Geschicke dieser Stadt in ihren Händen hält. Die Front ist völlig ehrlich zu den Menschen und gegenüber der Welt. Zwei Dinge möchten wir — unsere nationalen Rechte als Bürger dieses Staates und Nazareth entwickeln. Dafür brauchen wir ein oder zwei Industriebetriebe, Schulen, ordentliche Wasserleitungen, Krankenhäuser, eine Bibliothek, ein Stadtbad und Boden.»

Mit einer Handbewegung lenkte er meinen Blick durch das Fenster. «Schauen Sie bitte hinaus, wie eng es um meine Kir-

Tawfiq Zayad auf einer Protestdemonstration gegen die israelische Landraubpolitik

che herum geworden ist. Man hat uns so viel Boden genommen, daß ich nicht einmal mehr die Toten meiner Gemeinde bei ihrem Gotteshaus begraben kann. Während im jüdischen Oberen Nazareth Industrie errichtet wurde und Wohnungen leer stehen, gibt man den Menschen hier unten nichts. Man will Nazareth nicht entwickeln, damit die Araber abhängig bleiben vom Kapital der jüdischen Unternehmer.»

Des Pfarrers Sprache blieb maßvoll und sachlich. Die Worte unterstrich er mit ruhigen Gesten. «Nazareth ist zu einem großen Hotel geworden. Allmorgendlich verlassen fünf- bis siebentausend Menschen die Stadt, um in den jüdischen Fabriken zu arbeiten. Kommen sie abends heim, so sind sie müde, finden weder Kraft noch Zeit für die Familie oder fürs Spiel mit ihren Kindern. Glauben Sie mir, mein Herr, es ist eine bewußte Politik. Man macht die Menschen zu ewigen Wanderern, um ihnen das Selbstvertrauen zu nehmen, ihr Bewußtsein zu töten, damit sie schließlich ihre Identität als Araber verlieren. — Wir sorgen uns um unsere Zukunft», fügte er nach einem Augenblick des

Überlegens hinzu. «Wir Palästinenser erlebten und überlebten die Kolonialherrschaft des Osmanischen Reiches und Großbritanniens. Sie belegten uns mit Steuern, preßten uns aus — aber das, was die Zionisten mit uns vorhaben, ist etwas ganz anderes. Sie zerstören die Grundlagen unserer materiellen Existenz, um uns als Volk aufzulösen.» Mit seinen Händen vollführte er eine Geste, wie er sie während einer Predigt gebrauchen mochte, um Verlorenheit irgendwo im Unendlichen anzudeuten.

«Die Front gibt den Arabern neuen Geist und Mut. Dabei haben wir es nicht leicht. Vor allem wollte man nicht, daß wir die Front mit den Kommunisten bildeten. König, sicherlich haben Sie von ihm gehört, glaubte, uns kaufen zu können. Sogar in der Knesset wurden wir empfangen. Als die Verlockungen nicht halfen, wurden wir als ‹rot› und ‹antiisraelisch› beschimpft. Sie versuchten die Kirchen hier in Nazareth gegeneinander aufzuwiegeln. Meine Kirche wurde boykottiert. Doch letztlich hat es ihnen nichts geholfen. Die Front hielt zusammen und gewann die Wahl.»

Der Pfarrer legte seine Hand auf meinen Arm. «Das war kurz vor Weihnachten, müssen Sie wissen. Am Heiligen Abend war meine Kirche voller Menschen. Es war das größte und schönste Weihnachtsfest in der Geschichte meiner Kirche.»

Er machte eine Pause. Sodann erhob er sich. «So mancher auch meiner kirchlichen Vorgesetzten warnte mich: ‹Laß dich besser nicht mit den Kommunisten ein.› Doch ich antwortete ihnen, es mache mir wenig aus, wenn die Welt nicht mehr vom heiligen Nazareth spräche. Mit meiner ganzen Kraft aber werde ich dafür eintreten, daß diese Welt immer von Nazareths geheiligten Menschen sprechen würde. ‹Jawohl›, so sagte ich ihnen, ‹wir sind hier Araber und Israelis, wir sind Christen und Moslems, selbst Kommunisten haben wir. Wir alle haben zusammenzustehen gegen die wirklichen Gefahren. Schließlich ist Theologie ja auch Politik. Schaue ich nach dem Libanon, so stelle ich fest, daß die Phalangisten dort auch Christen sind. Sie sind meine Glaubensbrüder und beten mit mir zum selben Gott. Doch nach dem Gebet wenden sich meine Glaubensbrüder wider meine Blutsbrüder — die Palästinenser — und schießen auf sie. Der Herr läßt das zu, er wird es zulassen, daß ich

Nazareth wird zu eng für seine Bewohner

für eine gute Sache mit Kommunisten zusammenarbeite. Ich kann im Kommunismus keine Bedrohung sehen. Jesus starb für alle Menschen, auch für die Kommunisten.›»

Im Sturm war es den Regenwolken nun doch gelungen, die Bergkette zu nehmen, welche sie bisher von Nazareth ferngehalten hatte. Schwarzgrauen Reitern gleich jagten sie in dunklen Haufen über die Stadt dahin, Schauer und Kälte mit sich bringend. Noch schneller als gewöhnlich brach die Dunkelheit herein. Ich hatte alle Mühe, den Wasserbächen auszuweichen, die, ausgewaschenen Rinnen folgend, kreuz und quer den ungepflasterten Weg hinabstürzten. Da das kleine Hotel, in dem ich Unterkunft gefunden hatte, auf einem Hügel lag, gab es keinen anderen Weg als diesen, den ich mit nassen Füßen hinaufstolperte. Wohin man in Nazareth auch wollte, stets mußte man irgendwo einen Berg hinauf. Selbst das dazugehörige Tal vermochte mich nicht zu trösten, erschien es mir doch stets nur als die Ausnahme vom Berg.

In Hotels warmer Länder sind kalte Nächte eine Qual. Was dazu dienen soll, heiße Nächte erträglich zu machen — Steinfußböden, luftige Räume, dünne Zudecken, zugige Fenster und Türen —, verwandelt bei schlechtem Wetter die Zimmer in Eisschränke. Den ganzen folgenden Tag über vermochten selbst die beiden übereinander gezogenen Pullover nicht, meine Gänsehaut zu vertreiben. Um so mehr sehnte ich den Abend herbei, der mir hoffentlich eine geheizte Stube bringen würde bei einer jüdischen Familie, die mich nach Nazareth Ilit einlud.

Pünktlich tuckerte Benjamins Karmel den Berg hinauf. «Jetzt wurde mir aber doch die Zeit knapp», meinte er nach der Begrüßung. Es saß sich gut im Karmel, jenem in Israel produzierten PKW, der gleich dem Trabant mit einer Karosserie aus Hartplaste versehen ist.

Er käme gerade von einer Schule in einem entfernteren Ort, wo er am Nachmittag unterrichte, erzählte der etwa vierzigjährige schlanke Mann. Vormittags wäre er Lehrer in seiner Hauptschule. Auf meine erstaunte Frage, weshalb er an zwei Schulen tätig sei, antwortete Benjamin, daß es mit nur einem Gehalt unmöglich sei, der Familie einen anständigen Lebensstandard zu erhalten.

Inzwischen hatte uns der Karmel nach Nazareth Ilit hinaufgekurvt. Hier oben wurden die Straßen breiter, mit viel Licht und Grün zwischen modernen Neubaublocks. Ob die Wohnungen schon alle bezogen seien, wollte ich von Benjamin wissen. Er verneinte. Trotz der Wohnungsnot im arabischen Nazareth lasse man keine Araber hierher. Um Nazareth Ilit jüdisch rein zu halten, sei sogar ein «Komitee zum Schutz vor Zuzug von Arabern» ins Leben gerufen worden.

«Stell dir vor, welch Spektakel man erheben würde, beschlösse man in einer französischen oder beliebigen anderen Stadt der Welt, an Juden keine Wohnungen zu vermieten», empörte sich Benjamin. «Wir haben in diesem Staat ja noch nicht einmal ein gesetzliches Verbot der Diskriminierung von Menschen wegen ihrer Zugehörigkeit zu einer bestimmten Rasse, Nationalität, einer ethnischen Gruppe oder Religion.»

Er bog in eine ruhige Nebenstraße ab und hielt vor einem der flachen Einfamilienhäuser. An der Tür begrüßte uns herzlich seine Gattin. Mit einer einladenden Handbewegung wies die kleine, schlanke, fast hagere Frau freundlich in ihr Haus. «Willkommen! Wir freuen uns wirklich sehr über Ihren Besuch.»

Sie führte mich ins Wohnzimmer. Von hier aus sah man durch ein großes, fast die gesamte Hinterwand einnehmendes Fenster in einen kleinen Garten und weiter hinab ins Tal.

«Aber so nehmen Sie doch Platz», forderte mich die Hausfrau auf.

Ich versank förmlich in den weichen schwarzen Lederpolstern, die an den Wänden entlang auf dem Fußboden lagen. Meine Freude über die warme Stube, auf welche ich so sehr gehofft und die ich nun wirklich vorgefunden hatte, löste Heiterkeit bei meinen Gastgebern aus. Sodann berichtete ich kurz über Erlebnisse und Gespräche der letzten Tage in Nazareth. Benjamin und seine Frau Hanna hörten aufmerksam zu und bestätigten meine Beobachtungen.

«Unter den Juden wächst der Rassismus», sagte Hanna mit Sorge in der Stimme. «Ungeheuer schwer nur kommt man dagegen an. Sogar schon mein eigener Sohn hat Sprüche drauf, wie ‹dreckiger Araber›. Mein Mann und ich machen da zwar nicht mit, wir kaufen beispielsweise im arabischen Nazareth ein und geben dem Druck nicht nach, die Läden der Araber zu boykottieren. Wir halten freundschaftlichen Kontakt mit einigen Arabern, die der Front angehören. Schließlich sind wir eine Stadt. Wohin sollte es führen, wenn zwischen Nazareth und Nazareth Ilit Feindschaft besteht?»

Ihr fragender Blick wurde vom Schellen der Türklingel unterbrochen.

«Das werden sie sein», bemerkte Hanna zu ihrem Mann. «Wir haben uns erlaubt, noch einige Bekannte einzuladen», wandte sie sich erklärend wieder zu mir. «Ich hoffe, es wird Sie interessieren.»

Benjamin führte die neuen Gäste herein. Judith, eine dunkelhaarige Schönheit, eingewandert aus Australien. Ihr Mann Oleg, zugewandert aus Kiew, und Nissim, ein Sabra. Allen schien bekannt zu sein, wessen Landes Kind sie die Hand gaben. Nissim sah mich bei der Begrüßung herausfordernd an, Oleg schaute zur Seite, Judith belegte mich — zu meiner Freude übrigens — sofort mit Beschlag. Bis ins Detail wollte sie informiert werden, wie in der DDR die Studenten lebten, welche Studienbedingungen sie hätten, wie viele Universitäten es gäbe und so weiter. Schließlich baten mich die neu hinzugekommenen Gäste, von meinen Reiseeindrücken zu berichten; ich tat es ungeschminkt.

«Die Araber müssen sich endlich damit abfinden, daß wir jetzt hier sind», reagierte lakonisch Nissim, der mit auf der Brust übereinandergeschlagenen Armen mir direkt gegenüber Platz genommen hatte. «Was heißt denn hier nationale Unterdrückung? Niemand unterdrückt sie! Verstehe gar nicht, worüber die sich beklagen? Sie können im Gegenteil sehr zufrieden sein!» Verständnislos sah Nissim in die Runde und begann aufzuzählen: «Die Araber können alles sagen, was sie denken. Ihre eigenen Bürgermeister haben sie. Wir pflegen jede Menge ihrer nationalen Traditionen, übernehmen sogar ihre Architektur, ihre Bauten und ihre Speisen! Niemand tut ihnen etwas zuleide, wenn sie sich auf die Bedingungen einstellen, die wir nun einmal hier geschaffen haben!»

«Gleichberechtigt sind sie schon nicht», hielt Benjamin Nissim vor. «Wenn man ehrlich ist, so muß man zugeben, daß die Regierung kein Programm hat, um ihre Wohngebiete zu entwickeln. Es werden auch Araber einfach ausgewiesen. Zwischen Arabern und Juden besteht viel Mißtrauen. Das müssen wir beseitigen, sonst wird es keinen Frieden geben. Dafür aber müssen wir anerkennen, daß sie ein Recht auf Selbstbestimmung haben.»

«Recht auf Selbstbestimmung — ja. Dafür bin ich auch», warf Judith ein. «Aber sie haben kein Recht auf unseren Boden.»

«Ist es nicht ihr, der Araber Boden, auf dem wir hier sitzen», fragte ich in die Runde, auf den Fußboden weisend. «Lebten sie nicht lange vor euch hier?»

Blick auf Nazareth — im Vordergrund angepflanzter Wald

«Ach was!» unterbrach Judith. «Was interessiert mich die Geschichte. Jetzt ist es mein Boden! Auf dem lebe ich, und ich arbeite auf ihm.»

«Ich fühle mich sehr allein», sagte unerwartet Hanna, die bisher geschwiegen hatte. «Jeden Tag spüre ich, daß es im Verhältnis zwischen unseren beiden Völkern so doch nicht weitergehen kann. Das Wenige, was ich zur Verständigung beitragen kann, ist, immer mal hinunter zu gehen» — sie deutete zum Fenster in Richtung Nazareth — «und mit den Freunden zu sprechen, die ich unter den Arabern habe. Doch für den Frieden ist das zuwenig», meinte sie resigniert.

«Frieden», Nissim lachte, «gibt es vielleicht in fünfhundert Jahren!»

«Und bis dahin?» fragte Benjamin laut. «Sollen sich Juden und Palästinenser bis dahin auf dem Schlachtfeld gegenüberstehen? Nur, um sich zu beweisen, daß sie einander nicht besiegen können?»

«Ich habe Angst», sagte neben mir unerwartet Judith mit gesenkter Stimme. Als fröstele sie, hatte sie die Knie an den Körper gezogen und ihre Arme darum gelegt. «Ich weiß nicht, was werden soll. Bei einem neuen Krieg habe ich Angst um meine Kinder.»

«Wir können nur immer wieder hinuntergehen», versuchte Hanna zu trösten. «Die Freundschaft mit den Leuten da unten wärmt mich. Doch ist man hier oben, geht die Wärme wieder verloren.»

Lange noch flogen im Raum die Worte hin und her. Markig die einen, unsicher, ja ratlos die anderen. In ihrer Zerrissenheit — bedrückend.

Die Geister scheiden sich

Zvi bestand darauf, mich zum Flugplatz zu begleiten. All mein Zureden, er möge sich doch die Umstände ersparen, war vergebens.

«Komm», entschied er, «machen wir kurzen Prozeß. Ab geht's.» Mit Mühe konnte ich verhindern, daß er meine Koffer zu seinem Wagen trug.

Am Flugplatz bei der Abfertigung zunächst das übliche — Ticket, Paß, Gepäck.

«Waren Sie nur in Tel Aviv oder haben Sie auch andere Städte besucht?» Von unverbindlicher Freundlichkeit waren die Fragen, die der braunäugigen Schönen mit der wohlgeformten Uniformbluse von den Lippen kamen. Ich solle meinen Koffer öffnen, bedeutete sie mir mit Reif in der Stimme, als ich mit meiner Aufzählung von Städtenamen bei Nazareth angelangt war. Ob ich dort mein Gepäck immer unter Kontrolle behalten hätte?

Ich konnte sie beruhigen. Ihre flinken Hände förderten aus meinem Koffer nichts Verdächtiges zutage.

Nächste Station eine Kabine. Sicherheitskontrolle. «Bitte nehmen Sie alles Metallische aus Ihren Taschen!» Der mich dazu aufforderte, war ein vielleicht achtzehnjähriger junger Mann mit sanften, noch kindhaften Gesichtszügen. Nachdem ich getan, was er mich geheißen, fuhr er mit einem elektronischen Suchgerät an mir auf und ab. Plötzlich gab der Apparat Signal. Hektisch piepte er vor der linken Außentasche meines Jacketts.

«Sie haben Metall da drin», meinte der junge Soldat mit einer Aufforderung in der Stimme. Selbst überrascht, fingerte ich in der Tasche herum und zog eine Plakette hervor. Richtig, fiel es mir wieder ein. Ein amerikanischer Genosse hatte sie mir zur Erinnerung an unsere Begegnung geschenkt.

Der Beamte nahm sie in die Hand und las die englische Aufschrift: «Schlagt das Großkapital!»

«Sie sind Kommunist?» Er streifte mich mit einem kurzen, prüfenden Blick. Unschlüssig wog er die Plakette in der halb geöffneten Hand. «Würden Sie sie mir schenken?»

Ich war überrascht. «Wenn Ihnen die Plakette gefällt», antwortete ich, «bitte sehr.»

Er zögerte, beschloß dann aber seinen kurzen inneren Streit. «Besser nicht», meinte er und gab mir das verlockende, doch für ihn wohl heiße Stück Blech zurück. «Gute Reise!»

Vor dem Transitraum wartete Zvi auf mich. Er führte mich ins Restaurant und bestellte Kaffee. «Erinnerst du dich an die Begegnung mit dem Jungen auf dem Tempelberg?» fragte Zvi.

Wie könnte ich nicht?

«War da nicht die Rede von jüdischen Frauen, die die Mutter eines getöteten arabischen Jungen besuchten? Dein kleiner Bekannter sagte die Wahrheit. Tatsächlich waren einige unserer Frauen bei der Mutter des Jungen. Meine Frau war auch dabei und dann noch eine oder zwei von der Demokratischen Frauenbewegung. Sie brachten der Familie Geschenke und sagten ihr, daß sie das Vorgehen der Truppen verurteilen. Alle waren sehr bewegt von der Begegnung. Deshalb hat sie sich dem Jungen eingeprägt.»

Kaffee und Aufruf zum Abflug kamen beide im gleichen Moment. Zvi machte eine bedauernde Handbewegung. «Du mußt los!»

Wir verabschiedeten uns herzlich.

Schon hatte ich mich halb zum Gehen gewendet, als Zvi noch einmal auf mich zukam. «Was ich dir neulich abends bei mir in der Wohnung noch sagen wollte — euer Tefje, euer ‹Fiedler auf dem Dach› in der Komischen Oper in Berlin ist die beste Aufführung, die ich gesehen habe. Ihr habt bei euch viel Gefühl für die Menschen!»

Ich verlasse das Land mit zwiespältigen Gefühlen — gewiß ein Reflex auf den inneren Zwiespalt, in dem sich viele Israelis heute befinden. Die meisten Menschen Israels, denen ich begegnete, erschienen innerlich gespalten, zumindest aber beunruhigt. Als die Älteren hierher gekommen waren, um der Pein des Antisemitismus zu entgehen, hatten sie sich ehrlichen Herzens geschworen, hier eine neue, eine bessere Ordnung zu schaffen.

Die Reb Naphtalis klopften ihnen auf die Schulter, ließen sie arbeiten, um das Land umzukrempeln. Sie waren sicher, daß die mit ihnen dasselbe Boot rudernden rechten Poale-Zion-Führer jene Pioniere und deren Elan schon in die gewünschte Richtung lenken würden.

Sie hatten sich nicht getäuscht. Herausgekommen ist ein kapitalistisches Eretz Israel mit einer erzreaktionären Regierung der Multimillionäre, die jede fromme Schwärmerei vom «gerechten Staat der Juden» im eiskalten Wasser ihres Profitmeeres ertränkte. Nicht einmal jene «Duodez-Ausgabe des neuen Jerusalems», auf die sie so sehr gehofft hatten, ließ ihnen die jüdische Bourgeoisie. Man möchte noch an das «Gelobte Land» glauben und sieht zugleich, daß es heute mehr Menschen verlassen, als hinzukommen. Man ist enttäuscht, macht dem Frager gegenüber in Selbstverteidigung, wird nicht selten dabei sogar aggressiv, um die eigene Ratlosigkeit zu verdecken.

Und die Jugend? Auch in ihr regen sich Zweifel an dem Weltbild, wie es ihr vorgezeichnet wird. «Kann sich Israel, ein kleiner Staat von weniger als vier Millionen Menschen, alle paar Jahre einen großen Krieg leisten», fragte ein Jugendfunktionär der Mapam im Gespräch. «Haben unsere Kinder wirklich keine andere Zukunft, als in ewigen Kriegen zu sterben», wollte Miriam wissen. «Ist mit den arabischen Nachbarn ein Zusammenleben möglich, und was brauchen wir dafür», sann der Wissenschaftler, mit dem ich bei Studien in der Jerusalemer Hebräischen Universität bekannt geworden war.

«Wann wird unser Land ausgezehrt sein? Wie eng kann der Mensch seinen Gürtel überhaupt schnallen», sorgte sich ein Hafenarbeiter in Eilath, mit dem ich ein Glas Bier trank.

Zufriedenheit findet man heutzutage eigentlich nur bei den fanatischen Hassidim, die den Gush-Emunim-Faschisten gespenstisch Mut zutanzen, und bei den Monopolen. Allen Grund haben sie dazu angesichts ihrer Profitraten. (1981: Koor — 244 Prozent, Clal — 217, Bank Leumi — 201, Bank Hapoalim — 217).

Für viele der Frager, die man heute nahezu in jeder israelischen Familie finden kann, war die Ernüchterung des Oktoberkrieges von 1973 der Anfang des Suchens. Das nahezu blinde Vertrauen in den bis dahin von den Regierungen der sozialdemokratischen Parteien gewiesenen «Weg zum Überleben» bekam in jenem Herbst seinen ersten Riß. Seitdem geht die Frage von Krieg oder Frieden quer durchs ganze Land, durch Familien, scheidet sie Parteien und Geister voneinander. In Israel wächst heute das Interesse für diejenigen, die echte, realistische Alternativen zur bisherigen Politik aufzeigen. Solche werden vor allem von der KP Israels angeboten. Sie verfügt seit vielen Jahren über ein Friedensprogramm, das zum Nachdenken anregt, weil es Wege aus der Sackgasse weist, in die Israel geraten ist. Und noch etwas sehr Wesentliches kommt hinzu — ihr Ahva Yehudit-Aravit, der Ruf nach jüdisch-arabischer Freundschaft, den sie schon von Anfang an erhebt, findet mehr Gehör, weil mittlerweile immer mehr Israelis die Erfahrung gesammelt haben, daß es keinen anderen Weg für eine gesicherte Zukunft im Nahen Osten gibt. Zu diesen Einsichten haben sowohl das Versagen der rechten sozialdemokratischen Führer als auch die Jahre des Likudregimes beigetragen.

Seitdem Likud 1977 die Knessetwahlen gewann, weil sie sich den Unmut der Wähler über die Politik der sozialdemokratischen Koalition und die Korruption in der Parteispitze von MA'I zunutze machte, hat sich die wirtschaftliche Lage des Landes dramatisch verschlechtert. Noch nie zuvor wurden die Rüstungslasten so brutal auf die Massen abgewälzt wie unter Begin und Shamir. Von Mitte 1977 an stiegen die Verbraucherpreise bis Ende 1980 mit einem Jahresdurchschnitt von 600 Prozent. Wohl bemerkt — im Durchschnitt. Bei einigen Lebensmitteln und Dienstleistungen lag die Steigerungsrate noch höher. Abgeschafft oder reduziert wurden auch die staatlichen Preisstützungen für einige Grundnahrungsmittel. Infolgedessen sank das Realeinkommen von 1979 bis 1980 um 12,3 Prozent.

Dabei sind die Löhne in der israelischen Industrie ohnehin um etwa ein Drittel niedriger als beispielsweise in der BRD.

Besonders hart traf es die Ärmsten der Armen, jene etwa 600 000 Menschen, die unter dem Existenzminimum in absoluter Armut leben, die Mehrheit von ihnen afro-asiatische Juden und Araber. Auch blieb Israel von der Wirtschaftskrise nicht verschont. 1981 gab es 76 000 Erwerbslose. So ist es nicht verwunderlich, daß bis in bürgerliche Kreise hinein explosivstes innenpolitisches Thema die Verschlechterung der Wirtschaftslage ist. Inflation, Steigen der Mieten und Fahrpreise machen die Menschen nervös, bringen in ihr Leben eine für uns nicht vorstellbare Unsicherheit und Unberechenbarkeit des morgigen Tages.

Den Israelis entgeht natürlich nicht, daß mit den Staatsgeldern, die beispielsweise für die Unterhaltung von siebzehn Familien der Gush-Emunim-Siedler in Eilon Moreh und Jebel Kebir in der Nähe des besetzten Nablus von der Regierung ausgegeben werden, fünfhundert junge Ehepaare mit kostenlosem Wohnraum versorgt werden könnten. Die 150 Milliarden Lire, die für Siedlungen in den besetzten Gebieten draufgehen, seien viermal so viel wie benötigt würden, um alle Slums in Israel zu beseitigen, rechnete die bürgerliche Zeitung «Ha'aretz» im September 1979 aus. Keine noch so nationalistische Demagogie könne die Tatsache aus der Welt schaffen, kommentierte das Blatt, daß sich Israel zu entscheiden habe, was wichtiger sei: «Jenseits der ‹grünen Grenze› Milliarden auszugeben, oder den wirtschaftlichen Zusammenbruch innerhalb der ‹grünen Grenze› zu verhindern.»

Allmählich begann da die nationalistische Wolkendecke aufzureißen, die den ursächlichen Zusammenhang von Krieg und sozialer Last bis dahin verdunkelt hatte. Auch die Erfahrungen der jungen Soldaten und Reservisten aus ihrem Dienst für Groß-Israel jenseits der «grünen Grenze» trugen dazu bei. Zu Wort meldeten sich neben jenen 350 Reserveoffizieren, die «Schalom Achschav!», die Bewegung «Frieden jetzt!», initiierten, neben den Gruppen 101 und 27 auch aus Israels Hochschulen 350 Wissenschaftler. In einem Brief an Begin warnten sie im April 1978, daß seine Politik die Gefahr eines neuen

Krieges erhöhe. Zu den Verfassern gehörten 150 Professoren, darunter Arye Dovretzky, Präsident der Akademie der Wissenschaften Israels. Selbst jener honorige Alte der zionistischen Weltbewegung, Nahum Goldmann, drängte. «Wir brauchen Frieden», beschwor er den Zionistischen Weltkongreß, dessen Präsident er selbst für viele Jahre war. «Wir stehen nicht mehr der Gefahr von Pogromen und Verfolgung gegenüber, doch unsere junge Generation verlieren wir, weil wir sie der Abstumpfung preisgeben.»

Bis April 1978 sammelte «Schalom Achschav!» sechzigtausend Unterschriften, was ihnen bestätigte: Die Zeit für den Frieden ist reif.

Daß heute erste «Friedensveilchen» in der politischen Landschaft Israels blühen können — über die Stürme, die ihre noch zarten Blätter zausen, haben wir gesprochen —, liegt wesentlich daran, daß der Boden dafür bereits seit längerem fruchtbar gemacht wurde.

Hier ist vor allem das schon seit Mitte der siebziger Jahre aktive «Komitee für einen gerechten Frieden zwischen Israel und den arabischen Ländern» zu nennen. In ihm arbeiten demokratische Kräfte unterschiedlicher Parteizugehörigkeit zusammen. Von der immer initiativreichen Kommunistischen Partei über linke Sozialdemokraten und Sozialisten bis zu parteilosen Politikern reicht ihr Spektrum. Auch Araber wirken gleichberechtigt mit bei den Meetings, Symposien und Kundgebungen, die vom Komitee durchgeführt werden.

Erinnert werden muß an die Aktivitäten der Freundschaftsgesellschaft Israel—UdSSR, der Vereinigung der Anti-Hitler-Kämpfer und Opfer des Nazismus, wie auch an den israelischen Friedensrat. Das Initiativkomitee für die Verbesserung der Beziehungen zwischen Israel und der Sowjetunion wird getragen von der Kommunistischen Partei und von Vertretern der Mapam, der MA'I, der großbürgerlichen Unabhängigen Liberalen Partei, der Parteien Moked und Shelli, aber auch von Einzelpersönlichkeiten.

Da ist die unermüdliche Arbeit von Hadasch, der Front für Frieden und Gleichheit, in der sich die Kommunistische Partei, die Organisation Schwarze Panther der orientalischen Juden

Treffen der Bruderparteien: Die Genossen Erich Honecker und Paul Verner im Gespräch mit Meir Vilner und Emile Habibi

und Vertreter der Verwaltungsräte arabischer Ortschaften zusammengetan haben. Mit ihren Abgeordneten in der Knesset, zu denen Meir Vilner und Tawfiq Toubi gehören, in Pressekonferenzen und Meetings trug sie ausschlaggebend dazu bei, das Eis in Bewegung zu bringen.

Jenen demokratisch gesinnten politischen Kreisen war und ist es zu danken, daß sich in Israel die Einsicht ausbreitet, daß es eine historische Notwendigkeit ist, zum Friedensschluß und einem Modus vivendi mit den arabischen Nachbarn, vor allem mit dem arabischen Volk von Palästina zu kommen.

War es Ende der sechziger, Anfang der siebziger Jahre noch lebensgefährlich, in Israel die Rückgabe der 1967 besetzten arabischen Gebiete öffentlich zu fordern, so ist heute die Ablehnung der Okkupation als Grundforderung Allgemeingut im Friedenskampf. Beschuldigte man diejenigen, die die PLO anerkannten, des Landesverrats, so gehören heute Begegnungen fortschrittlicher Persönlichkeiten mit ihren Vertretern fast schon zum politischen Alltag.

Nachdem im Mai 1977 auch in dieser Frage die KP und die PLO auf ihren ersten Treffen in Prag das Eis gebrochen hatten, folgten andere israelische Demokraten — Lyova Eliav, Matti Peled, von «Schalom Achschav» Yuli Tamir, Dedi Zucker, um nur einige Namen zu nennen.

Daß die Lösung des Palästinaproblems die Kernfrage des Konflikts im Nahen Osten ist — so weit ist heute die allgemeinste Übereinstimmung der Friedenskräfte in Israel gediehen. Dabei ist ihre Motivation durchaus nicht einheitlich, auch nicht die Konsequenz beim Engagement.

Nach einem harten Jahr der Groß-Israel-Politik Begins und dem dazugehörigen Gürtel-enger-Schnallen war klar: Okkupation bringt keinen Frieden.

80 000 zornige Israelis forderten am 20. Oktober 1979 auf dem Tel-Aviver Rothschild-Boulevard einhellig: «Lieber Frieden als Groß-Israel!» — «Faschismus und Rassismus stoßen Israel in den Holocaust!» — «Wir wollen keine Kriege mehr — Frieden jetzt!»

Vorausgegangen war dieser politischen Manifestation eine soziale — der Generalstreik vom 13. August, an dem sich eine Million Menschen beteiligt hatte, die gesamte berufstätige Bevölkerung des Landes also. Das war neu in Israel. Ungewohnt auch, daß im November Tausende Arbeiter in der Histadruth-Zentrale den rechten Gewerkschaftsführern aus MA'I und Mapam ihre Fäuste unter die Nase hielten, weil jene einen weiteren Generalstreik abwürgten. «Wir trauen Euch nicht!» lautete eine Losung und «Die Likudgangster halten die Arbeiter nicht auf» eine andere.

Im selben Monat zogen noch einmal Tausende mit «Schalom Achschav» in Jerusalem vor Begins Amtssitz und gaben ihrer Meinung unmißverständlich Ausdruck.

Das Jahr 1980 begann mit einem Streikaufruf von Arbeiterkomitees aus dreizehn Großbetrieben. Ihm folgten Ende Januar 100 000 Menschen, darunter die Zivilangestellten zahlreicher Armeeunternehmen. Zugleich schlossen sich dem Streik die wichtigsten arabischen Zentren an. Auch das war neu. Im November marschierten in Jerusalem 20 000 orientalische Juden. «Steckt das Geld in die Slums und nicht in die Siedlungen», forderten sie.

Im Frühjahr 1981 gar geschah für israelische Verhältnisse etwas Ungeheuerliches. Als im März 25 000 Kibbuzniki vor die Knesset zogen, um gegen die miserable Wirtschaftspolitik zu protestieren, wurde Befehl zum harten Polizeieinsatz gegeben. Likud verdrosch Poale-Zion, Zionisten vermöbelten Zionisten! Was ging da mit dem «nationalen Konsens der Juden» vor sich? Wurden hier nicht plötzlich Klassengegensätze sichtbar? Begann die Argumentationskette zu reißen, Okkupation sei Sicherheit, Sicherheit brauche eine starke Armee, diese wiederum mehr Rüstung, und alles zusammen fordere wirtschaftliche Opfer? Risse sie in den Köpfen der Menschen wirklich auseinander, wohin und wie weit könnten diese dann denken? Wie viele würden darauf kommen, daß Sicherheit für Israel Akklimatisieren im Nahen Osten ist, Koexistenz mit den Arabern, nicht Groß-Israel, Klingekreuzen und beständige Absonderung?

Doch wer erst einmal bis hierher gedacht hatte, wäre es für den nicht ein kleiner Schritt bis zur Frage, ob dann nicht auch die bisherigen Kriege zu vermeiden gewesen wären? Und könnte er nicht zu guter Letzt darauf kommen, daß die egoistischen Interessen der Bourgeoisie im Gegensatz zu den Interessen des israelischen Volkes stehen, und zwar seit Anfang an? Der ganz Konsequente könnte sogar bis zu Theodor Herzl zurückdenken!

Solche logischen Denker hatte es zwar in der Arbeiterbewegung Israels immer gegeben, doch diesmal, 1979, 1980 und 1981, gingen erstmalig wirklich die Massen auf die Straße.

Noch stärker wurden politische Denkprozesse durch die Invasion des Libanon, beginnend im Juni 1982, ausgelöst. Hören wir, wie ein berufener Augenzeuge, Leon Zahavi, Mitglied des ZK der Kommunistischen Partei Israels, die Entwicklung der Protestbewegung beurteilt. Überschrieben hat er seinen Bericht: «Anatomie eines Protestes»:

In keinem Krieg vorher hat man sich während der Kämpfe und auch, nachdem die Kanonen verstummten, in solchem Umfang zum Protest erhoben wie dieses Mal. Enorme Kräfte, breit politisch und ideologisch gefächert, alle Schattierungen berührend, sind in Bewegung geraten. In keinem Krieg zuvor hatte der Widerstand gegen den Krieg das zivile, das parlamentarische und außerparlamentarische Hinterland bis in die Reihen der Armee erfaßt. In keinem Krieg zuvor ist der Widerstand gegen den Krieg und seine Entwicklung sogar bis in die Spitze der Armee vorgedrungen.

Die Bewegung gegen den Krieg begann bereits am Tage des Ausbruchs und wuchs und steigerte sich mit jedem Tag seiner Fortsetzung.

Die Pioniere des Widerstandes gegen diesen Krieg waren diejenigen, die seine politischen Ziele durchschauten und sofort erkannten, daß dies der am schärfsten antipalästinensische und proamerikanische Krieg unter allen bisherigen ist. Sie wußten auch, daß die Absicht bestand, damit die Eroberung der Gebiete des Westjordans und des Gazastreifens zu verewigen.

Sehr schnell erfaßte der Widerstand auch jene Bürger Israels, die das Lügenhafte der Losungen, wie «Frieden für Galiläa» (Schalom Hagalil), «40 km Sicherheitsstreifen», «Entfernung der Katjuschas», «Ein Manöver von 24 bis 48 Stunden» sowie anderer Ammenmärchen, mit deren Hilfe es gelang, viele Jugendliche und Erwachsene irrezuführen, durchschauten und dadurch ernüchtert wurden.

Der Widerstand gegen diesen Krieg, beginnend mit den Kämpfen um Beaufort, Tyr und Saida, von Hilueh bis hin zu der mutigen Verteidigung Westbeiruts, wuchs und breitete sich gleichzeitig mit dem heldenhaften Kampf der palästinensischen und libanesischen Verteidiger aus. Die Jugendlichen, sowohl Jungen als auch Mädchen, die, nur mit Panzerfäusten bewaffnet, die israelischen Panzer zum Stehen brachten, machten Legende. Die Verteidiger Westbeiruts verdeutlichten, welch hohen Preis der israelische Goliath, sei er noch so brutal und stark, im Kampf gegen den palästinensischen David zu zahlen hat.

Die Historiker werden noch lange Zeit darüber diskutieren, ob der schmutzige Krieg gegen den Libanon mit den Bombardierungen auf Beirut am 5.6. oder am 6.6.1982 mit dem Einmarsch der israelischen Armee begonnen hat. Wie dem auch sei. Die Protestbewegung gegen den Krieg begann am 5.7.1982. An dieser ersten Demonstration nahmen über 2000 Menschen teil. Die Demonstranten, die durch die Straßen Tel

Am 6. Juni 1982 drangen israelische Truppen erneut in Libanon ein. Zehntausende Menschen wurden getötet, Tausende Häuser sanken in Schutt und Asche

Avivs zogen, riefen unaufhörlich «Begin, Raful und Sharon — Hände weg von Libanon» und «Die Regierung muß zurücktreten — wir wollen keinen Krieg».

Im Gebäude des Chefs der Armee mit seinen hoch empfindlichen Antennen in der Kirja — gegenüber der Tribüne, wo die Protestdemonstration ihren Abschluß fand — brannten noch zu später Zeit die Lampen, waren die Vorbereitungen noch voll im Gange, um die furchterregende Kriegsmaschinerie in Bewegung zu setzen.

Die Tribüne der Kundgebung bestiegen nacheinander Dr. Avi Oz von der Universität Tel Aviv, der Dramaturg Joshua Soboll, Prof. Daniel Amit von der Universität Jerusalem, die Nationalökonomin Tamar Goshanski, Mitglied des Politbüros der KP Israels, Dr. Naomi Kies vom linken Flügel des Shelli, Muchamed Barake, einer der aktivsten Mitglieder der KP Israels in «Kampus Tel Aviv» (fortschrittliche jüdisch-arabische Studentenorganisation, in deren Mittelpunkt die kommunistischen Studenten wirken, d. Übers.) und Vorsitzender der Vereinigung der arabischen Studenten in Israel, und eine Gymnasiastin — Orna Turin. Sie sprach mit ruhiger Stimme und erklärte: «Wir sind nicht bereit, in einen neuen Krieg für diese Machthaber zu ziehen ... Man muß sich allen völkerrechtswidrigen Befehlen widersetzen!»

In dieser Nacht gingen die Lampen im Hause des Chefs der Armee nicht aus. Auch die Organisatoren der Demonstration und der Kundgebung machten in dieser Nacht kein Auge zu. Die Erstgenannten begannen von ihrem Hause aus den schmutzigsten aller Kriege Israels, die Letztgenannten waren der politische und ideologisch konsequente Kern der Initiative, der Planung und Organisation des Kampfes gegen den Krieg, einer Bewegung, die sich im Laufe der Zeit zur größten Protestbewegung in der Geschichte Israels entwickelte.

Bereits am 7. 6. 1982 fand in Tel Aviv gegenüber dem Sitz des Journalistenverbandes eine Protestaktion gegen den Libanonkrieg statt. Der Initiator war das «Komitee für Solidarität mit der Universität Bir Zeit». Am selben Tag, in den Morgenstunden, fand gegenüber dem Sitz des Ministerpräsidenten in Jerusalem ebenfalls eine Protestaktion gegen den Krieg im Libanon statt, die von «Kampus» einberufen wurde. In den Mittagsstunden führte «Kampus» in Jerusalem einen Sitzstreik im Zentrum des Universitätsgeländes auf dem Scopusberg durch.

Die erste Reaktion der Machthaber war, die Protestbewegung noch in ihrem Keim zu ersticken. Polizei, Grenzsoldaten, zusammen mit faschistischen Rowdies und Agenten in Zivil, überfielen die Demonstranten in Tel Aviv und Jerusalem und schlugen sie brutal zusammen. In beiden Städten gab es Verletzte.

Angesichts des ständig stärker werdenden Widerstandes gegen den Krieg im Hinterland, aber auch an der Front, ist das Regime dazu übergegangen, auf der ganzen Linie zu noch brutaleren Mitteln zu greifen. So wurde eine Protestaktion der «Jungen Generation» von Mapam auf dem Dizengoffplatz in

Tel Aviv mit Gewalt auseinandergetrieben. Auch der erste mutige Auftritt der Gruppe «Soldaten gegen das Schweigen», der gegenüber dem Büro des Ministerpräsidenten stattfand, wurde von Rowdies attackiert. Das Regime wandte noch ausgeklügeltere Methoden an — den Rufmord und die Verleumdung gegen die Protestierenden. Man nannte sie Verräter, Brunnenvergifter, begleitet von einem tobenden McCarthyismus, Arbeiterentlassungen, «Säuberung» aller Massenmedien und anderer Bereiche von Kriegsgegnern.

Bereits in den ersten Wochen der Aggression wurde das «Komitee gegen den Krieg im Libanon» gebildet. Sein politisches Programm konzentrierte sich auf drei Hauptpunkte: den Krieg sofort zu stoppen, den sofortigen Rückzug der israelischen Armee aus dem Libanon und Verhandlungen zwischen Israel und der PLO.

Örtliche «Komitees gegen den Krieg im Libanon» entstanden in Tel Aviv, Jerusalem, Haifa und Nazareth. Das Komitee wurde sehr schnell zu einem Hauptkatalysator der Protestbewegung. Jeder neue Tag brachte erschütternde Nachrichten über den barbarischen Charakter der Aggression, riß den Machthabern die Maske der Lügen über die wahren Ziele des Krieges vom Gesicht und brachte neue Opfer. Zum politischen Widerstand gegen den Krieg kamen humanistische und emotionale Aspekte hinzu, die das Gewissen der Menschen aufrüttelten und die in mannigfaltigen Briefen an Zeitungsredaktionen, in wiederholten Meinungsäußerungen der Intelligenz und anderer Kreise unterschiedlicher Weltanschauungen zum Ausdruck kamen.

Die Unterschriftensammlung für die Protestresolution von «Dai» (Genug), die von «Kampus Tel Aviv» und dem Sekretariat des «Komitees gegen den Krieg im Libanon» ausgelöst und in Tel Aviv durchgeführt wurde, war ein gelungener Versuch, die Bewegung gegen den Krieg zu einen und ihre Basis zu erweitern. Sie erstreckte sich über Wochen, und jeden Tag wurden Unterschriftslisten in den Zeitungen veröffentlicht. Tausende von Unterschriften wurden auf diese Weise von Menschen gesammelt, die damit ihren Willen bekundeten, den Krieg sofort zu beenden, den Rückzug aus dem Libanon sofort zu vollziehen, und die betonten, daß die Palästinafrage nicht militärisch gelöst werden kann.

Ich weiß nicht, ob die Feststellung von Shulamith Aloni («Al Hamischmar», 11. 8. 1982) richtig ist, «daß die Resolution die doppelte Anzahl von Unterschriften bekommen hätte, wenn die Worte ‹sofortiger Rückzug› nicht in der Resolution gewesen wären». Es ist aber wahr, daß der Mapam nahestehende Kreise eine Propaganda gegen die Resolution von «Dai» führten, eben weil sie die Forderung nach dem sofortigen Rückzug aus dem Libanon stellte. Sie begründeten die Ablehnung zur Resolution damit, sie seien zwar gegen den Krieg, aber da er nun einmal ausgebrochen sei, lohne es sich doch, die Eroberungen für die Herstellung einer «besseren Ordnung» auszunutzen.

Die Protestresolution von «Dai» hatte große und ernsthafte Diskussionen unter der Mitgliedschaft von Mapam und den Aktiven in der Bewegung «Schalom Achschav» (Frieden jetzt) ausgelöst. Im Ergebnis dieser Diskussion schloß sich besonders in Tel Aviv ein großer Teil der aktiven Mitglieder der Resolution von «Dai» an und trug dadurch zu ihrem guten Gelingen bei. Diese Resolution erreichte, daß sich Kommunisten, Zionisten, Atheisten, Gläubige, Städter und Kibbuzmitglieder, Angehörige der Intelligenz und Arbeiter in der grundlegenden Forderung der Zeit: «Schluß mit dem Krieg im Libanon und sofortiger Rückzug aus dem Libanon» vereinten.

Dem «Komitee gegen den Krieg in Libanon» schlossen sich in der Zwischenzeit auch andere an: Kriegsgegner, eine Vereinigung von Frauen mit feministischen Anschauungen; Mitglieder der Demokratischen Frauenbewegung Israels. Eine Gruppe von Soldaten und Reserveoffizieren, die unter dem Namen «Jesch Gwul» (Es gibt eine Grenze) bekannt wurde, arbeitete ebenfalls mit dem Komitee zusammen.

Der Anteil der Intelligenz in der Protestbewegung gegen die Invasion im Libanon ist beachtlich. Vier bekannte Geistesschaffende hielten am 9. 6. 1982 eine Pressekonferenz in Jerusalem ab, die in der israelischen Öffentlichkeit hohe Wellen schlug.

«Nach dem Krieg von 1967 sagte ich, daß dieser Krieg den Beginn des Zerfalls Israels darstellt. Jetzt füge ich hinzu, daß wir uns bereits in diesem Prozeß befinden», erklärte der bekannte Professor für Biologie der Hebräischen Universität Jerusalems, J. Leibowitz. «Ich bin von den Grausamkeiten überhaupt nicht überrascht, denn sie sind ein Bestandteil des gesellschaftlichen Verfalls, der zur Vernichtung Israels von innen und auch von außen führen wird. Und das alles wegen der Kriege ohne Ende.»

In jenen Tagen war die Presse voll von Leserzuschriften, die ihre Meinung zu den Geschehnissen darlegten. Der aufrüttelndste Beweis aber für die Stimmung der Menschen waren die Briefe von Eltern gefallener Soldaten. Nie zuvor, nach keinem Krieg, gab es so viele Eltern, die mit dem Finger auf die Regierung als Schuldige am Tod ihrer Kinder zeigten.

«Wenn auch nur noch ein Funken des Gewissens und eine Regung eines menschlichen Herzens in euch ist, so wird euch die Trauer und der Gram eines Vaters in Israel verfolgen, dem der Inhalt seines Lebens genommen wurde. Das Kainsmal wird euch zeichnen.» So schrieb Jaakov Gutermann vom Kibbuz Ha-Ogen in einem offenen Brief an Menachem Begin, Ariel Sharon, Rafael Eytan und an all die Minister, die ihre Hand für den Libanonkrieg erhoben hatten.

«Mein teurer Sohn Janir, ich bitte Dich um Verzeihung, daß ich noch lebe und Du nicht», stand in einer Trauerrede in der Zeitung «Al Hamischmar» vom 23.6.1982. Und weiter heißt es darin: «Ich wollte für Dich eine Heimat schaffen, in der Du stolz und frei leben kannst. Verzeih mir, mein Sohn, daß ich gescheitert bin. Es ist etwas Sinnloses und dem Leben Fremdes entstanden, das man den nationalen Konsens nennt. Für ihn, so heißt es, muß man bereit sein, sein Leben zu lassen. Wir sind ein kleines Volk, und ich kann nicht begreifen, warum und wozu wir eine große Heimat benötigen, um glücklich zu sein.»

Als Ministerpräsident Begin von seiner Washingtonreise zurückkehrte, von wo er von der Reaganadministration die eindeutige Zustimmung zur Fortführung des Krieges mitbrachte, so wie der Kriegsminister vor ihm dort die Zustimmung erhalten hatte, den Krieg zu beginnen, erwarteten ihn auf dem Flugplatz einige Dutzend Frauen, deren Ehemänner, Söhne und

Die israelische Luftwaffe bombardierte in Beirut vornehmlich die dicht besiedelten Viertel im Westen

Verwandte im Libanon kämpften, mit Losungen, die die Beendigung des Krieges forderten: «Begin, wie viele Kilometer sind 40 Kilometer?»; «Schluß mit den Zerstörungen im Libanon». Die Polizei trieb die Demonstration mit Gewalt auseinander und verhaftete einige Frauen.

Nach längerem befremdendem Schweigen erhob auch die Bewegung «Schalom Achschav» wieder ihre Stimme. Am 16. 6. 1982 veröffentlichte sie in der Presse und auf Plakaten den Aufruf, «Halt» zu machen.

Noch einen Tag vor Beginn des Krieges hatte die Bewegung gefordert, einen Krieg zu vermeiden. Mit Beginn der Kriegshandlungen wurde jedoch der Beschluß gefaßt, sich jeder Stellungnahme zu enthalten und «so lange Ruhe zu bewahren, wie die Soldaten an der Front kämpfen!».

Dieser Beschluß basierte auf der Ideologie der «Einheit der Nation», auf «zionistischer Solidarität», obwohl es sich um einen Aggressionskrieg handelte. «Schalom Achschav» hatte jetzt zwar das Schweigen gebrochen, aber nicht beschlossen, Aktionen zu beginnen. Der Widerstand wuchs indessen ständig. Die Zeit für große Demonstrationen reifte heran. Aus diesem Grunde rief das «Komitee gegen den Krieg im Libanon» zu einer Protestkundgebung auf.

Sie fand am 26. Juni 1982 in Tel Aviv auf dem Platz der Könige Israels statt. Es war die bis zu jenem Tage größte Massendemonstration gegen den Krieg im Libanon. Das erstemal in der Geschichte Israels protestierten etwa 20 000 Menschen mitten im Kriegsgeschehen gegen die Kriegspolitik der Regierung, gegen Mord und Zerstörung. Die Bedeutung dieser Demonstration besteht auch darin, daß sie Kommunisten, Zionisten, Gläubige, Atheisten, Menschen aller Schichten des Volkes unter drei zentralen Losungen vereinte: «Sofortige Beendigung des Libanonkrieges an allen Fronten!» — «Rückzug der Armee vom Boden des Libanon!» — «Sofortige Aufnahme von Verhandlungen durch repräsentative Persönlichkeiten Israels und der Palästinenser!»

Die Redner legten ein beeindruckendes Zeugnis davon ab, wie breit der politische Bogen gespannt war. Unter ihnen waren Mitglieder der Kommunistischen Partei Israels, von Shelli, Mapam, Haavodah, Dai sowie eine Reihe von Schriftstellern, die dem Maarach nahe stehen. Unter ihnen waren auch D. Schuster vom Kibbuz Miflassim, der gerade von der Front zurückgekommen war, der Historiker Jigal Ilam vom Zionistischen Institut, Gad Isch-Am vom Kibbuz Ilon im Norden des Landes, Dr. Menachem Peri, Ramai Jereisy, stellvertretender Bürgermeister der Stadt Nazareth, der Dichter Meir Wieseltier, der Rabbiner Addi Assavi, Dr. Matti Pellet von Shelli, Prof. Dan-Miron, Prof. Kalman Altman (KPI), Muchamed Baraké, Vorsitzender der Arabischen Studentenvereinigung, eine Vertreterin des Frauenkomitees gegen den Einmarsch in den Libanon und eine Vertreterin von «Kampus» Jerusalem.

Der Vorsitzende der Protestkundgebung, Dr. Avi Oz, ein aktives Mitglied des Komitees, las eine Reihe von Sympathieerklärungen zur Unterstützung der Antikriegsbewegung vor. Raja Harnik, die Mutter Major Gonis, schrieb in einem solchen Brief, daß sie «keinen Verzicht bei der Grenzfestlegung fürchte und auch keine Gespräche mit der PLO». In einem an die Kundgebung gerichteten Brief des Offiziers D. heißt es: «Als Reserveoffizier der Luftstreitkräfte empfinde ich, daß wir uns in einen überflüssigen Krieg verwickelt haben. Das ist ein Krieg, den ein blutrünstiger Mann wollte.»

Unter den Sympathiebriefen an die Kundgebung waren auch die der Künstler Jaïr Horwitz, Jigal Tomarkin, Addi Zemach, der Schriftsteller Izchak Orpas, A. B. Tehoschua, Jehudit Händel, Amos Oz, Joram Kanjuk, der Dichter Nathan Sach, Dr. Menachem Brinker, Simcha Flapan, Chefredakteur der Zeitschrift «New Outlook», und Simon Biletzki — er schrieb im Namen der Organisation «Nizulei Ha-Schoa» (Organisation der Geretteten der Katastrophe während der Zeit des Nazismus, d. Übers.) — und viele andere.

Unter den vielen Zuschriften befand sich eine der Gruppe Ometz, in der betont wurde, daß es für die Palästinafrage keine militärische Lösung gibt oder geben wird, sondern nur eine politische.

Unter den Demonstranten fiel eine Anzahl junger Soldaten auf, Urlauber, die erst am Tag zuvor von der Front zurückgekehrt waren.

Hundert Soldaten einer Panzereinheit, die am Abend zuvor entlassen worden waren, unterschrieben eine Erklärung, in der es hieß: «Es gibt keinen Konsens für militärische Lösungen. Für die Herstellung der Rechte der Palästinenser gibt es nur eine politische Lösung.»

Die Kundgebung war nicht nur eine beeindruckende Antikriegsdemonstration, sondern zugleich eine vernichtende Abfuhr an jene, die meinten, man müsse abwarten und schweigen, solange geschossen wird. Die Zeilen des Dichters Jonathan Gefen «Über das Schweigen», die auf der Kundgebung vorgetragen wurden, brachten den Protest gegen das tatenlose Zusehen zum Ausdruck:

Über das Schweigen

Und das ist das Schweigen, das
Schweigen der Politiker und der
Geistesschaffenden während der Kämpfe,
aus dem Glauben heraus, daß man erst
nach dem Kriege reden soll ...

Kain stand auf, um seinen Bruder zu erschlagen,
und das Land hüllte sich in Schweigen,
Konsens rundherum,
und vom Tal zum Berg erhob sich ein Flüstern:
Jetzt wird gemordet, bleibt still.

Abel wurde ermordet,
das Schweigen wurde gebrochen,
und Gott setzte eine Untersuchungskommission ein.

Das jüdische Volk geht seiner Vernichtung entgegen,
dazu schwieg die gesamte Welt.
Als es jedoch jemand wagte, seine Meinung dazu zu äußern,
sagte man ihm: Warte erst die Katastrophe ab.
Bis es gestattet war, in einen Schrei auszubrechen,
waren ganze Völker im Schweigen verschwunden.

Die Unabhängigkeit des Libanon ist nicht meine
Angelegenheit,
sagte der Soldat (er, du und ich).
Antworte mir darauf, General: Halt den Mund!
Erst sterben wir, und dann werden wir sehen.
Halt den Mund, solange geschossen wird,
jetzt wird gekämpft und nicht diskutiert.

Kämpfen, wofür, fragte der Gefallene.
Es antworteten ihm drei Nebelwolken der Geschützsalven.
Ein Pfui der Nation, die immer nur dann spricht,
wenn es kein Wofür gibt!

Und am Abend vor den Wahlen,
nach meinem Tode,
wird das Gerede beginnen.

Ein israelischer Panzer hat auf einer Anhöhe am Stadtrand Beiruts Position bezogen (16. 9. 1982)

Dem Komitee ist es gelungen, eine breite Unterstützung der Öffentlichkeit für seine Hauptforderungen zu erhalten. In der Presse erschien eine Meldung, die besagt: «Wir Unterzeichner des Aufrufs meinen, daß es durchaus im Sinne der zionistischen Idee liegt, eine politische Lösung des Konflikts zwischen Israel und der arabischen Welt zu finden. Durch Verhandlungen muß erreicht werden, daß den Palästinensern die Möglichkeit der Selbstbestimmung, einschließlich des Rechts auf Gründung eines selbständigen palästinensischen Staates an der Seite Israels — im Westjordangebiet und im Gazastreifen —, eingeräumt wird, eines Staates, der mit Israel Beziehungen des Friedens und der Sicherheit unterhalten wird.»

Wie zu erkennen ist, begann der Gedanke über die einzig mögliche Lösung, nämlich der Gründung eines palästinensischen Staates an der Seite Israels, die Herzen zu erobern. Diese Auffassung drang in viele zionistische Kreise ein, die bewußt oder unbewußt begonnen haben, sich von der antipalästinensischen Praxis des Zionismus zu befreien.

Auch in der Führung von «Schalom Achschav» begann man die Lösung des israelisch-arabischen Konflikts, die Beziehungen zur PLO und die Einheit der Friedeskräfte ernsthaft zu durchdenken. Das Verbot, während des Krieges zu protestieren, das die Führung der Organisation ihren Mitgliedern auferlegt hatte, wurde durchbrochen. Die Demonstration der 20 000 auf dem Platz der Könige Israels setzte dem Zögern, Ausdruck politisch-ideologischer Schwäche, ein Ende. Die Zuspitzung der militärischen Lage vor Beirut und im Libanon insgesamt sowie der ständig wachsende Druck der Mitglieder auf die Führung von «Schalom Achschav» zwang diese, zu einer Massendemonstration am 3. 7. 1982 auf demselben Platz in Tel Aviv aufzurufen.

100 000 Menschen haben an dieser Demonstration teilgenommen. Das «Komitee gegen den Krieg im Libanon» und alle anderen Gruppen, die sich gegen den Krieg stellten, riefen ihre Anhänger auf, sich ihr anzuschließen, um so die Einheit gegen den Krieg und die Regierung zu verstärken.

100 000 Menschen riefen in dem Augenblick, als der Krieg seinen Höhepunkt erreichte: «Krieg — Nein! Verhandlungen mit den Palästinensern — Ja!»

Die Worte der Redner führten zur Ernüchterung von langjährigen Illusionen. Sie führten zur Besinnung und zur Bereitschaft, mit sich selbst ins reine zu kommen, mit bisher heiligen Konventionen und angeblichen Prinzipien der moralischen Standhaftigkeit zu brechen, und zur Einsicht, sich an falschen Auffassungen festgehalten zu haben. Sie forderten, sich vom «nationalen Konsens» zu trennen, der die Lösung der Grundfragen behindert.

Diese gewaltige Manifestation brachte die Regierung Begin aus der Fassung. Die Knüppel der Polizei und die Verleumdungen vom «Dolchstoß in den Rücken der Nation» reichten ihr aber nicht aus. So entschloß sich die Regierung, eine «Gegendemonstration» zu organisieren. Sie fand eine Woche nach der Demonstration der 100 000 statt. 200 000 Leute marschierten unter den uns bekannten Losungen der dreißiger und vierziger

Jahre: «Ein Volk, eine Armee, eine Regierung» und grölten im Takt: «Begin, Begin.» Es fehlte nur noch — ein «Führer».

Das Triumvirat Begin, Sharon und Eytan erhielt jedoch gerade aus den Reihen der eigenen Armee einen mächtigen Schlag. Der Widerstand gegen die Aggression im Hinterland nährte die Diskussionen und die Zweifel an der Front. So riefen auch Soldaten, deren Gewissen in Aufruhr geraten war, ihre Angehörigen im Hinterland auf, gegen den Krieg und seine furchtbaren Folgen zu demonstrieren.

Es ist ganz natürlich, daß der Widerstand gegen den Krieg im Libanon auch unter den Reservisten begann, besonders bei den Dutzenden von Soldaten, die sich noch vor dem Krieg geweigert hatten, in den besetzten Gebieten Militärdienst zu verrichten.

Die Soldaten sahen ja mit eigenen Augen, was die Besetzung mit sich brachte. Professor Leibowitz formulierte das auf einem Studentenforum folgendermaßen: «Das Morden ist ein reales Ergebnis einer Politik der Herrschaft über ein anderes Volk. Diejenigen, die die Fortsetzung der Okkupation befürworten, aber sich gegen ihre Folgen wenden, handeln nach dem aramäischen Sprichwort: ‹Schlag ihm den Kopf ab, aber töte ihn nicht›.»

«Ein weiterer Grund, der uns zu dieser Aktion bewog», sagte am 11.8.1982 der Major der Reserve Micha Idlin, einer der Aktivisten von «Jesch Gwul» in einem Interview mit «Zo Haderech», «sind die vielen Briefe und Telefonanrufe, die wir im Hinterland von unseren Kameraden erhielten, die im Libanon kämpften und an uns die Frage richteten: ‹Warum fangt Ihr im Hinterland nicht an zu protestieren?› Die Rufe ermunterten die Gruppe ‹Jesch Gwul›, sich mit einem offenen Brief an den Ministerpräsidenten und den Kriegsminister zu wenden», der auch veröffentlicht wurde. In diesem Brief protestierten sie gegen die Politik der Regierung und forderten, keine Soldaten nach dem Libanon zu entsenden.

Aus den Dutzenden Kriegsverweigerern wurden Hunderte. Die Gruppe «Jesch Gwul» begnügte sich aber nicht nur mit der Sammlung von Unterschriften für ihren offenen Brief, sondern wirkte bei allen Protestaktionen in den Städten aktiv mit. Sie initiierte von sich aus Protestwachen, organisierte Pressekonferenzen, Symposien und Aufklärungsversammlungen.

Als Eli Goshanski, Soldat im aktiven Dienst, sich weigerte, mit seinem Truppenteil in den Libanon zu ziehen, und deshalb das erstemal zu einer Gefängnisstrafe verurteilt wurde, begannen die Mitglieder der Gruppe «Jesch Gwul» einen Kampf in der Öffentlichkeit zu führen, an dem sich namhafte Persönlichkeiten — Professoren, Journalisten und so weiter — beteiligten.

Als aber Eli Goshanski nach zweimaliger Haft von je 14 Tagen ein drittesmal, und diesmal für 28 Tage, eingekerkert wurde, organisierte «Jesch Gwul» in Tel Aviv eine Protestversammlung. Daran nahmen die Abgeordnete Shulamith Aloni, Joram Goshanski, der Vater von Eli (KPI), Prof. Assa Kasher von der Universität Tel Aviv, der Journalist Boas Evron, der Dramaturg Joshua Soboll, Prof. Zwi Lam, der um seinen gefallenen Sohn trauernde Vater Jakub Gutermann teil. Der bekannte Bildhauer J. Tomarkin und der Dichter Jonathan Gefen schickten der Protestversammlung eine Grußadresse.

Das ZK des Kommunistischen Jugendverbandes, dessen Mitglied Eli Goshanski ist, und auch andere Organisationen forderten die sofortige Freilassung von Eli und der mit ihm inhaftierten Kameraden.

Mit dem gewachsenen politischen und moralischen Widerstand gegen die Aggression schwoll gleichzeitig auch der Widerstand unter den Reservisten und den Soldaten im aktiven Dienst. Bei vielen Soldaten wurde der Glaube in die militärische und politische Führung erschüttert, die nach ihrer Meinung eine nationale Katastrophe heraufbeschwor. Die Nachrichten über die vielen Toten und Verwundeten brachten ein weiteres Besinnen mit sich.

Bereits in der dritten Woche des Krieges organisierten sich Gruppen von in Urlaub befindlichen Soldaten der israelischen Armee. Nachdem sich die Tore ihrer Armeelager hinter ihnen geschlossen hatten, richteten sie Briefe an den Ministerpräsidenten, an Sharon und an die Presse und sammelten Unterschriften. In diesen Briefen brachten sie ihre Zweifel an der Berechtigung des Krieges zum Ausdruck.

35 Soldaten einer speziellen Aufklärungstruppe unterzeichneten einen Brief an den Ministerpräsidenten, in dem es hieß:

«Es war uns immer klar, daß, wenn wir in den Krieg ziehen, dieser ein gerechter Krieg sein wird, für unser Leben und die Existenz unseres Volkes. Jetzt aber weiß ich, daß ich irregeführt und zur Teilnahme an einem Krieg aufgerufen wurde, der kein Verteidigungskrieg, sondern ein gefährliches Spiel um politische Ziele ist, das mit hohem Einsatz von Menschenleben, Soldaten und Zivilisten zu bezahlen ist. Sie müssen wissen, daß die Stimmen, die im Hinterland gegen den Krieg laut wurden, meine Moral nicht erschütterten, sondern mir im Gegenteil die Kraft gaben, an der Front weiter auszuhalten mit dem Wissen, daß im Hinterland noch Vernunft und Menschlichkeit existieren ... Ich habe kein Vertrauen in den Kriegsminister.»

«Von der Front zum Hinterland rufen wir: ‹Halt!›» Das schrieben einige Dutzend Soldaten und Offiziere einer Reserveeinheit der Fallschirmjäger in einem Brief an die Redaktion der Zeitung «Davar» (27.6.1982): «Gestern wurden wir entlassen. Bis gestern aber waren wir Kämpfer einer Reserveeinheit der Fallschirmjäger. Wir haben an den Kämpfen im Libanon teilgenommen. Unsere Einheit mußte einen hohen Preis mit dem Blut von Getöteten und Verwundeten bezahlen. Wir haben vor Arik Sharon und seinen Methoden Angst ... Arik — was sind die Ziele des Krieges, den Du uns aufdrängst? Siehst Du in uns ein militärisches Werkzeug, um hohe strategische Ziele für andere Mächte in der Welt zu lösen?

Sollen wir die Kampfhandlungen innerhalb Beiruts und auf der Chaussee Beirut—Damaskus, die von Deiner Hand ausgelöst wurden, mit dem Kampf um unsere eigene Existenz identifizieren? Wir rufen dem Ministerpräsidenten und der Regierung zu, sich aus der gegenwärtigen Verwicklung herauszuziehen, den Krieg zu beenden und zur Politik einer politischen Regelung mit Palästinensern und Syrern zurückzukehren.»

90 Fallschirmjäger des westlichen, 90 des östlichen Abschnitts, 30 Soldaten der Aufklärungstruppen und einige andere Gruppen von Soldaten gründeten sofort bei ihrer Rückkehr aus dem Libanon die Bewegung «Chajalim neged Haschtika» (Soldaten gegen das Schweigen).

In der Gründungsveranstaltung, die am 11.7.1982 in Tel Aviv stattfand, wurde beschlossen, den Kampf auf drei Grundforderungen zu konzentrieren: Beendigung des Krieges, Rücktritt des Kriegsministers und Enthüllung der Informationen, die unter dem Qualm des Kampfes verborgen waren. Einige Teilnehmer dieser Zusammenkunft wandten sich auch gegen die Rolle, die Israel im strategischen Kampf der Mächte spielte, und drückten das folgendermaßen aus: «Wir wollen kein Gendarm im Mittelmeerraum sein.»

2000 Personen unterzeichneten eine Petition der Gruppe «Soldaten gegen das Schweigen», die am 8.8.1982 durch drei Mitglieder der Führung, unter ihnen Abraham Burg, der Sohn des Innenministers, übergeben wurden.

Der Widerstand gegen den Krieg innerhalb der Armee kam am klarsten in der Bitte des Obersten Eli Geva zum Ausdruck, ihn von seinem Dienst als Befehlshaber einer Panzereinheit zu suspendieren. «Ich werde nicht mehr in die Augen der Eltern schauen können, deren Söhne im Krieg gefallen sind, einer Kampfhandlung, auf die man meiner Meinung nach hätte verzichten müssen.» Sein Gewissen und seine Weltanschauung gestatteten es ihm nicht, am Eindringen nach Beirut teilzunehmen, das nach seiner Meinung viele Opfer unter Soldaten und Zivilbevölkerung kosten wird. («Al Hamischmar» vom 27.7.1982)

Die Machthaber des Regimes gerieten in Empörung angesichts des wachsenden Widerstandes innerhalb der Armee. Eli Geva wurde aus den Reihen der Armee ausgeschlossen. Eli Goshanski wurde eingekerkert. Dr. Miron Benvenisti wurde vom Reservedienst freigestellt, als er sich durch den immer stärker werdenden Widerstand gegen den Krieg veranlaßt fühlte, gegen den Krieg zu wirken. Er weigerte sich, einen Lehrvortrag des ehemaligen Leiters einer Hauptabteilung im Außenministerium zur Rechtfertigung des Krieges zur Grundlage seiner Erklärung zu machen. Mitarbeiter des Rundfunkstudios «Welle der Armee», die sich gegen die Kriegführung wandten oder den Appell von «Dai» unterschrieben, wurden entlassen.

«Eli Geva stellt keine Ausnahmeerscheinung dar», schreibt «Hair», die Zeitung der Stadt Jerusalem, vom 10.9.1982. «Das ernüchternde Gefühl, die angespannte Atmosphäre und der Widerstand, bis hin zur Dienstverweigerung, drangen tief in das Bewußtsein vieler Menschen ein.» Die Zeitung veröffentlicht in der gleichen Ausgabe Berichte von Offizieren über Vorkommnisse von «Italienischen Streiks» in ihren Einheiten und über Unterschriftensammlungen gegen den Einmarsch nach Westbeirut. Sie berichteten ebenfalls über die Fallschirmjäger Samuel Rubinstein und Dani Lasar, die sich an ihre Offiziere mit der Bitte gewandt hatten, sie von jeder verantwortlichen Funktion zu befreien, da sie gegen den Krieg und speziell gegen den Einmarsch nach Westbeirut seien.

Die Analyse der politischen, parlamentarischen und außerparlamentarischen Landschaft in Israel in bezug auf den Libanonkrieg macht zwei Hauptaspekte deutlich:

— Erstens ist die Widerstandsbewegung im Hinterland und in der Armee von unten her gewachsen und richtet sich nicht nur gegen die Politik der Koalitionsparteien, sondern auch gegen die Führung innerhalb der «Opposition», die im wesentlichen mit der Politik der Regierung übereinstimmt.

— Zweitens ist die avantgardistische Rolle der «Demokratischen Front für Frieden und Gleichheit» (Chadasch) in der außerparlamentarischen Arena und in der Knesset entscheidend und von großer Bedeutung.

Das prinzipielle und flexible Herangehen dieser Front leistete einen wichtigen Beitrag zum Entstehen und zur Entwicklung der Protestbewegung gegen den Krieg.

In der ersten Sitzung der Knesset nach dem Überfall auf den Libanon am 7.6.1982 versuchte der Vorsitzende jegliche Debatte über den Krieg zu verhindern. Bereits am darauffolgenden Tag, am 8.6.1982, als die israelische Armee schon weit über die «40 Kilometer» hinaus war, wurde die erste Beratung durchgeführt. Das Bild war klar. Die Vertreter von Chadasch, die den Mißtrauensantrag gestellt hatten, den Aggressionskrieg entlarvten, den sofortigen Rückzug der Armee aus dem Libanon forderten, waren auch die einzigen, die ihre Hände bei der Abstimmung gegen die Regierung Begin—Sharon erhoben. Demgegenüber stimmten die Vertreter der Regierungskoalition und fast alle Abgeordneten der Opposition gegen den Mißtrauensantrag und unterstützten dadurch die Regierung und den Krieg, den diese im Libanon begonnen hatte.

Doch es war das erstemal in der Geschichte Israels, daß nicht alle nichtkommunistischen Knessetabgeordneten für den Krieg und für die Regierung stimmten. Der Sprung im nationalen Konsens der zionistischen Front wurde sichtbar.

Am 29.6.1982, also in der vierten Woche der Invasion, beschloß die Regierung, eine Debatte darüber in der Knesset durchzuführen. In der Maarach-Fraktion (der Parteien MA'I, Mapam, Raz) brach am Schluß der Debatte eine stürmische Auseinandersetzung über die Art und Weise der Abstimmung aus. Mit 27 gegen 11 Stimmen wurde beschlossen, daß die Fraktion einen gesonderten Vorschlag zur Entscheidung einreichen würde. Man stimmte gegen die Entschließung der Regierung. Einige Delegierte der Partei der Arbeit (MA'I) legten gegen diese Entscheidung Berufung ein. Sie verlangten, die «nationale Einheit» zu demonstrieren. Auch dieser Vorschlag wurde mit 25 gegen 14 Stimmen abgelehnt. Trotz dieser Entscheidung kam der Vorsitzende der Koalitionsfraktion gemeinsam mit den Führern der in der Koalition verbundenen Parteien zu einer Abmachung, in der es heißt: «Keiner stimmt gegen den anderen — alle zusammen jedoch gegen die Kommunisten!»

Aber während der Abstimmung spaltete sich der Maarach-Block wieder. Diesmal stimmten Mitglieder der Mapam und Jossi Sarid gegen die Regierung. Diesmal begnügten sie sich nicht mehr mit einer Stimmenthaltung, wie sie es zu Beginn des Krieges beim Mißtrauensantrag der Kommunisten taten.

Der Widerspruch gegen den Krieg wurde immer stärker, an ihm beteiligten sich Mitglieder der Mapam und der MA'I, das Hinterland und die Front. Sie weigerten sich, auf die Forderung einzugehen, «die Abrechnung mit der gescheiterten Politik der Regierung bis nach dem Krieg aufzuschieben».

Die Führung von Mapam bekam immer mehr die starken Wellen des Widerstandes gegen den Krieg zu spüren. Sie konnte sich nicht mehr gestatten, den offenen Brief von 81 Frauen, Mitgliedern des Kibbuz Schuval, geheim zu halten. Am 28.6.1982 stand in «Al Hamischmar»: «An die Zentrale Leitung des Kibbuz Ha Arzi! — Liebe Freunde, warum schweigt Ihr? Der sinnlose und blutige Krieg geht immer weiter. Unsere Liebsten sind tagtäglich dem Feuer und dem Tod ausgesetzt. Sie werden getötet. Wir aber tun nichts, um dem ein Ende zu setzten. Nicht einmal eine Demonstration von Frauen findet statt. Meint Ihr nicht auch, daß es nicht darum geht, die Palästinafrage mit militärischen, sondern mit politischen Mitteln zu lösen?»

Beirut blutete. Am 9. August 1982 forderte das Politbüro des ZK der KP Israels in einem Appell: «Die Belagerung Beiruts muß aufgehoben werden! Schluß mit dem Mord des Volkes!»

Das Politbüro wandte sich in diesem Aufruf an alle Kriegsgegner, «schnell und geschlossen zu handeln und so lange zu demonstrieren und zu streiken, bis der Schrecken von Westbeirut beendet wird».

Dutzende jüdischer und arabischer Männer und Frauen führten vor dem Amtssitz des Ministerpräsidenten in Jerusalem einen einwöchigen Hungerstreik durch. Am Ende des Streiks schrieben sie an Begin: «Wir saßen eine Woche voller Schmerz und fastend gegenüber Ihrem Amtssitz. Wir, eine Gruppe von Menschen, parteipolitisch nicht gebunden, einander unbekannt, saßen vereint durch die Empörung gegen die schrecklichen Massaker, die das Produkt Ihrer Politik sind — voller Scham darüber, was unser Israel in unserem Namen verübt. Unter uns waren Soldaten, die gerade aus dem Inferno des Krieges zurückgekehrt waren. Unter uns waren auch Eltern, die kein Auge zumachen können, erfüllt von dem Gedanken, daß gerade ihr Sohn in einem Kampf, der nicht sein Kampf ist, in einer fremden Stadt fallen könnte. Unter uns waren Araber, Bürger Israels, die mit uns gemeinsam dem Mitgefühl mit dem Schmerz ihrer palästinensischen Brüder, die schon viele Tage dem Schrecken des Krieges ausgesetzt sind und mit größter Brutalität bombardiert werden, Ausdruck verleihen wollten!»

In Nazareth führten etwa 250 Frauen einen Hungerstreik durch. In der Stadt Akko (Acre) führte die Demokratische Frauenbewegung einen Sitzstreik und eine Demonstration durch. In Haifa demonstrierten Hunderte von Juden und Arabern gemeinsam und folgten damit dem Ruf des «Komitees gegen den Krieg im Libanon».

In einer Demonstration — von «Achschav» organisiert —, die

in Jerusalem unter der Losung stattfand: «Wir wollen nicht in Beirut sterben», traten erstmalig Redner auf wie Hanna Maron, eine seit langer Zeit berühmte Schauspielerin, die während eines Terroranschlages auf ein Flugzeug verwundet wurde und ein Bein dabei verlor. Mit erregter Stimme wandte sie sich an die Demonstranten: «In dieser Woche besuchte ich die Kinderabteilung des Krankenhauses Tel-Haschomer. Dort traf ich mit zwei Kindern aus dem Libanon zusammen, einem 11- und einer 13jährigen, beide beinamputiert, oberhalb des Knies. Ich kam, um sie zu ermutigen und aufzumuntern. Es ist überflüssig zu erwähnen, wie schwer es war, in ihre Augen zu schauen. Ich verspürte Schmerz, und das erste Mal in meinem Leben in diesem Staat spürte ich, daß ich Komplizin einer Sache geworden bin, mit der mein Gewissen nicht leben kann. Von hier aus appelliere ich an die Regierung und an alle Menschen in diesem Staate — reicht euch die Hände und helft mit, das Blutbad schnellstens zu beenden!»

Gesellschaftliche Schichten, die sich bisher nur wenig am Widerstand gegen den Krieg beteiligt hatten, reihten sich nun verstärkt in den Kampf ein. Eine Gruppe orientalischer Juden, die sich um den bekannten Sänger für orientalische Musik, Schlomo Bar, scharten, zündeten am Platz der Könige Israels Kerzen an, um der im Krieg umgekommenen Juden, Moslems und Christen ehrend zu gedenken.

Am 12.8.1982, am Tag der grausamsten Bombardierungen Westbeiruts, als die israelischen Bomber in Wellen Tod und Vernichtung über Frauen, Greise und Kinder brachten und die Empörung und die Schreie des Protests ganz Israel erfaßten, als die Welt forderte, diesem Barbarentum ein Ende zu machen, wurden die Knessetmitglieder der Kommunistischen Partei Meir Vilner und Tawfiq Toubi mit Gewalt aus dem Saal der Knesset entfernt, da sie forderten, das Bombardement sofort einzustellen.

Die furchtbaren Massaker in den Flüchtlingslagern von Sabra und Shatila, das kaltblütige Morden ganzer Familien, das Abschlachten von Frauen und Kindern, die Orgien der Zerstörung in den Häusern, den Höfen, den Straßen und in den Krankenhäusern versetzten der israelischen Öffentlichkeit einen

Schock. Sie erweckten einen Sturm der Entrüstung und Empörung in breiten Schichten, die sich nun der Protest- und Widerstandsbewegung anschlossen. Demonstrationen, spontan und ohne Genehmigung der Behörden, fanden auf den Straßen statt. Zusammenstöße mit der Polizei und den Grenztruppen blieben nicht aus.

Die Teilnahme vieler Kibbuzniki an den Protestkundgebungen war beeindruckend. Auf der Autostraße zwischen Jerusalem und Tel Aviv wurden Autoreifen in Brand gesteckt — eine Form des Protestes, die durch die Kämpfe der Palästinenser in den besetzten Gebieten bekannt geworden ist.

Andere organisierten Demonstrationen an Verkehrsknotenpunkten im Süden und Norden des Landes. Vor der Farm des Kriegsministers im Negev fanden zwei Protestversammlungen statt. Dutzende Kibbuzniki veröffentlichten Protesterklärungen in der Presse.

Besonders brutal war die Polizei beim Auseinandertreiben von Demonstranten der arabischen Bevölkerung in Israel, die am 22.9.1982 zum Generalstreik aufrief. Bei diesen Aktionen begnügte sich die Polizei nicht mehr mit Knüppeln, Tränengas und Verhaftungen. Gegen die Teilnehmer der Trauer- und Protestdemonstration, die ihrer Empörung über den Mord an ihren Brüdern und Schwestern in den Flüchtlingslagern von Beirut Ausdruck verleihen wollten, setzte die Polizei Schußwaffen ein. Von den «Schüssen in die Luft» wurden in Nazareth, Jaffa und in den umliegenden Dörfern Dutzende Menschen verletzt.

Die Schuldigen waren Begin, Sharon und Eytan. Die Forderung nach Rücktritt der Regierung, für die Ernennung einer staatlichen Untersuchungskommission vereinte Menschen in allen Teilen des Landes, von Jerusalem, Tel Aviv, Haifa, von Nazareth und Rosch Hanikra im Norden bis Beer Sheva und Eilat, von den Zelten der Beduinen im Negev bis zu den Dörfern Galiläas.

Der Protestbewegung und der Forderung auf Bildung einer staatlichen Untersuchungskommission schlossen sich auch Organisationen und Persönlichkeiten des öffentlichen Lebens an. Unter ihnen der Landesverband der Journalisten, der ehemalige Minister für Justiz Chajim Zadok, der ehemalige oberste

Richter Chajim Cohen, 40 Diplomaten i. R., die Rechtsanwaltskammer, 19 Rechtsanwälte aus Akko und Westgaliläa, Mitarbeiter des Weizmanninstituts, Professoren und Dozenten der Universität und andere.

Brigadegeneral Amran, Kommandeur der Schule für Stabsoffiziere und Kommandeure, reichte seine Kündigung wegen Mangels an Vertrauen in den Kriegsminister ein.

Ein großer Teil der bekannten Künstler Israels, die Mehrheit der Schriftsteller und Dichter gingen auf die Straße. Viele von ihnen das erstemal.

Als Höhepunkt des Kampfes gegen die Regierung Begin kann man den 25. September 1982 bezeichnen.

Als Führer von «Schalom Achschav» bei der Polizei von Tel Aviv die Genehmigung für eine Demonstration am 25. 9. 1982 am Platz der Könige Israels einholen wollten, erklärte man ihnen, daß das «Komitee gegen den Krieg im Libanon» bereits zwei Tage früher einen ähnlichen Antrag gestellt hätte.

An der Spitze der Demonstrierenden bewegte sich im Schweigemarsch eine Gruppe in Schwarz gekleideter jüdischer und arabischer Frauen. Unter ihnen befanden sich Mitglieder der Bewegung «Frauen gegen die Invasion im Libanon». Sie trugen Schilder mit der Aufschrift: «Gedenke Beiruts». Hinter dieser Gruppe marschierte eine dichte und große Anzahl von Menschen. Unter den Transparenten befand sich auch das historische Transparent, das am 5. 6. 1982, dem Tag des Kriegsbeginns, getragen wurde: «Keine Invasion in den Libanon». Ihnen folgten Jugendliche, darunter einige der Gruppe «Jesch Gwul» sowie Studenten und Gruppen, die das Komitee aus allen Teilen des Landes repräsentierten — Haifa, Jerusalem, Nazareth, Akko und so weiter.

Die Losungen und Spruchbänder dieser Demonstration waren klar und eindeutig: «Israel und Palästina — zwei Staaten für zwei Völker»; «Friedensgespräche mit der PLO — noch heute»; «Wir wollen keine Eroberer sein — weder im Libanon noch in den besetzten Gebieten»; «Beirut — Stadt des Mordens»; «Begin — der Bluthund»; «Still — Mörder» (eine Losung, die sich gegen diejenigen wandte, die die Meinung vertraten, man müsse so lange schweigen, wie die Soldaten an der

«Frieden jetzt!» fordert Israels Bevölkerung immer nachdrücklicher von der Regierung

Front kämpfen); «Sharon, Begin und Raful — Tiere auf zwei Beinen» (Begin hatte die Palästinenser in der Knesset als Tiere auf zwei Beinen bezeichnet).

Der Zug marschierte den Demonstranten von «Schalom Achschav» entgegen. Im ganzen kamen 400 000 Menschen zusammen.

Unter den Demonstranten befanden sich auch Gruppen von Soldaten, ein Teil diente in ausgewählten Einheiten. Sie kamen in Uniform und mit ihren Waffen. Viele von ihnen wurden durch die Militärpolizei festgenommen.

Nicht alle Teilnehmer der Kundgebung erkannten und durchschauten die Verbindung zwischen den Massakern in Sabra und Shatila und den politischen Zielen des Libanonkrieges. Nicht alle haben vielleicht verstanden, daß die Massaker in den Flüchtlingslagern eine durchdachte politische Aktion waren und nicht nur eine ungewöhnliche grausame Tat, die «an die Nazis erinnere». Nicht alle erkannten, daß das Ziel der Regierung nicht nur die Liquidierung der PLO in Beirut und in ganz Libanon ist, sondern die Vertreibung der gesamten palästinensischen Bevölkerung aus dem Libanon, hauptsächlich nach Jordanien, um «später zu versuchen, Jordanien in einen sogenannten palästinensischen Staat zu verwandeln», wie Meir Vilner vor der Knesset am 22.9.1982 zu diesen Massakern bemerkte.

Nicht alle erkannten den Zusammenhang zwischen dem Gemetzel Begins in Deir Jasin im Jahre 1948, den Greueltaten Sharons in Kibia 1953, den Verbrechen von Raschidja und Ein Chilve bis hin zu denen von Sabra und Shatila. Doch die Demonstration der 400 000 war Ausdruck der Empörung, Protest des Gewissens breiter Schichten der Bevölkerung gegen die abscheulichen Vorgänge im Libanon. Sie war auch Ausdruck zunehmender Opposition gegen die Regierung Begin—Sharon.

Der Minister für Energie Yitzhak Bermann (Liberale Partei, im Likudblock) trat von seinem Amt in der Regierung zurück und stimmte in der Knesset gemeinsam mit der Opposition für die Bildung einer staatlichen Untersuchungskommission. Auch Dror Seigermann, Mitglied derselben Partei und der Knesset, schloß sich bei der Abstimmung der Opposition an. In der Fraktion von Tami und Mafdal mehrten sich Stimmen der Opposition. Die Mafdal-Führung sah sich nun gezwungen, die Bildung einer staatlichen Untersuchungskommission zu fordern.

Die Position der Regierung Begin—Sharon wurde zwar erschüttert, aber sie wurde nicht gestürzt. Die Masse ihrer Anhänger aber durchlief einen Prozeß der Radikalisierung. Nicht nur gegen die Araber und speziell gegen die Palästinenser. Es setzte eine Radikalisierung gegenüber allen Gegnern im eigenen Haus ein. Sie wurden des «Verrats» und des «Dolchstoßes in den Rücken der israelischen Armee» bezichtigt. Als «Agenten der PLO» wurden nicht nur die Kommunisten, die Anhänger von Shelli, die Kriegsgegner bezeichnet, sondern jeder, der es wagte, die Stimme gegen die Massaker von Sabra und Shatila zu erheben, oder der es wagte, ein Wort zur Verteidigung der Araber im allgemeinen und der Palästinenser im besonderen zu sagen. Es muß klar ausgesprochen werden, daß sich diese Einschätzung nicht nur auf die bekannten faschistischen und rassistischen Oganisationen wie Gush Emunim oder die Bewegung des Rabbiners Kahane bezieht.

Israel ist seit dem Libanonkrieg ein anderes Israel geworden, als es noch am 5. 6. 1982 war. Die Widerstandsbewegung gegen den Krieg und gegen die Regierung schrieb ehrenvolle Seiten in die Geschichte Israels, die es bis dahin nicht kannte. Die Gefahren sind aber nicht vorüber, sondern nehmen an Schärfe zu. Die Gefahren eines weiteren Krieges gegen Syrien oder gegen Jordanien sind ständig verbunden mit antipalästinensischen und antisowjetischen Zielen. Es ist auch eine große Gefahr für die innere Demokratie.

Die israelische Aggression gegen den Libanon lehrt, daß es nicht möglich ist, einen Krieg zu verhindern, ohne den zionistisch-nationalistischen Konsens zu brechen, der die Machthaber mit der Opposition vereint. Darin liegt die große Bedeutung der Aktionseinheit aller oppositionellen Kräfte gegen die reaktionäre Likudregierung, die eine Gefahr für weitere Kriege und für die Demokratie darstellt. Darin liegt die große Bedeutung der Einheit aller Friedenskräfte, gegründet auf das Recht nationaler Selbstbestimmung für das arabische Volk von Palästina, auf gegenseitige Anerkennung von Israel und der PLO und auf die Lösung der Palästinafrage durch einen palästinensischen Staat an der Seite Israels.

Die Widerstands- und Protestbewegung gegen die Aggression im Libanon begann am 5. Juni 1982 mit einer Demonstration von 2 000 Menschen. In der Knesset stimmten anfangs nur die vier Mitglieder der Chadasch-Fraktion gegen die Invasion. Am 25. September, nur dreieinhalb Monate nach Beginn des Überfalls, demonstrierten 400 000 gegen den Krieg und gegen die Verbrechen in Beirut. Sie forderten den Rücktritt der Regierung. —

Hat das Volk Israels seine Lehren aus all dem, was geschehen ist, gezogen?

Zeittafel (Auswahl)

1882	Erste jüdische Einwanderungswelle nach Palästina
1896	Theodor Herzls Buch «Der Judenstaat» erscheint. Es wird zur programmatischen Schrift des politischen Zionismus
1897	I. Zionistenkongreß in Basel; Gründung der Zionistischen Weltorganisation
1917/1918	Britische Truppen erobern Palästina
1917, 2. 11.	Balfour-Deklaration; britische Regierung sichert den politischen Zionisten Unterstützung bei der «Errichtung einer nationalen Heimstätte für das jüdische Volk in Palästina» zu
1919	Gründung der Sozialistischen Arbeiterpartei Palästinas, später Umbenennung in Palästinensische Kommunistische Partei. (Sie konstituierte sich im Mai 1948 — nach Vereinigung der arabischen und jüdischen marxistisch-leninistischen Organisationen innerhalb Israels — als Kommunistische Partei Israels)
1920, 24. 4.	Großbritannien erhält Mandatsrecht über Palästina (Konferenz von San Remo)
1. 7.	Britische Militärverwaltung in Palästina wird in eine Zivilverwaltung unter einem Hochkommissar umgewandelt
1920	Entstehung der Haganah
1921—1942	Kampf der Kommunisten Palästinas in der Illegalität; mehr als 2 000 Kommunisten werden ausgewiesen
1922, 27. 7.	Der Völkerbund bekräftigt das britische Mandat über Palästina. Großbritannien erhält die Kontrolle über Außen- und Innenpolitik, Justiz, Hei-

	lige Stätten sowie das Recht zur Truppenstationierung
1924, Februar	Die Palästinensische Kommunistische Partei wird Mitglied der Komintern
1925	Unter Wladimir Jabotinsky formieren sich Extremisten zu einem eigenständigen Flügel der zionistischen Bewegung
1929, 14. 8.	Gründung der Jüdischen Agentur in Palästina
August	Aufstandsbewegung der arabischen Bevölkerung Palästinas
1935	Die faschistischen Nürnberger Gesetze bewirken die Einwanderung von 62 000 jüdischen Menschen nach Palästina
1936—1939	Aufstandsbewegung der Araber gegen Kolonialismus und Zionismus; sie erschüttert die Positionen Großbritanniens nicht nur in Palästina, sondern auch in anderen arabischen Gebieten
1937	Gründung der Irgun (Irgun Zwai Leumi)
1941, Mai	Gründung der Palmach
1942, 11. 5.	Biltmore-Programm, in dem die politischen Zionisten die Umwandlung Palästinas in einen jüdischen Staat forderten. Das Programm bildete die Grundlage für das künftige Zusammenwirken des politischen Zionismus mit dem USA-Imperialismus
Seit 1943	Zunahme des bewaffneten Terrors der politischen Zionisten gegen die arabische Bevölkerung
1943	Spaltung der Kommunistischen Partei in die Liga der nationalen Befreiung (arabische Kommunisten) und die Palästinensische Kommunistische Partei (jüdische Kommunisten)
1947, 29. 11.	UN-Vollversammlung empfiehlt in ihrer Resolution 181 (II) die Gründung eines arabischen und eines jüdischen Staates in Palästina sowie einen internationalen Status für Jerusalem
Dezember	Die Haganah erhält Befehl, in allen Gebieten, die von den Mandatstruppen geräumt werden, die strategisch wichtigen Punkte zu besetzen, um einen möglichst großen Teil Palästinas unter zionistische Kontrolle zu bringen
1948, 14. 5.	Proklamation des Staates Israel; David Ben Gu-

	rion wird Ministerpräsident; Chaim Weizmann Staatspräsident (16. 5.)
	Bis zu diesem Zeitpunkt haben die Zionisten mehr als 300 000 Araber aus ihrer Heimat vertrieben. Die Haganah, der Vorläufer der israelischen Armee, hatte vier der fünf großen Städte Palästinas und etwa 100 arabisch-palästinensische Dörfer erobert
1948, Mai bis 1949, Juli	Krieg Israels gegen die Araber, um einen möglichst großen Teil des für den arabischen Palästinastaat vorgesehenen Territoriums zu erobern. Israel besetzt fast 7 000 km² dieses Gebietes sowie einen Teil Jerusalems. Von 475 arabischen Dörfern wurden 385 dem Erdboden gleichgemacht. Rund eine Million Palästinenser wird nach Syrien, Libanon, Jordanien und in andere arabische Staaten vertrieben
1949, 11. 5.	Aufnahme Israels in die UNO
1952	Wiedergutmachungsabkommen mit der BRD; es bildet in der Folgezeit die Grundlage für die politische und militärische Zusammenarbeit beider imperialistischer Staaten
1956, 29. 10.	Aggression Israels im Einvernehmen mit dem britischen und dem französischen Imperialismus gegen Ägypten als Reaktion auf die Verstaatlichung des Suez-Kanals durch die Regierung Nasser
1963, 16. 6.	Rücktritt Ben Gurions
26. 6.	Parlament bestätigt das Kabinett Eschkol
1964, 28. 5. bis 2. 6.	Erster Palästinensischer Nationalkongreß in Jerusalem; Gründung der Palästinensischen Befreiungsorganisation (PLO)
1965	Spaltung der KP
	Der unter Leitung von Mikunis/Sneh stehende nationalistische Flügel konstituiert sich zu einer eigenen Partei. Die unter Führung von Meir Vilner und Tawfiq Toubi stehende KP vertritt weiter die Prinzipien des proletarischen Internationalismus
12. 5.	BRD und Israel beschließen Aufnahme diplomatischer Beziehungen
1967, 5. 6.	Beginn des dritten Krieges gegen die Araber. Israelische Armee überfällt Ägypten, Syrien und

	Jordanien. Weitere 400 000 Palästinenser werden vertrieben
1967—1970	Israel verübt in diesem Zeitraum etwa 5 000 bewaffnete Anschläge auf die Palästinenser und die arabischen Nachbarstaaten
1968, 21. 1.	Die 3 rechten sozialdemokratischen Parteien Mapai, Achdut Haavoda und Rafi schließen sich zur Israelischen Arbeiterpartei (MA'I) zusammen
1969, 15. 12.	Die neue Regierung unter Ministerpräsidentin Golda Meir bekräftigt Fortsetzung der Aggressions- und Okkupationspolitik
1969—1976	In der Zeit vom XVI. bis zum XVIII. Parteitag entwickelt sich die KP zu einer gefestigten marxistisch-leninistischen Kampfpartei. Die israelischen Kommunisten — Juden und Araber — stehen auf konsequent internationalistischen Positionen, ihr Kampfprogramm entspricht den objektiven Bedingungen des Klassenkampfes in der Gegenwart
1970, 8. 12.	UNO-Resolution bekräftigt Selbstbestimmungsrecht des palästinensischen Volkes
1973, 6. 10.	Die anhaltende Okkupation arabischer Gebiete durch Israel führt zum vierten Nahostkrieg
1974, 10. 4.	Rücktritt Golda Meirs; Nachfolger wird Yitzhak Rabin
1975/1976	Die israelischen Imperialisten greifen massiv in den libanesischen Bürgerkrieg ein, indem sie die Rechtskräfte mit Waffen unterstützen, die Truppen der Reaktion ausbilden und für diese wiederholt Entlastungsangriffe gegen die Nationale Patriotische Bewegung Libanons und ihre palästinensischen Verbündeten führen
1975, November	UNO-Vollversammlung verurteilt den politischen Zionismus als Rassismus
1977, 3./4. 5.	Vertreter der KPI und der PLO treffen in Prag zusammen
17. 5.	Menachem Begin wird Ministerpräsident (extremistischer Likudblock)
1977	Demokratische Front für Frieden und Gleichheit entsteht
1978, 14. 3.	Israel überfällt mit 25 000 Mann aller Teilstreitkräfte die Republik Libanon

1978	Die Bewegung «Frieden jetzt!» entsteht
1978, 5.–17. 9.	Verhandlungen in Camp David
2.–5. 11.	9. Arabische Gipfelkonferenz verurteilt die Separatabmachungen von Camp David als nicht akzeptabel für eine gerechte und dauerhafte Friedensregelung im Nahen Osten
1980, 30. 7.	Unter Bruch einschlägiger Beschlüsse der UNO erklärt die israelische Knesset Jerusalem zur «ewigen und unteilbaren Hauptstadt» Israels
1981, 14. 12.	Das Kabinett Begin faßt unter Mißachtung des Völkerrechts einen Beschluß über die Annexion der syrischen Golanhöhen, die 1967 besetzt worden waren
1982, 6. 6.	Mit einer Streitmacht von 20 000 Mann, die von Flieger- und Marinekräften unterstützt werden, überfällt Israel erneut den Staat Libanon
1982	«Komitee gegen den Krieg im Libanon» entsteht
Ende 1982	Vereinbarung zwischen der USA- und der israelischen Regierung, in Israel atomare Erstschlagwaffen (Pershing 2 und Cruise Missile) zu stationieren
1983, April	Meir Vilner, Generalsekretär des ZK der KP Israels, bekräftigt auf der internationalen Karl-Marx-Konferenz in Berlin das Kampfprogramm der Partei, das auf den Rückzug Israels aus allen seit 1967 besetzten Gebieten und eine gerechte Lösung der Frage der palästinensischen Flüchtlinge entsprechend den UNO-Beschlüssen gerichtet ist
17. 5.	Beauftragte der Regierungen der USA, Israels und Libanons unterzeichnen in Khalde und Kiriyat Shmona ein Diktatabkommen
21. 9.	Nachdem Menachem Begin als Ministerpräsident zurückgetreten war, beauftragte Staatspräsident Chaim Herzog den bisherigen Außenminister Yitzhak Shamir mit der Bildung eines neuen Kabinetts
1984	Bildung der Regierung der «Nationalen Einheit» – d. h. Koalition des Likud-Blockes mit der sozialreformistisch-zionistischen MA'I unter Shimon Peres. Mitunter taktisch flexibler, setzt sie die Grundlinie der bisherigen Politik fort.

Inhaltsverzeichnis

Bist du Israeli? 5
Überleben — der Geschichte zum Trotz? 20
Traum und Wirklichkeit 56
«Nächstes Jahr in Jerusalem!» 72
Lediglich eine Abweichung, bitt' schön 79
Für eine Wende 91
Ein Emigrantenschicksal 105
Der Anarchist aus Odessa 123
Israels Kapitalismus und seine Klassen 133
Tel Aviv, Haifa und ein Kibbuz 166
«Mit einer Hand taten sie die Arbeit...» 197
Zwei Briefe 208
Als Fallschirmjäger bei 202 259
Das Tandem 293
Die politische Landschaft 313
«Jesus starb auch für die Kommunisten» 334
Die Geister scheiden sich 357
Zeittafel (Auswahl) 391

1949

Nach dem ersten Nahostkrieg: Okkupation von weiteren fast 7000 km² arabischen Territoriums durch den Staat Israel

1967

Nach dem dritten N...
pation des Westjord...
Gazastreifens, des a...
Jerusalem, der Sina...
syrischen Golanhöh...